FAMOUS FABLES OF ECONOMICS:
MYTHS OF MARKET FAILURES

经济学的著名寓言

市场失灵的神话

[美] 丹尼尔·施普尔伯 编

[英] 罗纳德·科斯　张五常 等著

罗君丽　范良聪　何樟勇　吴晓露　应俊耀　廖志敏
吴意云　张　翔　赖普清　陆雪琴　茹玉骢　陈春良　译

GUANGXI NORMAL UNIVERSITY PRESS
广西师范大学出版社
·桂林·

JINGJIXUE DE ZHUMING YUYAN

Editorial organization and introduction copyright © Daniel F. Spulber 2018
著作权合同登记号桂图登字：20-2017-110 号

图书在版编目（CIP）数据

经济学的著名寓言：市场失灵的神话 /（美）丹尼
尔·F. 施普尔伯编；罗君丽等译. —桂林：广西师
范大学出版社，2018.1（2022.6 重印）
书名原文：Famous Fables of Economics: Myths of
Market Failures
ISBN 978-7-5598-0334-4

Ⅰ. ①经… Ⅱ. ①丹… ②罗… Ⅲ. ①新制度经济
学—文集 Ⅳ. ①F019.8-53

中国版本图书馆 CIP 数据核字（2017）第 234169 号

广西师范大学出版社出版发行

（广西桂林市五里店路 9 号　邮政编码：541004）

网址：http://www.bbtpress.com
出版人：黄轩庄
全国新华书店经销
广西民族印刷包装集团有限公司印刷
（南宁市高新区高新三路 1 号　邮政编码：530007）
开本：720 mm × 1 010 mm　1/16
印张：30.5　　字数：440 千字
2018 年 1 月第 1 版　　2022 年 6 月第 6 次印刷
印数：15 001~17 000 册　　定价：98.00 元

如发现印装质量问题，影响阅读，请与出版社发行部门联系调换。

献给罗纳德·科斯

中文版再版序言

我对经济学寓言的兴趣，始于和拉蒙·卡萨德苏斯-马萨内尔一起完成的一项汽车工业早期发展史的研究。这项研究的成果，就是本书所收录的《费雪车体的寓言》。在研究过程中，我惊奇地察觉到一个误导性的、不正确的故事是如何变得非常流行的。费雪车体的故事，经过经济学家们的不断重复，影响了许许多多的研究者和学生。随后，我考察了许多其他的经济学寓言，又发现，即便有学者发表文章对这些故事的错误进行纠正，对故事所依据的历史做了澄清，这些故事还是很流行。这让我感到纳闷：为什么会有这么多的寓言被经济学家当作事实来看待？为什么那些矫枉之作常常被人们所忽视？

我发现，寓言之所以吸引人，其中一个原因是，所有人都喜欢好故事。经济学寓言短小精致，讲起来有趣，听起来易懂。通过这种生动有趣的方法，教师可以很方便地阐述本来难以理解的经济学概念。通过重复一个众所周知的故事，经济学家似乎为理论找到了事实依据。而且，分享故事也是加强社会关系的一个传统方法。如果故事本身趣味盎然，似乎就没有必要去搞清楚它们是否属实了。

然而，这些不真实的故事的问题在于，它们对公共政策具有强大的影响力。这些寓言的一个共同特点是它们都在说明某种市场失灵。这些在经济学家中广为传播的故事背后，隐藏着这样一个理念：在某种程度上，市场不能给社会带来最优结果。例如，一个有趣而且看似无害的故事就告诉我们，现有的打字机和电脑键盘上的字母排序并不是有效率的，它表明经济活动有可能被锁进了劣质的技术。

但这个故事所传达的政策建议就不那么无害了。它的含意在于，政府应该帮助社会去选择最好的技术，而不是把事情留给消费者和企业去完成。但是，如果没有证据证明现有键盘的字母排序的确是低效的，那么，还能找出其他的选择错误技术的例子吗？提出这类问题的必要性，就是对键盘故事进行纠正是如此有价值的理由。

我非常高兴《经济学的著名寓言》能够在中国再次出版。中国正在发生着许多经济变化，包括国内工业市场的快速增长、私营部门的扩张以及加入世贸组织后的外贸增长。中国竞争性市场的发展，必然要求建立新的政府经济管制形式，也必然产生有关何种管制更合理的争论。随着民营企业与国有企业同台竞争或前者取代后者，某些新型的政府管制很可能会出现。

争论某些特定的经济活动是否有必要管制，这是非常重要的。如果一个市场无法正常发挥功能，而政府管制能改善市场运行，这就可能成为进行某种管制安排的论据。然而，我们有必要去确定一个市场是否真的无法发挥功能。讲一个生动的故事，并不能取代细致的经济分析。也许市场并非真的丧失了功能，而仅仅是因为我们没能更好地理解市场。

更常见的情况是，企业和消费者找到了更聪明的方法去处理交易。即便某些交易活动和我们通常所看到的有所不同，它们也可能是有效率的。正如诺贝尔经济学奖获得者罗纳德·科斯所指出的，交易是有成本的。本书献给科斯教授，正是因为他的研究，经济学家才更深刻地理解了市场交易。他为本书贡献了三篇文章。

此书因收录了中国著名经济学家张五常的两篇文章而使它在中国的出版具有特别重大的意义。在《蜜蜂的神话》中，张五常教授纠正了这个有关外部性的著名寓言。该寓言认为，蜂农和农场主可以相互为对方提供获益机会，但这个互利的结果无法通过市场获得。而张五常教授证明，在美国，蜂农和农场主会按惯例签一份授粉合约。他的这篇理应在所有管制和公共财政课程中讲授的论文，证明了科斯教授的一个洞见：私人谈判有时不但考虑了私人利益和成本，而且还顾及了社会利益和成本，因而不需要政府管制。

另一篇文章是《佃农分成制》。这篇文章取自他的著作《佃农理论》。至少从亚当·斯密开始，经济学家就一直认为佃农分成制是低效的。它经常被批评为一种低效率的或低生产率的经济组织形式。政府对农业市场的干预遍布世界各地。然而，即使佃农分成制不是一种有效的农耕制度，政府管制私人的农耕合约也需要其他的理由。此外，佃农分成制的故事还被用于评价所有类型的双方共享经济收益的合约，包括农业以外的合约。

张五常教授认为，研究者没能很好地理解佃农分成制。通过使每一个佃农所耕作之土地数量有差异，地主能够帮助最有效率的佃农并鼓励佃农们以有效的方式使用土地。他用来自中国农业的史料证明了他的分析。张教授的这些重要工作，有助于更深入地理解委托—代理问题以及合约理论。

我希望中国的读者朋友喜欢这本对著名寓言进行历史分析的文集，并从中受益。书中的故事本身是有趣的。此外，它们会给那些希望用奇闻轶事来激发创作灵感的学者带来许多洞见。研究者对他们所写的故事准确性的核实，以及读者对于这些故事准确性的判断，都是非常重要的。如果我们希望让经济学讨论富有意义，那么，对经济分析之准确性的要求，就是必不可少的。

丹尼尔·F. 施普尔伯

2017年6月11日

致　谢

我要感谢美国西北大学凯洛格管理学研究生院的院长唐纳德·雅各布（Donald P. Jacobs）对我的研究工作的大力鼓励和支持。我还要感谢教务长迪帕克·贾殷（Dipak Jain）对我工作的理解和关心，感谢美国西北大学法学院院长大卫·范赞特（David E. Van Zandt）对我的鼓励，以及对这项工作所做的非常有帮助的评价。

我非常感谢塞尔基金（Searle Foundation）的研究资助。当然，我对我在本书中的观点负责。

编者和出版社对以下文章的版权所有者表示感谢，感谢他们给予我们的版权许可：

Ronald H. Coase, "The Lighthouse in Economics", *Journal of Law and Economics*, 17 (1974), pp. 357—376. Published by University of Chicago Press. © Copyright 1974 by The University of Chicago. All rights reserved.

Daniel B. Klein, "The Voluntary Provision of Public Goods? The Turnpike Companies of Early America", *Economic Inquiry*, 28 (1990), pp. 788—812. Published by Oxford University Press and reprinted by permission of Oxford University Press.

Steven N. S. Cheung, "The Fable of the Bees: An Economic Investigation", *Journal of Law and Economics*, 16 (1973), pp. 11—33. Published by University of

目　录

导论　经济学的寓言与公共政策[*]

丹尼尔·F. 施普尔伯（Daniel F. Spulber）

> 经济学家与政治哲学家的思想观念，无论对错，其影响力之强往往要超出常人所想。这个世界的的确确就是为少数精英所支配。实干家自认为不受任何知识分子的影响，却往往成为某个已故经济学家的奴隶。执牛耳之狂人则总是人云亦云，从早年某些文人骚客那里提炼狂思臆想。……因此，或早或晚会影响善恶的正是思想观念，而非既定利益（vested interests）。
>
> ——约翰·梅纳德·凯恩斯，《就业、利息与货币通论》（1935）

经济学的著述中充溢着许许多多形象生动的道德故事，它们常被用于阐释甚或佐证基本经济理论。虽然有些寓言事实上并不准确，但是它们对经济学家的吸引力从未衰退。它们的身影在课堂、教科书、学术沙龙之中也不断重现。由于经济学家的所述所论最终都将影响到公共政策，以正视听势在必行。不过正如凯恩斯所言，经济学家的思想观念拥有强大持久的影响力。因此有点麻烦的是，许多经济学家自己也常常成为某些著名寓言的俘虏。本书汇集了若干文献，它们将有助于理解经济学家最为珍视的一些故事。

好的故事人见人爱，老少咸宜。除了能愉悦身心，讲故事还能传递信息，确立社会纽带，传播道德价值。文明之初，确立口述传统的也正是讲故事。通过讲故事，《创世纪》中的上帝造世得以展现，荷马史诗《伊利亚特》中的历史画卷得以铺

---

* 本文由范良聪翻译，何樟勇校对。

陈。而且，故事传说还可以预示未来。人类学家克洛德·列维—斯特劳斯（Claude Levi-Strauss，1963，p. 202）曾经说过："一方面，神话传说讲述的总是那些据说是很久以前发生的事。尽管如此，神话传说还是凝结了一种重要的实践价值——其所讲述的特定模式总能超越时光；它可以解释过去，可以解释现在，也可以解释将来。"

经济学家讲述的轶事同样意趣盎然、发人深省。毋庸置疑的是，它们也能够在专业领域中确立社会纽带与智识联系。在经济学中，许多轶事殊途同归，目的在于展示某种类型的市场失灵。这些轶事还隐含实践价值：为了矫正市场，政府有必要干预经济的运行。

不过，本文集汇编的文章也有一个共同的目的：证明这些所谓的市场失灵也是一些神话。这里具体讨论的各个市场失灵案例，无论是在事实上还是在解释上都存在问题。这些文章揭示了事实背后隐藏的真相，证明了市场效率的经济分析应该建立在对市场制度的系统分析基础上，而非依赖煞有介事的寓言轶事。此外，许多文章还指出，要开公共政策方面的药方，仅靠寓言是不够的，还应该有更可靠的证据。

当然，市场经济肯定会失灵。交易成本、信息不完美、社会习俗、法律缺陷以及政府监管不力皆会对市场制度的运行产生负面影响。本文集中汇编的文章讨论了各种具体的情形，因此它们也并非旨在说明，市场总是能够完美地运行。与此相反，它们试图阐释市场制度的复杂性，挖掘消费者以及企业处理复杂经济问题和降低交易成本的创造性思路。

在本导论中，我将尝试把这些文章都纳入经济学文献的大传统中。限于篇幅，本文集无法收入这些寓言的原始出处，尽管各篇文章一般都会就相关寓言的出处给出详尽说明。此外，本文集也没有收录针对这些文章的一些回应。本导论会略微涉及一些不同观点和反对意见。我们的希望是，这本文集能够抛砖引玉，在经济学的学生和学者之中引发进一步的讨论和更多的经验研究。

本文集献给罗纳德·科斯（Ronald H. Coase），因为他坚持经济学家应该直面事实的原则。在这本文集中，有许多文章直接源自他所开拓的经济分析进路。在一项规模很大的有关美国产业组织的系统研究计划书中，他曾写道："一位才华横溢的理论家不做这种经验工作可能也可以取得上佳成绩，但就我个人感觉而言，研究的灵感最有可能来自系统收集的数据所揭示的各种模式、困惑与异常带来的刺激，尤其是当研究的第一要务在于突破我们既有的思维习惯时更是如此。"（1988，p.71）

在编撰本书时，我与科斯先生有过十分愉快的面谈。我们花了不少时间讨论了本文集收录的科斯那两篇文章的研究对象——灯塔和费雪车体。在《经济学的研究操守：费雪车体—通用汽车例子》这篇文章中，科斯给经济学家提出了一些一般性的建议。

总体上，科斯的文章及其工作展现出他在经济分析中平衡的视角，对细节与真相的悉心关照，反映了科斯对市场制度深刻精妙的理解。科斯的这些开拓性工作至今仍鼓舞着经济学的理论家和实际工作者。

一、寓言

寓言会对未来的公共政策建议产生潜在影响，因此考察经济学寓言是否为真便成为一个重要问题。即便证据表明，某个市场失灵的例子是错的，这也并不必然意味着基于该案例的理论失效了。而且，一个神话被揭穿，那也不能以此来反对从经济学理论中推导而出的公共政策。然而，通过促使经济学家与公共政策制定者就其信念的基础展开考察，对神话传说的矫正能够激起更健康的理论争辩，鼓励更精确的经验检验。市场失灵神话的泛滥本身也意味着，这种再检验是值得的。

经济学家是有效市场假说的杰出捍卫者，不过与此同时，经济学家又给出了诸多市场失灵的例子。这似乎意味着，经济学这个行当有点自相矛盾。正如医生在寻找着各种疾病的疗法那般，经济学家也在寻找补救市场失灵的公共政策药方。市场失灵的故事常常足以为政府干预经济提供借口。正如凯恩斯早已预见到的那般，这些有影响力的思想观念颇具危险性。本文集中收录的文章从历史视角对此作了澄清或者矫正，给那些基于不实传闻的公共政策提个醒。

经济学的寓言一般会把一个市场失灵的例子与一个理论上的理想型相提并论。因此，这些传说阐释的其实就是哈罗德·德姆塞茨（Harold Demsetz，1969）所刻画的那种"涅槃式"公共政策研究进路，也即把不完美的制度安排与理想的范式拿来比较。恰当的比较应该在可能的范围内进行，也即应该在实践上可行的交易之间做出选择。而在考察可行的交易范围时，就必须对交易成本、市场制度、社会习俗、法律体系以及政府规制作出评价。

在某些情况下，存在的问题可能比这种"涅槃式"研究进路还要严重。有些寓言故事本身就不是真的。这些寓言把理论上的理想型与杜撰的事件拿来对比。在本文集中，各篇文章的作者皆仔细考察了隐藏在寓言背后的那些事实，结果常常发现，那些所谓的不完美的制度安排，其运行的实际效率要比之前所想象的来得更高。

这里讨论的每一则寓言都对应于经济学中的一个或者几个主要领域。这些寓言还会得到进一步的阐发，用以支撑经济分析中某些最基本的概念。表1.1罗列了各种寓言、与其相关的领域以及对应的市场失灵。我简要地回顾了这些寓言，说明它们是如何在经济学中得到应用的。

表1.1 本文集中的经济学寓言、它们常出现的经济学领域及其阐发的市场失灵类型

寓言	经济学领域	市场失灵
灯塔（The light house）	公共财政学	公共物品、搭便车问题
收费公路（The turnpike）		
蜜蜂（The bees）	福利经济学	外部性
键盘（The keys）	技术变迁	技术锁定、路径依赖、网络外部性
录像带（The video cassette）	产业组织	
小型运煤车（The coal wagon）		
费雪车体（Fisher Body）	合约理论、企业理论	合约套牢
佃农分成（Sharecropping）	代理理论、发展	道德风险
标准石油（Standard Oil）	产业组织、反垄断	掠夺行为、市场圈定
美铝（Alcoa）		
自由轮（Liberty ships）	产业组织、干中学	进入壁垒
郁金香狂潮（Tulip mania）	金融	金融市场的效率

这些寓言已经扩散到经济学之外，在法律与管理等领域中产生了巨大的影响。当然，神话般的故事绝非只存在于经济学中。心理学与管理学的教科书就曾长时间地讨论霍桑效应（Hawthorne Effect）。这据说来自1927—1933年在伊利诺伊西部电力的霍桑工厂中完成的一项针对工人行为的研究。这项研究声称，工作环境上的任何变化都会导致生产率的提升。但是它很不严谨：只考察了五个工人样本，而且其中还有两人因为生产率低下与不服管理而被替代。[1] 理查德·尼斯比特（Richard Nisbet）教授把霍桑效应称作"一个美丽的传说"。他还指出，一些研究者俨然相信，"一旦你拥有了一个故事，你就可以把事实丢之脑后"。[2]

正如经济学界存在一些有关市场失灵的著名神话一样，法学界也存在许多有关法律系统失灵的故事传说。马克·加兰特（Marc Galanter，1998）教授揭示了许多"法律传说"——这些传说反映了美国民事司法领域中在他看来"有偏的看法"。[3] 这些流传甚广的传说反映的信念是，法律系统就是一个"独断专行、不可预见、狂暴错乱乃至失去控制"的体系。例如，加兰特教授考察了一个家喻户晓的可恶传说。这个传说讲的是，费城有一个巫师声称某次核磁共振检查导致其巫力全废，这个巫师在起诉之后还获得了100万美元的医疗事故赔偿。加兰特教授发现，事实上，与流行舆论以及官方渠道出来的复本相反，法院推翻了陪审团的裁决，原告根本就没有获得什么损害赔偿。[4]

本文集中重新考察的许多寓言都已大大偏离了其原初语境。[5] 正如儿童在玩耳语传声游戏那般，经济学家已经放大乃至曲解了这些寓言的原初版本。他们试图借

1　Gina Kolata，"Scientific Myths That are Too Good to Die"，*New York Times*，December 6，1998，Week in Review Section，p.2.

2　同上。

3　见 William Glaberson，"When the Verdict is Just a Fantasy"，*New York Times*，June 6，1999，Section 4，p.1.

4　总统竞争力委员会在1991年8月5日有关美国民事司法改革的议程之中重提这个传说。这个案件所谓的结果被当成法庭上伪科学的一个例子而写进报告（见加兰特，1998）。

5　马克·加兰特（1998，731）注意到，随着这些传说的流传，它们会被"进一步简化且被断章取义。它们成了一个永不消退的叙事呈现"。

此强化寓言对学生和同事的影响，使其在传播的过程中变得模式化、简单化。通常情况下，寓言的标准版本已大大偏离其原初版本。因此，费雪车体的故事变成了一个合约失灵的故事。而实际上，这个故事与1920年代早期美国汽车行业的历史背景几乎没有任何关联。

这些寓言故事，即便没有使用更为复杂的专业术语，也已成为阐释某个具体的经济学理论观点或是公共政策药方的理想案例。寓言为阐述某些基本信息提供了一条方便的捷径。比如，在阐述公共物品时，经济学家与其费力地描述公园或者国防，还不如简单地说上一句，它们"就像灯塔"。在论及合约时，他们与其夸夸其谈套牢或者资产专用性，还不如直接说，合约会导致"费雪车体般的问题"。寓言提供了一个不证自明的参照点，这个参照点对于读者受众的影响甚至要远大于引入一个更为技术化的经济学模型。而且，借助明智地引述家喻户晓的寓言，经济学家还能证明，他们就是所谓的行家。

通过还原这些寓言的本来面目，本文集的文章重新呈现出历史事件的复杂性。它们说明，我们在把理论应用到具体情境时必须确证给定假说的各个条件皆已得到满足。我们在给公共政策开药方时也必须冷静地认清市场的环境。所谓的市场失灵也必定需要直面市场制度的多样性，需要考虑经济行动者之间达成的自愿协议的错综复杂性。

二、公共物品与搭便车问题：灯塔与收费公路的寓言

已有许多研究旨在重新严格考察市场失灵的故事。它们皆肇始于罗纳德·科斯教授那篇经典的论文——《经济学中的灯塔》。这篇文章发表在1974年的《法经济学杂志》上（重印于本文集，第一章）。灯塔的故事曾出现在不少著名经济学家的作品中，比如约翰·斯图亚特·穆勒（John Stuart Mill，1848）、亨利·西奇威克（Sidgwick，1883）、阿瑟·庇古（A.C. Pigou，1938）的著述，以及保罗·萨缪尔森（Paul Samuelson）那经典的教科书《经济学分析导论》，当然还有数不尽的公

共财政教科书。

世界各国政府都在从事着各种各样的活动，包括教育、健康、科学研究、邮政通讯、供电供水与排水、产品质量证明与检验等。由政府来提供这些服务，乃历史环境与政治决策之结果。然而，在有关政府功能的辩论中，认为由于存在潜在的市场失灵，政府因此应该提供公共物品的观点，在学生和公共政策制定者中很有市场。灯塔与收费公路的故事表明，在把公共物品理论应用到特定领域时，需要依据具体的情形展开仔细的考察。

在公共财政领域，灯塔与道路常常被视为公共物品的代表，因此无法由市场来提供。纯公共物品是指拥有以下两种属性的物品：第一，在向消费者提供时，物品的供给者很难排除其他消费者使用；第二，个体在消费该物品时也无法阻止其他个体消费，因此物品的消费并不会耗尽其供给。

显然，灯塔具备这两层属性，因为灯塔的服务对所有船只而言都是可及的（available）；与此同时，灯塔服务的消费并不会影响其供给。道路的问题更为复杂些，因为道路可以通过设立收费站来排除用户，对收费公路的过度使用还会导致道路的拥堵和磨损。然而，道路通常还是会被看成一种公共物品，因为对于某些道路而言，限制使用是很困难的，而且只要没有超出道路的承载能力，司机就可以一直使用道路设施而不影响其供给。

如果消费者从消费某种公共物品中获得的总收益能够超过供应该物品的总成本的话，那么这种公共物品总体上就是可欲的（desirable）。然而，为此支付的费用应该如何收取呢？如果使用无法设限，可以指望大家自愿做出贡献吗？标准的观点认为，如果使用无法设限的话，那政府就必须通过征税来支付公共物品的费用，否则就不会有灯塔、道路或者其他必要的基础设施。

即便一种物品的使用能够设限，比如在收费公路上设立一个收费站，可接下来的问题是：由公共物品所供给的各类服务的价格又该如何确定呢？每个使用公共物品服务的人对于这些服务的支付意愿很可能并不相同。也许，我们可以设计一个报价系统，让消费者选择他们愿意支付的费用，且只有当总收入超过总成本时，这种物品才得以提供。然而，这些机制通常不是导致盈余就是带来赤字。

向每个人收取相同的费用也有问题，因为这就可能把某些潜在的消费者排除在外。一方面，如果这个价格定得太高，就可能导致使用量不足，以至于不足以支付公共物品；另一方面，如果这个价格定得太低，就可能导致收入不足，同样不足以支付公共物品。于是，类似灯塔或者道路这种公共物品就不会得到供应，即便供应这些物品的公共收益超过供应的成本。比如，假定供应某种公共物品的成本是80美元。这种物品只有两个消费者，一个认为该物品值30美元，另一个认为该物品值70美元。如果把价格定在每人40美元就可以达到物品供应的门槛，那么在这个价格下，第一个消费者就不愿意付款。如果把价格定在80美元，那么只要向一个消费者收费就足以保证物品的供应，可问题是，没人愿意出这个价。因此，这里找不到一个统一价，既可以吸引两个消费者又足以保证公共物品的供应。

就此，一个可能的解决方案是让消费者自愿供应，也即让每个人依据自己从公共物品中获得的收益支付费用。但是，可以指望人们会自愿地透露自己的支付意愿水平吗？经济学的理论与有关人性的理念告诉我们，消费者将低报自己的支付意愿以降低自己的负担。于是，随之而来的就是搭便车问题——每个消费者都会试图把支付的负担转移给其他人。结果，即便供应公共物品的总收益超过总成本，它也不会得到提供。也正因此，才会有人认为，由政府征税来供应这类公共物品便能增进社会福利。

灯塔是公共物品以及公共财政课程中相关讨论的聚焦点。灯塔的寓言宣称，导航服务的提供无法通过私人融资完成，因为指望船只的所有者自愿支持这种服务是不现实的。由此，灯塔的例子便被用于说明市场在供应公共物品时出现的失灵，也因此被用于说明政府有必要供应各种服务。

科斯追溯了英国灯塔系统的历史及其演变——那些在这个主题上有所著述的早期学者对此本应该很熟悉才对。科斯观察到：私人主体在17世纪时开始建造灯塔并收取使用费；截至1820年，超过四分之三的灯塔都是由私人建造的。领港公会（Trinity House），也即科斯所说的"一个身负公责的私人组织"，最终接过了灯塔供给的职责，但却继续通过对船只收费来支持服务的供给。因此，灯塔是通过使用者缴费的私人投资建造，而不是通过一般税收的公共部门投资建造。科斯写道："灯塔由私人建造、运营、筹资，也由个人所有。这些人可以把灯塔卖了，也可以作为遗产留给后代。"因此，英国的灯塔体系提供了一个私人企业供应公共物品的经典案例。

大卫·范赞特（David E. Van Zandt, 1993）声援了科斯。他指出，私人供应的灯塔服务"直到19世纪早期都在英国占支配地位"。不过，他的解释与科斯有所不同。他指出，这是因为有企业家向国王的枢密院或者议会提出请求，想要获得特许来建造并维护灯塔。1679年以后，枢密院或者议会直接把特许权颁给了领港公会。领港公会可以自己使用特许权，也可以把特许权租给个人。范赞特指出，特许权的引入赋予了企业家一种排他性的权利，规定了企业家可以收取的费用及其责任，并允许权利所有者诉诸王权强制收费。他认为，特许权制度的这些特征把政府卷了进来，使其职能超越了单纯的产权保护与契约实施，也因此模糊了灯塔服务应由公共部门供应还是由私人部门供应的界线。范赞特总结道，灯塔供应的制度特征反映了公共部门与私人部门的联合参与。这些额外的制度特征为政府供应灯塔服务的标准经济学理由提供了支持。正如范赞特所言，在法国、西班牙、德国、俄罗斯与美国，从一般财政收入中支出灯塔服务的相关费用，其理由还包括推进国际贸易和培育良好的国际关系。

丹尼尔·克莱因（Daniel B. Klein）在《公共物品的自愿供给？——美国早期的收费公路公司》一文中（重印于本文集，第二章），考察了政府在提供社会服务上的作用。他考察了1795年到1840年间美国运营收费公路的企业。这些收费公路并没有限制道路的使用，人们可以免费使用道路。而且，收费公路还能带来许多间接的好处，因为路上的旅行和运输可以增进社会交往和商业活动。收费公路的筹资方式是股份申购。各州的立法机关规定了股份公司在土地征用方面的权力，有时还会赋予它们某些线路的垄断经营权，并对费率和收费方式实施管制。克莱因证明，由于股份申购者已经清楚看到收费公路的不可营利性，购买股份的行为就变成对道路建设的自愿捐献。克莱因证明，尽管其中已经具备搭便车的条件，但是私人收费公路的供应依然十分活跃。对成百上千的私人收费公路企业的自愿捐献反映的是这些公路为沿线城镇带来的百般好处。

还有一个与特定公共物品供应有关的历史寓言值得一提。历史学家一直认为，自愿消防服务之所以消失，是因为消防人员为了争抢保险企业的奖金而引发的暴力冲突。这种观点至少持续了一个世纪。然而，弗雷德·麦克切斯尼（Fred McChesney，1986）指出，这是因为19世纪中期，城市政府硬是宣称私人消防市场存在失灵，为自己进军消防服务寻找借口。在美国，消防服务目前一般都是由地方政府提供的，尽管它曾经由自愿参加者提供了两百多年。这些自愿提供服务的人一直在阻止火势如芝加哥大火事件中那般逐户蔓延。麦克切斯尼重新考察了这个市场失灵的故事。他的研究表明：以公共控制替代私人服务是为了赢得赞助者的支持，同时把消防的成本从保险企业转移给纳税人；更有甚者，为了实现对消防的控制，公共机构不仅不去界定并实施产权，反而采取了容忍甚至鼓励暴力的做法。最终，较大的市政当局都颁布了禁令，禁止了自愿消防服务。从消防史出发，我们就不难理解为何那么多的公共服务，比如供水、供电、交通、警察以及卫生等，都是由市政来提供。

三、外部性：蜜蜂的寓言

环境管制已经变成政府管制中最重要的领域之一，管控的范围从空气和水污染到工业与城市废弃物的处理不等。类似全球变暖之类的环境议题还超越了国界，并在国际关系中扮演越来越重要的角色。环境污染仍旧是一个重要的问题，它对于环境的质量、人类的健康与福祉有着广泛深远的含意。

对环境污染的经济分析由来已久。马歇尔把外部经济定义为企业与行业层次上不同经济体之间的差异。阿瑟·庇古（1920）转变了这一定义，强调的是私人净产品与社会净产品之间的差异。在庇古那里，外部性指的是经济行动者有时会给无关的局外人带来成本或者收益。因为这些成本或者收益皆发生于市场交易之外，所以就不存在经济激励的基础。经济行动者就会在像污染之类会给他人带来成本的活动中参与过度，或者在像美化邻里环境之类给他人带来收益的活动中参与不足。

一旦出现了外部性，市场就被认为是失灵了（参见Mishan，1971）。如果污染给他人带来成本，制造污染的活动带来的社会收益就会低于私人收益，因为它会伤害到局外人。在市场中，制造污染的生产者关注的仅仅是制造某种商品的成本，而购买这种商品的消费者关注的仅仅是他们从商品之中获得的私人收益。生产者与消费者之间的交易仅仅反映了他们个人的成本与收益，而不包括对第三方的伤害。由于市场没有把所有的成本都纳入考量，整个社会生产的这类商品就会过多。相反，如果美化邻里会给他人带来收益，源自这些活动的社会收益就会大于私人收益，因为会有第三方因此获益。然而，由于市场没有把所有的收益都纳入考量，整个社会生产的这类商品就会过少。

罗纳德·科斯（1960）在《社会成本问题》一文中强调，如果交易成本为零，私人议价就能减轻源自污染的外部伤害。那些制造污染或者美化邻里环境的人与那些受到影响的局外人便能够坐下来，达成某种有效的议价方案。议价的结果会减少污染或者美化邻里环境。科斯总结说，社会成本的问题源自交易成本大于零。

科斯进一步说明了产权分配的重要性——它是私人就外部效应展开议价的基础。若是缺乏责任的初始分配或者权利的界定，"就不可能发生市场交易，对其进行转化或者整合"（p. 8）。这里的主要观点，也即现今为人所熟知的科斯定理。它说的是，"如果价格体系的运转不存在成本的话，最终的结果（产出价值的最大化）便与法律的设定无关"（p. 8）。此外，如果交易成本较低，产权的分配会影响到议价者之间的权利转让，但是不会影响到结果的效率（相关讨论可见Spulber，1989，第12、13章）。

科斯的洞见，即认为私人会依据法律制度展开议价并达成有效结果，已被证明是法律经济分析的基础。消费者与企业会根据具体的法律规则，调整他们交易与合约的条款。当交易成本很低时，只要法律能提供清晰的权利配置规则，那么不同的法律规则对于经济协议的影响常常就是中性的。而且，当交易成本很低时，无须政府直接干预管制外部效应，私人议价也可以解决社会成本问题。虽然普通法、成文法以及司法制度无疑都是政府的构成要素，但是相比于行政机构有着详细规定的管制而言，适用一般规则的法律对经济活动的干扰显然要更少些。

正是因为受到科斯的启迪，张五常教授着手考察了"蜜蜂的寓言"（重印于本文集第三章）。在原版的寓言中，蜜蜂通过传播花粉给农场主带来好处的同时酿造蜂蜜，使得蜂农也受益匪浅。在这里，因为蜂农与农场主得到的好处都没有获得补偿，所以整个社会中果园的种植与蜜蜂的养殖都要低于最优规模。张五常的文章铿锵有力地论证了科斯的洞见，也即私人议价能够内部化社会的收益与成本。

蜜蜂与果园的故事描述的是正外部性，它们对于负外部性比如污染同样有所启发。蜜蜂的寓言是由米德（J. E. Meade，1952）引介的，后来被弗朗西斯·巴特（Francis M. Bator，1958）用于说明市场失灵（还可见Mishan，1965）。之后，蜜蜂的寓言不断重现在公共财政和坏境经济学的课堂中。它成了对污染进行公共管制的一个重要理由。张五常找到了一些证据，这些证据让蜜蜂的寓言看起来令人惊讶，因为"至少在美国，农场主与蜂农之间达成合约安排是由来已久的惯例"。张五常研究了华盛顿州的养蜂业，并仔细地探究了蜂农与农场主之间签订确定价格和分配服务的私人契约安排。

蜜蜂的寓言可以解释经济学家为何会担心市场未能顾及某种类型的收益或者成本，因为这可能导致负外部性的生产过度和正外部性的生产不足。而对这则寓言的重新解读表明，实践中，私人的议价与合约协议能够减轻甚或消除这种失灵。在这个例子中，蜂农与农场主达成了自愿协议，这就为农场主留下蜜蜂授粉带来的收益，以及为蜂农收获果园中蜜蜂酿造的蜂蜜提供了可能。因此，蜂农与农场主无法达成协议的传说就是一个神话。这里并不存在市场失灵，也没有呼唤政府机构采取行动。

重读蜜蜂的寓言意味着，我们不应该从这个故事之中推出呼唤环境管制的公共政策药方，也不应该因为蜂农与农场主之间会签订协议就反对环境管制。毕竟，蜜

经济学的著名寓言

蜂与果园只是一个非常特殊的例子。这里涉及的是外部收益而非伤害。而且，这个故事很符合科斯的观点，也即少量的行动者可以确保交易成本处于较低水平。对于理解一个环境损害波及面很广的市场，尤其是污染者与受害者数量都很多的市场，养蜂市场的制度所能带来的启发很可能十分有限。

重读蜜蜂的寓言真正带来的启示在于，我们在提出一般性的政策建议时需要关注既有的市场制度而非抽象的预测。也许，市场中就存在一些制度能够处理污染的损害或者邻里美化环境的努力问题。如果市场中缺乏这些制度，那可能意味着，我们需要在法律方面做些改变，设计出某种权利分配方案，使得私人议价得以展开，或是依赖法律行动来解决有关损害赔偿的纠纷。不过，即便权利得到非常细致的界定，交易成本可能还是太高了，以至于私人之间很难展开有效的议价。这时，降低私人之间交易成本的公共政策可能就会比管制行动更为有效。

与外部性紧密相关的一个问题是自然资源因为竞争性的使用而耗竭。这就是著名的公地悲剧。这个表述源自加勒特·哈丁（Garrett Hardin，1968）。他引用了一本小册子的话。这本小册子是由一位数学爱好者威廉·福斯特·劳埃德（William Forster Lloyd）于1833年撰写的。哈丁借一个假想的故事，讨论了人口过剩、污染与资源的耗竭。这个故事说的是中世纪村庄的公地上发生的过度放牧问题：

> 想象一个向所有人开放的公共牧地。可以预见的是，每个牧羊人都将试图在这片牧地上放养尽可能多的牲口。在若干个世纪里，由于部族之间的战争、偷猎、疾病，人与牲畜的数量会被限制在土地的承载能力之内。于是，这么一种安排便可能可以令人满意且合理地运转着。然而，末日审判终有一天会到来——到那时，长久以来人们所渴望的社会稳定会成为现实；到那时，公地内在的逻辑就会毫不留情地导致悲剧的发生。

这个观点认为：如果公地上放牧的区域是属于每一个人的，那它就不属于任何人；同时，村民们不会有任何激励保护资源，并且会在牧地上放养更多的牲口，直到草地耗竭为止。过度放牧的问题还出现在一些历史书中，比如格纳（Gonner，1966）、斯拉特（Slater，1932）、科尔曼（Coleman，1977）的著作。例如，格纳（1966，p. 25）就曾说道："随着公地上放养的牲口越来越多，……结果就是公地的超负荷运转。"

封建时代与中世纪公地的故事常常重复出现在有关自然资源与环境污染方面公共政策的讨论中，而它们都有待进一步的考察。有观点认为，圈地法就旨在替代某种无效的制度，因为圈地有助于增进效率；但是，这种观点已然受到挑战。正如奥斯特罗姆（Ostrom，1990，p. 224）所言，关于英国在圈地法出台前后土地所有制的情况，经济史学家可谓众说纷纭（见如Thirsk，1967；McClosky，1976；Dahlman，1980；Yelling，1977；Allen，1982；Fanoaltea，1988）。

经济学家在共有产权资源（common property resources）租金耗竭方面可谓著述甚丰（如Gordon，1954；Cheung，1970；Spulber，1982）。如果某种自然资源的产权没有得到恰当的界定，个体就会争相利用资源直至其耗竭，不管是渔场、林地，还是地下的原油。即便开采资源的成本会阻止其耗竭，缺乏产权的竞争也会导致资源经济租值的耗散。如果资源是个体所有，那想来它就会得到妥善的管理，从而使得资源之中可得的经济回报最大化。因此，正如环境污染是源于空气与水资源的共有一般，可耗竭资源的使用很可能也取决于产权的安排。

那么，产权问题该如何解决呢？卢梭的《社会契约论》与霍布斯的《利维坦》讨论了产权的源起与社会协议。其中的路径之一是把产权配置给政府，政府可以自己开采资源、管制资源使用，或是授权私人以一种可控的方式使用资源。这其中一个重要的问题是：如果没有法律或者政府来配置产权的话，租金的耗散是否一定不可避免？

约翰·昂伯克（John Umbeck，1977）考察了1848—1849年加利福尼亚州淘金热期间私人产权的确立。当时，加州是没有产权制度的，因为加州刚刚成为美国领土的一部分，而且当时加州的行政长官梅森上校（Colonel Mason）废止了此前墨西哥人有关公地采矿权获得方面的法律，但却没有提供一种替代的安排（Umbeck，1977，p. 203）。资源的价值越高，确立产权带来的收益也就越高。然而，昂伯克指出，资源的价值越高，确立产权的交易成本也会越高。对于有价值的资源而言，如果收益超过成本，那么私人主体可能无须政府的干预即可自行确立产权安排。在淘金这个例子中，矿工达成了明确的合约，允许各自独立地开采自己主张权利的矿地，执行自己的权利主张，甚至是买卖那些矿地，也因此创立了一整套私人产权体系。

奥斯特罗姆（1990）识别出了一种介于极端的私人所有与政府控制之间的公共事务治理手段，那就是合作性协议。她区分了开放使用资源（open access resources）与由明确界定的社会团体来管理的共有产权资源。奥斯特罗姆提供的很多证据表明，合作选择的协议在管理共有产权资源上可以很好地运行。她列举的例子包括瑞士的高山草甸、日本的山岳公地、西班牙韦尔塔斯与菲律宾赞杰拉斯的灌溉系统，其中有一些已经运转了数世纪之久（还可见 Feeny，Hanna and McEvoy，1996）。通过考察土耳其的渔场与加州盆地的地下水配给，奥斯特罗姆还识别出使用（access）不受限制并且合作协议存在很高的交易成本时可能出现的一些问题。这些研究皆强调了交易成本的关键作用。

四、技术锁定与网络外部性：键盘、盒式磁带与小型运煤车的寓言

托马斯·谢林（Thomas Schelling，1978）发现，在许多经济和社会行为中，存在一种所谓的"临界容量"（critical mass）效应。邻里关系会因为自我证实的预期而得到改进或者恶化，社会惯例会变得自我实施，寓言也会变得自我实现。临界容量这个概念还出现在网络外部性的讨论之中（Katz and Shapiro，1985）。临界容量效应的存在是否意味着，消费者的集体选择会造成市场的低效呢？因为协调问题而导致次品被所有人购买的临界点（tipping）现象会影响到市场的结果吗？如果市场的协调机制无法解决协调问题，那么临界容量现象导致的潜在低效率就会令人

望而生畏了。按照网络外部性支持者的说法，其结果就会是某种市场失灵，也即所谓的技术锁定——在标准的选择上，市场几乎无法避免地选择了某些低效的技术。

技术锁定的概念与经济史中广为接受的另一个概念很相似，那就是路径依赖。这个概念由布莱恩·阿瑟（Brian Arthur，1989，1994）、保罗·戴维德（Paul David，1985，1992）等人提出。经济学中路径依赖的概念来自与物理学和生物学的类比。在物理学和生物学中，它指的是初始条件对生物进化过程中物质系统运行的影响。阿瑟（1990）主张，把握正反馈的原理可以缔造一个全新的经济学。这个观念远不止于那个没有争议的主张——"历史很重要"。路径依赖的支持者宣称的似乎是，经济现象必然起因于历史偶然性因素。（见 Liebowitz and Margolis，1994，1995。他们批评了路径依赖的说法。）

令人不安的是这一概念的公共政策含意。如果市场无法选择恰当的技术，那么依照效率标准，我们就需要政府借助产业政策来选出赢家。这种观念认为，市场会锁定到劣质技术上，因此，政府应该把市场中那些明显的赢家替换为政府计划者认为更优的技术。结果，政府可能就会认为，补贴特定技术或者保护国内产业，使其免受采用不同技术的国际企业的竞争是合理的。问题是，相比于由市场来提供多种竞争性的技术，我们可以指望政府的计划者能够完成技术变迁的预测这一不可能完成的任务吗？而且，政府的计划者也不大可能认真思考消费者对新产品偏好的多样性。

技术锁定的概念还隐藏着另一层危险的含意。它意味着，那些成功的企业，比如微型处理器方面的英特尔（Intel）、路由器方面的思科（Cisco）或者线上拍卖方面的易贝（eBay），可能会把低效的技术标准强加给消费者，于是，那些本来可以从被淘汰甚或是假想的技术中获益的消费者就因此受到了伤害。如果市场一直锁定在这些低效的选择中，那么反垄断政策就应该针对成功的高科技企业，因为想必正是这些企业抑制着其竞争者提供的技术。

在针对微软的反垄断诉讼案中，美国司法部与十九个州的总检察长提出了类似的主张。政府的案例库因此拥有了一个反垄断的新理由——垄断制约着技术变迁。[6]

在其他主张中，政府还指控微软压制网景（Nerscape）的浏览器，尽管事实是后者的浏览器对于消费者而言一直是可及的，即便在美国在线（America Online）收购了网景大量的股份之后也是如此。他们的逻辑是，虽说市场上流行的是微软的操作系统及其浏览器，但是如果市场没有锁定的话，那消费者的福利就可以因为一些假想的技术选择而得到改善。杰克逊法官（Jackson）写道："最终的结果是，某些可能真正令消费者受益的技术创新永远不可能发生，而这仅仅是因为它们与微软自身的利益不兼容。"[7]利博维茨和马戈利斯（1999）回顾了这些论点，他们证明说，微软的产品从竞争中胜出并流行就是因为消费者喜欢它们甚于其他选择。

有一个例子最经常地被用于说明市场因为技术锁定而失灵，那就是打字机键盘的设计。目前常用的设计，也即键盘左上方字母排列为QWERTY的设计，是克里斯托夫·肖尔斯（Christopher Scholes）于1868年发明的专利，之后于1873年被雷明顿（Remington）购得。键盘的寓言说的是，尽管后来出现了一个更有效率的设计，也即所谓的德沃夏克（Dvorak）设计，据称是效率更低的QWERTY设计却一直维持着它在市场中的支配地位。这个寓言由经济史学家保罗·戴维德（1985）引入到文献之中，自那以后便成为讨论标准设定和网络外部性的文献广泛引用的案例。比如，卡尔·夏皮罗与哈尔·范里安（Carl Shapiro and Hal Varian，1999）就问道："那么，为什么我们所有人到现在都还在使用QWERTY键盘呢?"他们认为，这只是因为个人转向据称更好的德沃夏克式设计的成本太高了，或者说这是因为协调成本的存在使得大家一起转变的成本高得令人望而却步。

利博维茨与马戈利斯在《键盘的寓言》中阐明了QWERTY故事的真相（第四章）。迄今为止，尚无证据表明打字机或者电脑上键盘的按键设计是低效的。正如这篇文章所揭示的，由美国海军完成的测试，也即证明德沃夏克设计更为优越的那

6　Steve Lohr，"The New Math of Monopoly"，*New York Times*，April 9，2000，Section 4，p.1.

7　同上。

个测试，其主持者实际上就是这个专利的发明者和所有者——中尉指挥官奥古斯特·德沃夏克。在市场上，不同的键盘依然在相互竞争着。

经济学家在论及市场倾向于选择错误的技术并导致锁定这一问题时，常常还会提到盒式录像机市场上VHS打败Beta的例子。据说，VHS的市场标准要劣于失败了的Beta标准，但是VHS胜在它进入市场的时间更早。然而，有充分的证据表明，这个技术锁定的例子不管是在历史上还是在技术上皆存在可疑之处。在收录于本文集第五章的论文《Beta、Macintosh以及其他离奇传说》中，利博维茨与马戈利斯证明，VHS之所以打败Beta，是因为它的播放时间更为长久，从而使得它后来居上并最终赢得市场。他们还证明，其他一些所谓的锁定案例，比如IBM兼容机完胜苹果的Macintosh电脑，同样经不住仔细的考察。

瓦尼·范弗莱克（Va Nee L. Van Vleck）在收录在本文集（第六章）的论文《英国公路和铁路运煤："小傻短尾巴"煤车的效率》中，精巧地处理了历史学中的路径依赖这个概念。历史学家一直在感叹，大不列颠用于运载煤炭的小型铁路货车效率太低。确实，因为车厢的量表关系，大型铁路货车很容易实现规模经济。在美国和欧洲，使用的都是大型铁路货车。然而，据范弗莱克观察，小型运煤车只是整个更大的运输系统的一部分，这个系统还包括由马车（后来是卡车）组成的地方运输系统。如果使用的是大型铁路货车的话，那么运输的总成本就可能提高，也因此会因为作为整个运输系统的一部分而变得低效。范弗莱克有关小型运煤车历史的研究表明，我们不能孤立地评估技术的效率；相反，我们应该看到消费者偏好和互补性服务的重要作用。

不管是键盘、盒式录像机还是小型运煤车，这些寓言都意在说明，市场会做出不正确的选择，而一旦某种标准得以确立，市场就无法轻易地转向新的技术。这些例子有些神秘，但却不断地被引用；这意味着，当今市场中，我们能够看到的技术锁定的例子，即使有也是很少的。在电脑硬件与软件、因特网、电子产品、通讯、生物技术等诸多行业中，技术与技术标准皆瞬息万变，这些都证明，技术一旦确立就不会再变的观念就是一个谎言。

重新解读这些技术锁定方面的神话是有价值的，因为这就推翻了技术变迁领域中市场失灵的典型案例。在这里，重要的是仔细探究新技术如何扩散、产品标准如何确立。毕竟，采用新技术或者新产品标准都存在交易成本。不过，推动技术变迁的市场制度十分复杂，不仅涉及消费者的选择，而且涉及引入创新技术的企业之间的竞争。提供新产品的企业会采用试用价、各种营销以及促销策略，吸引消费者转向新产品。提供互补性产品与服务的企业也愿意签订合约，分享提供兼容性产品的收益。行业组织会确立并推广新的技术标准。此外，还有很多其他技术扩散的机制，包括教育机构、科技出版、行业模仿等。技术史学家面临着许多挑战，这些挑战充分表明，消费者选择和生产者竞争之于技术标准变化的影响是多么复杂。

五、合约套牢：费雪车体的寓言

还有一种所谓的市场失灵是合约的套牢（contract hold-up）。合约套牢讲的是这样一个故事：执行合约是有成本的，要写出完全的相机合同也是不可能的。有些类型的行为可能是不可观察的或者不可执行的。合约的当事人，尤其是企业，会做出不可撤回的投资，这些都是与合约关系相关的专用性投资。假定合约之中有一方（比如说卖方）已经做出这么一笔投资，那就会被合约的另一方（比如说买方）套牢。买方可以利用卖方的投资承诺，要求重订合约，降低支出。合约的双方都能预见到这一次优的可能，结果他们就会签订一份投资水平低于最优规模的合约，也因此就会降低交易所得，造成合约性低效。作为替代，当事人可能就会借助引入高成本的合约治理机制来解决套牢问题，比如实施纵向一体化。

有一种观点认为，私人的合约通常是低效的，这种观点已经成为合约经济学中许多文献的出发点。本杰明·克莱因、罗伯特·克劳福德与阿门·阿尔钦（Benjamin Klein, Robert Crawford and Armen Alchain, 1978）这样提炼他们的基本假说："随着资产专用性的加强以及更多可侵占的准租金的出现（也因此机会主义行为带来的潜在收益增加），一般而言，签订合约的成本就会随之上升，并超过纵向一体化。"他们总结说，企业之间的纵向一体化为解决合约套牢问题提供了一条路径。

奥利弗·威廉姆森（Oliver Williamson，1985）把合约的套牢看成机会主义——他把机会主义定义为"通过使诡计来牟取自我利益"。威廉姆森（1985，p. 95）指出，与特定合约关系相关的专用性投资，其形成可以有若干种方式，比如，这些投资只能在特定的地方使用，它们物化在资本设备中、成为专用资产或是构成人力资本。依据威廉姆森的看法，套牢会导致企业采取纵向一体化策略，以组织性的治理来替代市场的合约。奥利弗·哈特（Oliver Hart，1995）也认为，企业就是基于减轻因为拥有物理资产而产生的合约方面的套牢问题的需要而成立的。

合约套牢问题背后的公共政策含意并不确定。克莱因、克劳福德与阿尔钦（1978，p. 325）指出，若要寻找更好的合约关系与所有权安排，那就需要"借助市场与政府（管制、立法与司法）之手"。虽然合约的套牢被描述为一种市场失灵，但纵向一体化显然是一种市场化的解决方案。相应的，该理论似乎意味着，反垄断法对于纵向并购应该更为宽容，因为这是减轻低效合约影响的一种手段。然而，威廉姆森（1985，p. 99）却认为，反垄断政策应该考虑到，"主导企业的纵向一体化会将更小的竞争对手置于一个不利的位置"。他还指出："这种反竞争的效应同样会增加交易成本。"套牢的概念已经被应用到纵向关系中合约签订后市场力量的反垄断分析之中。比如，克莱因（1999）就主张，针对柯达（Kodak）的决策进行反垄断调查时需要说明，特许者可以在合约签订后通过改变特许经营的合约来套牢它的加盟商。

三和义郎和马克·拉姆齐亚（Yoshiro Miwa and Mark Ramseyer，2000）回顾了不同行业中与合约关系相关的专用性投资的经验证据。他们发现，特定地理位置方面投资的资产专用性可能是最强的，比如某个建在煤矿边上的发电厂。在航天、国防与公用事业等行当之外的证据并不清晰。三和义郎和拉姆齐亚还考察了日本汽车行业部件供应商与装配商的关系专用性投资。他们发现，这种投资一般很低，合约方相互持有的股份也很少。

研究合约与企业理论的经济学家都喜欢引用通用汽车收购费雪车体的案例，用于说明市场合约的失灵，说明一纸不可行的合约如何为纵向一体化所替代。费雪车体收购案被克莱因、克劳福德与阿尔钦（1978）拿来说明合约的套牢问题，也正是他们把这个并购的故事引入经济学文献中。威廉姆森（1985）在其有关交易成本经济学的著作中也讨论了这一收购案例，其意在说明资产专用性以及企业治理对私人合约的替代。哈特（1995）则引用费雪车体的故事说明了企业的产权理论以及企业合并物质资产所有权的好处。

可问题是，认为是合约套牢问题促成了通用汽车于1926年收购费雪车体，这个说法本身就是一则寓言。通用汽车在1919年就获得了对费雪车体的控股权，并于1926年完成了收购。按照流行的说法，费雪车体与通用汽车之间的合约使得车体制造商得以压榨通用汽车。费雪车体不仅在定价上存在机会主义倾向——至少故事是这么说的，而且还拒绝把自己的工厂建在通用汽车的工厂旁边。当事情变得无法容忍之后，通用汽车才不得不收购费雪车体。但是，并没有什么历史证据支持这个说法。这两家企业之间的关系十分和睦，并购的结果也表明，所谓的合约失灵与并购没有什么关系。

罗纳德·科斯在其收入本文集（第七章）的《通用汽车收购费雪车体》一文中，为研究这些事件引入了一个真实而独特的视角。这不仅因为科斯作为交易成本经济学的奠基人，是一位极有资格的研究者，而且因为他运气极佳，在这件事情刚刚发生之后不久就获得了与通用汽车的一名执行官面谈讨论这一收购案的机会——这次面谈发生在1931—1932年科斯因获得一笔奖学金而访问美国的那段期间。科斯总结说，资产专用性问题的最佳解决方法是长期合约，而非纵向一体化。

在重印于本文集（第八章）的一篇文章——《费雪车体的寓言》中，拉蒙·卡萨德苏斯–马萨内尔与丹尼尔·施普尔伯大体上声援了科斯围绕这次收购展开的分析。他们还扩展了科斯的分析，把这个寓言置于经济理论的应用语境中，考察了经济学文献中强调的这个故事的具体细节。他们发现，这两家企业寻求合并是为了更好地协调二者的运营。在20世纪20年代，通用汽车收购了大量零部件的供应商，意图完全整合零部件的生产。此外，这次并购还有人事上的考虑，因为通用汽车很看重费雪兄弟在制造和管理方面的才能。

罗伯特·弗里兰（Robert Freeland，2000）的一项重要研究也分析了通用汽车与费雪车体的并购案。[8]弗里兰扩展了分析的视角，考察了两个企业在并购发生之后的关系。他认为，并购后是费雪兄弟占了通用汽车的便宜，因为在通用汽车组织内部实质上表现出机会主义的正是费雪兄弟。弗里兰对费雪兄弟在组织内产生影响的这种解释，把合约套牢的概念扩展到组织内的行为中。弗里兰的工作有助于增进我们对并购发生后组织会如何变化的理解。

克莱因（2000）回应了科斯、弗里兰、卡萨德苏斯－马萨内尔与施普尔伯对他那里有关通用汽车和费雪车体并购的解释所做的批评。克莱因（2000）承认，这次并购背后主要的经济动机乃是协调方面的需要："车体的设计变得日益重要，与底盘的设计和生产之间关系也变得更为紧密。因此，车体供应商及其客户——汽车制造商对彼此之间协调工作的要求就大幅增加了。……这些经济力量与车型的年度变革一起，最终导致所有的汽车制造商选择了纵向一体化。"

克莱因还编造了一个新的寓言：弗林特工厂问题。他宣称，费雪车体拒绝了通用汽车的一个要求，后者要求它在密歇根州的弗林特建立一个工厂，为其别克分部供应车体。依据这个新的说法，通用汽车与费雪车体在1926年的兼并，乃源自二者无法就是否需要把一家工厂从底特律搬到57英里（1英里=1.609 3千米）之外的弗林特达成一致。克莱因争辩说，费雪车体与通用汽车二者之间的制造合同之所以在1925年破裂，是因为1925—1926年汽车需求的急剧增长导致合约再也无法"自我执行"。

对证据的进一步分析表明，通用汽车与费雪车体的兼并不可能源于这么一件

8　这篇文章与科斯、卡萨德苏斯－马萨内尔和施普尔伯的文章一起发表在同一期的《法律经济学杂志》上。他的历史分析与科斯、卡萨德苏斯－马萨内尔和施普尔伯的分析相互重叠且大体一致。弗里兰的文章对费雪车体的讨论做出了非常重要的贡献，很遗憾，因为篇幅所限无法把其纳入本文集。希望对通用汽车收购费雪车体案感兴趣的读者可以自己阅读弗里兰那篇十分有趣的文章。

小事。这两家企业都运营着大量的工厂。1924年之前，通用汽车的别克分部自己就已在弗林特建立了三个组装厂与两个大型的车体制造厂；1923年，费雪车体也已在弗林特建立了一家工厂，并依托该工厂为别克生产车体。别克似乎并未受限于此，因为它在1925年和1926年还扩大了生产规模——这两年正是别克历史上的销售大年之一。还有一种观点认为，通用汽车发起收购是为了避免一场针对费雪车体的子虚乌有的法律行动——这种观点不过是又一个无法核实的假说。与此不同，所谓的弗林特工厂问题宣称，费雪车体通过拒绝这么一项投资套牢了通用汽车——这个说法根本无法确证，因为它依托的事情并未发生（见卡萨德苏斯-马萨内尔与施普尔伯，2000）。

六、委托代理关系中的道德风险：佃农分成的寓言

委托代理关系指的是，在一个合约中，一方当事人即委托人授权另一方当事人即代理人代表其履行某项事务。处理这类合约关系的法律，也即所谓的代理法（agency law），厘定的是委托人与代理人彼此之间以及他们对第三方的责任。在经济学中，委托代理关系是受到最多关注的理论框架之一。佃农分成的寓言在经济学的代理理论中扮演着至关重要的作用。

在经济学的代理模型中，委托人向代理人付费，要求其履行指定的任务，代理人决定付出多少努力用于履行该项任务。经济学中的代理模型研究的是如何设计激励，让代理人履行任务。这个模型已经被广泛用于分析各种各样的关系，比如企业和雇员、企业和分包商、病人和医生、客户和律师、股东和公司董事会以及管制部门和企业等。

在经济学的代理模型中，通常都会假定委托人拥有的信息少于代理人。这个模型有两个变形：一个假定代理人的行为无法被观察，另一个假定代理人的特征无法被观察。对代理模型的经济分析一般都旨在证明，这些信息难题如何使得激励的设计变得复杂。在这里，我将只关注行为无法观察的情形。

这种情形讲的是委托人授权给代理人，且监督成本很高，与此同时，代理人的努力无法直接被观察到。代理人的行为也无法从结果中推得，因为模型假定结果是不确定的。例如，代理人在农业生产中付出了努力，但是由于一些随机效应比如天气的影响，农业的产出并不确定，所以代理人的努力程度也就无法从产出中推得。结果，合约就无法明确地规定努力的水平，而必须依赖于奖励代理人的表现。

努力对于代理人而言是高成本的。如果委托人付给代理人一份固定的报酬，代理模型的预测便是，代理人会偷懒。换言之，代理人不会对手头上的任务投入任何努力。委托人因此必须依赖于绩效报酬，比如奖金或者佣金，诱使代理人在任务上投入更多的努力。

然而，绩效报酬体系也存在缺陷，那就是它们会把风险转移给代理人。如果代理人是风险厌恶的，那么过于依赖绩效报酬就会把风险的成本加诸代理人。于是，委托人为了能够继续雇用代理人，就不得不给代理人补偿风险的成本。相应的，代理模型的预测就会变成，委托人会给代理人同时提供一份固定报酬与一份绩效报酬。这意味着，委托人与代理人之间的合约会牵扯到某种程度的偷懒，因为代理人的报酬并不完全取决于其表现。

代理人偷懒的问题就是所谓的道德风险问题。这个术语是从保险行业进入到经济学之中的。因为保险的合同本质上会承担一部分损失的风险，于是投保人采取措施避免意外事故的激励就下降了。保险合同中因此出现了比如自负金额等条款，这些条款就是通过共担损失风险来降低道德风险的一种机制设计。

经济学中的委托代理模型有一个很重要的原型：佃农分成模型。在地主与佃农之间存在很多可选择的合约安排。地主可以通过固定工资雇用农民，农民可以向地主支付固定的租金，农民也可以向地主支付一部分的农业产出作为租金。地主与佃农之间分享产出的制度就是所谓的佃农分成或者分成租佃。产出的分成比例一般设定为五五开，也即法语中分成（metayage）一词的字面含义。

亚当·斯密（1776）与约翰·穆勒（1848）都强调说，固定租金的租赁制要比佃农分成制更有效率——前者在英国很普遍，后者在法国很普遍。亚当·斯密谴责佃农分成制，因为他认为，佃农会因此不愿在农场上投入自己的资本。他建议引入税收来鼓励地主采用其他合约安排："这些租金对佃农的伤害总是要大于给地主带来的好处。"（进一步的讨论可参见 D. Gale Johnson，1950，p. 112。）

许多经济学家重复了这个观点，认为佃农分成制会导致农业生产中激励的失效。小冢圭次郎、中马宏行与蕃山佑二郎（Keijiro Otsuka，Hiroyuki Chuma，Yujiro Hayami，1992）全面回顾了探讨土地合约方面的理论和事实研究。基于联合国粮农组织1970年的农业普查资料，所有者耕作（owner cultivation）是最为普遍的耕种方式。虽然欧洲与北美存在大量的佃农分成合约，但亚洲才是在租赁的土地上采用佃农分成比例最高的地区。

马歇尔（1890）曾提出一个佃农分成的理论模型。他认为，这么一种合约安排会导致农民努力程度的下降，而这显然是低效的，因为农民没有获得其劳动的所有边际产品。马歇尔的分析有效地确立了现代经济学中有关合约研究的框架。他的预测，也即认为分成产出会导致努力水平下降，本质上说的就是委托代理问题中盛行的道德风险问题。马歇尔的洞见是农民的努力会因为没有获得足够的边际报酬而降低，这本质上与委托代理模型中的偷懒问题，以及与存在交易专用性投资的合约模型中的投入不足是一回事。

张五常在其《佃农理论》（此书的一部分以"佃农分成制"为名收录在本文集第九章）中，考察了早年对这个问题的讨论，并指出佃农分成制效率低的故事就是一个神话。马歇尔（1890）以及约翰逊（1950）都认为，如果地主能够观察到农民的努力的话，佃农分成制不一定就是低效的。张五常观察到，有关佃农分成制的基本经济理论忽视了一个事实，那就是地主可以改变对佃农的土地配置，从而使其获得又一个强化佃农绩效激励的工具。地主与佃农还可以基于长期交往而建立信任关系，因为他们每年都可以决定是否重续合约。地主可以观察农民的努力，合约的条款也是可执行的。这些观点都在有关佃农分成制的文献中引发了巨大的争议（见小冢等，1992）。

在他们的综述中，小冢等（1992，p. 2013）总结说，当佃农分成制不合法时，固定工资合约一般会占据主导地位，但是如果不存在这种管制约束的话，那么佃农分成制会占据主导地位。他们还发现："经验证据大体上与一般性的假设相符，也即当双方可自由选择时，发展经济体中的农民可以从广阔的土地合约谱系中做出有效的选择。"然而，他们也发现，许多研究的结果很难得到解释，因为在检验马歇尔的假说时，这些研究的一般做法是把佃农分成与所有者耕作或者是租者保有的租约（lease-hold tenancy）拿来比较，而没有考察更广的问题，比如制度约束和地主的劳动管理能力。

张五常的工作是重要的，因为它表明，我们需要重新考察农业中的分成合约是低效的这个观点，尽管它很流行。这还涉及对始于亚当·斯密时代的那些公共政策建议——政府应该介入农业部门，减轻因为佃农分成制而导致的低效率——的反思。

亚当·斯密与马歇尔有关佃农分成的著述是现代委托代理模型的基础（见如Stiglitz，1974；小冢等，1992）。而张五常的分析意味着，长期合约以及其他一些控制工具——比如变化分配给代理人的任务，可能是市场减轻甚或避免道德风险问题的手段。张五常的工作是重要的，因为其中有关佃农分成中激励的讨论应该足以促使经济学家重新审视委托代理模型的基础。

七、掠夺行为：标准石油与美铝的寓言

如果企业采取不正当的手段把竞争对手赶出市场，那它们就会被认为是实施了掠夺行为。如果企业能够想法子借助过度竞争来打击对手，那市场就会失灵。经济学家与反垄断的支持者已经识别出许多种掠夺行为，包括价格掠夺、非价格掠夺、抬高竞争对手的成本以及国际贸易中的倾销等。然而，如何定义掠夺行为依然是一个问题，因为在实践中，我们很难把激烈的竞争与把竞争对手赶出市场的不正当竞争区分开来。面临激烈竞争压力的企业往往会对掠夺行为产生抱怨。然而，反垄断政策的目的在于保护竞争，而非帮助失败者。市场制度的驱动力不仅仅在于成功的

自由，而且在于失败的自由。若以掠夺之名指控某些企业，那便会陷入保护低效、打击竞争的风险。

掠夺行为的定义必须满足若干条件：在位企业的竞争行为必须有利可图，如此才能表明企业正在追求的是一种理性的策略；掠夺行为必须存在排除竞争对手的可能；最后还必须证明，掠夺行为有害经济效率，所以是市场失灵的一种形式。然而经过仔细的考察，结果表明，那些有关掠夺行为的证据不过都是一些神话传说。在那些有关掠夺行为的证据中，经常被列举的两个案例——标准石油和美铝，都经不住仔细的推敲。

一个企业，如果它为了把竞争对手赶出市场而采取足够低的定价——也许比成本还低，然后在其竞争对手退出市场之后通过垄断定价弥补之前的损失，那它就被认为是采取了掠夺性定价。可问题是，并没有什么准确的方式可用于区分竞争性低价与掠夺性定价。企业亏损是常事，不管是在创业之初还是在谋求扩张之时。有些损失就源自需求下降或者成本上升时商业判断上的失误。若是对价格进行规制以避免损失，那不可避免地便会限制商业的发展，妨碍风险的承担。消费者肯定可以从激烈的竞争与更低的价格之中获益。如果低价的市场领跑者因为规模经济、成本效率或者更好的产品而获益，那这仅仅意味着竞争者应该把资本投入到有效产能之中，或者是应该投入更多资源以树立品牌认知度。

其实，企业不大可能去追逐一种掠夺性的策略。也许它们愿意承受比竞争对手还要大的损失，但这么一种意愿既非成功之道，亦非可置信的威胁。通过后期的运作来弥补损失的机会微乎其微。如果竞争对手能够实现对成本的控制或者通过吸引消费者赢得回报的话，那它们就能安然度过价格战，或者通过降价展开报复。伊斯特布鲁克（Esterbrook，1981）详细列举了反击掠夺行为可采取的策略集。即便激烈的竞争会淘汰某些企业，总还是会有新的竞争者可取而代之。如果在位者把价格定得远远高于成本的话，那就更是如此了。收回成本的可能性越高，新企业进入到给定行当的激励就越强。正如麦基（McGee，1980）所证明的，在位者的威胁对于既有的竞争对手或者潜在的进入者而言都是不可置信的，除非其策略有利可图。

辩护者常常会争辩说，在位者拥有现金储备，也即所谓的长期现金流来源，或者说在位者可以利用来自其他项目的收入补贴价格战中发生的损失。这种解释依然没有回答那个问题，也即这种损失是否可能收回。还有辩护者会说，掠夺者要比其竞争对手更容易进入资本市场，可这个解释依赖于其他市场的不完美。正如斯蒂格勒（Stigler，1967）所言，如果留在市场中的回报足够大，那竞争者应该也能够获得金融方面的支持。

芝加哥学派学者在反垄断这个问题上批评了早期的掠夺行为理论，认为这种行为无利可图也因此非理性（见如Posner，1976；Bork，1978）。自20世纪80年代起，大量的理论文献试图证明，掠夺行为可能成为一种均衡策略（可见Ordover and Saloner，1989；Spulber，1989；Klevorick，1993；Lott，1999；Church and Ware，2000）。然而，在乔斯科（Joskow，1991，p. 58）看来，"这些模型之中隐藏的前提假设与市场的真实情况并非十分一致"。理论文献日益关注的是信息不对称，试图以此来解释为何掠夺性定价策略可能出现在一个市场均衡之中。然而，洛特（Lott，1999）给出的详细证据表明，有关掠夺性定价的信息不对称模型潜藏的种种假设并不成立。

尽管司法案件不少，但是现实中有关掠夺行为的实例无疑十分罕见。例如，科勒（Koller，1971）回顾了1890年以来120多个联邦法院判决的所谓掠夺性定价的案件，结果发现，这种行为在实践中就是一个神话。伯恩斯（Burns，1986）倒是给出了美国烟草在1891到1906年间掠夺性定价的证据，但是他也指出，该结果与完全竞争行为是一致的。洛特（1999）对掠夺性定价的经验证据展开了严苛的评估，并总结说其中的许多证据都是子虚乌有。

也许，与所谓的掠夺性定价相关的反垄断案例中，最著名的应该就是标准石油案了。据称，标准石油曾经采取某种形式的掠夺性定价，使用区域性降价策略迫使竞争者退出市场。这个故事的寓意在于，该企业的掠夺行为最终导致了自己的破产。这个掠夺性定价故事之所以甚为流行，乃是因为一位名叫艾达·塔贝尔（Ida Tarbell，1950）的记者写了一篇名为"降价自杀"的文章，这篇文章收录在一本批评约翰·洛克菲勒（John D. Rockefeller）的书中。挖掘1911年标准石油案背后的真相很重要，因为正如麦基（1980，p. 292）所言，"我依然相信，实施掠夺行为的企图一直很罕见；并且相信成功实施掠夺行为的企图更为罕见"。

结果表明，标准石油案就是另一个寓言。在重印于本文集第十章的论文《掠夺性削价：标准石油（新泽西）案》中，约翰·麦基指出，标准石油已经成为"掠夺性垄断的原型"。[9]麦基发现，几乎没有证据表明市场上曾经发生过这种掠夺性的价格歧视。麦基进一步指出，在并购依然得到反垄断政策所允许的时代，相比于价格战，收购会是一种成本更低、更有效地提升市场份额的手段。阿尔门塔诺（Armentano，1982，p. 71）对这个案件的历史研究也支持麦基的分析："法院并没有对所考察的那段时间中标准石油的行为与绩效展开经济分析，并以此来确定其商业活动是否合理。"[10]

美铝这个反垄断案例曾被用于说明"提升竞争对手成本"的掠夺行为。[11]一个企业，如果它有能力提升对手成本，那就意味着它竖起了一把保护伞，使其能够在不丢市场的情况下提价，甚或能够把竞争者逐出市场，然后实现垄断定价。如果一个企业能够蓄意提升竞争对手的成本，那它就可能违背了禁止独占的反垄断规则。[12]托马斯·克拉特梅克与史蒂文·萨洛普（Thomas Krattenmaker and Steven Salop，1986）与其他人宣称，美铝试图控制电力与铝土矿，而这些都是铝制品生产中的关键投入。

在收录于本文集第十一章的论文《美国铝业公司案的再考察：提高竞争对手

9　约翰·麦基在给我的信中说，就在收到允许我重印他这篇文章的请求之前，他刚刚与《法律经济学杂志》第一任主编——亚伦·戴雷科特（Aaron Director）交谈过，而正是后者于1958年首次发表了有关标准石油案的文章。

10　兰德尔·马里吉尔（Randall Mariger，1978）基于标准石油案的数据做了一个仿真分析，结果发现，降价是一个主导企业在市场份额下降时的反应，而非所谓的掠夺性价格歧视。

11　美国政府诉美国铝业，148 F. 2d 416（第二巡回法院，1945）。

12　就提升竞争对手成本展开的更多讨论可见萨洛普与舍夫曼（Salop and Scheffman，1983）、施普尔伯（1989）、丘奇与韦尔（2000）。

成本的分析方法并不能为判决提供合理解释》中，约翰·洛帕特卡与保罗·戈德克（John E. Lopatka and Paul E. Godek）证明，美铝对于投入品的控制十分有限；与此同时，排他性协议仅仅是其购买协议的补充。美铝只购买了很小一部分电力产能，而它购买的铝土矿对铝土的价格或者可得性几乎没有影响。该研究揭穿了美铝提升竞争对手成本的神话，显得特别有价值，因为美铝正是该理论的支持者所给出的为数不多的案例之一。

提升竞争对手的成本是否可行呢？这其中存在着若干理论难题。而且，即使一家企业能够成功地提升竞争对手的成本，它是否有激励这么做呢？提升对手成本是否可行，这取决于一家企业是否能够成功地控制关键的供应商或者关键的投入品，同时其竞争对手无法找到其他供应商或者替代性的投入来源。即使一家企业能够通过竞争性的竞价提升关键投入品的价格，它因此增加的成本也很有可能会超过任何竞争性的收益。与其他掠夺行为一样，通过提升竞争对手的成本并将其逐出市场带来的回报也必须大于把它们逐出市场的成本才成。而且，一旦竞争对手被逐出市场，在位的企业还必须有能力保卫市场，阻止潜在的进入者，保护掠夺行为的收益。

在掠夺行为之外，经济学家还宣称，其他类型的活动也会导致市场的圈定。在回顾了20世纪最重要的一些反垄断案例之后，洛帕特卡与克莱特（Lopatka and Kleit，1995）总结说："在这些案子中，企业谋求市场圈定的努力可谓无功而返。"经常被拿来说明市场圈定的案例有终端铁路（Terminal Railroad）、联合鞋业（United Shoes）、科罗氏（Klor's）、洛雷恩杂志（Lorain Journal）。[13]对这些案例的进一步分析皆不支持市场圈定的说法。

终端铁路案是圈定某必要设施使用权的经典案例，这里所谓的必要设施一般是指某种无法为进入者成功复制的资本投资。在该案中，一组铁路公司被诉控制了跨

13　美国政府诉终端铁路联合会224，U. S. 383（1912）；美国政府诉联合鞋业机械公司110联邦补充案例295（D. Mass. 1953）法庭决议，374 U. S. 521（1954）；科罗氏诉百老汇黑尔359 U. S. 207（1959），以及洛雷恩杂志公司诉美国政府342 U. S. 143（1951）。

过密西西比河通往圣路易斯的桥梁。赖芬与克莱特（Reiffen and Kleit，1990）发现，所谓的必要设施说几乎没有得到什么证据的支持；相反，这些铁路公司对自己的收费与对竞争者的收费并无二样，它们也没有排斥任何人。他们的研究表明，这个案例并不支持反垄断伤害方面的纵向一体化理论："这个观点一直以来都被误解了，它成了错误信仰纵向一体化经济学的观念之源"。（1990，p. 437）

在联合鞋业一案中，马斯滕和斯奈德（Masten and Snyder，1993）认为，这家企业并没有利用设备租赁来排除竞争对手，而是通过设计合约降低了交易成本。就科罗氏一案而言，科特与克莱特（Coate and Kleit，1994）的研究表明，旧金山的百老汇黑尔（Broadway-Hale）百货商店与家电厂商签署的不过是一份排他性的协议，意在阻止隔壁的折扣店——科罗氏搭自己在销售和促销方面的便车。洛雷恩杂志案讲的是，洛雷恩报纸拒绝刊登当地商人的广告——后者同时还在一家广播电台上做广告。洛帕特卡与克莱特（1995）认为，洛雷恩杂志的行为对广播电台的利益没有任何威胁，对于它自己而言，也几乎不会有什么好处。

掠夺性定价的支持者都有自己的公共政策议案，这些议案有时就像是价格管制。正如施普尔伯（1989）所指出的，针对掠夺性定价，经济学家与法学家支持的许多反垄断路径都可以被解释为某种形式的价格管制。例如，广为应用的阿里达—特纳（Areeda-Turner）检验考察的就是所谓的掠夺者是否把价格定得低于平均成本。

市场圈定的支持者们也在寻求反垄断行动以保护竞争，使之免受所谓的掠夺者的伤害。这类反垄断行为可能带来相反的效果。在1986年松下（Matsushita）案的决议中，最高法院指出，对掠夺行为的指控就是子虚乌有且不利竞争；在1993年布朗—威廉姆森（Brown v. Williamson）案的决议中，最高法院进一步否定了掠夺行为的观点。[14]

政府诉微软公司的案子重新挑起了有关掠夺性定价问题的争论。这个案子的控

14　松下电器诉真力时广播案（475 U. S. 574），布鲁克集团公司诉布朗与威廉姆森烟草公司（113最高法院汇编2578）。

告结合了掠夺行为与技术锁定和网络外部性方面的说辞。媒体常常把微软的创始人比尔·盖茨与约翰·洛克菲勒相提并论。这并不令人吃惊，尽管其中对两人以及两家企业的描绘常常并不准确。就理解此类历史性比较之中的许多谬误而言，麦基对标准石油这个寓言的重新解读可谓含义隽永。

八、干中学：自由轮的寓言

干中学可能带来先发优势与经验经济，因此被认为会造就早期进入者的市场势力。在产业组织经济学中，制造业会因学习而获益的观点颇具影响力。这一点可见利伯曼（Lieberman，1984）与迪克（Dick，1991）的经验研究。在战略管理理论中，干中学也是一个重要的概念。它被视为获得成本优势的一种手段（见如Barney，1997，pp. 192—198）。因为波士顿咨询公司（1972）的努力，这个概念变得日益流行。

在重印于本文集（第十二章）中的文章《自由轮造船商学到了多少？——旧案例的新证据》中，彼得·汤普森（Peter Thompson）考察了一个用于支持干中学理论的经典故事。汤普森使用的是一个之前不可得的大数据库，其中有船厂之中各艘船只及相关资本投资方面的信息。正如汤普森所指出的，以往的研究都基于费希尔（Fischer，1949）的工作展开，但是费希尔的研究并没有资本投资支出方面的数据。

在战时船只建造项目的支持下，二战期间造船业劳动生产率的提高又快又大。自由轮的寓言把劳动生产率的提高归之于学习，认为学习是累计产出的函数。第一个把学习看成自由轮建造项目中生产率提高之源的是莱昂纳德·拉宾（Leonard Rapping，1965）。罗伯特·卢卡斯（Robert Lucas，1993）更是感叹，自由轮的学习过程是一个"奇迹"。相反，汤普森的研究则表明，生产率的提高在很大程度上来自资本的投资以及产品质量的下降。

干中学最早至少可以追溯到亚当·斯密的制针工厂。自由轮项目之中的学习曲线与其他干中学研究一起确立了一种观点——企业是一个学习型的组织，组织能够随着时间的推移而学习进步。虽然这种观点看起来显而易见，但这里的问题是，学习是否只是累计产出的函数（见Sinclair et al，1999）。生产率的提高可部分归之于资本投入或者产品质量的变化，正如自由轮项目所示。生产率的提高还可能是人力资本投资、研发支出、信息收集以及组织变革的结果，而这些都与累计产出无关。米希纳（Mishina，1999）重新考察了二战期间被誉为"飞翔要塞"的B17重型轰炸机研制计划。他发现，在华盛顿州西雅图波音飞机的2号工厂中，生产率的变化主要源自规模更大带来的生产体系的改进，源自生产控制部门更紧密的协作。

在产业组织文献中，学习曲线与先发优势和市场势力是联系在一起的（见Gillbert and Harris，1981；Roth，1986；Dasgupta and Stiglitz，1988）。李（Lee，1975）与斯宾塞（Spence，1981）考虑了随学习而来的进入壁垒。卡布拉尔与赖尔登（Cabral and Riordan，1994）罗列了许多行业中有关干中学的研究，并得出了第一行动者市场支配地位提升的前提条件。他们还考察了生产中存在干中学时实施掠夺性定价的激励。弗登伯格与梯若尔（Fudenberg and Tirole，1983）的研究发现，垄断者的学习会因为生产低于社会最优水平而变慢。他们还进一步证明，当存在双寡头竞争时，学习能增进福利。他们因此建议，政府应该在企业生产激励更大的早期阶段对产出征税，然后在竞争性产出下降的成熟阶段补贴产出。

汤普森的结果表明，有必要仔细地考察各种竞争性的解释，重新检验干中学假说的经验结果。这项工作尤其有助于管理学中对学习型组织决定因素的讨论。对旨在强化干中学或者反对学习曲线那所谓的反竞争效应的公共政策而言，自由轮的故事也提出了质疑。

九、投机性泡沫：郁金香狂热的寓言与其他金融传说

在市场失灵的担忧面前，金融市场亦不能幸免。在这里，经济学家尤其关注经济恐慌与市场暴跌之后可能出现的投机性泡沫。在他那著名的历史著作中，查尔斯·金德尔伯格（Charles P. Kindleberger，1996）详述了金融泡沫，并认为："可

以证明，过度投机——简称为狂热——以及由此引发的突变如危机、暴跌或者恐慌，如果不是不可避免的话，在历史上也是随处可见的。"（p. 2）识别投机性泡沫在当代有着重要的价值。美联储前主席格林斯潘（Alan Greenspan）就曾谨慎地说道，美国20世纪90年代末期的证券市场看起来表现出了某种非理性的繁荣。基于格林斯潘给出的线索，罗伯特·席勒（Robert Schiller，2000）分析了投资者的直觉以及其他文化因素的影响——他相信，正是这些因素导致了美国的非理性繁荣；席勒还认为，因为投机性泡沫的存在，美国股票市场已经全面贬值。

所谓的投机性泡沫都是如此具有戏剧性的事件，因此对个体方面的故事展开细致的分析考察就很有价值了。在这些故事中，最著名的一定是1634—1637年发生在荷兰的郁金香投机。一般而言，经济学文献对此事的正式讨论都会援引查尔斯·麦凯（Charles Mackay，1852）在《极端妄想与疯狂大众之实录》（Memoirs of Extraordinary Popular Delusions and the Madness of Crowds）中给出的奇趣解释。

彼得·加伯（Peter M. Garber）观察发现，郁金香狂热的故事"使得经济学家倾向于发展资产定价的泡沫理论"。加伯那篇名为"郁金香狂潮"的文章被收录在本文集的第十三章。加伯在这篇文章中考察了郁金香球茎的现货和期货市场并总结说，珍稀球茎的高价格反映的是对独特新颖品种的高估值，后续价格的下跌则是源于供给的持续扩大。更为普通的球茎价格的上升依然是一个有趣的谜题。经济学家对郁金香投机的原因和结果给出了标准的解释，但是加伯的工作却对这种解释提出了一些质疑。

加伯（1989）认为，在荷兰的郁金香狂热发生期间，对在郁金香上使用期权的批评是因为受到市场既得利益者对因使用期权而可能进入市场的新商人的愤恨的刺激。在1990年的一篇文章中，加伯指出，经济学中郁金香狂热的故事肇始于查尔斯·麦凯的解释，而麦凯的解释最终依赖的却是那段时期中反对投机者所写的三册匿名小册子中给出的二手解释。

对加伯文章的回应十分有限。金德尔伯格（1996）批评了加伯的结论及其文章中的一些引述，但却未能给出对该历史事件的任何系统性的回答。伯顿·马尔基尔（Burton Malkiel，1999）原封不动地引述了麦凯那里阐述的这段历史。他认为，尽管加伯的论述有些道理，但是"加伯无法为这种现象找到一种合理的解释，因为在1637年的一月份，郁金香球茎的价格整整翻了20倍，但是在随后的二月份，价格却狂跌了20倍还不止"（p. 38）。马尔基尔也未能给出他的解释，只能言辞闪烁地说，恐慌支配了市场，"就像所有其他投机性疯狂中发生的那般"。马尔基尔的观点就是一循环论证：投机性的疯狂就比如郁金香狂热，而郁金香狂热又是一种投机性疯狂，因为它就与其他投机性疯狂一模一样。在没有任何因果推断方面证据的情况下，马尔基尔就总结说，市场震荡源自虚假繁荣，而市场的崩溃又把荷兰人推向持久的萧条，"无人幸免"。

关于投机性泡沫，除了郁金香狂热的故事，还存在其他一些寓言，比如发生于18世纪20年代的南海泡沫和密西西比泡沫。另一些谣传则指向1929年10月华尔街上的大崩盘。这些传说都旨在说明投资者的恐慌与不理性，它们不仅可以作为道德说教的材料，而且可以成为中央银行管制金融市场或者实施货币干预的先导。

郁金香狂热的故事还激起了金融市场上围绕协调而展开的研究，这里的协调是通过所谓的"太阳黑子"完成的（Azariadis，1981；Azariadis and Guesnerie，1986）。金融市场的效率成为一个激辩的主题，引来了复杂的经验分析（见Lo and MacKinlay，1999）。这场争辩很可能会持续下去，因为正如弗勒德与加伯（Flood and Garber，1980）所言，数据分析尚无法从经验上把假定的投机性泡沫与设定错误的市场行为模型区分开来。正如加伯（1989）所指出的，郁金香狂热的故事"使得经济学家倾向于发展资产定价的泡沫理论"。

投资者的行为是否理性、金融市场的运行是否有效，这些问题均具有十分重要的公共政策含意。如果投机性泡沫确实存在，随之而来的市场崩盘也确实成立，那就意味着，金融市场不可能充分有效地运行。

许多热衷于识别投机性泡沫的研究者，其脑海中皆携带着公共政策方面的药方。比如，金德尔伯格（1996，p. 190）就认为，最后的借贷者比如美联储或者国际货币基金组织应该致力于减轻"随着金融危机而来的商业萧条",不管是在国内还是在国际上。席勒（2000）则基于自己对金融市场的研究，反对社会保障体系的私有化。由于这些隐藏的公共政策含意，重新考察这些金融传说将有助于我们对金融市场的效率和金融管制的作用展开理性讨论。

十、结论

经济学文献中充溢着许多为人所珍视的市场失灵故事。然而本文集收录的文章证明，这些故事都是神话传说。虽然虚构的证据在阐释经济学的关键问题时有其工具性价值，但是作为研究者，我们有义务仔细地检验这些历史故事的细枝末节。那些太契合理论的传说应当引起我们的细心注意。本书中给出的这些例子说明，经济学还需要有更多的经验研究。

许多寓言的问题并不仅仅在于其历史事实的不准确性。相反，许多故事的问题在于，它们都拥有一个共同的道德基础——市场会失灵，政府应该伸出干预之手，解决经济上所面临的问题。经济学的学生和研究者应该以批评的眼光检视那些熟悉的寓言，考察对一个历史事件的解释是否准确，或者说它是否在有意地迎合某个特定的公共政策议案。

市场的运作并不总是完美——市场制度常常要比一般想象的来得复杂。消费者与企业通常能够找到创新的方式，解决市场的不完美问题，降低交易成本。本文集收录的这些文章彰显了罗纳德·科斯对经济生活中交易成本之重要性的深刻理解，以及把握市场制度如何解决经济问题的必要性。

参考文献

Allen, R. C. 1982."The Efficiency and Distributional Implications of *18th* Century Enclosures."
Economic Journal 92 : 937—953.

Armentano, Dominick. 1982. *Antitrust and Monopoly*. New York: Wiley.

Arthur, Brian. 1989."Competing Technologies, Increasing Returns, and Lock-In by Historical Events."
Economic Journal 97: 642—665.

Arthur, Brian. 1990."Positive Feedbacks in the Economy." *Scientific American* 262: 92—99.

Arthur, Brian. 1994. *Increasing Returns and Path Dependence in the Economy*. Ann Arbor: University of
Michigan Press.

Azariadis, Costas. 1981."Self-Fulfilling Prophecies." *Journal of Economic Theory* 25: 380—396.

Azariadis, Costas and Roger Guesnerie. 1986."Sunspots and Cycles." *Review of Economic Studies* 53:
725—737.

Barney, Jay B. 1997. *Gaining and Sustaining Competitive Advantage*. Reading, Mass.: Addison-Wesley.

Boston Consulting Group. 1972. *Perspectives on Experience.* Boston⊠Mass.⊠Boston Consulting Group.

Burns, Malcolm R. 1986."Predatory Pricing and the Acquisition Cost of Competitors." *Journal of
Political Economy* 94: 266—296.

Cabral, Luis M. B. and Michael H. Riordan. 1994."The Learning Curve, Market Dominance and
Predatory Pricing." *Econometrica* 62: 1115—1140.

Casadesus-Masanell, Ramon and Daniel F. Spulber. 2000."The Fable of Fisher Body Revisited." Working
paper. Northwestern University.

Cheung, Steven N. S. 1970."The Structure of a Contract and the Theory of a Non-Exclusive Resource."
Journal of Law and Economics 13: 49—70.

Church, Jeffrey and Roger Ware. 2000. *Industrial Organization: A Strategic Approach*. Homewood, Ill.:
McGraw Hill.

Coase, Ronald H. 1988. *The Firm, the Market and the Law*. Chicago: University of Chicago Press.

Coase, Ronald H. 2006."The Conduct of Economics: The Example of Fisher Body and General Motors."

Journal of Economics & Management Strategy 15(2): 255—278.

Coate, Malcolm B. and Andrew N. Kleit. 1994."Exclusion, Collusion, or Confusion: The Underpinnings of Raising Rivals' Costs." *Research in Law & Economics* 16: 73—93.

Coleman, D. C. 1977. *The Economy of England, 1450—1750*. Oxford: Oxford University Press.

Dahlman, C. 1980. *The Open Field System and Beyond: A Property Rights Analysis of an Economic Institution*. Cambridge: Cambridge University Press.

Dasgupta, Partha and Joseph Stiglitz.1988."Learning-by-Doing, Market Structure, and Industrial and Trade Policies." *Oxford Economic Papers* 40: 246—268.

David, Paul. 1985."Clio and the Economics of QWERTY." *American Economic Review* 75: 332—337.

David, Paul. 1992."Heros, Herds and Hysteresis in Technological History: ' The Battle of the Systems' Reconsidered." *Industrial and Corporate Change* 1: 129—180.

Demsetz, Harold. 1969."Information and Efficiency: Another Viewpoint." *Journal of Law & Economics* 12: 1—22.

Dick, A. R. 1991."Learning by Doing and Dumping in the Semiconductor Industry." *Journal of Law and Economics* 34: 133—159.

Easterbrook, Frank. 1981."Predatory Strategies and Counterstrategies." *University of Chicago Law Review* 48: 263—337.

Fanoaltea, S. 1988."Transaction Costs, Whig History, and the Common Fields." *Politics and Society* 16: 171—240.

Feeny, David, Susan Hanna, and Arthur F. McEvoy. 1996."Questioning the Assumptions of the ' Tragedy of the Commons' Model of Fisheries." *Land Economics* 72: 187—205.

Fischer, Gerald J. 1949. *A Statistical Summary of Shipbuilding Under the U.S. Maritime Commission During World War II*. Washington, D.C.: Historical Reports of the War Administration, United States Maritime Commission.

Flood, Robert P. and Peter M. Garber. 1980."Market Fundamentals versus Price-Level Bubbles: The First Tests." *Journal of Political Economy* 88: 745—770.

Freeland, Robert. 2000. "Creating Hold-up Through Vertical Integration." *Journal of Law & Economics* 43: 33—66.

Fudenberg, Drew and Jean Tirole. 1983. "Learning by Doing and Market Performance." *Bell Journal of Economics* 14: 522—530.

Galanter, Marc. 1998. "An Oil Strike in Hell: Contemporary Legends About the Civil Justice System." *Arizona Law Review* 40: 717—752.

Garber, Peter M. 1989. "Tulipmania." *Journal of Political Economy* 97: 535—560.

Garber, Peter M. 1990. "Famous First Bubbles." *The Journal of Economic Perspectives* 4: 35—54.

Gilbert, Richard J. and Robert G. Harris. 1981. "Investment Decisions with Economies of Scale and Learning." *American Economic Review: Papers and Proceedings* 71: 172—177.

Gonner, E. C. K. 1912/1966. *Common Land and Inclosure*. reprinted, Kelly: New York,.

Gordon, H. Scott. 1954. "The Economic Theory of the common-Property Resource: The Fishery." *Journal of Political Economy* 62: 124—142.

Hardin, Garrett. 1968. "The Tragedy of the Commons." *Science* 162: 1243—1248.

Hart, Oliver. 1995. *Firms, Contracts, and Financial Structure*. Oxford: Clarendon Press.

Hobbes Thomas. 1991. *Leviathan, Richard Tuck, ed*. New York: Cambridge University Press.

Johnson, D. Gale. 1950. "Resource Allocation Under Share Contracts." *Journal of Political Economy* 58: 111—123.

Joskow, Paul L. 1991. "The Role of Transaction Cost Economics in Antitrust and Public Utility Regulatory Policies." *Journal of Law, Economics and Organization* 7, Special issue.

Katz, Michael L. and Carl Shapiro. 1985. "Network Externalities, Competition, and Compatibility." *American Economic Review* 75: 424—440.

Kindleberger, Charles P. 1996. *Manias, Panics and Crashes: A History of Financial Crises*, Third edition, New York: Wiley.

Klein, Benjamin, Robert G. Crawford, and Armen A. Alchian. 1978. "Vertical Integration, Appropriable Rents, and the Competitive Contracting Process." *Journal of Law and Economics* 21: 297—326.

Klein, Benjamin. 1999."Market Power in Franchise Cases in the Wake of Kodak: Applying Post-Contract Hold-Up Analysis to Vertical Relationships." *Antitrust Law Journal* 67: 283—326.

Klein, Benjamin. 2000."Fisher-General Motors and the Nature of the Firm." *Journal of Law & Economics* 43: 105—141.

Klevorick, Alvin K. 1993."The Current State of the Law and Economics of Predatory Pricing." *American Economic Review, Papers and Proceedings* 83: 162—167.

Koller, Ronald H. 1971."The Myth of Predatory Pricing: An Empirical Study." *Antitrust Law and Economics Review* 4: 105—123.

Krattenmaker, Thomas G. and Steven C. Salop. 1986."Anticompetitive Exclusion: Raising Rivals' Costs to Achieve Power over Price." *Yale Law Journal* 96: 297—326.

Lee, W. Y. 1975."Oligopoly and Entry." *Journal of Economic Theory* 11: 35—54.

LeviStrauss, Claude. 1963. *Structural Anthropology.* New York: Basic Books.

Lieberman, M. B. 1984."The Learning Curve and Pricing in the Chemical Processing Industries." *Rand Journal of Economics* 15: 213—228.

Liebowitz, Stanley J. and Stephen E. Margolis. 1994."Network Externality: An Uncommon Tragedy." *Journal of Economic Perspectives* 8: 133—150.

Liebowitz, Stanley J. and Stephen E. Margolis. 1995."Path Dependence, Lock-In and History." *Journal of Law, Economics, and Organization* 11: 205—226.

Liebowitz, Stanley J. and Stephen E. Margolis. 1999. *Winners, Losers and Microsoft: Competition and Antitrust in High Technology*. Oakland, Calif: The Independent Institute.

Lloyd, William Foster. 1883. *Two Lectures on the Checks to Population*. Oxford: Oxford University Press.

Lo, Andrew W. and A. Craig MacKinlay. 1999. *A Nonrandom Walk Down Wall Street*. Princeton, N.J.: Princeton University Press.

Lopatka, John E. and Andrew N. Kleit. 1995."The Mystery of Lorain Journal and the Quest for Foreclosure in Antitrust."*Texas Law Review* 73: 1255—1306.

Lott, John R. 1999. *Are Predatory Commitments Credible? Who Should the Courts Believe?* Chicago: Chicago University Press.

Lucas, Robert E. 1993. "Making a Miracle." *Econometrica* 61: 251—272.

McChesney, Fred S. 1986. "Government Prohibitions on Volunteer Fire Fighting in Nineteenth-Century America: A Property Rights Perspective." *Journal of Legal Studies* 15: 69—92.

McClosky, D. N. 1976. "English Open Fields as Behavior Toward Risk." in P. Uselding (ed.), in *Research in Economic History: An Annual Compilation*, vol. 1. Greenwich, Conn.: JAI Press.

McGee, John S. 1980. "Predatory Pricing Revisited." *Journal of Law & Economics* 23: 289—330.

Mackay, Charles. 1932. *Memoirs of Extraordinary Popular Delusions and the Madness of Crowds*, Reprint edition. Boston, Mass.: L.C. Page Co.

Malkiel, Burton G. 1999. *A Random Walk Down Wall Street*. New York: Norton.

Mariger, Randall. 1978. "Predatory Price Cutting: The Standard Oil of New Jersey Case Revisited." *Explorations in Economic History* 15: 341—367.

Marshall, Alfred. 1890. *Principles of Economics*, 8th edition. London: Macmillan.

Masten, Scott E. and Edward A. Snyder. 1993. "United States Versus United Shoe Machinery Corporation: On the Merits." *Journal of Law & Economics* 36: 33—70.

Mill, John Stuart. 1926. *Principles of Political Economy*. London: Ashley Edition.

Mishan, E. J. 1971. "The Postwar Literature on Externalities: An Interpretive Essay." *Journal of Economic Literature* 9: 1—28.

Mishan, E. J. 1965. "Reflections on Recent Developments in the Concept of External Effects." *Canadian Journal of Political Economy* 31 : 3—34.

Mishina, Kazuhiro. 1999. "Learning by New Experiences: Revisiting the Flying Fortress Learning Curve." in Naomi Lamoreaux, Daniel M.G. Raff and Peter Temin (eds.), *Learning by Doing in Markets, Firms, and Countries*. Chicago: Chicago University Press.

Miwa, Yoshiro and J. Mark Ramseyer. 2000. "Rethinking Relationship-Specific Investments: Subcontracting in the Japanese Automobile Industry." *University of Michigan Law Review* 98.

Ordover, Janusz and Garth Saloner. 1989."Predation, Monopolization, and Antitrust." in Richard Schmalensee and Robert D. Willig, eds. *The Handbook of Industrial Organization*. Amsterdam: North Holland.

Ostrom, Elinor. 1990. *Governing the Commons: The Evolution of Institutions for Collective Action*. Cambridge: Cambridge University Press.

Otsuka, Keijiro, Hiroyuki Chuma and Yujiro Hayami. 1992."Land and Labor Contracts in Agrarian Economies: Theories and Facts." *Journal of Economic Literature* 30: 1965—2018.

Pigou, A. C. 1920. *The Economics of Welfare*. London: Macmillan.

Pigou, A. C. 1938. *The Economics of Welfare*, 4th edition. London: Macmillan.

Posner, Richard A. 1976. *Antitrust Law: An Economic Perspective*. Chicago: University of Chicago Press.

Rapping, Leonard. 1965."Learning and World War II Production Functions." *Review of Economic Statistics* 47: 81—86.

Reiffen, David and Andrew N. Kleit. 1990."Terminal Railroad Revisited: Foreclosure of an Essential Facility or Simple Horizontal Monopoly." *Journal of Law & Economics* 33: 419—438.

Ross, D. R. 1986."Learning to Dominate." *Journal of Industrial Economics* 34: 337—353.

Rousseau, JeanJacques. 1948. *The Social Contract, or Principles of Political Right*, Translated with intro. and notes by Henry J. Tozer, 3rd edition. London: G. Allen & Unwin.

Schelling, Thomas C. 1978. *Micromotives and Macrobehavior*. New York: Norton.

Shiller, Robert J. 2000. *Irrational Exuberance*. Princeton, N.J.: Princeton University Press.

Shapiro, Carl and Hal Varian. 1999. *Information Rules*. New York: Free Press.

Sidgwick, Henry. 1901. *Principles of Political Economy*, 3rd edition.London.

Sinclair, Gavin, Steven Klepper, and Wesley Cohen, 1999."What's Experience Got to Do With It? Sources of Cost Reduction In A Large Specialty Chemical Producer." Working paper, Carnegie-Mellon University.

Slater, G. 1932. *The Growth of Modern England*. Boston, Mass.: Houghton Mifflin.

Smith, Adam. 1937. *The Wealth of Nations*. New York: Modern Library Edition.

经济学的著名寓言

Spence, Michael A. 1981."The Learning Curve and Competition." *Bell Journal of Economics* 12 : 49—70.

Spulber, Daniel F. 1982."A Selective Survey." in Leonard J. Mirman and Daniel F. Spulber (eds.) *Essays in the Economics of Renewable Resources*. Amsterdam: Elsevier-North Holland Publishing,.

Spulber, Daniel F. 1989. *Regulation and Markets*. Cambridge, Mass.: MIT Press.

Stigler, George. 1967."Imperfections in the Capital Market." *Journal of Political Economy* 75: 287—292.

Stiglitz, Joseph E. 1974."Incentives and Risk Sharing in Sharecropping." *Review of Economic Studies* 41: 219—255.

Tarbell, Ida. 1950. *The History of the Standard Oil Company*. New York: Peter Smith.

Thirsk, J. 1967. *The Agrarian History of England and Wales*. Cambridge: Cambridge University Press.

Umbeck, John. 1977."The California Gold Rush: A Study of Emerging Property Rights." *Explorations in Economic History* 14: 197—226.

Van Zandt, David E. 1993."The Lessons of the Lighthouse: 'Government' or 'Private' Provision of Goods." *Journal of Legal Studies* 23: 47—72.

Williamson, Oliver E. 1985. *The Economic Institutions of Capitalism*. Englewood Cliffs, N.J.: Prentice-Hall.

Yelling, J. A. 1977. *Common Field and Enclosure in England* 1450—1850. Hamden, Conn.: Archon.

第一章　经济学中的灯塔[*]

罗纳德·H. 科斯（Ronald H. Coase）[**]

一、引言

灯塔之所以被写入经济学著述，是因为经济学家们认为它有助于阐明政府的经济职能。它往往被当作一个例子来说明某些物品必须由政府而非私人企业来提供。在经济学家头脑中，常常盘桓着这样一个想法：由于不能保证从灯塔受益人——船主那里收取报酬，私人或企业建造和维护灯塔的任何做法，都是无利可图的。

约翰·斯图亚特·穆勒在其《政治经济学原理》的"论自由放任或不干预原理的理由和局限"一章中写道：

> 对政府来说，一个合适的职责是：建造和维护灯塔、设置航标等，以确保航运安全。因为灯塔管理者很难向受益于灯塔服务的海上过往航船征收灯塔服务费，所以，出于个人利益，不会有人出资建造灯塔，除非由国家通过强制性征税给予补偿和奖励。[1]

---

[*]　本章由罗君丽翻译，范良聪校对。

[**]　我非常荣幸地得到了领港公会、商业部和船运公会成员们的帮助，他们为我提供了有关英国灯塔制度的信息。但是，对我使用信息的方式，他们无须承担任何责任，我的结论也不代表他们的立场。

[1]　John Stuart Mill, *Principles of Political Economy*, Vol. 3 of *The Collected Works of John Stuart Mill*, ed. J. M. Robson（1965）, p. 968.

亨利·西奇威克在其《政治经济学原理》的"论与生产相关的自然自由体系"一章中写道：

> 很多不同的情况都表明：这种说法——个体总是能够通过自由交换获得他所提供的服务的适当报酬——显然是错误的。首先，对某些公共事业来说，因其性质，生产者或愿意购买其服务的人，实际上都不会为其出资。例如，一种可能经常发生的情况是：选址恰到好处的灯塔必然给航行船只带来很大好处，但向这些船只收取使用费是很困难的。[2]

庇古在《福利经济学》中引用西奇威克的灯塔例子，来分析未受补偿的服务。他认为，未受补偿的服务的"边际净产出小于边际社会净产出，因为技术上的困难，很难对享受额外服务的第三方索要报酬。"[3]

保罗·萨缪尔森在其《经济学》一书中，对此的表述比上述经济学家更为直截了当。在"政府的经济角色"一节，他说道："政府需要提供某些必不可少的公共服务。没有这些公共服务，社会生活会变得不可想象，但这些公共服务所具有的性质，决定了它们不适合由私人企业来提供。"为阐明这一观点，他提供了一些"显而易见的例子"，包括维持国防、国内法律和秩序、执行司法和契约等，他还在一个脚注中增补说：

> 关于政府服务的一个最新例子是灯塔。它们有助于保全海上过往船只上的生命和货物，但灯塔管理者很难向船主收取使用费。"于是"，正如这部高深的论著所说，"我们会看到，（那些古怪到想通过运营灯塔服务来牟利的商人眼中

2　Henry Sidgwick, *Principles of Political Economy*, 3rd edn,（1901），p. 406. 在第一版（1883），有关灯塔的句子是一样的，但措辞（而不是意思）有些变化。

3　A.C.Pigou, *Economics of Welfare*, 4th edn,（1938），pp. 183—184.

的）私人利益和货币成本，与（以运营灯塔所保全的生命和货物的价值vs.灯塔的总成本和增加一艘船看到警示灯的追加成本来衡量的）真实的社会利益和成本之间是存在差异的。"一般情况下，思想家和政治家都承认，在诸如此类"私人利益和社会利益之间存在外部经济差异"的情况下，政府有必要发挥应有的作用。[4]

后来，萨缪尔森在论证"外部效应的存在使政府行为具有合理性"时，再次提到灯塔的例子，他说：

> 上文提到过为警示船只不要触礁而设置的灯塔。它照射的光亮对每一个看到它的人都是有帮助的。但生意人无法通过建造灯塔来营利，因为他无法向每个使用者收取费用。这种经济活动肯定需要政府来从事。[5]

萨缪尔森并未止步于此，他还使用灯塔的例子来阐述另一个观点，这个观点在前面几位作者的著述中从未出现过。他说：

> 就灯塔例子而言，我们还应注意到，灯塔运营者无法以销售价格的形式从灯塔受益者那里收取使用费。这一事实肯定有助于灯塔成为一种合适的社会或公共物品。但是，即使灯塔运营者能向每一位灯塔附近的使用者收取费用（比如，通过雷达跟踪），那也不能使灯塔服务像其他依市价供给的私有物品那样，以社会最优的方式得以提供。为什么呢？因为多一艘船只使用灯塔，所增加的社会成本是零，被要求支付一定费用而驶离灯塔所在海域的船只都代表了一种社会经济损失——即使向所有船只收取的费用总和只够维持灯塔的长期运营。

4　　Paul A.Samuelson, *Economics: An Introductory Analysis*, 6th edn（1964）, p. 45. 本文所有对萨缪尔森此书的引用都来自第6版。

5　　同上，p. 159。

如果从社会角度看，建造和维持灯塔是值得的——虽然事实不一定如此——那么，用一篇更为高深的论文就能说明这种社会产品是如何以最优方式被生产出来，以供所有人享用。[6]

　　萨缪尔森这一立场包含一个自相矛盾的元素：之所以由政府来提供灯塔服务，是因为私人企业无法对灯塔服务进行收费；但即使私人企业能够对灯塔服务进行收费，那也不应该准许它们收费（收费也被假定必须由政府来执行）。这与穆勒、西奇威克以及庇古的立场都有相当大的分歧。当我阅读穆勒、西奇威克和庇古的有关论述时，我认为，对灯塔政策产生重要影响的关键因素是收取灯塔费的难度，他们其实并不反对收取灯塔服务费。因此，如果能够收取灯塔服务费，他们就不会反对灯塔的私人运营。不过，穆勒的观点有些含糊。他认为，应该由政府建造和维护灯塔，原因是让受益船只支付使用费是不可能的，从而，私人企业不愿意提供灯塔服务。但是，他随后又附加了一个限制性条件："除非由国家通过强制征税（compulsory levy）给予补偿和奖励。"我认为，"强制征税"就是向受益于灯塔服务的船只征税，实际上，这个强制征税就是一项使用费（toll）。那么，穆勒的意思是什么呢？是"强制征税"使出于个人利益动机建造灯塔成为可能，因而不必由政府来运营灯塔，还是运营灯塔对私人企业家来说是不可能的（或者是不值得的），所以要"强制征税"，并要求政府来运营灯塔？根据我本人的理解，穆勒的意思是前者。如果我的理解是正确的，那么，这个说法就代表着穆勒有关建造和维护灯塔是"政府的适当职责"的观点有一个重要的限制条件。不管怎么说，有一点似乎很明显：穆勒在原则上并不反对收取使用费。[7]西奇威克的观点（也是庇古所引述的）不存在诠释上的问题，但也有非常严格的限制条件。他说："一种经常发生的情况是：大部分船只都能受益于选址恰到好处的灯塔，然而，向这些船只收取使用费

6　同上，p. 151。

7　比较注1中所引用的《穆勒文集》（*The Collected Works of John Stuart Mill*）第862—863页有关使用费的论述。

是很困难的。"这句话的意思并不是说收取使用费是不可能的。恰恰相反，它是说，可能会出现大多数受益船只逃避付费的情况，但并不是说不会出现灯塔服务所带来的大部分好处由比较容易向其收取使用费的船只所享用的情况——在这样的情况下，对船只收取使用费就是合意的，而这使私人运营灯塔成为可能。

我认为，如果缺乏有关英国灯塔制度的一些知识，就很难准确理解穆勒、西奇威克和庇古所要表达的意思。尽管他们也可能不太熟悉英国灯塔制度运行的具体细节，但毫无疑问，他们了解英国灯塔制度所具有的一般特征，而且在写作有关灯塔的内容时，这些知识必定是他们思想的支撑。然而，我们在下文将会看到，有关英国灯塔制度的知识不仅可以使我们更好地理解穆勒、西奇威克和庇古的思想，而且会为我们提供评价萨缪尔森有关灯塔建设融资观点的背景材料。

二、英国的灯塔制度

英国建造和维护灯塔的官方机构，在英格兰和威尔士是领港公会（Trinity House），在苏格兰是北方灯塔委员会（Commissioners of Northern Lighthouses），在爱尔兰是爱尔兰灯塔委员会（Commissioners of Irish Lights）。这些机构的开支由通用灯塔基金（General Lighthouse Fund）划拨。这个基金的收入来源是船主缴纳的灯塔税（light dues）。不管款项缴纳是发生在英格兰、威尔士、苏格兰或者爱尔兰，组织安排各地灯塔税收缴和账目管理的都是领港公会，但具体执行款项收缴事务的是各港口的海关关署。灯塔税收入归通用灯塔基金，由商业部（Department of Trade）加以控制。各灯塔官方机构从通用灯塔基金中领取资金以付开支。

商业部与各灯塔机构之间的关系，在某种程度上类似于财政部与英国各政府部门之间的关系。上述三个灯塔机构的预算须经商业部批准，预算方案要在圣诞节期间提交给商业部，且每年都要在伦敦召开的灯塔大会上加以讨论。参加年度灯塔大会的主体，除这三个灯塔机构和商业部之外，还包括灯塔咨询委员会（Lights Advisory Committee）的成员。这个灯塔咨询委员会是英国船运公会（Chamber of

Shipping）——代表船主、水险商和货运者利益的商业协会的一个委员会。它尽管没有法定权限，但在审查程序中举足轻重。因此，各灯塔机构在制定预算时，商业部在决定是否通过预算时，都得考虑它的意见。灯塔税的征收标准由商业部决定，以保证几年内的收入足够维持支出。但在制定工作规划和变动原有安排时，参会者，尤其是灯塔咨询委员会的成员，要讨论新的工作规划和原有安排的变动可能对灯塔税标准产生的影响。

灯塔税的征收依据，可见于1898年颁布的《商业船运（商业船舶基金）法案》[Merchant Shipping（Mercantile Marine Fund）Act] 的第二款规定。[8] 虽然在1898年之后，灯塔税标准以及其他某些条款经由枢密院颁令（Order in Council）进行调整，但截至目前，征收方法基本上还是依据1898年法案。对于在英国到岸或离岸的一切船只，每个航次每吨的收费标准都有很大不同。"内航"（Home Trade）船只一年内10个航次之后就不再负有缴纳灯塔税的义务；"外航"（Foreign-going）船只6个航次之后就不再负有缴费义务。"内航"和"外航"船只的收费标准不同：在船只体积相同的情况下，"内航"船只每10个航次所缴纳的金额约等于"外航"船只6个航次所缴纳的金额。某些种类的船只每吨收费率比较低，比如，超过100吨的帆船及巡航船。拖船和游艇是按年而非按航次缴费。另外，某些船只可以免缴灯塔税，比如，归属英国政府或外国政府的船只（以营利为目的的运载货物或乘客的船只除外）、渔船、漏斗船和挖泥船、小于100吨的帆船（游艇除外）、小于20吨的所有船只（包括游艇）、转运碎石或要求添加燃料煤或补给品或避免海险的船舰（除拖船和游艇外）。所有这些规定都有限制条件，但是，这些规定清楚显示了有关条例的一般性质。

就目前而言，英国灯塔服务所需支出由通用灯塔基金拨款支付，该基金的收入来源于灯塔税。该基金除了支付大不列颠和爱尔兰的灯塔服务开支，还用于支付某些殖民地的灯塔运营费用、补偿清理遇难船只残骸的支出（仅限于海难打捞公司不

---

8   61&62 Vict.ch.44，sched.2.

予偿付的那部分支出），虽然这些支付只占总支出的很小一部分。还有一些关于灯塔的开支，并不是由该基金拨款支付的。比如，"地方指示灯"（local lights）只限于使用特定港口的船只受益，那么它的建造和维修开支就不是由通用基金支付，因为该基金只限于资助有利于"总区域航运"（general navigation）的灯塔开支。"地方指示灯"的支出通常由港口当局拨款，其款项来源于入港费（port dues）。

三、英国灯塔制度的演变

就穆勒（1848）和西奇威克（1883）而言，他们笔下所谓英国实际的灯塔制度，很显然是早期的制度安排。为了理解穆勒和西奇威克，我们有必要了解19世纪英国灯塔制度的一些情况和它的演变路径。对英国灯塔制度史的研究，不只会帮助我们理解穆勒和西奇威克，还会拓展我们的视野，了解各种可资利用的提供灯塔服务的制度安排。在讨论英国灯塔服务的历史时，我仅限于英格兰和威尔士两地，因为穆勒和西奇威克最为熟悉的可能就是这两地的灯塔制度。

在英格兰和威尔士，主要的灯塔管理机构是领港公会。领港公会同时也是全英国主要的引航管理机构（pilotage authority）。它经营海员之家，管理为海员及其配偶、遗孀、孤儿设立的慈善基金。除此以外，它还负有许多繁杂职责，比如，检修"地方性指示灯"、为法庭的海事案件听证会提供海事顾问和领港船长。它代表包括伦敦港口管理当局（Port of London Authority）在内的多个港口董事会，其成员在许多负责处理海运事务的委员会（包括政府委员会）中供职。

领港公会是一个古老的机构，似乎是从中世纪海员行会（seamen's guild）演变而来。1513年，要求成立行会的请愿书被呈送给亨利八世。1514年，许可证书（letters patent）被授予，[9] 领港公会获得引航管理权。此后很多年，领港公会最主要

9　G. G. Harris, *Trinity House of Deptford 1515—1660*（1969），pp. 19—20. 我对领港公会早期历史的描述，大都根据此书，尤其是第七章 "Beacons，Markes and Signes for the Sea" 和第八章 "An Vncertaine Light"。

的活动就是行使这一权利，并从事慈善工作。只是许久以后，领港公会才开始关注灯塔。

17世纪之前，英国几乎没有灯塔。即使到18世纪，灯塔也不多见。不过，一直都有各种各样的航线标识，它们大部分在海岸上，包括教堂塔尖、房屋、树丛等，并非是为导航特设。浮标和指向标（beacons）也被用于导航。哈里斯（G.G. Harris）认为，那些指向标不是灯塔，而是"立在岸边或海滩的、顶端装有老式灯笼的柱子"。[10] 在16世纪早期，由海军大臣负责管理航线标识，提供浮标和指向标。为了提供浮标和指向标，海军大臣要委派代表向那些可能受益于这些航线标识的船只征收费用。1566年，领港公会被赋予提供和管理航线标识的权利，同时负责监督私人航标的维护。例如，如有商人不经允许，砍伐作为航标的树丛，那他就将承担"先一己之私后天下之公"的罪名，[11] 被处以100英镑的罚款，罚款收入由国王和领港公会平分。根据1566年法令，领港公会是否拥有在水面上设置航标的权利，似乎还有些疑问。但在1594年，领港公会毫无疑问是拥有这项权利的，因为从海军大臣手中所收缴的浮标和指向标的管理权，被明确授予给了港领公会。但目前我还不清楚这种权利的转移实际上是如何实现的，因为1594年之后，海军大臣依旧负责管理浮标和指向标，但领港公会在这些领域内的权威似乎已经逐渐获得承认。

17世纪早期，领港公会在凯斯特（Caister）和洛威斯托夫特（Lowestoft）建造灯塔。[12] 但直到17世纪末，它才又建造了一座灯塔。同时，私人也在建造灯塔。正如哈里斯所说，"伊丽莎白社会有一个特点，就是那些工程的发起人表面上是为促进公共福利，但实际上却在谋取私利。灯塔也被他们盯上了。"[13] 随后，他说："洛威斯托夫特的灯塔完工之后，领港公会（the Brethren）就感到心满意足，不想再干了……。1614年2月，三百名船长、船主和渔民发起请愿活动，要求他们有所作为，

10　同上，p. 153。

11　同上，p. 161。

12　同上，p. 183—187。

13　同上，p. 180—181。

在温特顿（Winterton）建立灯塔，但他们似乎无动于衷。他们这种置若罔闻的态度不仅动摇了人们对同业公会的信心，也相当于在邀请私人投机者插手灯塔建造业务。果然，这些私人投资者很快就着手投资灯塔建设了。"[14]1610—1675年间，领港公会没有建造出一座灯塔，而与此同时，私人建造的灯塔至少有10座。[15]当然，私人建造灯塔的迫切愿望使领港公会陷入尴尬：一方面，领港公会希望自己被公认为灯塔建造的唯一权威机构；另一方面，它又不愿意把自己的钱投入到灯塔建造中去。因此，它开始阻止私人建造灯塔，但正如我们已经知道的，它的阻止徒劳无功。哈里斯对此的评论是：

> 灯塔建造发起者是这一时期投机者的典型代表，他们的主要动机不是向公众提供服务。……1621年，爱德华·科克爵士（Sir Edward Coke）在国会的讲话为这一真相提供了有力证据："像水手这样的项目建设发起者，他们表面一套，背后一套：声称是为公众谋福利，实际却是为个人牟利。"[16]

但问题是，那些受公众服务意识推动的人却没有建造出一座灯塔。正如哈里斯后来所说，"应该承认，灯塔建造者的主要动机就是个人利益，但至少他们把事情做好了。"[17]

灯塔的私人建造者为了避免侵犯领港公会的法定权威，就从国王那里申请授予他们建造灯塔，并向受益于灯塔的船只收取使用费的专利权。具体做法是由船主和货主呈交一份请愿书，声称他们将从灯塔建造中获得极大好处并愿意支付使用费。我认为，请愿书上的签名是通过正常渠道获得的，而且毫无疑问，这些签名代表了人们的真实意愿。开始时，国王偶尔会把专利权授予臣民以奖励他们对他的效劳，

---

14   同上，p. 187。

15   D. Alan Stevenson, *The World's Lighthouse before 1820*（1959），p. 259.

16   Harris, op.cit., p. 214.

17   同上，p. 264.

经济学的著名寓言

后来，经营灯塔并征收使用费的权利便通过议会法案授予了个人。

灯塔税由船只所停靠的港口代为收取，代理者可以是个人，但通常是海关官员，他们可能代理好几座灯塔。不同的灯塔收取的使用费是不同的，而且，同一座灯塔对不同大小的船只收取的费用也是不同的。每个航次每吨的收费有一个一般标准（比如说，1/4或1/2便士）。后来，一些小册子开始出现，上面印着不同航程所经过灯塔的相应收费标准。

同时，领港公会开始实行一项既能保住自己权利又能守住自己钱财（甚至还可能赚钱）的政策：着手申请经营灯塔的专利权，尔后向那些愿意自己出资建造灯塔的私人出租专利权，并收取租金。这种做法给私人个体带来的好处是他们能保证得到领港公会的合作而非反对。

一个例子就是位于普利茅斯海岸14英里之外的礁石上的埃迪斯通灯塔（the Eddystone，也叫涡石灯塔）的建造与重建——这或许是英国最著名的灯塔。对此，阿兰·史蒂文森（D. Alan Stevenson）评论说："截至1759年，在埃迪斯通礁石上先后建造了四座灯塔。这为灯塔史写下了最富有戏剧性的一章：在与海浪的搏击中，灯塔的建造者们表现出高度的事业心、独创性和勇气。"[18]1665年，英国海军大臣收到一份要求在埃迪斯通礁石上建造灯塔的请愿书。对此，领港公会这样评论：建造这样的灯塔，虽然值得，"但几乎不可能"。[19]正如私人企业编年史作者塞缪尔·斯迈尔斯（Samuel Smiles）所说，"在此之前的漫长时间里，没有任何一个私人冒险家会在埃迪斯通礁石上建造灯塔，因为当水位高时，仅能看到礁石顶部的一小点，即便是地基最为狭窄的建筑物，也几乎找不到赖以立足之处。"[20]1692年，沃尔特·怀特菲尔德（Walter Whitfield）提出一个方案，据此，领港公会与他达成一项协议。协议规定：怀特菲尔德建造灯塔，领港公会分享其一半利润。然而，怀特菲尔德并没有开展此项工程，而是将他的权利转让给了亨利·温斯坦利

---

18 见脚注15，Stevenson，p. 113.

19 同上。

20 Samuel Smiles，*Lives of the Engineers*，vol. 2（1861），p. 16.

（Henry Winstanley）。温斯坦利在1696年与领港公会磋商并达成一项协议。协议规定：灯塔建成后的第一个5年利润由他独享；之后50年内，领港公会分享其利润的一半。温斯坦利先建了一座塔，尔后又造了一座来取代它。灯塔于1699年完工。然而，1703年的一场大风暴摧毁了灯塔，温斯坦利、灯塔管理员以及他手下的一些工作人员都在那次灾难中丧生。截至当时，这座灯塔的总造价达8 000英镑（全部由温斯坦利负担），收益为4 000英镑。政府给予温斯坦利的遗孀200英镑的抚恤金和每年100英镑的养老金。如果灯塔非要由具有公益心的人来建造，那么在很长一段时间内，埃迪斯通礁石上是不会有任何灯塔建成的。但是，私人利益之心再一次蠢蠢欲动。有两个人——洛维特（Lovett）和拉迪亚德（Rudyerd）决定再造一座灯塔。领港公会准许他们可以把依国会法令授权给他们重建和收费的权利出租给新的建造者，而且租赁条件要优于温斯坦利：租期为99年，每年租金为100英镑，利润全部归建造者。灯塔于1709年竣工，一直到1755年毁于一场火灾之前都运营良好，而且距离租约到期还有大约50年。随后，灯塔的租约转给他人。新的所有者决定重建灯塔，并雇到了当时最伟大的工程师之一——约翰·斯密顿（John Smeaton）。以前的灯塔是木结构，而斯密顿决定完全用石头来建造新灯塔。灯塔于1759年建成，一直工作到1882年，才被一座由领港公会新建的灯塔所替代。[21]

如果考虑到19世纪初的情况，我们就可以理解私人个体和私人组织在英国灯塔建造中所发挥的重要作用。1834年，灯塔委员会在报告中声称，在英格兰和威尔士，有42座灯塔（不包括浮动灯塔）属于领港公会，3座灯塔由领港公会出租给个人，7座灯塔由国王出租给个人，4座灯塔属于私人业主（起初受专利权保护后受议会法案承认）。也就是说，在总共56座灯塔中，有14座由私人个体或私人组织经营。[22]1820—1834年，领港公会共建造9座新灯塔，收购5座租给个人运营的灯塔（在伯纳姆，领港公会通过新建2座灯塔来替代1座收购的灯塔，这2座灯塔

21　有关建造和重建埃迪斯通灯塔的论述，参见脚注15，Stevenson，pp. 113—126。

22　参见灯塔特别委员会的报告，Parl. *Papers Sess. 1834*，vol. 12，p.vi（Reports from Committees，vol.8）.以下简称为"1834 Report"。

并未计算在那9座之内）和3座归格林威治医院（Greenwich Hospital）所有的灯塔（由约翰·梅尔德伦爵士于1634年左右建造，后根据他的遗嘱在1719年赠送给格林威治医院）。在1820年，有24座灯塔由领港公会经营，22座灯塔由私人个体或私人组织经营。[23]领港公会的许多灯塔起初并不是由他们建造，而是通过收购或租约到期而获得。埃迪斯通灯塔就是一个例子，其租约于1804年到期。1820年由领港公会经营的24座灯塔中，有12座是租约到期而获得的，1座是切斯特地方议会（Chester Council）于1816年转让的。所以，在1820年的46座灯塔中，只有11座由领港公会建造，其余的34座都是由私人建造。[24]

领港公会建设灯塔的主要活动始于18世纪末，因此在那之前，私人在建造灯塔活动中的主导地位甚至更为突出。阿兰·史蒂文森是这样描述1786年的灯塔建造状况的：

> 很难评估领港公会对当时英国海岸灯塔的态度。但如果根据它的行动而非它所提出的主张，我们就不难判断，这个同业公会在建造灯塔方面的决心从来都不够坚定：1806年以前，只要有可能，它就把建造灯塔的权利租让给承租人；1786年，它控制着四个地方的灯塔：卡斯特和洛威斯托夫特这两处灯塔靠当地的浮标使用费来管理；温特森和西西里这两处灯塔是由领港公会建造，以防止个人利用国王授予的专利权收取使用费谋利。[25]

23　同上，vii。

24　1820年，领港公会经营24座灯塔。其中在福尔涅斯（Foulness）有1座，在波特兰（Portland）有2座，在卡斯克斯（Caskets）有3座，在埃迪斯通有1座，在利扎德（Lizard）有2座，在圣比斯（St. Bees）有1座，在米尔福特（Milford）有2座。这些都是租约到期之后获得的，一直以来它们都由私人建造并营运。这个信息来自D. Alan Stevenson，*The World's Lighthouse before 1820*。我认为，当领港公会取得灯塔专利权并出租给私人时，灯塔是由私人建造并支付费用的，似乎事实就是这样。参见Stevenson，pp. 253，261。

25　同上，p. 65。

然而诚如上述，至1834年，领港公会已经控制了56座灯塔中的42座。此时，由下议院特别委员会于1822年提出的由领港公会购买私人灯塔的议案，获得了议会的强力支持。此后不久，领港公会开始收购一些私人灯塔。1836年，议会法案授权领港公会拥有英国的所有灯塔，且有权收购那些仍由私人所有的灯塔。[26]到1842年，领港公会完成了所有的收购工作。从此，除"地方性指示灯"之外，英国就不再有私人所有的灯塔了。

1823—1832年，领港公会花了大约7.4万英镑收购了有关弗拉索尔姆（Flatholm）、弗恩斯（Ferns）、伯纳姆（Burnham）、北福雷兰兹和南福雷兰兹（North and South Forelands）等灯塔租约的剩余产权。[27]1836年议会法案公布后，领港公会花费将近120万英镑收购了剩余的私人灯塔。其中最大一笔款项用于收购租约还有41年才到期的斯莫尔斯灯塔（Smalls lighthouse）和另外3座议会法案永久赠予的灯塔——泰恩茅斯（Tynemouth）、斯伯恩（Spurn）和斯克列斯（Skerries）。收购这4座灯塔的费用分别为：斯莫尔斯，17万英镑；泰恩茅斯，12.5万英镑；斯伯恩，33万英镑；斯克列斯，44.5万英镑。[28]这些花费数额极大，比如，根据权威机构估测，购买斯克列斯的44.5万英镑相当于今天的700万—1000万美元，而它可能产生的收益比今天要高得多——因为那个时候的税负水平较低。因此，我们会发现，这些人不仅"古怪到想靠经营灯塔来发财"（用萨缪尔森的话说），而且，他们真的靠此发了大财。

对于当时议会强烈支持把所有灯塔收归领港公会集中管理的理由，我们可以从1834年下议院特别委员会的报告中了解到：

26　An Act for vesting Lighthouses, Lights, and Sea Marks on the Coasts of England in the Corporation of Trinity House of Deptford Strond, 6 &7 Will 4, c.79（1836）.

27　1834 Report, at vii.

28　Report from the Select Committee on Lighthouse, in *Parl. Papers Sess. 1845*, vol. 9, at vi.（以下简称"1845 Report"。）

本委员会有些意外地获悉：在英国不同地方，灯塔的设立制度完全不同：管理机构不同，灯塔税率不同，征费原则也不同。我们发现，灯塔建造——这项对英国海军和商业至关重要的事业，不是在政府直接监督下，以统一之制度，由富有责任心和远见卓识且能以最有效方式、最节约计划来保证航运安全的人民公仆来管理，而是任其自由发展，通常都是在海难发生后，应当地民众要求，才以缓慢速度把灯塔建造起来。这或许可以被看作这个伟大国度的一种耻辱。过去如此，现在也一样：灯塔设立在很大程度上是向国家贸易课以重税的一种手段，它满足了少数人的利益，这些人因依附当时的大臣和国王而获得这些好处。

本委员会认为：不管在什么时候，政府向国内任何产业部门征收没必要的税负，都是不合理的；向航运业征税尤其不合理，因为这迫使我国航运业在与其他国家航运业进行不平等竞争时，处于很不利的地位。本委员会的意见是：航运业应被免除对其公开征收的每种不必要的地方税和不公平税。

因此，本委员会强烈建议，在任何情况下，灯塔税都应该降到与管理现有灯塔和浮动指示灯，或建造和管理符合国家商业和航运利益的新灯塔所需要的最低额度。

本委员会还对下列情况表示遗憾：主管部门无视那些与上述原则相悖的持续征税，这些每年公开征收的大量税收，名义上是为支付灯塔运营而收取的灯塔税，实际上却入了一些特权人士的私囊，以实现那些在建造灯塔时不曾考虑的目的。特别要反对的还有那些一直存在的、因一些灯塔的租约续签而起的职权滥用问题。下议院的一个特别委员在12年前就曾呼吁议院要对这一问题加以关注……[29]

尽管这一报告强调了当时既有安排的混乱，并暗指一些私人灯塔的运营缺乏

---

29 1834 Report，at iii—iv.

效率，但毫无疑问，委员会如此强烈地支持将灯塔统归领港公会进行管理的主要理由，是认为那样会带来灯塔税的下降。他们认为，灯塔开支应由国库支付，[30]由此便可废除灯塔税——而实际上灯塔税并未被废除，对此我们这里不必讨论。

那么，为什么由领港公会统一管理灯塔就会降低灯塔税呢？对此报告并未给出解释。或许，互补垄断理论（theory of complementary monopolies）可以作为这个观点的部分依据。但古诺（Cournot）直到1838年才发表有关这个理论的分析，所以这个理论不会影响到那些关心英国灯塔的人的看法，即使他们比经济学界更快地认识到古诺分析的重要性。[31]无论如何，我们有理由认为，即使统一管理会带来灯塔税的下降，下降的幅度也是微不足道的。因为要补偿灯塔的前任所有者，就需要筹集一笔和以前花费相同的款项。正如领港公会所指出的，由于"灯塔税要作为担保来抵押贷款，以偿付前任灯塔所有者。……在债务还清之前，灯塔税是不能被废除的"。[32]事实上，即使是在1848年贷款清偿之后，灯塔税也没有下降。[33]

另一个本来可以实现的降低灯塔税的方法，是领港公会放弃从其拥有的灯塔的运营中获利。这笔净收益当然要被用于慈善事业，以资助退休海员及海员的遗孀和孤儿。这笔本质上来源于灯塔税的基金用途在1822年和1834年遭到议会委员会的反对。1834年，议会委员会发现，救济院抚养142人，还有每年领36先令至30英镑抚恤金的8431名男人、女人和孩子，于是提议不再增加新的领取抚恤金的人员名单，并且所有的抚恤金在目前在册的这些领取抚恤金的人去世之后就停止发放。但这个建议并没有被采纳。[34]

30　例如，1845年灯塔特别委员会建议"建造和管理灯塔的开支……应从公共收入中支取"。1845 Report，xii.

31　参见 Augustin Cournot，*Researches into the Mathematical Principles of the Theory of Wealth*，trans. Nathaniel T. Bacon（New York: Macmillan Co.，1897），pp. 99—104. 还可参见马歇尔对古诺分析的讨论，*Principles of Economics*，vol. 1,（9th［Variorum］ed，1961），pp. 493—495.

32　1845 Report，vii.

33　T. Golding，*Trinity House from Within*（London：Smith & Ibbs，1929），p. 63.

34　1834 Report，viii.

1853年，政府提议，灯塔税的收益不再用于慈善事业。领港公会在一份提交给国王的陈情中回应说，这个收入就是领港公会的财产，这就如同私人灯塔的收入是私人财产一样（而私人业主得到了补偿）：

> 灯塔的管理权被授予领港公会，通常是以国王或立法机构颁发特许状的形式。但这种特许状的获得，无论在哪个方面都没有改变本公会（Corporation）作为一个私人行会（a private guild）的法律地位，只不过作为获得特许状的条件它必须维护灯塔。就国王和公众而言，本公会的法律地位与那些得到灯塔特许权或其他对市场、港口和集市等的特权的私人之法律地位没有什么差别。一种观点认为，本公会负有法律责任，把灯塔税降低到只包括维护费用（包括或者不包括建造费用的利息），而没有权利进行任何其他的征收。这种观点是完全没有根据的，也是不合法的。如果在颁布特许状时，灯塔税是合理的，特许状是有效的，那么这个特许状就会继续有效，即使随后的船运增加，灯塔税带来了利润。在这些情形下，国王代表的是大众利益；如果在商讨特许状的时候是合理的，那此后也不可取消。……本公会对所建造灯塔的所有权与私人业主的所有权同样有效。把灯塔收益的一部分用于慈善目的，这是本公会的主张，理应获得至少与个人同等的优惠考虑。……出于本公会存在之目的，灯塔和灯塔税皆属于领港公会。在最严格意义上，灯塔和灯塔税皆是因为那些目的而成为本公会之财产。……英联邦王国政府所提出的建议似乎是在主张这一大笔财产的使用权都应该被授予船主，除了维护灯塔的开支外，对船主不收任何费用。本公会若实施这样的慈善之举，看似令人感动，实则是在转让财产，是把旨在为曾服务于商船但却日益衰老的船长和海员及其家庭谋福利的财产，当作礼物馈赠给了船主们。[35]

---

35 Trinity House Charities: Representation from the Corporation of the Trinity House to Her Majesty in Council, on proposal of Government to prevent the Application of Light and Other Dues to Charitable Purposes, in Parl. *Papers Sess. 1852—1853*, vol. 98, at: 601, 602—603.

这份陈情被转给贸易委员会（Board of Trade），贸易委员会认为领港公会的观点一无是处：

议员们丝毫不怀疑领港公会作为同业公会对其名下财产的所有权。但是，……这个同业公会的情况与陈情中所引用的个人情况是不同的：已经归属和正在收归这个同业公会的财产——至少就灯塔税而言，是出于公共目的而被托管的，因此，领港公会有义务基于公共政策的考虑来讨论灯塔税。议员们不承认因公共目的而减少赋税的做法对财产原则有任何侵犯，因为这些税收的收益并没有被任何既得利益者（vested interests）获得；所讨论的这些税收，是对英联邦王国的某一阶层臣民的征税，而这些臣民并没有从征税中得到任何充分的好处作为回报（可以说，任何超出维持灯塔运行的必要支出的灯塔税都属于这种情况）。这种税收的减免不仅没有违犯财产原则，而且是最公正、最有利的。议员们看不出由公会乐意分配给那些贫穷海员及其家属的奖赏中有任何既得利益，因为既得利益的本质是个人的特别权益由法律明文规定。同时，对已经授予的领取养老金或其他福利的任何人，议员们都充分尊重，不做丝毫干预，但也认为，基于公共政策，不授予任何新人现在任何人都无权得到的权利，这并无什么不公正之处……。议员们认为，维持灯塔运行的费用应由灯塔税来支付。上一代人所做出的深思熟虑之决定，即为了保护船只避免触礁而向船只收缴使用费以建造的灯塔，是今天英国海岸航行的人们所拥有的自然而公正的遗产，他们应该自由享有环境所允许的尽可能低的收费，其他的任何考虑都不应该成为要讨论的问题。[36]

1853年，灯塔税所得收益被用于慈善目的的做法被终止。这使得灯塔税的降

---

36 同上，pp. 605—606。

低成为可能，价格更接近于边际成本，而无数既没记录在案也不为人所知的老海员及其家属的处境则变得更糟。不过，要使价格接近于边际成本，并不必然要由领港公会统一管理所有灯塔。

这个变革是1853年重组的一部分，该次重组设立了商船基金（Mercantile Marine Fund）。该基金的来源是灯塔税和其他一些款项，被用于维持灯塔运营和其他涉及航运的开支。[37]1898年，这一制度再次变革，商船基金取消，通用灯塔基金设立。这项基金的全部收入来源是灯塔税，也仅用于维持灯塔运营的支出。同时，计算灯塔税的制度也被简化，每一航次的收费不再像以前那样根据船只所经过的或者受益的灯塔数目而定。[38]1898年所确立的这个制度，基本上就是本文第二节所描述的融资和管理制度。当然，细节上稍有变动，但自1898年以来，这一制度的一般特征一直未变。

四、结论

第二、三节对英国灯塔制度及其演变的概述表明，从穆勒、西奇威克和庇古的有关著述所引申的结论有多么大的局限性。与大多数现代读者对穆勒的理解有所不同，我认为，穆勒的想法似乎是这样的：如果没有类似于英国的灯塔融资和管理制度，私人是不可能来运营灯塔的；西奇威克和庇古则认为，如果有船只受益于灯塔而不能向其收费，那么政府就需要对此进行干预。但是，如果受益于英国灯塔却不付费的船只主要是那些不在英国港口停靠且由外国船主管理的船只，那么，政府必

37　The Merchant Shipping Law Amendment Act of 1853，16&17 Vict.，ch. 131 § § 3—30.

38　Merchant Shipping（Mercantile Marine Fund）Act of 1898，61&62 Vict.，ch.44. 参见 "Committee of Inquiry into the Mercantile Marine Fund，Report Cd. No. 8167（1896）"，还可参见 *Parl. Papers Sess*. 1896，vol. 41，at 113——这个报告说明了改变灯塔税计算方法的理由。委员会的建议被政府采纳，并体现在1898年的法案中。反对旧方法的理由是：计算船只受益的灯塔名单是根据帆船的航线而不是汽船的航线，且外航的收费率是根据在英国航程的最后一站而不是第一站，这使计算方式很复杂，所以，反对旧方法的呼声很高。

要行动有什么特点或者应该采取什么行动就不清楚了。例如，俄国、挪威、德国和法国政府是否应该强迫他们的国民缴纳灯塔税，即使他们的船只并未停靠在英国港口？或者，这些政府是否应该采取行动，从普通赋税（general taxation）中提取一笔款项存入英国通用灯塔基金？或者，由英国政府拿出部分税收支付给灯塔基金，以弥补外国政府没能强迫其国民缴款给灯塔基金的缺额？

现在考虑一下用普通赋税来代替灯塔税（这似乎是萨缪尔森想要的），情况将会如何。首先，这会提高英国政府——特别是财政部为控制补贴数量而对灯塔运营加以监督的程度，而财政部的干预在某种程度上会降低灯塔服务的运行效率。另外，还会产生其他后果。因为现在的收益是从接受灯塔服务的消费者那里筹措得来，所以，一个代表船主、水险商和货运主利益的委员会——灯塔咨询委员会应运而生，以便对预算、灯塔服务运营尤其是有关新工程等事务进行磋商。如此安排会使灯塔服务对其服务对象做出更灵敏的反应。又因为航运产业是附加服务的实际支付者，所以，当附加服务的收益大于成本时，他们就会支持改变原有安排。但是，如果灯塔服务的运营资金是从普通赋税中筹措，那么，就不会有这种调整性安排，服务的效率就多多少少会有所下降。[39] 总之，以下结论似乎是说得通的：用普通赋税支付灯塔服务将会导致更不适宜的管理结构。那么，萨缪尔森所理解的改变灯塔服务融资方式所带来的好处是什么呢？那就是，一些由于灯塔税而不愿开

---

[39] 商船基金调查委员会（Committee of Inquiry into the Mercantile Marine Fund）1896年主席伦纳德·考特尼（Leonard Courtney）是一位经济学家，他在下议院辩论中持有类似观点。考特尼在回应那些提议灯塔服务应由普通税赋来支付的观点时说："有一个重要论点支持我们就像现在这样维持灯塔服务，那就是船主们都有一种认识——这种认识对我们来说很有用：他们必须负担灯塔服务的开支，而且他们对这种开支的变化极为敏感。所以，即使不是现在，以后他们也会要求介入管理。也就是说，缴费一事他们首当其冲，因此会对自己的利益再三斟酌并加以珍惜。这一点是很有好处的。通过这种安排，海岸灯塔服务将会更加经济和有效率。我认为，改变一种既能保证维持足够服务水准又能节约支出的制度，是最不合宜的。船主们对整个管理满怀戒备，我有理由认为，他们会要求在有关他们的事务上拥有发言权。如果海岸灯塔服务的成本每年由投票决定，将不会造成现在这样的局面：几次重大海难的发生，导致全国上下都强烈要求对灯塔服务支付超高的费用。"〔40 Parl. Deb.（4th ser.）186—187（1898）〕这就是说，考特尼认为，这种融资方式意味着早期船主们对支出所施加的影响和现在灯塔咨询委员会是一样的。

往英国的船只将会在未来开往英国。但目前的情况是，缴费方式和免缴规定（the exemptions）意味着，大多数船只的航行次数是不会受到要缴纳灯塔税这一事实的影响的。[40]可能会有一些船只会由于避缴灯塔税而在某些地方搁浅或沉船，但这个数目不可能很大，如果确实有的话。[41]对我来说，很难抗拒的一个结论就是：取消灯塔税的好处是微不足道的，而这种改变所导致的管理结构的改变却会带来一些损失。

问题是：为什么这些大师级人物的经济学著述中有关灯塔的观点，与事实竟然如此相悖？若从严谨角度来说，他们的意思是含混的，其观点的政策含义很可能是错误的。对此，我的解释是：这些经济学家有关灯塔的论述，既不是他们自己对灯塔深入研究的结论，也没有参考其他经济学家对此展开的详细研究。据我所知，尽管灯塔的例子在文献中被广泛引用，但没有哪位经济学家真正对灯塔的融资和管理做过全盘研究。灯塔只是被凭空捏造用于举例，以提供"确定性的细节，用艺术逼真性来代替枯燥且不可信的表述"。[42]

在我看来，这是一种错误的研究进路（wrong approach）。我认为，我们应该努力发展出一套能指导我们如何有效组织和资助各种各样的活动的一般化原理。但

40　一年中"内航"船只的头10个航次、"外航"船只的头6个航次之后，就不用再缴纳灯塔税。那些航运产业的老行家们认为，大部分船只都不需要为每年的最后几次航行支付灯塔税。横渡英吉利海峡的船只可能在几天之内就能达到必要的航行次数。与欧洲或北美洲进行贸易的船只一般不需要为每年最后几次航行缴纳灯塔税。然而，与澳大利亚进行贸易的船只，通常很难达到免缴灯塔税所规定的航行次数。

41　我不能保证数字绝对正确，但所有数字都表明：在与英国进行贸易的船只的航运成本中，灯塔税只占很小的一部分。目前所有的统计数据也支持这一观点。1971—1972年，通用灯塔基金的收入为890万英镑。General Lighthouse Fund 1971—1972，H.C. Paper No. 301（in cont. of H.C. Paper No. 211）at 2（July 3，1973）。1971年，英国人所拥有的船和以租赁形式运载英国进出口货物、赴英人士、英国公民的船只的收入约为7亿英镑。而且，英国海岸贸易所得为5000万英镑，向运载英国进出口货物的外国船主支付运费大约6亿英镑。这表明每年与英国进行贸易的船运成本将达14亿英镑。这是根据商业部提供的材料估算出来的。通过将各个数据综合起来而得到的估算数字是极为粗略的，但它们大致给出了一个数量级别。这些数字所包含的误差不会影响下述结论：通用灯塔基金的收入只占与英国进行贸易的船运成本的很小一部分。

42　William S. Gilbert，"The Mikado"。

是，这样的一般化原理很可能没什么用途，除非它是通过对各种各样的活动实际上是如何在不同制度框架下开展的研究中推导出来的。只有通过这样的研究，我们才能发现哪些是决定结果的重要因素，哪些不是，并推导出有坚实基础的一般化原理。同时，这样的研究还可能向我们展示可供选择的社会安排的多样性。

本文有关英国灯塔制度的探讨，只是揭示了某些可能的选择。早期的灯塔史说明，与许多经济学家的信念相悖，灯塔服务是可以由私营企业提供的。那时船主和货运主可以恳请国王允许私人建造灯塔并向受益船只收取（规定的）灯塔服务使用费。私人可以建造、运营、融资并拥有灯塔，还可以出售灯塔或者通过遗嘱转让灯塔。政府的角色仅限于灯塔产权的确立与执行。使用费由灯塔的代理人在各港口收取。灯塔所有者在实施灯塔产权时，与其他向船主提供货物和劳务的供给者并无二致。灯塔产权的不寻常之处，只体现在它们规定了可以收取的价格。[43]

后来，英格兰和威尔士的灯塔提供任务被委托给领港公会——这是一个肩负着公共职责的私人组织，但是，灯塔服务的融资仍然来自船只的灯塔税。而萨缪尔森所支持的制度——由政府从普通赋税中筹措资金，却从来没有在英国实行过。这种

43　这样安排就避免了肯尼斯·阿罗在讨论灯塔例子时提到的问题。阿罗说："在我看来，标准的灯塔例子最好被用于分析一个小样本问题，而不是用于分析排他性困难，虽然在灯塔问题上上述两个因素都存在。为简化问题，我将忽略不确定性，假设灯塔管理员确切知道每艘船需要服务的时间；我还要忽略不可分割性（因为灯塔的灯要么开要么关）。我还进一步假设任一时点上只有一艘船经过灯塔所在的海域。这样，排他性就完全成立了：当不付费的船只经过灯塔所在海域时，灯塔只要关闭照射灯就可以了。然而，因为只有一位卖者和一位买者，没有任何竞争的力量使两者达到竞争性均衡。再加上，如果谈判成本很高，则免费提供服务就可能是最有效率的。"参见Kenneth J. Arrow, "The Organization of Economic Activity: Issues Pertinent to the Choice of Market Versus Nonmarket Allocation", in U.S.Cong., Jt. Econ. Comm., Subcomm. on Economy in Government, 91st Cong., 1st Sess., The Analysis and Evaluation of Public Expenditures: the PPB System, vol. 1, at 47, 58（J. Comm. Print 1969）. 阿罗描绘的是一个超现实主义画面：当灯塔管理者与船主就收费问题发生争执时（假设当时船只不会触礁），灯塔管理者就可以关闭灯塔的照射灯。然而，这个画面与负责灯塔政策的人士所面临的情况没有一点关系。在英国，不会发生就单个船只收费问题而进行的谈判，也不会有哪个灯塔管理者会为了讨价还价而关闭灯塔照射灯。阿罗所得出的"免费提供服务可能是最有效率的"结论固然无懈可击，但毫无用途，因为事实也可能是"免费提供服务可能不是最有效率的"。

由政府融资的制度，并不必然排除私人企业参与建造或运营灯塔的可能性，但似乎排除了私人拥有灯塔的可能性，除非私人是以非常微弱的形式持有所有权。这种制度当然与延续到19世纪30年代末的英国制度迥然不同。当然，政府融资很可能使政府介入灯塔运营并拥有灯塔。这样的政府融资制度实际上会如何运行，我不得而知。安布罗斯·比尔斯（Ambrose Bierce）对美国灯塔的定义是："海滩上的高大建筑物，里面有一盏由政府养护的照射器，它是政客的朋友。"[44]想必这个说法并没有讲出整个故事。

我们也许可以得出这样的结论：经济学家们不应该把灯塔作为只能由政府提供服务的例子。本文并不准备讨论灯塔服务的组织和融资问题，这还需要进一步的细节研究。同时，本文想要指出的是，如果经济学家想要讨论一个由政府提供会产生最佳结果的服务，那就应该使用一个更具坚实后盾的实例。

44　Ambrose Bierce，*The Devil's Dictionary*（New York：A.& C. Boni，1925），p. 193.

第二章　公共产品的自愿供给？
——美国早期的收费公路公司[*]

丹尼尔·B. 克莱因（Daniel B. Klein）[**]

一

　　虽然在简单的公共产品模型中，被称为"政府"的行为主体的关键性作用已经被阐释得非常清楚，但这一模型的适用性仍然是有争议的。长期以来，怀疑者一直质疑该模型的一些假设，这些假设包括：政府拥有必要的信息，政府能有效率地行动，政府代表的是公共利益。怀疑者还认为，许多社会服务中存在的搭便车问题并非如其他人似乎常说的那般不可避免。历史研究已经证明自愿组织在如下领域提供产品也是有效的：灯塔供给（Coase，1974），教育（High and Ellig，1988），蜜蜂授粉（Cheung，1973），法律与秩序（Anderson and Hill，1979；Benson，1989），民宅基础设施（Beito，1990），农业研究（Majewski，1989），以及其他领域（Cowen，1988；Wooldridge，1970）。

---

[*]　　本章由何樟勇翻译，范良聪校对。

[**]　　感谢 Cristopher Baer、Thomas Borcherding、Tyler Cowen、Walter Grinder、Bob Higgs、Jack High、Randy Kroszner、Timur Kuran、Don Lavoie、John Majewski、Janusz Ordover、Sheldon Richman、Ronald Seavoy、Jeremy Shearmur、David St. Clair 以及 Lawrence H. White 的建设性意见。也感谢在历史协会、图书馆和档案馆的工作人员对我本研究所给予的帮助。感谢乔治·梅森大学人文研究院、加州大学欧文分校的交通研究院、纽约大学的奥地利经济学规划项目以及纽约大学应用经济学研究 C. V. Starr 中心的资助。

为评估简单公共产品模型的适用性，我将讨论美国私人收费公路的经验。美国收费公路公司起步于1790年代，在1830年代急剧减少，尽管许多公司在进入20世纪时仍在运行。[1]我在这里主要讨论新英格兰州、纽约州、宾夕法尼亚州、新泽西州和马里兰州（后四个州我称之为"中大西洋地区"）的收费公路。除了宾夕法尼亚州以外，[2]收费公路几乎完全是通过私人认购股份的方式进行融资的，[3]而其他大多数州的收费公路公司是混合经营的企业。[4]

收费公路的标志性特征是具有显著的公共性，无论是在消费的共同性方面，还是在非排他性方面。[5]排他性问题在一定程度上是对通行费征收进行立法限制的结果。人们很快认识到，这些限制是导致收费公路无利可图的原因之一。然而，收费公路为附近的农民、土地所有者和生意人提供了大量间接的和外部的收益。因为无利可图通常是可以被预见到的，所以从本质上说，股份认购——这是修建公路所必需的——就成了人们支付道路收益的一种方式。这里就存在两个排他性问题：人们可以不必付通行费就使用道路；人们可以不必购买股票就从道路上获得间接收益。虽然两者是有关联的，但后者才是我们即将要讨论的公共产品问题的核心。[6]

1　特别是在新泽西州、马里兰州和宾夕法尼亚州。后来仍出现了许多收费公路，但长度都比较短。

2　1806年，宾夕法尼亚州政府开始通过购买股票的方式来资助收费公路。到1822年，州政府大约持有了收费公路公司30%的集体股票。参见Durrenberger（1931：55，102）。

3　根据达伦伯杰的看法，新泽西、纽约和马里兰的州政府曾有过四次规模较小的资助，总计金额达42500美元，与私人投资相比，这是一个很小的数额（占比还不足1%）（1931：98）。第一条大西部收费公路修建时，阿尔巴尼市购买了100股公司股票，这一购买量还不到1802年中期公司总股份的7.5%。参见Book I of Subscribers（BV Sec. Great Western），New York Historical Society.

4　泰勒（G. Taylor，1951：23—6）给出了一个关于弗吉尼亚、南卡罗来纳、俄亥俄、肯塔基和更南部州的收费公路的概述。论述新英格兰以外各州、中部各州、马里兰和弗吉尼亚州在收费公路方面的文献非常有限。特拉华州似乎有几条可能是完全由私人投资的收费公路。关于弗吉尼亚混合企业系统的研究，最好的作品出自亨特（Hunter，1957）。

5　这两个因素再加上全知全能的帕累托政府，而且不存在其他复杂的因素就构成了"简单的公共产品模型"。这一模型的经典表述可见Samuelson，1954，1955。

6　关于收费公路政治决策的讨论，可参见Klein and Majewski，1988b。

二

收费公路的修建与经营

公路管理方面的转折出现在18世纪末。在此之前，道路是由郡县、乡镇负责修建并维护，它们在这些方面表现糟糕。随着定居点的扩张，以及东部规模较大的城市中心寻求贸易路线的改进，在改善道路的压力下，一种激进的替代方案开始出现：收费公路——一种即用即付（a pay-as-you-go）的融资方式。很多由公共部门运营的收费公路被有组织地修建起来，这在当时也算是对英国收费公路信托管理模式的一种模仿。[7]然而，即使是这种改善道路的方法，也给已有的公共管理提出了太高的要求。于是，各州便转而寻求私人部门的主动性。[8]

随后，收费公路公司按照当时的商业公司一样的方式被依法组织起来。第一条收费公路——连接费城与兰开斯特两市，于1792年获得特许，1794年开始运营——证明了贸易竞争的重要性。地区竞争使得州立法机构一收到建设公路申请就给收费公路公司颁发特许状。到1800年，各州处于审核状态中的公司中有69家收费公路公司获得了特许权。[9]

尽管立法者对由私人组织提供道路有绝对的制裁权，他们还是把详细的规则写进公司的特许经营章程中。章程通常详细规定了公司的总股份，但这只反映了该公司的入门资格，是很容易改变的。章程还规定了土地征用的权力，已有的小路或者公共的路基通常是授予给该公司的。有时，公司还会获得不会出现新的平行路线的

7　像美国体系一样，英国的收费公路信托体系也是分散的。然而，这种信托属于公共机构，借钱修路，并且财务表现更好。参见 Pawson，1977。

8　关于收费公路之前以及收费公路刚起步时代道路管理的论述，可参见收费公路方面两本最重要的著作：Durrenberger（1931：9—26）和 Taylor（1934：1—135），也可参见 Ringwalt，1966（1988），22—7。关于公共收费公路的尝试，可参见 Durrenberger，1931：97；Taylor，1934：122—5；Hollifield，1978：2—3。

9　参见克莱因和马耶夫斯基（Klein and Majewski，1988b）所列的表格，其中罗列了1792年到1845年间处于州政府考虑中的收费公路特许申请。

垄断保证。修建的细节也有规定，当然，通行费率和征收总额是受到严格管制的。在大多数情况下，收费公路是受单独监管的，但在关键点上，所有的州都实施相同的监管。具体的检查和执行工作则被分派给州任命的委员或者郡县的官员来进行。当公司严格遵守金融监管时，维护常常不会实施那些规定，并且地方检察机构在执行时也是会非常宽松的。[10]

一些州奉行的理论是，如果股息达不到某个低的下限（通常是投资的6%、8%或者10%），那就要提高通行费率；而如果股息超过了某个高的上限（通常是投资的10%、12%或15%），那就要降低通行费率（Durrenberger，1931：111）。实际上，所有各州的股息都一直达不到最低下限，但除了极少的例子外，通行费率一直保持在最初的水平（Taylor，1934：152）。立法机构并没有食言，[11]相反，常常是公司没有申请提高通行费。

对于费率没有增加有两种可能的解释。第一，可能是公司对从收费公路股票中获取利润这种做法不妥的一种反应。这种解释在随后的一些讨论中可以看到。

第二，由于收费公路要对当地的通行者提供很多的优惠，因而提高通行费率也不一定能大幅提升收益。公司的特许章程规定，收费公路的入口之间至少相距5公里或者更多，通常是10公里，并允许很多车辆免费通行。另一个免费通行的手段是经由非正式路线——所谓的支路（shunpikes）——绕过收费大门。[12]入口的位置是由立法机关确定的，并且只能通过独立的立法才能改变。如果收费公路能自由增加和重新设立收费入口，那它们本可以更好地防止人们经由支路逃费的行为。最

---

10 关于宽松的检查，可参见Durrenberger，1931：94；Taylor，1934：112。关于收费公路更多监管细节的论述，可参见Klein and Majewski，1988b。

11 新英格兰州不总是设定明确的利润边界，但该州愿意改变财政遇到困难的那些公司的通行费。比如，1805年出台的《马萨诸塞州收费公路法》第79章，就没有提到法定的利润边界。新英格兰设定明确利润边界的例子可参见Wood，1919：218。关于立法机构没有食言，可参见Durrenberger，1931：155；Taylor，1934：140，152；Handlin and Handlin，1947：120。

12 达伦伯杰（Durrenberger，1931：178）和泰勒（Taylor，1934：200—4）讨论过支路的作用。收费公路总裁费希尔·埃姆斯（Fisher Ames）报告说，如果没有支路，他的公司收入可以增加60%（Parks，1966：154）。

后，还存在各种通行费豁免的情形。典型的豁免包括那些"家庭关心的普通和日常商业"的通行，或那些参与公共礼拜、镇民大会，来往面粉厂和铁匠铺，肩负军事责任，以及"居住在入口一公里以内的人"[13]的通行。收费员发现拒绝各种豁免很麻烦，被迫采取一种宽松的态度（Taylor，1934：147）。在这样的条件下，提高通行费率将不会增加收入，因为免费的通行者本就不用支付更高的通行费，而那些倾向于逃费的人也将逃得更频繁。另外，还有少数过境交通将选择公共道路或者其他形式的交通。

无利可图

我们公共产品故事的第一个部分，谈的是收费公路上几乎无所不在且证据充分的低收益问题。[14]在中大西洋地区的收费公路中，根据达伦伯杰（Durrenberger，1931：112）的看法，"从股息的角度考虑，收费公路股票是非常糟糕的投资"，而对新英格兰的很多收费公路来说，泰勒（Taylor，1934：266）认为，"令人怀疑的是，它们的所有者是否获得了超过5个或者6个点的股息，即使这个水平的股息已是相当合理。"虽然这一时期的信息非常零散，但泰勒（281）发现，新泽西州的收费公路股息远远低于其他企业的股息：

> 很明显，若是从收益盈利能力方面比较，不会有人选择收费公路公司……。在1825年到1855年间，马萨诸塞州最大的六家纺织厂的平均年股息在6.48%到12.79%之间。在1785年到1855年期间，马萨诸塞州银行资本的年投

13　第一句话引自《收费公路公司的一般权力》（General Powers of Turnpike Corporations），1805年《马萨诸塞州法》（Law of Mass.），第79章，第649页；第二句话引自，1807年《纽约普通法》（New York's General Law），第38章，第56页。

14　有少数几条收费公路能持续地支付3%以上的股息，参见Taylor，1934：277；Durrenberger，1931：113—15；Hollifield，1978：4；Parks，1966：127—32。根据泰勒（Taylor，1934：190）和帕克斯（Parks，1966：91—99）的看法，由于初始支出比较低，康涅狄格州收费公路的收入状况比其他地方的收费公路要好得多。

资回报率平均达到6.53%，而联合银行在1795年到1855年期间的年平均回报率是6.91%。三家经营火灾与海上业务的波士顿保险公司在1818年到1855年期间的年平均股息分别为8.38%、15.44%和20.34%。

与此相反，收费公路的总净收益，即便未经过贴现，通常也是负的。资料提到的年均股息通常勉勉强强高于零。[15]在宾夕法尼亚，州政府持有的收费公路股票在高峰时期达到200万美元，但"这一投资每年产生的股息总数从未超过5 000美元"（收益率仅为0.25%；参见Hartz，1948：92）。如果我们把价值评估考虑在内（公司偶尔需要股东追加付款），就更不知道大量的收费公路的年"收入"是否仍能维持正数值了。[16]而且，股票的资本价值通常是完全丧失了，所发生的一点零星交易几乎总是在票面价值之下成交。"收费公路股票在几年内通常以远远低于最初发行的

---

15 艾伯特·加勒廷（1801—1813年间任美国财政部长）在麻省的通讯记者塔夫茨（Tufts，1834：867）说道，在1807年，除了两家收费公路，"本州其他所有收费公路平均产生的净收益均未超过3%"。在1828年，一份报道宾夕法尼亚州收费公路的报告说："没有一条收费公路产生的股息足以补偿其所有者。大多数收费公路产生的收益就比维修支出略多一点。"（引自Durrenberger，1931：113—114）布拉德古德（Bloodgood，1938：97）评价纽约的收费公路时指出："总体上看，它们从未给其所有者带来回报，也没有获得比实际发生的维修费用更多的收益。"

泰勒（Taylor，1934：270—271，276—277）对15家公家的不完全统计体现了427个年头的运营数据。所有的这些公司分布在马萨诸塞州、康涅狄格州、罗得岛州。Hingham & Quincy公司的数据被排除在外，原因是该公司经营一座连接一小段路的获利颇丰的收费桥。我计算的平均股息率是2.9%。泰勒明显感到计算总数是没有意义的，理由是样本无疑存在偏差。更可能的一个理由是因为相比于那些没有支付股息的公司，支付股息的公司的记录被保留下来的可能性要高得多。这种偏差确实存在的一个有力的证据就是，在泰勒所列的表格中，也有9家没有股息数据的公司记录在案，但在一个分列的栏目中，这每家公司都报告，比如"9 660.35美元净损失"，"收入……停止支付开支"，"从来没有产生哪怕一点的股息以及按2%的比率拨付股息"，以及"只有一点点利润给请愿者"。

因此，零散的证据，以及更重要的，来自同时代观察者的印象皆表明，所考察的各州的收费公路在不计算资本损失的情况下，年均回报率不会超过2%。

16 关于价值评估，可参见Taylor，1934：159—160。很多公司只发行不标明票面额的股票，并按照规定对股票进行必要的评估。如果拖欠评估费用，最终该股份将被宣布无效或者拍卖掉。在1804年6月11日、1808年10月23日的*The Courier of New Hampshire*上，我们可以找到一长串拖欠评估费用的股份名单。

价格出售掉"。[17]

收费公路常常通过放弃权利而转向由公共部门来控制。那时，股票通常不值钱，收费公路的所有者也迫切想从养护公路的责任中摆脱出来。道路投资者几乎不能获得任何的补偿。在新英格兰的所有收费公路中，似乎只有两家收费公路公司在转为公用时收回了初期投资。[18]事实上，大约仅有5%的新英格兰收费公路在放弃他们的特许经营权利时获得了某种形式的补偿。[19]可以非常肯定地说，在绝大多数情况下，收费公路股票是一项糟糕的投资。

"一开始就清楚"

在建设热潮消退下来之前，人们似乎就已经知道收费公路股票是没有价值的。（Wood，1919：63）

收费公路不赚钱，总体上来说这是事实，通常一开始大家就很清楚。（Kirkland，1948：45）

如果我们希望证明收费公路是公共产品，并且股票购买本质上是一种自愿的捐助行为，那就不仅需要说明收费公路股票是一种糟糕的投资，而且要证明投资者也

17　帕克斯和泰勒（Parks，1967：19；Taylor，1934：273；Parks，1966：119—20）细述了股票价格迅速下跌的情形。1843年，宾夕法尼亚州的大型国有资产拍卖显示了那时收费公路股票资产价值的一个清晰图景。数量达到48 956股的收费公路公司的股份被拿出来拍卖，其中32 224股未能售出，因为没有达到1美元的价格要求。卖掉的16 732股平均价格为3.4美元。该州为获取这些股份所支付的价格是25美元、50美元或者100美元（50美元最为常见）。参见哈茨（Hartz，1948：104，232—238）对这次拍卖的详细介绍。

18　这一看法也许是不准确的，因为在伍德（Wood，1919：181）报告中提到的完全收回投资的一家公司并没有在泰勒（Taylor，1934：324）的著作中列出来。由于泰勒使用了伍德的资料，可能是他发现伍德报告中的错误，那样的话，就只剩下一家完全收回投资的公司了。

19　这一计算是以泰勒（Taylor，1934：324）的数字为依据，使用了238家在运营的收费公路的加总数字，正如在后面的注29所解释的那样。

是这样预期的。投资者的预期我们很难直接证明，但是各种因素的综合显然能够强有力地支持上述两段引文。

对投资者而言，要从一开始就知道收费公路股票是无利可图的，基本上不大可能。第一家私人的收费桥梁公司——查尔斯河桥梁公司，1786年开张，被称为是"美国最具影响力的私人企业"。[20]在头六年中，投资者获取了年均10.5%的投资回报。戴维斯（Davis）说："该公司头几年所获取的丰厚红利清楚地显示了它的美好发展前景，这也引起了在类似领域中投资者们的关注。"（Davis，1917：II：189，216）在整个1798年，各州处于考虑状态中的公司中有59家桥梁公司获得了特许权，其中绝大部分是在新英格兰州。其中，有很多公司的运营是不成功的，也没有获得什么利润，但也有相当一部分，特别是在波士顿地区的公司，一直到那一世纪末都处于盈利状态。与收费公路不同，桥梁不会受到逃费和慷慨的免费的困扰，并且在利润很低时，可以通过提高通行费的方法来增加利润（Davis，1917：II：229）。投资者可能没有预见到困扰收费公路的那些特殊问题，因而错误地把桥梁公司视为一个令人鼓舞的例子。而且，早期的收费公路投资者可能也没有预见到他们将要面对的竞争者：轮船、运河和铁路。

在收费公路建设的头一个十年后，除了最愚蠢的人外，所有人都意识到等待收费公路的会是什么。早在1800年，马萨诸塞州第一条收费公路的总裁就写信提醒其他投资者不要期望从收费公路股票中得到回报（Parks，1966：73）。同样，前联邦议员和收费公路总裁费希尔·埃姆斯（Fisher Ames）于1802年写道："最具投资前景的收费公路也很少被证明是有利可图的。"（Parks，1966：74）在康涅狄格州，其收费公路的股息相比之下被认为是令人羡慕的，然而，1805年的一篇新闻文章中暗示投资于收费公路的资本"每年获得的收益很有限，如果有的话，最多也只有普通的资金利息的一半多一点"。[21]

---

20 出自1786年5月3日的*Massachusetts Centinel*；转引自Davis，1917：II：188。
21 *Connecticut Courant*（Hartford），June 19，1805，3.

不盈利公司的例子是非常普遍的，少数有一点利润的公司也是因为得益于各种优越条件的结合：以很低的成本获得了土地，原有的路基状况良好，需要建造桥梁的数目极少，以及具有富裕的交通流量。[22]任何一个谨慎的投资者都能很容易发现他所在的镇是否具备这些优势。不过现实是几乎都不具备。[23]

也许否定这一观点——收费公路投资者追求的主要是直接回报——的最好的理由是提出一个替代的假说。

对间接利益的追求

尽管股息非常有限，但间接的、外部的利益却是非常大的。道路的改进可以降低运输成本，刺激商业活动，提高土地价值。亨利·克莱（Henry Clay）在谈到这一点时并没有夸大：

> 我认为投资于这些标的（收费公路）的资本家可能并没有获得3%以上的年回报率，但社会会以各种形式给予回报，从而使得实际收益率可能达到15%或者20%。私人修建的收费公路产生的收益实际上是在三个主体间进行分配：

22　与其他公司相比，经营德比（Derby）和新纽黑文（New Haven）之间公路的德比收费公路在财务方面的表现非常突出，1801年到1896年间每年的股息平均为5.1%，并且在1897年转为公用时收回了投资（注意：这一表现在其他行业最多只能说是表现平平，参见泰勒著作中第792页的一段论述）。泰勒（Taylor，1934：279）把它的成功归结为"一系列因素的综合——在一个生产性地区处于垄断地位，不需要进行土地赔偿，低的资本投资，几乎在一个大城市限制范围之内只有一个入口，被一个不公开上市的公司细心控制——这些因素结合起来造就了一个赚钱的公司"。

23　我应该提到，关于投资动机问题，菲利普·泰勒的观点明显与其他收费公路史学家不同。他完全同意收费公路是无利可图的，并且他还认为："在更小的城镇，市民团结和进步精神起的作用不是不重要。"但他的核心观点是这样的："然而，首先且最重要的仍然是这一事实：投资于收费公路的收入前景良好，并且对收费公路股票的大多数投资都是基于这一看法。"（Taylor，1934：102）泰勒为此给出的证据支持是贫乏的——他强调了有关早期公司少数满怀期望的观察评论，并且说投资者低估了维护的成本。（Taylor，1934：99—102，267）没有证据表明收费公路受到迅速退化的困扰，或者维修的需要被系统地低估。泰勒的著作，经济学的一篇博士论文，几乎专门从投机狂热的角度来观察这一时期；但他没有注意到社区提升的狂热。请注意，本节开始时的引文来自一些如泰勒一般只考察新英格兰的学者，他们作品发表的时间刚好与泰勒相交叉。

资本家获得通行费；道路贯穿而过的土地会因价值提升而受益；商品的价值会
因运输费用的下降而增加。(Durrenberger，1931：125)

我们可以在当时的著作中找到丰富的证据，证明行为人确实是在追求间接收
益。一篇发表于1795年的支持纽约收费公路的文章说，这种改进"把一个国家尚
未开发的资源展示出来，使之进入市场"。[24]我们发现在1797年有一篇作者署名
为"一位慈善家"的文章分五部分讨论了道路和收费公路的情况。作者用很长的
篇幅阐述了良好道路对社会的重要性，并认为收费公路是实现这一目的最好的手
段。本杰明·德威特(Benjamin De Witt)在1807年出版的一本有关纽约收费公路
的著作中，说收费公路"鼓励定居，为生产和商业活动开辟了新的运输通道，增加
了农业产出，并为国内的每一种商业活动提供了便利"。(1972：215)威廉·杜安
(William J. Duane)在一本写于1811年的题为《致宾夕法尼亚人民的一封信》的
小册子挑战了既有观念：

> 与投资于道路和运河的股票相比，银行微薄的利息似乎对你更有利。……
> 但投资于那些方面，可以把你的产品和加工品运送到各地市场上，并提高你的
> 木材及开垦出来的土地的价格。这样比较的话，把钱投资于银行股票上就是一
> 种浪费了。(1811：5)

同样，新英格兰的费希尔·埃姆斯也说道，大多数收费公路的建设是"为了方
便乡村农产品进入市场"。[25]

略微不明显地证明行为人是追求"间接收益"的证据也很多。首先是"各类收
费公路公司的股份几乎都清一色地由当地人拥有，也就是说，由道路经过的各个城

---

24   "Turnpike Roads"，by A Friend to Turnpikes (Elkanah Watson)，*Albany Gazette*，December
      27，1795；reprinted Albany Register，June 13，1796，2.
25   引自 Parks，1966：71，也可参见 Reed，1964：59—61，125，135—7。

镇上的人所拥有"。(Taylor，1934：165；Durrenberger，1931：102）显然，居住在收费公路附近的人是受益最大的。在少数情况下，较大比例的股份被外地人所持有，但即便是这些情况，追求间接收益仍然是明显的。在大商业中心的商人会大力支持修建能促进贸易的道路。例如，"为了发展特拉华山谷的贸易，纽约的商人和贸易商赞助穿过新泽西州的公路的修建，否则这些贸易会完全转向费城"。(Lane，1939：156）也许有人会争论说，收费公司股份大部分由当地人所持有，只不过是这些股票都是在当地市场交易的结果。但当我们考虑另一个因素，即认股最多的投资者通常正是那些主要从该项目中受益最多的人，追求"间接收益"的解释就还是不可否认的。"除了极少例外，收费公路最主要的股东是农民、土地投机者、商人或者对商业感兴趣的个人和企业"。[26]

正如伍德（Wood，1919：63）所提到的：

> 我们被迫接受了这一结论：绝大部分新英格兰的收费公路，是出于希望当地城镇以及在城镇中运行的当地商业受益而修建的，更多考虑的是间接的效果，而不是根据通行费来衡量的直接收益。

同样，达伦伯杰（Durrenberger，1931：104）是这样描述中大西洋地区的：

> 认股人通常更感兴趣的是新的交通线路所带来的可能收益，而不是投资的直接获利。换句话说，认股人常常是看投资对某些公共利益改善的贡献大小来决定认股与否，而这些改善是以间接的方式，而不是以股息的方式来衡量的。[27]

26　参见Durrenberger，1931：104；Ringwalt，1966（1888）：31；Lane，1939：168。

27　法律史学家詹姆斯·赫斯特（James Hurst）同意这一看法，他说："这些高速公路……尽管回报不高，但更多为的是依赖于这些设施的其他活动中获得的日常资本性收益，而不是给提供者带来的直接收益。"（1982：103）

是公共产品问题吗？

在什么程度上，我们能预期私人积极性在提供道路方面可以获得成功？尽管道路有巨大的社会收益，但似乎很难看出私人支持修建道路方面有什么好处。由于市民知道收费公路股票是一种没有什么回报的投资，购买股票就像是为公路付费。一旦股票认购的数量足以建成一条公路，我们将没有办法阻止那些没有认购过股份的人从这条路中获取收益。单独一个人的投入是不会产生作用的，或者至少看起来是这样。一个对54个收费公路城镇的随意抽样表明，在1810年的平均人口是2 153人，其中38%的人达到了27岁。[28]假设，如果这些人中有一半能长期从收费公路，或者从给两个城镇带来收益的收费公路中显著受益，那么，818人就是该条收费公路的预期受益人（一条长度为15到40英里的收费公路，每英里的建设费用通常在1 000到2 000美元之间）。[29]这种规模已经很难算是一个小团体。基于狭隘的自我利益，对任何人来说做这种自愿的牺牲都是愚蠢的。收费公路股票认购看来存在一个明显的搭便车问题，如果依据简单的公共产品模型，那我们可以预期结果会很糟糕。

收费公路的供应

考虑到存在明显的搭便车问题，收费公路的成功是令人惊讶的。美国掀起了一场以前所未有的速度修建新公路的运动。在纽约，有超过1 100万美元的资金被投

28　没有什么特别的原因，我列出了从1800年到1810年获得特许权的马萨诸塞州收费公路公司名单中看起来像城镇名字的专有名词，然后在1810年人口普查数据中查询其人口。那些我没有发现的名词就假定不是城镇，或者是其他州的城镇。我从名单中排除了波士顿（人口为33 250人），名单中最大的镇是塞勒姆（人口为12 613人）。

29　建设成本有很大差别。一个关键因素是收费公路是否建在原有的路基上，如果是的话，修建的工作量就会大为减少，并且需要额外损毁的土地数量也会是最小的。如果必须修建桥梁的话，桥梁要修建到什么样的程度也是一个重要的因素。泰勒（Taylor，1934：210）估计在马萨诸塞州每英里的修建成本达到4 500美元，在新罕布什尔州为1 065美元，在佛蒙特州为1 000美元，在罗德岛为700美元，在康涅狄格州为640美元。也参见Taylor，1934：185—90，348—40；Durrenberger，1931：84—95。

到收费公路的建设中去，在新英格兰州有650万美元，在宾夕法尼亚州有450万美元（州政府的投资除外）。（Durrenberger，1931：61，102；Taylor，1934：211）伍德（1919：63）告诉我们，以1830年的人口为基础，马萨诸塞州的人均收费公路投资大约是3.9美元。1794年到1840年期间，新英格兰的私人收费公路公司修筑并运营了大约3 750英里的公路。[30]纽约在收费公路里程方面领先于其他各州，到1821年为止，有超过4 000英里的收费公路。宾夕法尼亚州位居第二，到1832年达到顶峰，为2 400英里。新泽西公司到1821年运营有550英里的收费公路；马里兰州到1830年为止运营的私人公路为300英里。（Durrenberger，1931：61，56，74；Parks，1967：23，27）

地方收费公路一般是由当地较有名望的市民资助建设，但也不是就由一小群富裕的地主为该项目付钱。股份的认购实际上有广泛的群众基础。大多情况下，股份认购者会在50人以上，更大的收费公路往往会超过100人，没有一个人认购的股份会超过15%。[31]

当主要的行车路线都转变为收费公路以后，要再筹集资金修建新的道路变得

---

30 Taylor，1934：208。注意，不包括康涅狄格州1792年特许的两家公共收费公路，其中一家被一个私人公司收购。（参见Taylor，1934：122—5；Wood，1919：334—6）另外，泰勒的著作中存在一个计算上的错误（在注32中会详细讨论）。

31 也有一些持股集中度较高的案例，特别是在新英格兰。分散持有的股票是通过首付一个很小的部分然后通过分期付款的方式来认购，且在股票购买和投票权方面会有所限制，尤其是在中大西洋地区，具体讨论可参见Durrenberger，1931：103—7；Taylor，1934：101—2，156，158—65。
　　格莱泽（Glazer，1972：164，166）发现，在1840年的辛辛那提存在一群相对成功的"居民，他们人数不多却占有权益，他们主导了大多数自愿组织"。他宣称这样的组织是"普遍且重要的，但也许不像托克维尔所观察的那样流行"。但是，非常遗憾的是，在格莱泽的案例中，这些少数的主导私人组织的活跃分子恰恰是从新英格兰移居过来的定居者，而新英格兰州正是托克维尔所考察的最为核心的州。

越来越困难了。[32]尽管如此，收费公路的修建仍在继续，即便到1810年时，直接从收费公路上获得回报的希望已经消失了。1810—1845年间，仍然有超过400条收费公路获得特许并修建。每一条都代表了一个单独的公共产品供给案例。[33]我不认为每个例子中私人组织都克服了搭便车问题，也不认为收费公路的建设满足了所谓的黑板帕累托最优条件。相反，我认为，即便收费公路带来了巨大的非排他性收益——远远超出该工程的成本，但是如果直接运用简单的公共产品模型进行分析，那我们也有理由怀疑1810年以后会有那么多的收费公路被私人修建起来，甚至怀疑可能连一条都没建。为什么这一模型不适用？

32　1842年全年在新英格兰州，有385家私人收费公路公司获得许可证，但是其中的147家，或者38%没有修建成道路。这些数字来自Taylor，1934：208，237—46；Reed，1964：75。在泰勒的著作中有一些错误要说明一下：208页列出的公司总数是241家，不是230家；208页的表VII与1796年、1800年、1801年、1804年和1834年单独列表时的情形（337—44）不一致。对成功修成公路的公司，我使用了1796年3家、1800年13家、1801年10家、1804年17家、1834年5家；在第346页附录III中，佛蒙特州列了1家，我用的是0。这些改变都是基于泰勒自己的个人清单，这个清单得到伍德的证实。对康涅狄格州的公司总数，我使用了里德的数字，他与泰勒在1797年、1805年、1806年和1818年的数字不同。我假定从里德那里多出来的公司是没有修建成公路的公司。

　　由泰勒（Taylor，1934：164，337—41，346）给出的马萨诸塞州、罗得岛州和康涅狄格州的数字显示，在1794年与1800年之间获得特许的35家公司中有3家没有修建成道路（9%失败率）；在1801年与1807年期间，103家公司中有29家没成功（28%）（登记在164页的1801年的公司数目应该是12家）；在1808年和1814年期间，35家公司中有13家失败（37%）；在1815年与1842年期间，85家公司中有31家（36%）。在中部各州以及马里兰州，达伦伯杰（1931：107）认为："可以肯定地说，至少有三分之一的收费公路公司在获得许可证后从来没有修筑哪怕是一英里的公路，这主要是由于他们没有能力筹集到必要的资金。"

33　达到400家这一下限。加上泰勒（Taylor，1931：337—44）具体的罗列，我们发现1810年与1845年间新英格兰有71家公司成功地获得许可证。在那些年中，纽约特许了337家收费公路公司，宾夕法尼亚州特许了305家，新泽西州28家，马里兰州69家，但我们不知道其中有多少公司成功地修建了道路。即使我们假定这些公司中有50%失败了——这一比例可能是高估的，那也表示在收费公路已被证明无利可图后仍有370家公司修成了道路。

三

关于收费公路的文献很陈旧，而且基本是叙述性的。毫不奇怪的是，虽然研究收费公路的历史学家强调间接收益在支持收费公路建设方面所起的作用，但是他们未能指出其中牵涉的但少有人提及的搭便车问题。在讨论这一事件时，我们需要依靠的远不止收费公路史。

城镇、独立性与活力

19世纪早期的城镇独立而强大，这些特征后来逐渐消失了。在整个殖民地时期，城镇就已经成为社会的基本组织结构。在美国建国后的前三十年，镇区几乎具有政府的所有行政权力。各州拥有无可争议的立法权，规模经济决定了各郡县致力于提供少数服务（法庭、监狱和道路委员），但城镇管理他们自己的事务，并执行州的指示。托克维尔在其出色的著作《论美国的民主》一书中谈道："城镇在所有只与自己有关的事情上是独立自主的，在新英格兰的所有居民中，我相信找不到一个人承认州政府有权干预他们城镇的事务"；在执行州的法律时，"与这项义务一样严格的是，州政府只是在原则上实施法律，在执行时，城镇又获得了所有的自主权利"（1945［1835］，I：68）。早期美国城镇政府的这种参与性质已经受到很多人的注意。这一特征常常使区分私人工作与公共工作变得毫无意义。[34]

城镇的团结与效率部分来自商业上和社会上的隔离。在19世纪以前，人们很少外出旅行，与其他城镇的人几乎没有贸易往来（Taylor，1934：31—32）。自给自足培育了城镇居民之间多样的社会联系。

特定的历史潮流也促进了参与精神的形成。在革命时代，个人的宗教信条以及社群的宗教组织通常根深蒂固。革命后，在所谓的第二次大觉醒运动中，宗教热情

---

34 皮萨尼（Pisani，1987：751）写道："最近的研究表明，公共公司与私人公司之间的界限被夸大了：这种区别在18世纪和19世纪早期并不像商业公司变得成熟时那么清楚。实际上，所有的公司都是这两者的某种结合。"关于公共与私人部门的共同之处参见 Kammen（1975）和 Seavoy（1978）。

得到加强，这一运动可能促成了支持宗教集会的一般结社法的通过（比如1784年纽约的结社法）。无论是"新教义"（New Light）教派还是那些更传统的教会，宗教团体常常表现出热衷于各种改善城镇的倾向，比如修建学校、图书馆和穷人救济所。通过产生这些必要的社会关系、"社会资本"（Coleman，1988）、人力资本（Seavoy，1978：60），宗教与慈善活动激发并帮助自发的努力用于实现社区目标。（Matthews，1969；Brown，1973：68）在一篇相关的论文中，埃尔金斯和麦基特里克（Elkins and Mckitrick，1954）把地方行动主义与一个年轻社群中领导角色的无处不在联系了起来。

合作的市民

托克维尔被美国人的强烈合作精神所深深吸引。[35]在19世纪30年代，他写道：

> 世界上没有任何一个国家的公民会为公共福利做出如此多的努力。就我所知，没有人修建了这么多的学校、更适合居民需要的公共礼拜场所或者维护良好的道路。（1945［1835］，I：95）

市民与政府努力合作值得一提，但更重要的是民间团体愿意改善公共设施的努力。

> 美国人……不断组成各种协会，他们不仅有所有的商业和制造业公司都参加的协会，还有上千种其他的社团，有宗教的、道德的、重要的、琐碎的、常规性的、有限制的、庞大的或小型的。美国人让社团提供娱乐，建立神学院，修建旅馆、教堂，传播书籍，送传教士去传教。用这种方式，他们建立了医院、监狱和学校。如果想要树立一个伟大的榜样来反复地灌输一些真理，或者

35　韦德（Wade，1985）对托克维尔的分析性贡献进行了详细的总结。

培育某些情感，那他们便形成一个社团。（1945［1840］，II：114）

托克维尔谈到了另一个经常被引用的公共产品：预防犯罪。虽然不存在州警察，并且仅有最低限度的地方公共武装，"但在任何一个乡村中，犯罪逃避惩罚的可能性都很小。原因是每个人都认为提供犯罪证据、追捕逃犯跟自己息息相关。……我在一个乡村看到村民为了追捕和起诉一个犯下很大罪行的男人自发形成了委员会"。（1945［1835］，I：99）美国早期社会中相类似的私人非营利消防组织或者教育机构已经得到经济学家的研究。（McChesney，1986；High and Ellig，1988）[36]

这种合作精神就表现在许多类似于收费公路这样的企业中。戴维斯（Davis，1917，II：284—285）在对美国1800年前商业社团的广泛研究后指出，很多企业身上承担了改进社会的责任，并讨论它们是否可以算商业公司。他很快便排除了海事与农业社团，接着便排除了土地改良、木材栽培、内河航行方面的公司。比如，一个"最接近这一标准"的例子是1790年成立的疏浚普罗维登斯河的河道机械公司。"普罗维登斯的商人同意以40份等额股份为该工程筹集1 000美元"。该公司要向特定船舶征收通行费，但任何盈余都必须在20年期限结束时用作其他方面的改善，"因而不期望可以得到任何股息"。

在融资方面，很多收费公路与这个疏浚公司非常相似：很多人慷慨地投入大量固定成本，然后只征收足够维持运营的收入。在以公路所连接的城镇来命名收费公路公司成为标准做法之前，新英格兰第一个获得特许的私人收费公路公司（1794年）取名为"修建和支持从格洛赛斯特的赛派切特（Cepatchit）大桥到康涅狄格路线的收费公路协会"。（Taylor，1934：125）甚至在被冠以标准的具有商业味道的名称后，我们偶尔还会发现一些称自己为"协会"（society）的收费公路公司。[37]

---

36 皮萨尼（Pisani，1987：744）认为："把权力分散到地方层次的联邦主义倾向加强了美国对准政府的社团的依赖，比如商业联盟、公民组织以及粉丝俱乐部，这些组织在服务集体活动时所起的作用常常要比正式的政府机构更好。"

37 在1801年7月17日 Connecticut Courant 的第2、3页中可以发现两个例子。

选择性激励（社会压力等）

对合作的经济学解释可以分为两个大类。一类认为不论是出于什么原因，人们对合作有一种无法消除的需求。根据马戈利斯（Margolis，1982）的看法，我们可以说人们之所以愿意出钱修建收费公路，是因为他们的效用函数中有着很高的集体利益权重；或者根据萨格登（Sugden，1984，1986）的观点，我们也可以说人们感到他们有义务出钱，并因此按照这一道德义务体系的要求采取行动。

第二类方法通过深入情境并揭示隐藏在合作背后的私人利益来深入考察合作的核心。从托克维尔对美国人"自利的恰当理解"的探索性讨论来看，（1945 ［1840］，II：129—145）我们能得出结论，这种理解合作的大胆方法特别适合分析我们的问题。[38] 我们可以把收费公路社群看成是扩大的家庭，并且适用贝克尔（Becker，1974）的社会交往理论。也许，一个社群的居民参与到持续的礼物赠予行为中，要么是因为受不给礼物的威胁，（Kurz，1977）或者因害怕集体报复而遵守社会规范。（神取道宏［Kandori］，1989）虽然正式模型可以被不太严格地应用到收费公路的例子，但我将更愿意借助曼瑟尔·奥尔森（Olson，1971，1982）强调制度作用的探讨来展开分析。

在《集体行动的逻辑》一书中，奥尔森发展了一个选择性激励思想：

> "选择性"激励将刺激一个潜在团体中的理性个体以团体导向的方式行动。在这一种环境中，团体行动可以仅仅通过某种激励而实现，这种激励不会如公共产品一般不加区分地作用于整个团体，而是会选择性地指向团体之中的个体。这一激励必须是"选择性"的，因此那些没有加入该组织并为该团体的利益工作，或者没有以其他方式为实现该团体的利益而做出贡献的人，与那些做

38　由于人们对合作的需要或者责任感会对外部刺激和压力做出反应——肯定非常大，因此，这两种理解合作的方式的区别并不像我这里划分的那么大。

了贡献的人得到不同的对待。(1971：51)[39]

我们对负的选择性激励特别感兴趣，即对没有承担适当份额的集体努力的人给予惩罚。[40]选择性激励在一个关系封闭的、同质的团体中特别有效。一些没有参与合作的人将引起人们的注意。"他们的朋友可以利用'社会压力'来鼓励他们尽到自己的职责……而且这种做法可能是有效的，因为……大多数人都重视朋友和同伴的交情，重视社会地位、个人威望和自尊"。(Olson，1971：60)[41]这正是1 000或者5 000人的收费公路社群所面临的情形。对普通的收费公路股东来说，"掌管收费公路的人就是他的邻居，并且对他知根知底"。(Taylor，1934：168)关于收费公路时代马萨诸塞州的各种民间团体，布朗(Brown，1973：68)是这样说的："个人得到认可的感觉，自我的提高，以及因成员参与而产生的相互关系的强化，有时与有着更明确目标的组织一样重要。"

很多社会压力策略被应用在收费公路情形中。首先是社群集会呼吁制定一个计划，并在社群中销售股票。城镇大会是预期所有重要居民都会参加的一个核心机构。斯莱(Sly，1967［1930］：107)说，在十九世纪早期，"城镇大会……的发展达到了顶点"。收费公路大会很受重视，并且股票抵押是公开进行的。比如，伍德

39　也参见 Olson，1982：20—3，32—9，85—7。

40　基于某种福利标准，奥尔森把负选择性激励看成是"强制的"。我是在产权标准下使用"强制"和"自愿主义"这些概念的，目前讨论的社会压力是被当作 *damnum absque mjuria*。就正式的正选择性激励，也即奥尔森所谓的"捆绑品"(tie-ins)而言，略微乐观的描述可参见 Klein，1987。

41　在《国家的兴衰》一书(1982：24)中，奥尔森补充了对选择性激励这一概念的讨论：团体成员之间在爱好、态度和生活方式方面越相近，选择性激励效果越好。从今天的标准看，收费公路社群肯定是可以被视为同质的。兰达(Landa，1981)讨论了同质性在贸易集团方面的重要性。

　　关于奥尔森对面对面交流的强调，参见弗兰克(Frank，1988)对有关真实的感情与意图是如何表现在生理刺激上的分析。对选择性激励的一个扩展讨论以及传统的社会学问题如何用经济学的个人主义推理特征来处理，参见 Hechter，1987。关于社群与合作的研究，黑格斯(Higgs，1987)提醒经济学家要注意社会学家和心理学家的成果。就课堂实验中社群主义的因素如何影响公共物品捐献的简要综述，参见 Dawes and Thaler，1988：193-5；Isaac and Walker，1988。对诚实偏好显示的证据和讨论，参见 Bohm，1972；Brubaker，1975。

（Wood，1919：69）说道，马萨诸塞州第五收费公路公司"可能是1799年初在奥利弗·宣宾（Oliver Chapin）小旅馆中举行的一次集会上正式成立的，并发行了1 600股每张面值为100美元的股票"。那些50和100人出席的会议被记录了下来。[42]通过内省，我们认识到人们容易受这些筹款者的激情演说、直接询问以及侧目的影响。

收费公路的推动者当然会依靠最基本的选择性激励形式——面对面的请求。在一封1808年关于设立约克与科恩瓦格（Conewago）运河收费公路的信中，作者讲述了"那些富有相当责任感，为该收费公路慷慨解囊的人，利用各种方式影响这个地方的人来推动该项目"。[43]

我们发现，收费公路公司组织劝说力量的例子，证实了托克维尔所说的美国人喜欢组成各种团体，不管它们是多么"微小"的看法。欣厄姆和昆西收费公路公司，"选派了几个委员来劝说人们认购公司股票，并且委托一个委员专门向欣厄姆市的牧师亨利·科尔曼（Henry Coleman）介绍企业的优势，以便获得他对该事业的帮助和影响"。（Wood，1919：178）[44]同样，我们在米尼森克和蒙哥马利收费公路公司的资料中发现："决定让詹姆斯·芬奇（James Finch Jun）和戴维·梅森（David Mason）成为委员，致力于让生活在肖恩岗克山脉西部的人认购股票。"[45]

亚当·马帕（Adam G. Mappa），尤蒂卡市收费公路公司的总裁和主要组织者，需要在没有保证的情况下劝说他的城镇同胞。为了赢得当地人的支持，他"用有说服力的语言详细列举了尤蒂卡市道路建设完成之后将获得的好处"。（Durant，1878：177）1808年，马帕给沃尔顿先生写了一封信，信中的这段话可以看到这次活动的一些细节：

42　Kirk，1912：22；*Connecticut Courant*，March19，1798.

43　Letter from Henry Miller to Thomas Willing Francis，January 17，1808，Conewago Canal Collection，New York Public Library，Manuscripts.该收费公路于1809年获得特许并修建。该收费公路于1809年获得特许并修建。

44　把如此之多的精力花在确保牧师的"帮助和影响"上，这暗示着还存在其他形式的选择性激励。

45　Minisink and Montgomery Turnpike Company Minute Book (BV. Sec.)，entry July 8，1811，New York Historical Society.

为了公共利益，我用我所有的力量恳求你们，我亲爱的先生，我希望你和我们的朋友米勒和范伦塞勒追随我，与这两位绅士一起回心转意，握紧我们的双手。霍根先生告诉我说，他不知道收费公路经过他的土地。我亲爱的沃尔顿，你怎么能够忘记告知霍根先生这个好处，并请求（正如你答应我的那样）他慷慨地认购我们的股份呢？我的朋友，如果你忘掉了我们，如果你放弃了收费公路的利益，一切都完了，我们将陷于泥潭。因此，我们需要挽回争取霍根这位朋友回心转意上丢失的机会，请不要忘记任何你能接触到的人。（引自Jackson，1959：22）。

马帕的信为托克维尔（1945［1840］，II：114）这个观点提供了极好的例证："极端的技巧，利用这种技巧，美国的居民成功地提出一个共同的目标来影响大多数人，并劝说他们自愿地追求这一目标"。马帕的信也表明，产生选择性激励本身就是一种成本高昂的公共产品，但一些人将热心地承担下来并提供它们。[46]尤蒂卡市收费公路公司从来没有给股东支付合理的报酬，但它一直运作到1848年，直到它转变为一家铺板路的公司。[47]

在写给约翰·拉瑟福德（John Rutherford）——几条收费公路的认购者——的一封关于新建的穿过特伦顿市的收费公路的信中，这种争取支持的努力也有所表现："我们将在下周四开放名单——将尽一切努力使公司组织起来。你知道这个地方的市民几乎没有多少为公共改善付出的精神，但我们仍要努力推他们一把。"而且，这一作者表达了他的希望，拉瑟福德"可能非常赞成这一工程的想法，因而要发动

---

46 参见卡内曼、尼奇和塞勒（Kahneman，Knetsch and Thale，1986）所给出的实验证据，这个实验表明，人们有惩罚做坏事者的需求。

47 铺板路（plank road）是有厚板路面的收费公路。它们在19世纪40年代末和50年代大量出现。在私人公路管理中它们构成独立的部分，它们有着自己的故事。参见Klein and Majewski，1988a。

经济学的著名寓言

这里的朋友大量认购"。[48]

托克维尔和奥尔森都提到收费公路社群使用的另一个构成选择性激励的元件。托克维尔（1945［1840］，II：119）说："除了报纸，没有什么东西能同时把一种思想灌输给一千个人"，而利用报纸，"你可以说服每一个你需要他帮助的人，让他在自身利益的驱动下而自愿地把他个人的努力与其他所有人的努力结合起来"。同样，奥尔森（Olson 1971：63）表示，通过媒体鼓吹"某个满是正在讨论的共同利益的尝试的价值"，一个潜在组织的成员可以"发扬社会压力，这与一个面对面的组织中产生的社会压力不完全相同"。[49]

美国的报业发展迅速，并且人们对有关地方事务的报告非常感兴趣（de Tocqueville 1945［1840］，II：114—122；Gunn，1988：52）。为了激发责任感，组建收费公路公司的公告中经常会提到这条道路的公共价值。在为期五个月的时间内，《新汉普郡快报》报道了三家收费公路公司，说他们的工程"总体上将给公众带来好处"，"将是非常重要的公共设施"以及"将开辟一条从西到东穿过新汉普郡中部的交通要道……并将惠及我们城市的商业"。[50]在其他公告中，道德劝告的成分更

48　Peter Gordon to John Rutherford，April 8，1806，New York History Society，Rutherford Papers.另一封写给拉瑟福德的有关另一条收费公路的信件指出，只要某一线路被确定下来，拉瑟福德就应购买8到10份股份。因此，该作者对这一信件做了如下总结："这一目标非常重要，它使我们非常有希望获得资金，特别是从那些已经慷慨地提供帮助的人那里获得资金。"（John Doughty to John Rutherford，June 28，1810）
　　　　我已经发现了其他少量有条件认购的证据——也就是说，以道路的路线为条件。我相信有条件认购没有对主要解释收费公路融资的分享规范与社会压力的观点提出挑战。首先，路线选择对大多数收费公路来说都不成为问题，因为大多数收费公路是在以前的路基上修建的。其次，道路的笔直性在收费公路法中常常是有明确要求的，而且事实上很多收费公路都偏爱直线。（Taylor，1934：285；Darren berger，1931：85）最后，必须承认，根据几何学，一条收费公路只可能在少数地方是弯曲的，而每个可能的弯道都将给一个与偏爱其他路线的团体竞买时面临免费搭车问题的团体带来收益。但这不是要否定有条件认购在决定一段路将放在哪里，以及一个转弯应该怎样拉直方面可能会偶然起作用。

49　借助媒体施加社会压力的典型研究是默顿（Merton，1946），这一研究整个完全聚焦于一个由凯特·斯密斯所主持的马拉松式战时广播宣传的作用。

50　*Coarier of New Hampshire*，April11，August1，March14，1804.

浓。在公布大北部（Great Northern）收费公路开放认购时，一条消息补充道："请注意，这一仔细谋划的公路对公众和个人都具有明显的重要性（因为它将促进蒙特利尔与奥尔巴尼城市之间的直接交流，道路穿越在平坦的乡间土地上，不需要进行哪怕一次的摆渡），最大的好处是能享受到快速通行。"[51]1798年一条关于哈特福德至纽黑文收费公路的消息说："它是一项具有重大公共利益的项目，值此时机，希望本州市民能表现出你们的公共精神，自愿预缴必需的资金推动这一工程，并毫不犹豫地填好认购单。"[52]

第一流的推动者埃尔卡纳·沃森（Elkanah Watson）在斯克内克塔迪至奥尔巴尼收费公路公司工作。[53]他使用了"收费公路之友""A.Z.""一个共和党人""公共产品"等名称。沃森在推动收费公路建设中常常诉诸公共精神、爱国主义和商业利益，而很少诉诸股票的直接回报。在1801年，在一篇宣传推广奥尔巴尼至斯克内克塔迪的收费公路的文稿中，沃森这样写道：

> 由于其重要性得到每个人的承认，由于冒险家们也从公众那里获得了最坚决和最慷慨的鼓励，希望他们完成这条公路……
>
> 对奥尔巴尼的居民，特别是商人来说，如果他们不尽其所能建立这一重要的企业，而且能够忍受又一个年头的置之不理，那他们的确是麻木不仁了。（p.40）

在后来的一篇文章中，沃森报告了建设收费公路的筹备会议取得的成功，并补充说："因为我们的市民似乎人人皆对建立一条连接奥尔巴尼与斯克内克塔迪两市的

---

51 *Albany Gazette*，June 6，1805，2.

52 *Connecticut Courant*，November 19，1798，2.

53 沃顿，穿过纽约州的一条大运河的倡导者，平日喜欢推动该州内陆和农业的改良。他的推广显示了高度的机智和灵活，与几年后铺板路的推广者所使用的策略形成鲜明对比。（参见Klein and Majewski，1988a）

收费公路的重要性有深刻理解，并且由于同样的爱国精神盛行于斯克内克塔迪，毫无疑问，股份将在预告公布后几小时内被全部认购完。"（p. 40）而且，事实上，除了在他做了很多注的剪贴簿中的这些文章的复制件外，沃森还潦草地写道："这是幸福的时刻——前面的出版物铺平了道路，从没有任何事情比这更发自内心地被接受。"

沃森对其他收费公路的建设工作也尽心尽力，其中就包括一条连接纽约与奥尔巴尼的收费公路。在1800年的一篇文章中，他写道："这件事的确非常重要、非常值得、非常受欢迎。我们必须毫不犹豫地认真对待这件事，立法机关一定会同意发放特许状，3 000份股份……将马上被认购。"（p. 36）请注意，沃森是如何通过假装相信即将到来的支持，来努力减轻固定支持者所需要面对的担保难题，并刺激机警的改良者响应这种号召。在他的剪贴簿中，沃森写道："为获得特许已经进行了一些不成功的尝试，……最终它肯定会成功。"后来他补充道："1808年，纽约至奥尔巴尼的道路已经开工了。是谁启动它的？"除了证实沃森的自我满足外，这些注还证明了报纸的社会作用。

社会压力似乎已经影响到了土地赔偿的评估和支付的方法。公路用地通常是用股票而不是现金支付。（Taylor，1934：165）"一位慈善家"（1797：No.III）提到，那些把土地转让给收费公路的人"将获得一个与他们遭受的损失等价的补偿，这些补偿主要用于弥补农场及其地理位置在未来有可能发生的增值，以及弥补来自其他设备的损失"。这些收益可能给收费公路公司在达成协议时获得一种道德上的谈判筹码，正如在1798年连接哈特福德和纽黑文两市的收费公路的公告中所指出的那样："希望那些说公路穿过其土地的人将成为认购者，其认购数量至少要达到评估的损失总数。"[54]

我们可以推测社会压力的其他形式。比如，在少数收费公路也发行彩票的情况下，很容易想象社会压力在彩票销售中的作用。（Wood，1919：293；Lane，

54　*Connecticut Courant*（Hartford），November 19，1798，2.

1939：161）再比如，收费公路股东名单是公开信息，其传播还可能刺激股份认购。[55]

即使实际上选择性激励一直很流行，我们也不可能期望他们被很好地记录下来。然而，还是可以发现一些切实的迹象。通过深化对收费公路和当时社会思潮的理解，我们可以公正地得出以下结论：社会压力在数以百计的收费公路供应方面起了显著作用。

四

> 地方自由，……使很多市民重视他们的邻居和亲戚的情感，永久地使人们结合在一起，并迫使他们相互帮助，尽管存在使他们相互分离的倾向。（de Tocqueville，1945［1840］，II：111）

早期的美国社会在筹资创建数百个收费公路公司的过程中克服了极易出现的搭便车问题。对于1810年以后组建的公司来说，虽然能获取少许投资收益确实增加了人们投资收费公路的意愿，但是这种投资的核心缘由并不在于此。社会隔离、市民的亲密关系以及弱势分权的政府培育了密切的社会联系和有效的参与伦理。

但城镇人们共同努力建设高速公路的古雅故事真的能对我们处理现代问题带来很大启示吗？哈肯萨克市自1810年以来已经发生了很大变化。邻居通常是陌生人，因此，我们如何能够预期社会压力等因素能够抑制搭便车？下面有两点评论。

第一，尽管经济学家对非自利行为的兴趣日益增长，但是公共品自愿供应问题看起来依然是有代表性的经济学家遭受"受过训练后的无能"（trained incapacity）的领域之一。实验研究已经证明，经济学家对搭便车问题的反应相当迟钝。（Marwell and Ames，1981）通常，他们似乎对如何避免搭便车这一问题熟视无睹。

55　考虑下，互助会杂志和邻里出生缺陷基金等都会强制公开捐赠者的姓名与捐赠额。

无论是街区社团还是美国癌症协会,(在工作中使用)说服策略通常都会起到作用,正如在《非营利和非官方部门季刊》(*Nonprofit and Voluntary Sector Quarterly*)定期报告的那样。据我所知,这些策略正在弗吉尼亚、加利福尼亚和美国中西部州正在进行的收费公路建设中发生作用,那里的开发商集团正在捐赠土地,并自愿修建其中一些必要的辅助设施。(Poole,1988:511)

　　第二,如果我们的自愿力量在提供公共产品方面注定无效,那这本质上就是一个政策问题。民间组织在提供基础设施、教育、安全和扶贫事业方面所具备的能力取决于特定制度、行为活动和情感的运用和自然发展。由于政府部门控制了这些服务,因而社会中的自愿合作能力一直处于退化状态也就不足为奇了。一旦出现问题,人们总是下意识地认为应该由政府来处理。参与未能成为个人的责任,组织领导力也未能成为社会尊重的来源。因而,早期美国所培育的强有力的自愿力量,以及这些力量在建立收费公路过程中发挥作用的具体方式,都可以在更广的情景中给我们带来启发。

参考文献

Anderson, Terry and P. J. Hill. 1979. "An American Experiment in Anarcho-Capitalism: The Not so Wild, Wild West." *Journal of Libertarian Studies*: 9—29.

Becker, Gary S. 1974. "A Theory of Social Interactions." *Journal of Political Economy* 82(6): 1063—93.

Beito, David, with Brace Smith. 1990. "The Formation of Urban Infrastructure through Non-Governmental Planning: The Private Places of St. Louis, 1869—1929." *Journal of Urban History* 16(3): 263—303.

Benson, Bruce. 1989. "The Evolution of Law: Custom versus Authority." Manuscript, Florida State University.

Bloodgood, S. De Witt. 1838. *A Treatise on Roads, their History, Character and Utility*. Albany: N.Y. Oliver Steele.

Bohm, Peter. 1972."Estimating Demand for Public Goods: An Experiment." *European Economic Review* 3(2): 111—30.

Brown, Richard D. 1973."The Emergence of Voluntary Associations in Massachusetts, 1760—1830." *Journal of Voluntary Action Research* 2(2): 64—73.

Brubaker, Earl R. 1975."Free Ride, Free Revelation, or Golden Rule?" *Journal of Law and Economics* 18 (1): 147—61.

Cheung, Steven N. S. 1973."The Fable of the Bees: An Economic Investigation." *Journal of Law and Economics* 16 (1): 11—34.

Coase, R. H. 1974."The Lighthouse in Economics." *Journal of Law and Economics* 17 (2): 357—76.

Coleman, James S. 1988."Social Capital in the Creation of Human Capital." *American Journal of Sociology*, Supplement: S95—Sl20.

Cowen, Tyler, ed. 1988. *The Theory of Market Failure: A Critical Examination*. Fairfax, Virginia: George Mason University Press.

Davis, Joseph S. 1917. *Essays in the Earlier History of American Corporations*. Cambridge, Mass.: Harvard University Press.

Dawes, Robyn M. and Richard H. Thaler. 1988."Anomalies: Cooperation." *Journal of Economic Perspectives* 2 (3): 187—97.

DeWitt, Benjamin. 1807/1972."A Sketch of the Turnpike Roads in the State of New York." Reprinted in *The New American State Papers, Volume One*. Wilmington: Scholarly Resources, Inc. : 215—18.

Duane, William J. 1811. *Letters Addressed to the People of Pennsylvania Respecting the Internal Improvements of the Commonwealth by Means of Roads and Canals*. Philadelphia: Jane Aitken.

Durant, Samuel W. 1878. *History of Oneida County, New York*. Philadelphia: Everts & Ensign.

Durrenberger, Joseph A. 1931. *Turnpikes; a Study of the Toll Road Movement in the Middle Atlantic States and Maryland*. Valdosta, Georgia: Southern Stationery and Printing Co..

Elkins, Stanley and Eric McKitrick. 1954."A Meaning for Turner's Frontier, Part I: Democracy in the Old Northwest." *Political Science Quarterly* 69 (3): 321—53; "Part 11: The Southwest Frontier and New

England." *Political Science Quarterly* 69 (4): 565—602.

Evans, Clinton J. 1916. "Private Turnpikes and Bridges." *American Law Review*: 527—35.

Frank, Robert. 1988. *Passions Within Reason: Prisoner's Dilemmas and the Strategic Role of the Emotions*. New York: W. W. Norton.

Glazer, Walter S. 1972. "Participation and Power: Voluntary Associations and the Functional Organization of Cincinnati in 1840." *Historical Methods Newsletter* 5 (4): 151—68.

Gunn, L. Ray. 1988. *The Decline of Authority: Public Economic Policy and Political Development in New York, 1800—1860*. Ithaca: Cornell University Press.

Handlin, Oscar and Mary Flug Handlin. 1947. *Commonwealth: A Study of the Role of Government in the American Economy: Massachusetts, 1774—1861*. New York: New York University Press.

Hartz, Louis. 1948. *Economic Policy and Democratic Thought: Pennsylvania, 1776—1860*. Cambridge, Mass.: Harvard University Press.

Hechter, Michael. 1987. *Principles of Group Solidarity*. Berkeley: University of California Press.

Higgs, Robert. 1987. "Identity and Cooperation: A Comment on Sen's Alternative Program." *Journal of Law, Economics, and Organization* 3 (1): 140—2.

High, Jack and Jerome Ellig. 1988. "The Private Supply of Education: Some Historical Evidence," in *The Theory of Market Failure: A Critical Examination*, edited by Tyler Cowen. Fairfax, Virginia: George Mason University Press: 361—382.

Hollifield, William. 1978. *Difficulties Made Easy: History of the Turnpikes of Baltimore City and County* Cockeysville, Maryland: Baltimore County Historical Society.

Hunter, Robert F. 1957. "The Turnpike Movement in Virginia, 1816—1860." Ph.D. Dissertation, Columbia University.

Hurst, James W. 1982. *Law and Market in United States History: Different Modes of Bargaining Among Interests*. Madison: University of Wisconsin Press.

Isaac, R. Mark and James M. Walker. 1988. "Communication and Free-Riding Behavior: The Voluntary Contribution Mechanism." *Economic Inquiry* 26: 585—608.

Jackson, Harry F. 1959."The Utica Turnpike." *New York History* 40 (1): 18—32.

Kahneman, Daniel, Jack L. Knetsch and Richard H. Thaler. 1986."Fairness and the Assumptions of Economics." *Journal of Business*, Supplement: S285—S300.

Kammen, Michael. 1975."A Different 'Fable of the Bees': The Problem of Public and Private Sectors in Colonial America," in *The American Revolution: A Heritage of Change*, edited by J. Parker and C. Urness. Minneapolis: Associates of the James Ford Bell Library.

Kandori, Michihiro. 1989."Social Norms and Community Enforcement." Photocopy, Stanford University.

Kirk, Edward R. 1912."Turnpike Road from Buckingham to Newtown." *Bucks County Historical Society*: 20—4.

Kirkland, Edward C. 1948. *Men, Cities and Transportation: a Study in New England History, 1920—1900*. Cambridge, Mass.: Harvard University Press.

Klein, Daniel. 1987."Tie-ins and the Market Provision of Collective Goods." *Harvard Journal of Law and Public Policy* 10: 451—74.

Klein, Daniel and John Majewski. 1988a."Private Profit, Public Good, and Engineering Failure: The Plank Roads of New York." Working Paper 88/3, Institute for Humane Studies, George Mason University.

——.1988b."Privatization, Regulation, and Public Repossession: The Turnpike Companies of Early America." Photocopy , University of California, Irvine.

Kurz, Mordecai. 1977."Altruistic Equilibrium." in *Economic Progress, Private Values, and Public Policy: Essays in Honor of William Fellner*, edited by Bela Balassa and Richard Nelson. New York: North Holland.

Landa, Janet T. 1981."A Theory of the Ethnically Homogeneous Middleman Group: An Institutional Alternative to Contract Law." *Journal of Legal Studies* 10(2): 349—62.

Lane, Wheaton J. 1939. *From Indian Trail to Iron Horse: Travel and Transportation in New Jersey, 1620—1860*. Princeton: Princeton University Press.

Majewski, John. 1989."Farming and the Public Good: Social Incentives and Agricultural Research in

England, 1600—1850." Photocopy, Department of History, University of California, Los Angeles.

Margolis, Howard. 1982. *Selfishness, Altruism, and Rationality*. New York: Cambridge University Press.

Marwell, Gerald and Ruth Ames. 1981."Economists Free Ride, Does Anyone Else?" *Journal of Public Economics* 15: 295—310.

Matthews, Donald G. 1969."The Second Great Awakening as an Organizing Process, 1780—1830: An Hypothesis." *American Quarterly* 21: 23—43.

McChesney, Fred C. 1986."Government Prohibitions on Volunteer Fire Fighting in Nineteenth Century America: A Property Rights Perspective." *Journal of Legal Studies* 15: 69—92.

Merton, Robert. 1946. *Mass Persuasion: The Social Psychology of a War Bond Drive*. New York: Harper & Brothers.

Olson, Mancur. 1971. *The Logic of Collective Action: Public Goods and the Theory of Groups*. Cambridge, Mass.: Harvard University Press.

——.1982. *The Rise and Decline of Nations*. New Haven, Conn: Yale University Press.

Parks, Roger N. 1966."The Roads of New England, 1790—1840." Ph.D. Dissertation, Michigan State University.

——.1967. *Roads and Travel in New England, 1790—1840*. Sturbridge, Mass.: Old Sturbridge Inc..

Pawson, Eric. 1977. *Transport and Economy: The Turnpike Roads of Eighteenth Century Britain*. London: Academic Press.

Philanthropist, A. 1797."Roads and Turnpikes." Five installments, *Connecticut Courant* (Hartford), "No. I," May 1, 3; "No. II," May 8, 2; "No. III," May 22, 1; "No. IV," May 29, 1; "No. V," June 26, 1. All.

Pisani, Donald J. 1987."Promotion and Regulation: Constitutionalism and the American Economy." *Journal of American History* 74: 740—68.

Poole, Robert W., Jr. 1988."Resolving Gridlock in Southern California." *Transportation Quarterly* 42: 499—527.

Reed, Nathaniel. 1964."The Role of the Connecticut State Government in the Development and Operation of Inland Transportation Facilities from 1784 to 1821." Ph.D. Dissertation, Yale University.

Ringwalt, John L. 1888/1966. Development of Transportation Systems in the United States. New York: Johnson Reprint Corp.

Samuelson, Paul A. 1954."The Pure Theory of Public Expenditure." *Review of Economics and Statistics* 36: 387—89.

——.1955."Diagrammatic Exposition of a Theory of Public Expenditure." *Review of Economics and Statistics* 37: 550—56.

Seavoy, Ronald E. 1978."The Public Service Origins of the American Business Corporation." *Business History Review* 52: 30—60.

Sly, John F. 1967. *Town Government in Massachusetts, 1620—1930*. Hamden, Connecticut: Archon Books.

Sugden, Robert. 1984."Reciprocity: The Supply of Public Goods through Voluntary Contributions." *Economics Journal* 94: 772—87.

——.1986. *The Economics of Rights, Co-operation and Welfare*. New York: Basil Blackwell.

Taylor, George R. 1951. *The Transportation Revolution, 1815—1860*. New York: Rinehart.

Taylor, Philip E. 1934."The Turnpike Era in New England." Ph.D. Dissertation, Yale University.

Tocqueville, Alexis de. 1945. *Democracy in America*. 1835, 1840.New York: Vintage Books.

Tufts, Cotton. 1834. Letter on Turnpike Roads of Massachusetts (1807), in Appendix to Gallatin's report on Roads and Canals, in *American State Papers, Miscellaneous*, Vol. I, 866—7. Washington, D. C.: Gales and Seaton.

Wade, L. L. 1985."Tocqueville and Public Choice." *Public Choice*, 47(3) : 491—508.

Watson, Elkanah. "Commonplace Book, 1758—1842." Manuscript, in his papers, pkg. 1, v. 12, New York State Library, Albany.

Wood, Frederick J. 1919. *The Turnpikes of New England and Evolution of the Same through England, Virginia, and Maryland*. Boston: Marshall Jones Co..

Wooldridge, William C. 1970. *Uncle Sam, the Monopoly Man*. New Rochelle, New York: Arlington House.

第三章　蜜蜂的神话：一项经济调查[*]

张五常（Steven N. S. Cheung）[**]

经济学家和普通人完全一样，也会犯错误。……也许他们最常犯的错误就是轻信其他经济学家。

——乔治·J. 斯蒂格勒（George J. Stigler）

自从庇古关于"福利"的著作出版以来[1]，私人成本与社会成本的分离就成了对所谓无效率市场行为进行政府干预的主要依据。这种案例分析更多是为了寻找经济系统运行的缺陷并以此来证明其政策建议的正确，而对我们理解经济系统本身如何运转帮助甚少。无论是为了阐明上述观点，还是为了说明实际情况的性质，我们都需要在真实世界中找到此类市场缺陷的例子。

非常奇怪的是，除了庇古的工厂污染和西奇威克的灯塔以外，我们很难再找到

---

* 本章由张翔翻译，张晓鑫校对。

** 事实就像玉石一样，既难以获得，又难以鉴定。因此，我非常感谢下列蜂农和农场主：Leonard Almquist，Nat Giacomini，Ancel Goolsbey，L. W. Groves，Rex Haueter，Harold Lange，Lavar Peterson，Elwood Sires，Clarence Smith，Ken Smith，John Steg，P. F. Thurber，and Mrs. Gerald Weddle。他们都为我提供了有价值的资料，其中一些人还为我提供了会计记录和合约。科斯鼓励我进行此项调查；巴泽尔（Yoram Barzel）自始至终关注着此项调查的进行；丽娜·唐太太（Mrs. Lina Tong）也提供了帮助。本项调查是全国科学基金会资助的有关合约研究的一部分。

1　A. C. 庇古，《财富与福利》（*Wealth and Welfare*，1912）、《福利经济学》（*The Economics of Welfare*，1920）。

令人信服的例子。[2]一直到1952年，也就是庇古最初分析的30多年以后，米德才举出另外一些例子，使政府干预论卷土重来。[3]米德举的最重要的一个例子就是苹果种植者和蜂农的例子，这一例子随即成为经典案例。以下是他的原话：

假定某一地区种植了一定数量的苹果树，养殖了一定数量的蜜蜂，这些蜜蜂以苹果花蜜为食物。如果农场主在苹果种植方面增加10%的劳动、土地和资本投入，其苹果产量将会增加10%，这样蜜蜂可采的蜜也会增加。而另一方面，如果蜂农在养蜂方面增加10%的劳动、土地和资本投入，其蜂蜜产量却不会同样增加10%，除非农场主同时增加10%的苹果产量，使可采的花蜜也增加10%。……我们将这种情况称为未付报酬的要素，这种情况之所以存在，完完全全只是因为下列事实：农场主不能向蜂农收取蜜蜂食物的费用……[4]

米德将同样的论点用于一种反过来的情况：

在苹果可以为蜜蜂提供花蜜的同时，蜜蜂也可以为苹果授粉。……用类似于前一例子的分析过程，我们可以得到一些有关应该给予多少补贴和征收多少税款的方案。[5]

弗朗西斯·M.巴托（Francis M. Bator）在另一著名文章中用米德的例子推断出了"市场失灵"：

2　庇古还提供了其他一些例子。《福利经济学》后来的几个版本删除了关于两条道路的例子，这大概是为了避免奈特1924年发表在《经济学季刊》（*Q.J.Econ*）第38卷第582页《社会成本解释中的一些谬误》（"Some Fallacies in the Interpretation of Social Cost"）一文中提出的批评。铁路的例子没有引起广泛的关注。庇古的大多数例子取自于农业中的土地租佃安排，但是对他文章引用出处追根溯源式的追索表明，完全没有可靠的证据能够支持他所谓土地租佃安排无效率的说法。

3　J. E. Meade, "External Economies and Diseconomies in a Competitive Situation", *Econ. J.*52（1952）, p. 54.

4　同上，第56—57页。

5　同上，第58页。

很容易证明，如果苹果花对于蜂蜜生产具有正效应，……那么任何帕累托效率解……都将使苹果花具有正的拉格朗日影子价格。因此，如果农场主不能保护他们在苹果花蜜方面的权利，且市场没有给苹果花一个正确的影子价值，利润最大化决策就无法……在边际上进行正确的资源配置。这就会发生"执行失灵"。这就是我所谓的"所有权外部性"。[6]

很容易理解"苹果与蜜蜂"的例子为什么会广为流传。它新颖而迷人：田园诗般的风景中，蜜蜂在苹果花丛中上下翻飞的调皮模样激发了经济学家和学生们美好的想象。但令人震惊的是，有那么多人将这样赏心悦目的神话信以为真，因为至少在美国，农场主和蜂农之间的合约安排早已是约定俗成的。本文调查华盛顿州养蜂业的定价和合约安排。我之所以选择华盛顿州是因为太平洋西北部是世界上最大的苹果产区之一。

与我们大多数人的想象正好相反，苹果花的花蜜很少甚至没有。[7]但蜜蜂的确能给苹果以及其他植物提供有价值的授粉服务，而许多其他植物的确会提供丰富的花蜜。本文所有的调查都表明，观察到的有关采蜜和授粉服务的定价和合约安排与资源的有效配置是一致的。

6　Francis M. Bator, "The Anatomy of Market Failure", *Q. J.* Econ. 72（1958），pp.351，364.

7　因此，在市场上出现苹果蜜是有点不可思议的。虽然西北地区的苹果园的确偶尔产出少量的花蜜，但蜂农们也坦率地指出，所谓的"苹果蜜"的实际来源常常是苹果园里的蒲公英和其他野生植物。据说纽约以及其他一些地方的苹果园出产的花蜜稍微多一点。比如，可参见 A. I. 和 E. R. Root, *The ABC and XYZ of Bee Culture*（1923），p.386.在我看来，其原因在于蜂箱在果园放置时间长短不同：在 Root 那个时代，蜂箱在果园放置时间可能比今天更长。

养蜂的相关事实

虽然各种蜂都能为植物授粉，但养蜂几乎只限于养蜜蜂。[8]华盛顿州的蜂农所用的蜂箱是兰斯特罗斯式的（Langstroth design），包括一到两个卵房、一个蜂王过滤板和最多六层的活动架。卵房是个足以容纳8—10个活动格子的木制盒子，每个格子的规格为 $9\frac{1}{8} \times 17\frac{5}{8} \times 1\frac{3}{8}$ 英寸（1英寸=2.54厘米）。格子里是蜜蜂做的蜂巢。蜂王在六角形的蜂巢里产卵，蜂卵或幼蜂在蜂巢里被照料成长。这里也是蜜蜂储存作为食物的花蜜和花粉的地方。蜂蜜通常不是取自卵房，而是取自位于卵房上方被称为活动架的浅盒子。蜂王过滤板位于活动架和卵房之间，以防止蜂卵被产在上面的部分。[9]

蜜蜂以及蜂农都是以年为周期开展工作的。大约在每年的三月初，华盛顿州的蜂农需要决定是否从加利福尼亚州订购更多的蜜蜂，以补充在冬天和初春损耗的蜂群，为即将到来的授粉季节做好准备。他也可以将蜂箱运到较为温暖的俄勒冈州和加利福尼亚州的农场或牧场来扩大蜂群。蜜蜂从春天到秋天不断地繁殖，增长非常迅速。幼蜂依靠花粉培育3周左右后，就进入5到6周繁忙的蜂群生产生活。勤劳的工蜂会花3周左右的时间打扫和整理蜂巢，照料幼蜂，其短暂的余生则用于在外面采集花粉和花蜜。[10]

蜂群的实际"实力"包括蜂卵和工蜂两个部分。由于蜂群增长得很快，活动架从初春的5个左右会增加到夏末的12个左右。春天是为果树授粉的主要季节，蜂农

8　参见 George E. Bohart，"Management of Wild Bees"，in U. S. Department of Agriculture，*Beekeeping in the United States*（Ag. Handbook No. 335，1971），p.109（下文该期刊均简称为 *Beekeeping*）。比如，最近引进了切叶蜂为紫花苜蓿和三叶草授粉。但这些蜂并不产蜜，所以很少被养殖。

9　详情请参见 Spencer M. Riedel，Jr.，"Development of American Beehive"，in *Beekeeping*，pp. 8—9；A. I. 和 E. R. Root，同注7，第440—458页；Carl Johansen，*Beekeeping*（PNW Bulletin No. 79，rev. ed. March 1970）。

10　详情请参见 Carl Johansen，同上注；F. E. Moeller，"Managing Colonies for High Honey Yields"，in *Beekeeping*. p.23；E. Oertel，"Nectar and Pollen Plants"，in *Beekeeping*. p. 10.

通常会以一个标准蜂群即大约4个活动架的蜜蜂以及2到3个活动架的蜂卵来提供授粉服务。但因为需要提供空的活动架来容纳不断增加的蜜蜂，所以需要有16或20个活动架的双层蜂箱。分群时期是蜂蜜的高产期，始于仲夏并一直持续到初秋。每个蜂箱的蜂蜜产量随着蜂群实力的变化而变化。因为蜂蜜产量的最大化要求每个蜂群的实力大致相当，所以为了给主要的产蜜季节做准备，通常需要将蜂群重新分群，此时蜂群数量的"峰值"一般会比春季时的大。[11]

当深秋花粉开始减少时，蜜蜂停止产卵，蜜蜂的数量也开始减少。在清闲的冬季，成年蜂的寿命比在活动季节要长得多，如果蜂箱里有60磅左右（1磅=0.453 6千克）的花蜜的话，它们就能活过冬天。但在华盛顿州的北部和加拿大，寒冷的气候使得蜜蜂过冬的成本会更高一些，一般的做法是消灭蜜蜂并取走剩下的蜂蜜。这里需要指出的是，蜜蜂是能够被捕获，也很容易用任何一种杀虫剂杀死它们。[12]因此，执行蜂巢中花蜜产权的成本远低于经济学家们的估计。

据我所知，几乎没有什么农作物的产量波动比蜜源作物更大了。好几个自然因素都会影响蜂蜜的产量。寒冷的天气和雨水会妨碍蜜蜂的工作，风则会改变蜜蜂飞

11 根据罗伯特·K.列瑟（Robert K. Lesser）1968年对华盛顿州60位商业性蜂农中30位蜂农的一项调查，高峰时期蜂群的总数比春天蜂群的数量多14.6%。参见Robert K. Lesser, "An Investigation of the Elements of Income from Beekeeping in the State of Washington"（unpublished thesis, Sch. of Bus. Admin., Gonzaga Univ., 1969）, p. 74.

12 比如，可参见：A. I.和E. R. Root, 同注7, 第97—103页；Eugene Keyarts, "Bee Hunting", *Gleanings in Bee Culture*, June 1960, P.329—33；U.S. Department of Agriculture, *Protecting Honey Bees from Pesticides*（Leaflet 544, 1972）；Carl A. Johansen, *How to Reduce Poisoning of Bees from Pesticides*（Pamphlet EM 3473, Washington State University, College of Agriculture, May 1971）；Philip F. Torchio, "Pesticides", in *Beekeeping*, p.97.

行的方向。而且蜜源植物的花对温度冷热的变化非常敏感。[13]花蜜最多的植物是薄荷类植物、野莴苣和豆科植物，比如紫花苜蓿与三叶草。除了（加利福尼亚州的）橙花花蜜非常丰富外，果树的花蜜量一般都较少。事实上，给果树特别是早春的樱桃树授粉会减少蜂蜜的产量：因为蜜蜂自身的食物消耗，授粉后蜂箱里的蜂蜜可能比授粉前还要少。果树蜂蜜产量较低的另一个原因是蜂箱留在果园的时间较短。

当蜜蜂采集花蜜和花粉时，无意中也进行了交叉授粉。在第一次世界大战之前，并没有专业的有偿授粉服务，主要是因为小农场有足够多的开花植物和树木可以吸引野蜂。直到1910年现代果园种植出现以后，由于有规划地大面积种植，授粉服务的市场开始迅速扩大。[14]如今，不仅水果生产需要授粉服务，而且豆科植物和蔬菜的种植也需要授粉服务。有确凿无疑的证据表明，随着每英亩（1英亩≈0.004平方千米）土地上蜂箱数量的增加，果实和种子的结籽率增加，而蜜蜂授粉的生产率也服从报酬递减规律，在超过某一水平之后其边际生产率甚至可能成为负值，尽管有一些蜂农声称情况相反。[15]有确凿的证据表明，如果更有计划地将蜂箱

13　参见 E. Oertel，同注10；C. R. Ribbands，*The Behaviour and Social Life of Honey bees*，1953，pp. 69—75；Roger A. Morse，"Placing Bees in Apple Orchards"，*Gleanings in Bee Culture*，April 1960，pp. 230—33. 因为气候原因，华盛顿州并不是美国蜂蜜产量较高的州。我从美国农业部得到的资料显示，在过去的1955年到1971年，按单蜂群的产蜜量排名，华盛顿州在48个州中只能排到第24名；按蜂群数量排名，也只能排到第20名。美国农业部的数据以及来自列瑟的资料对各种植物的不同蜂蜜产量和授粉需求都没有任何记录，因此对我们的研究没有什么帮助。需要指出的是，美国农业部的蜂蜜总产量数据要大大低于列瑟提供的以及我获得的资料。参见罗伯特·K. 列瑟，同注11。

14　参见 M. D. Levin，"Pollination"，in *Beekeeping*，p.77.

15　同上；9th Pollination Conference，Report，*The Indispensable Pollinators*（Ag. Extension Serv.，Hot Springs，Ark.，October 12—15，1970）；G. E. Bohart，"Insect Pollination of Forage Legumes"，*Bee World* 41（1960），pp.57—64，85—97；J. B. Free，"Pollination of Fruit Trees"，*Bee World* 41（1960），pp.141—151，169—186; U.S. Department of Agriculture，*Using Honey Bees to Pollinate Crops*（Leaflet 549，1968）；*Get More Fruit with Honey Bee Pollinators*（Pamphlet EM 2922，Washington State University，March 1968）；Protect Berry Pollinating *Bees*（Pamphlet EM 3341，Washington State University，February 1970）；*Increase Clover Seed Yields with Adequate Pollination*（Pamphlet EM 3444，Washington State University，April 1971）；*Honey Bees Increase Cranberry Production*（Pamphlet EM 3468，Wash. St. Univ.，April 1971）.

分散放置在整个农场，而不是随便放置在某一地方，结籽率也会改善。[16]离蜂箱越近的区域授粉效率越高。虽然每一只蜜蜂都只能采集几平方码的花蜜和花粉，但一个蜂箱的蜜蜂却可以为一大片区域的植物授粉。[17]由此也带来了一个问题：在完全控制蜜蜂采蜜行为的成本很高的情况下，如果两个果园相邻，一个果园付费购买蜜蜂为自己的果树授粉，会在一定程度上使其邻居受益。这种复杂的情况将在下一节讨论。

在华盛顿州大约有60位拥有100个以上蜂群的蜂农。在高峰季节，华盛顿州的蜂群总数大约为90 000个。我1972年春季的调查涉及其中属于9位蜂农总数大约为10 000个春季蜂群的样本（其中一位蜂农专门生产巢蜜，在脚注中将单独论述）。表3.1列出了我的调查涉及的与蜜蜂相关的植物。第3和第4栏显示：有的植物（樱桃树）需要授粉才能结果，但是不产出蜂蜜；有的植物（如薄荷）产出蜂蜜但不需要授粉服务；有的植物（如紫花苜蓿）则既需要授粉也产出蜂蜜。需要注意的是，当紫花苜蓿和三叶草被作为饲料用的干草来种植时，并不需要授粉服务，尽管这些植物也产出蜂蜜。

---

16 例如，可参见 Douglas Oldershaw, "The Pollination of High Bush Blueberries", in *The Indispensable Pollinators*，同注15，pp. 171—176；Roger A. Morse，同注13.

17 但是对于一只蜜蜂能够飞多远距离几乎没有一致的看法：估计的最远飞行距离从1英里到3英里不等。关于蜜蜂一般性的采集行为，可参见 M. D. Levin，同注14，pp. 79；O. W. Park, "Activities of Honeybees", in Roy A. Grout（ed.），（1946）*The Hive and the Honeybee*，pp.125，149—206；C. R. Ribbands，同注13。

表 3.1　与蜜蜂相关植物的调查（华盛顿州，1971 年）

（1） 植物	（2） 蜂农 人数	（3） 提供授 粉服务	（4） 预期剩 余蜂蜜	（5） 大致 季节	（6） 每英亩 蜂箱数量
水果和坚果类					
苹果和软性水果[a]	7	是	无	4 月中—5 月中	0.4—2
蓝莓（和枫树）	1	是	有	5 月	2
樱桃（早熟）	1	是	无	3 月—4 月初	0.5—2
樱桃	2	是	无	4 月	0.5—2
蔓越橘	2	是	微不足道	6 月	1.5
扁桃（加利福尼亚）	2	是	无	2 月—3 月	2
豆科类植物					
紫花苜蓿	5	是和否[c]	有	6 月—9 月	0.3—3
红三叶草	4	是和否	有	6 月—9 月	0.5—5
甜三叶草	1	否[d]	有	6 月—9 月	0.5—1
牧草[b]	4	否	有	5 月末—9 月	0.3—1
其他植物					
卷心菜	1	是	有	4 月初—5 月	1
野莴苣	2	否	有	7 月—9 月	不适用
薄荷	3	否	有	7 月—9 月	0.4—1

a. 软性水果包括梨、杏和桃子。

b. 牧草包括各种植物，主要是豆科类和其他野花类，如蒲公英。

c. 如果要收种子则需要为紫花苜蓿类植物提供授粉服务；如果只用作干草饲料，蜂箱就只用来采蜜。

d. 甜三叶草也可能需要授粉服务，但本次调查并没有包括这种情况。

　　蜂农用卡车将蜂箱从一个农场运到另一个农场，这使得蜂农可以在一年之中从多种作物中采集花蜜，同时提供授粉服务。但是，每年每个蜂箱能观察到的最大作物种类数是 4 种，最小是 2 种，我估计一个蜂箱每年平均采集 2.2 种作物的花蜜。更频繁地轮换作物不仅需要花费更高的运输成本和调整蜂箱的成本，而且还会减少每种作物的蜂蜜产量。在华盛顿州的南部，相对温暖的气候使工作季节开始较早，蜂农通常在初春就开始为樱桃树和（加利福尼亚州的）扁桃树授粉。在晚春时节，当苹果和软性水果（以及一些晚熟的樱桃）开始开花时，蜂箱可能会、也可能不会被移到更靠北的地区。[18]

在春天开花季节，为有效授粉而出租的时间不过一个星期而已。在果树授粉结束后和夏季果树开花前的一两个月时间里，蜂箱几乎没有其他的用途。因为这一段时间远远超过了蜂农根据蜜源作物检查和调整蜂箱所需的时间，所以蜂农一般并不急于转移蜂箱，而是让其继续留在果园里，也不收取额外的费用，除非农场主打算喷洒杀虫剂。因此，表3.1的第5栏列出的各种作物的最佳季节可能与蜂箱出租的时间不一致。蜜源作物的出租时间通常要长一些，因为采集花蜜需要花费更多的时间。

表3.1的第6栏列出了蜂箱放置的不同密度。每英亩放置蜂箱的数量取决于需要授粉作物面积的大小、种植的密集程度，在给果树授粉的情况下，还与果树的树龄有关。给果树授粉，蜂箱需要分散在整个果园中，一般老果园的蜂箱放置密度要更高一些，因为老果园的树木常常不是有计划地分布，这不利于交叉授粉。最常见的做法是每英亩放一个蜂箱和每两英亩放一个蜂箱。有趣且容易理解的是，农场主对授粉的需求大大少于昆虫学家建议的数量：[19]虽然他们都对收益最大化感兴趣，但对农场主而言，收益最大化需要服从于租借蜂箱的约束条件。当蜜蜂只用来生产蜂蜜时，蜂箱就被放在同一个地方以便于管理，这个地方被称为养蜂场。[20]下一节我们将会讨论豆科植物是否需要授粉对于蜂箱密度的影响。

在我们转向分析蜂农和农场主的定价和合约行为之前，我必须指出政府支持养蜂业发展的两个项目并没有成为调查期间重要的约束条件。蜂蜜价格支持计划始于1949年，其内容是由商品信用公司以支持价格收购蜂蜜。[21]但在我调查期间内，支

18　按照当地蜂农的习惯，我们用"软性水果"一词指称桃子、梨和杏（而按照标准用法，这个词只指称各种浆果植物），它们通常和苹果生长在同一地区，并且常常是生长在同一个果园里。

19　参见注15。

20　比如，可参见 W. P. Nye，"Beekeeping Regions in the United States"，in *Beekeeping*，p.17.

21　参见 Harry A. Sullivan，"Honey Price Support Program"，in *Beekeeping*，p.136.

持价格比市场价格低大约20%。[22]1971年开始生效的《1970年农业法》第804款旨在补偿蜂农因农场主喷洒杀虫剂造成的一切损失，但这一条款基本无人问津，因为填表向联邦政府申请赔偿的难度太大了。[23]

二、观察到的定价和合约行为

要找到授粉和采蜜服务市场存在的确凿证据是很容易的：人们只要翻一翻某些城市的黄页电话簿就够了。但价格存在本身并不意味着资源的有效配置。蜂蜜、花蜜和花粉被公认为是特性难以捉摸而价值相对有限的资源，我们还需要证明市场在决定这些资源的使用方面是有效率的。为了做到这一点，我并不想在我的证明中估算出在有效率的市场中将会相等的一系列边际值，这一重任应该落在那些相信政府能够无成本地进行此类精确估算以实施"理想"的税收—补贴计划的人身上。而我将在下文根据等边际原则做出我的分析。如果我们观察到的定价和合约行为不能否定从这些分析中得到的含意，我们就可以得到如下结论：（1）观察到的行为被解释了；（2）这些现象与资源的有效配置相一致。

1. 分析

蜂农能够在他提供授粉服务的农场采蜜，这种相互受益的情况提出了一个有趣的理论问题。之前对这种情形的分析依赖于几个相互依存的生产函数，我认为这样

22　从1970年到1972年，支持价格接近每磅11.5美分，而市场批发价是每磅14美分以上。从1950年到1965年，商品信用公司有7年没有收购蜂蜜，有2年收购的数量微不足道。参见Harry A. Sullivan，同上注，p.137.

23　参见7 U. S. C. § 135 b note，1970；Pub. L. No. 91—524 § 804。我的判断依据是《农业法》制定后蜂农的行为（见下一节）和我收集到的复杂的申请表。1972年4月，蜂农协会还在为简化申请条件而进行游说。

的分析过于复杂。[24]本文将使用简化的方法，把授粉服务和蜂蜜生产作为蜂箱生产的连带产品的两个组成部分。也就是说，蜂农将蜂箱置于农场中获得的蜂箱租金可以用蜂蜜、货币租金或者两者的组合来支付。货币租金或蜂蜜产出都可以为正值或者负值，但两者的总和代表了蜂箱的租值。

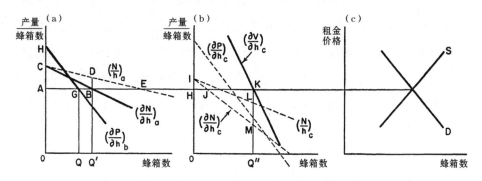

图 3.1　蜂箱的供给和需求

　　这种处理办法可以用图3.1来说明。我们假定所有的蜂箱总是被有计划地放置。在图3.1（a）中，曲线$(\partial N/\partial h)_a$描述了当农场资产一定时，一个只用来供蜜蜂采蜜的农场（比如只有野莴苣、薄荷和只做干草的紫花苜蓿的农场）边际花蜜产品的价值。在给定每个蜂箱市场租赁价格为OA的情况下，约束下的财富最大化就意味着将会有OQ′数量的蜂箱被租赁。在这种情况下，蜂农只能得到蜂蜜，而且需要向农场主支付相当于ABC的面积（或者每蜂箱DB）的养蜂场租金。而另一方面，曲线$(\partial P/\partial h)_b$则描述了蜂箱只用于授粉的农场（如樱桃园和苹果园）的边际授粉服务产出。这里将会有OQ数量的蜂箱被租赁，这同样也是财富最大化的结果。蜂蜜

24　参考米德，同注3，第58页。这个问题是根据两个相互依存的函数提出来的：$x_1=H_1（I_1，C_1，x_2）$和$x_2=H_2（I_2，C_2，x_1）$。我认为米德的分析难以理解。奥托·A.戴维斯（Otto A. Davis）和安德鲁·温斯顿（Andrew Whinston）在另一篇文献中用函数$C_1=C_1（q_1，q_2）$和$C_2=C_2（q_1，q_2）$来处理某些"外部性"。但是，我们并不知道这些作者是否知道蜜蜂的例子。参见 Otto A. Davis & Andrew Whinston, "Externalities, Welfare, and the Theory of Games", *J. Pol. Econ.*70（1962），p.241.

产出为零，每个蜂箱授粉服务的货币价格也是OA，果园的租金则用面积AGH来表示。

接下来我们看图3.1（b）中连带产品的情况，这种情况下蜂箱既用于采蜜又提供授粉（比如紫花苜蓿和三叶草）。曲线$(\partial P/\partial h)_c$和曲线$(\partial N/\partial h)_c$分别代表边际授粉服务和边际花蜜产品的价值。这两条曲线的纵向加总，即实线$(\partial V/\partial h)_c$，代表总边际价值。财富最大化意味着将会有OQ″数量的蜂箱被租赁，在这一点上每蜂箱的租赁价格等于总边际价值。如图所示，HIJ的面积小于JKM。这意味着平均花蜜产品价值$(N/h)_c$一定会在K点的下方通过，图中是在L点通过。在这种情况下，单位蜂箱的租赁价格KQ″将会由LQ″的蜂蜜产出和KL的授粉费组成。当然在这种连带产品的情况下，可以构建一种$(N/h)_c$通过K点上方的情况，由此会产生养蜂场租金。也可能会出现另一种情况，让使用的蜂箱数量在花蜜或授粉中得到零或负边际生产率。换而言之，连带产品的一部分具有零或负边际生产率与资源的有效配置是一致的。

在公开竞争的情况下，上述每种情况都有大量潜在的参与者。因此，市场的总边际价值曲线或蜂箱的市场需求曲线，就是图3.1（a）和图3.1（b）中许多条实线的横向加总。同样，蜂箱的市场供给曲线是所有实际蜂农和潜在蜂农生产和照料蜂箱的边际成本的横向加总。两条市场曲线都如图3.1（c）所示。[25]假设核对出价和还价以及所有的实际和潜在参与者之间形成租赁合约都不需要花费成本，则每蜂箱的价格OA将由市场决定。帕累托条件得以满足：每个蜂箱在每个农场的边际产品价值都相等，且等于租赁价格以及生产该蜂箱的边际机会成本。

2. 含意的检验

在对上述分析的含意进行推导和检验之前，我们有必要先指出我们现有资料的局限性。因为我们并不试图估算边际价值或者边际产品的弹性，我们将试图用一些

25　推导这些曲线通常需要使用更多的变量，但就我们现在的目的而言，考虑这些变量没有什么用处。

观察到的平均值验证一些边际等式。这些平均值包括养蜂场租金、授粉费、单位蜂箱的蜂蜜产量以及蜂蜜的批发价格。我们也搜集了不同农场所使用蜂箱数量的资料和一些其他数字资料。但我对单位蜂箱蜂蜜产量数据的选择必须是经过验证的。因为无法控制的自然现象使得不同年份之间甚至不同农场之间的蜂蜜产量会有巨大的波动,这使得某一年甚至某几年的产量观察值都不适用于我们的研究目的。以蜂蜜产量特别低的1971年为例,每个蜂箱的蜂蜜产量常常仅为正常年份的三分之一。这一意外损失与决策无关(尽管与预期的方差相关),也不能归咎于市场"失灵"。由于缺乏足够多的数据来计算单位蜂箱在不同时点从不同植物上采集的蜂蜜产量,我转而采用蜂农报告的预期产量。幸运的是,蜂农们在可比情况下对蜂蜜产量的估计具有显著的一致性。

表3.2显示了定价结构的总体情况。因为蜂箱在不同季节有不同的租赁价格,我们将分析时期分为三个生产性季节:早春、晚春和产蜜季节(夏天和秋天)。不要指望在早春季节会生产出多余的蜂蜜,虽然卵房里可能会留存有花蜜,而蜜蜂的数量可能会增加一些。在早春时节,在加利福尼亚州只有扁桃树可以授粉,在华盛顿州南部只有樱桃树可以授粉,所以华盛顿州的大多数蜂农都无所事事。每年的晚春(4月到6月)是主要的授粉季节,单位蜂箱的租金达到最高水平,其次是在主要的产蜜季节,而在早春(3月)单位蜂箱的租金是最低的。

表3.2列出的授粉费用依据的是1971年的数据。从1970年到1972年授粉费用大致保持稳定。但蜂蜜批发价格依据的是1970年到1971年年初的数据,由于1971年全国性的蜂蜜产量意外减产,1971年的蜂蜜价格飙升(从1971年4月的每磅14美分上涨到1972年3月的每磅32美分)。养蜂场的租金大多以精制的瓶装蜜来支付,这里根据1970年的零售价折算成货币值。为了与授粉费保持一致,养蜂场租金也按单位蜂箱进行计算,尽管养蜂场租赁合约中并没有规定具体的蜂箱数量。

表 3.2 与蜜蜂相关植物的定价情况和预期蜂蜜产量（华盛顿州，1970—1971年）

季节	植物	预期剩余蜂蜜（每蜂箱（磅数）	每磅蜂蜜（批发价）1970年	授粉费用（范围，1971年）	每个蜂箱的大致养蜂场租金（范围，1970—1971年）
初春	扁桃（加州）	0	—	5—8美元	0
	樱桃	0	—	6—8美元	0
春末（主要授粉季节）	苹果和软性水果	0	—	9—10美元	0
	蓝莓（和枫树）	40	14美分	5美元	0
	卷心菜	15	13美分	8美元	0
	樱桃	0	—	9—10美元	0
	蔓越橘	5	13美分	9美元	0
夏天和初秋（主要产蜜季节）	紫花苜蓿	60	14.5美分	0	13—60美分
	紫花苜蓿（授粉）	25—35	14.5美分	3—5美元	0
	野莴苣	60	14.5美分	0	25—63美分
	薄荷	70—75	11美分	0	15—65美分
	牧草	60	14美分	0	15—65美分
	红三叶草	60	14美分	0	65美分
	红三叶草（授粉）	0—35	14美分	3—6美元	0
	甜三叶草	60	14美分	0	20—25美分

从我们的分析中可以得到以下可验证含意。

（1）我们的第一个含意是，在同一季节就同样规模的蜂群而言，不管蜂箱是用来授粉，还是用来生产蜂蜜，或者是既授粉又生产蜂蜜，单位蜂箱在不同农场的租赁价格或者不同蜂农获得的租赁价格应该大致相同。我所谓的"大致相同"并不是指不同蜂农的蜂箱租金没有差异，而是指：（a）从统计学角度而言，任何事实上的差异并不大于市场上大多数其他商品的差异；（b）授粉费（蜂箱的货币租金）和预期的蜂蜜产量（蜂箱的实物租金）之间呈强负相关关系。

初春季节的数据不适合用来检验这一含意，因为这一时期蜂群的规模、蜂卵和未提取花蜜的增长，以及蜂农移动蜂箱的距离等都会有很大的差异。[26]在计算单位蜂箱的租赁价格时，我们缺乏足够的信息来对这些差异进行适当的调整，所以我们主要关注从晚春到夏季的数据。

在签订授粉服务合约时，蜂农会为租赁大量蜂箱以及蜂箱放置要求不太复杂的客户提供价格折扣。例如，在提供了详细记录的四位蜂农中，每位蜂农为10到14个苹果和软性水果农场提供服务，他们在主要授粉季节单位蜂箱的平均租金为9.2到9.68美元，其方差系数为0.025到0.053不等。[27]为了减少价格折扣对价格的影响，我们采用上述四位蜂农的平均租金，而对未保留记录的蜂农则采用他们报告的平均数。这样，我们的数据包括了每位蜂农的单位蜂箱平均租金、每种植物的单位蜂箱平均租金和（夏季）每一种植物的不同预期蜂蜜产量。最后一项数据是必不可少的，因为像紫花苜蓿这样的植物，其预期产蜜量会因为是否需要提供授粉服务而差异极大。

给苹果（包括软性水果）和樱桃（一共9个观测数据）授粉的蜂农，其单位蜂箱平均租金的方差系数为0.035。观察数据显示预期蜂蜜产量为零。如果我们将蔓越橘、蓝莓和卷心菜授粉（一共13个观察数据）也包括在内计算的话，在把预期蜂蜜产量换算成货币值并加上授粉费后，方差系数变为0.042。我们可以将我们的方差系数与乔治·斯蒂格勒引用的方差系数进行有意义的比较：汽车价格（0.017），无烟煤价格（0.068）。[28]

另一种更有说服力的检验含意的方式是通过下列关系式。

---

26 比如在为扁桃树授粉时，单层蜂箱的租金是5美金，双层的租金是6到8美金。一方面，华盛顿州的蜂农不得不移动到加利福尼亚州才能取得与留在本地为早熟樱桃树授粉同样的收入。但另一方面，为扁桃树授粉比为早熟樱桃树授粉蜂卵会增加较多；而且为扁桃树授粉时卵房中的未提取花蜜会迅速增长，而给早熟樱桃树授粉的话，卵房中的未提取花蜜可能是净损耗。

27 对四位蜂农的行为差异进行的分析表明，他们为苹果和软性水果授粉的平均租金没有显著差异。他们的平均方差系数为0.018，低于从大量数据中计算出来的系数。这仅仅表明这四位提供了详细记录的蜂农相互之间差异很小。

28 George J. Stigler,"The Economics of Information", *J. Pol. Econ*.69（1961），p. 213.

$$x_0 = x_1 + x_2 \qquad\qquad (1)$$

这里的 x_0 是每个蜂箱的总租金，x_1 是货币租金，x_2 是预期的花蜜租金。在主要的授粉季节，x_1 在所有的观察数据中都是正值，但在夏季的产蜜季节，x_1（即支付的养蜂场租金）通常为负值。如前所述，x_2 可以为正值也可以为负值，在春末和夏季，一般为零或正值。在主要的授粉季节，等式（1）的平均值为 9.66 美元 = 9.02 美元 + 0.64 美元。

x_0 的方差可以分解为：

$$\sigma^2_{x_0} = \sigma^2_{x_1} + \sigma^2_{x_2} + 2\mathrm{Cov}\,(x_1, x_2) \qquad\qquad (2)$$

根据春末总共 13 个观察数据，相应的值是：

$$0.166 = 1.620 + 2.317 - 3.771$$

协方差为很大的负值，这意味着 x_1 的变化几乎完全可以用 x_2 的变化来解释。x_1 和 x_2 的相关系数为 −0.973。

下面我们分析夏天的产蜜季节，我们一共有 23 个观察数据，包括薄荷（3 个）、野莴苣（2 个）、牧草（4 个）、甜三叶草（1 个）、红三叶草（6 个）和紫花苜蓿（7 个）。等式（1）的平均值为 8.07 美元 = 1.30 美元 + 6.77 美元。等式（2）的相应值为：

$$0.805 = 5.414 + 6.182 - 10.791$$

x_1 的大部分变化与 x_2 的变化再次呈强负相关关系。x_0 的剩余方差（方差系数为 0.111）大于主要授粉季节。这可以做如下解释。第一，高风险与预期的蜂蜜产量联系在一起，蜂农们看起来愿意接受较低但更为确定的收入。由于 x_1 比 x_2 更确定，蜂农们看起来更愿意在 x_1 与 x_2 的比率较高的情况下接受一个较低的 x_0，[29] 这一比率的变化在夏天要大于春天。同样，由于薄荷在华盛顿州所有作物中的蜂蜜产量的方

29　这一说法只是从与蜂农的偶然谈话中得到的。我并不打算寻找任何反驳的证据。

差最小，所以蜂农们对薄荷愿意接受的x_2的期望均值要小于其他作物。[30]x_0方差较大的第二个也是更重要的影响因素是要为蜂农支付额外的费用，以补偿蜂农们为作物（特别是红三叶草）授粉而承担的风险，因为邻近农场使用杀虫剂可能会使蜜蜂遭受损失。因为我们收集的资料并不足以对这些因素做出调整，所以这方面的影响必然是存在的。尽管如此，我们根据数据计算得到x_1和x_2之间的相关系数仍然达到了-0.933。

（2）前面的证据证实了不同的蜂农用于不同用途的蜂箱的租金大致上处于同一条水平线。但是，这并没有证实这些租金价格等于边际生产率。比如图3.1中被使用的蜂箱数量可能会在E点的位置，而不是在G、B或K点上。接下来我们分析关于租赁价格与边际生产率趋于相等的一些可验证含意。

一个显而易见的含意是，如果蜂箱的使用不带来任何有价值的授粉服务，那么我们总是可以观察到养蜂场租金的存在。在我收集的所有资料中，没有任何一个观

30　有不太确定的证据显示，薄荷的蜂箱租金（以蜂蜜形式支付）比其他蜜源作物的蜂箱租金低大约40%。虽然现有的资料不足以让我们计算不同作物蜂蜜产量在不同年份的变化情况，但蜂农们回忆得到的蜂蜜产量的波动范围大于大多数农作物。因为薄荷蜜有一股人们不太喜欢的强烈气味，所以在零售市场上并没有薄荷蜜出售。薄荷蜜要么出售给面包店，要么作为蜜蜂在冬天的食物。很容易理解的是，洋葱蜜具有价格远低于其他蜜蜜的特点。橙花蜜的价格最高，一般每磅的批发价格会额外高出1到2美分。在这两个极端之间，不同种类蜂蜜的价值大致上差不多，所以更多的是根据透明度而不是味道来区分等级。

察数据与这一点相悖，[31]这意味着图3.1（a）中，蜂箱的使用在E点的左边。这里应该指出的是，即使在不存在授粉需求的情况下，蜜蜂从紫花苜蓿和三叶草采集花蜜时还是同时授了粉，但是除非要收获种子，否则这并不被视为是一种授粉服务。

在蜂箱仅作为采蜜或连带进行授粉服务的农场的实例中，我们可以得到一些不那么显而易见的含意。当我们讨论图3.1（b）中相互受益的情况时，我们曾经指出要么支付养蜂场租金，要么支付授粉费。在进行了简单的处理之后，我们得到如下显而易见的含意：

（a）在蜂箱既采蜜又授粉的情况下，当边际授粉服务的产出是正值时，如果要支付养蜂场租金，那么每英亩所需要的蜂箱数量必然大于在同一或类似农场中蜜蜂只用于采蜜时的蜂箱数量。

（b）在蜂箱既采蜜又授粉的情况下，如果要支付授粉费，那么每英亩所需要的蜂箱数量必然大于在同一或类似农场中蜜蜂只用于采蜜时的蜂箱数量。

虽然上述两个含意都意味着向图3.1（b）中K点移动的趋势，但我们却没有足够的关于边际授粉产出的资料对含意（a）进行检验。但是，因为在每一个涉及授粉和采蜜的观察资料中都看到了授粉费的支付，所以只有含意（b）能够满足我们

31　一位专门从事巢蜜生产的蜂农告诉我，当他把蜂箱放置于一个有枫树的农场中，即使没有预期的剩余蜂蜜，只要他的蜂群得到了扩大，未提取的花蜜也增加许多，那么他也要支付养蜂场租金。这一蜂农的数据没有包括在对我们第一个含意的检验中，因为他不提供授粉服务，而且他的蜂群规模要大许多。

　　巢蜜比普通蜂蜜要贵许多，因为与蜂蜜一起的蜂蜡的单价大约是蜂蜜的三倍。只有那些顶级（非常纯净）的蜂蜜将会被单独提取出来。这一现象是需求定律的内在要求，因为有了蜂巢，顶级蜂蜜的价格变得相对便宜了。需求定律也含意着这位蜂农放弃了授粉服务合约是为了得到更高的蜂蜜产出（证据请参见对含意2的检验）。即使在主要的授粉季节，也就是预期蜂蜜产量很少时，这位蜂农也宁愿将他的蜂箱放在能够增大蜂群的农场中，而不是放在需要授粉的农场中。对需求定律类似含意的相关讨论，请参见阿门·阿尔钦（Armen A. Alchian）和威廉·艾伦（William R. Allen），《交换和生产：理论的应用》（*Exchange and Production: Theory in Use*，1969）第78—79页。本文接受这些含意，虽然这些含意受到了约翰·P.古尔德（John P. Gould）和乔尔·西格尔（Joel Segall）的批评，参见"The Substitution Effects of Transportation Costs"，*J. Pol. Econ.*77（1969），p.130.

的目的。

从红三叶草和紫花苜蓿农场获得的证据有力地证实了这一含意。蜜蜂既授粉又采蜜时蜂箱的密度至少是蜜蜂只用来采蜜时的2倍。结果，蜂箱密度的增加导致了单位蜂箱期望蜂蜜产出的急剧下降。在典型案例中，紫花苜蓿和三叶草农场提供授粉服务的蜂箱密度是只用作采蜜时的2.5倍，而单位蜂箱的期望蜂蜜产出则减少了50%。这表明单位蜂箱的边际花蜜产出接近于零，甚至可能为负值。在一个极端的报道案例中，一个红三叶草农场提供授粉服务的蜂箱密度是只用作采蜜时的7到8倍。因为期望蜂蜜产出随之降到零，边际花蜜产出显然为负值！但如前所述，连带产品中的一部分边际产品为零或负值与资源的有效配置是一致的。

（3）我们还需要证明，蜂箱的租赁价格大致上等于其边际保有成本。因为缺乏边际成本的数据，我们将会证明价格将会接近于平均成本，正如竞争所预示的那样。我们将根据一些总体情况进行比较。在类似1970—1971年这样的正常年景，在通常的利用率下一个春季蜂群的预期年收益大约为19美元。这些收益包括了得自一种授粉作物、一种蜜源作物和偶尔另一种其他作物（对某些蜂箱而言）的租金，以及少量蜂蜡的销售收入。[32]每年用于运输或移动一个蜂箱以及寻找农场主并与之签订蜂箱使用合约的成本据估计总共大约为9美元。[33]这一数字是按照如下步骤得到的。一些蜂农以分成合约将他们的部分蜂箱出租给其他的蜂农。出租者得到承租者从农场主处获得的货币和实物收入的50%—55%。因为出租者本可以自己与农场主直接签约提供服务并获得全部的19美元收入，他选择少拿45%—50%的收入意味着这种成本大约为9美元。保有一只蜂箱每年大约会失去3美元的利息收

---

32 在前面注11列瑟的调查中，1967年一个春季蜂群的实际平均年收入据估计大约为14.71美元，同年实际蜂蜜产量略高于我们预期的蜂蜜产量。但是1967年的蜂蜜价格比1970年大约低16%。列瑟对单位蜂箱授粉收入比我的调查数据大约低37%，这一方面是因为近年来授粉费的上涨，另一方面是因为我们调查的样本蜂农不一样。根据列瑟的估计，蜂蜡收入占蜂农总收入的4.4%。

33 运输成本包括相关的劳动成本、卡车费用以及其他蜂箱搬运设备的成本。一个（数层）的完整蜂箱在一年中的不同时点，其重量一般介于80至250磅之间。

入。[34]在初春时节更新一个蜂群的成本大约是4.5美元，这是一个扩充过的蜂群的标准价格。[35]最后还剩下2.5美元用于弥补蜂箱的折旧、检查和规整蜂箱的劳动成本、蜜蜂过冬的场地成本以及提取蜂蜜所需机器的设备成本。

3. 合约安排的特征

蜂农和农场主之间的合约可以是口头的，也可以是书面的。我手头收集了两种书面合同。一种是由蜂农协会正式打印的书面合同，另一种是为特定蜂农设计的，合约上有一些打印好的标题，也留出了需要手工填写的空白条款。[36]除了第三方有时需要合约的书面证明之外（比如蜂农申请商业贷款时），书面合约主要在合约双方的初次合作时使用；其他情况下合约双方一般采用口头协议。虽然书面合约在法庭上更容易被执行，但是还是存在一些法律以外的约束条件：信息会在紧密联系的蜂农协会和农场主协会内部迅速传播，[37]任何人不遵守合约就会受到市场的惩罚。因此口头合约很少发生毁约的情况。

授粉合约通常包括蜂群数量和蜜蜂数量、单位蜂箱租赁费、运输和移动蜂箱的时间安排、保护蜜蜂免受杀虫剂伤害以及蜂箱的放置方法等条款。与授粉合约相比，养蜂场租赁合约主要有两方面的不同。一方面就是养蜂场租金的数量很少取决于蜂群的数量，因为农场主只对最高出价者的租金感兴趣。其次，养蜂场租金不一定是固定的。租金大多数是以蜂蜜支付，租金会根据当年或前一年蜂蜜产量的变化

34　一个完整的状态良好的二手蜂箱大约可以卖35美元。蜂农的借贷利率一般为8%。

35　蜂巢中留下来未提取的花蜜是蜜蜂过冬的主要成本，这些花蜜并不被作为收入的一部分，也不构成成本的一部分。

36　一些蜂农只使用明信片。下面报告的普通合约的细节与格兰特·D.莫尔斯（Grant D. Morse）提供的简要情况类似，见 Grant D. Morse, "How About Pollination", *Gleanings in Bee Culture*（February 1970）, pp.73—78.

37　我在和蜂农们交谈时，他们相互之间的熟识程度给我留下了深刻的印象，他们对其他蜂农拥有的蜂箱数量、服务的农场类型以及收到的租金等细节都了如指掌。

而变化。[38]

一般来说，蜂农和农场主之间的合约安排与其他租赁合约并没有很大的不同。但是，由于一些复杂因素的存在，一些特殊的安排值得关注。首先，由于蜜蜂采蜜行为的特殊性，一个租赁蜂箱的农场主可能会使他的邻居受益。其次，农场主使用杀虫剂可能会杀伤邻近农场的蜜蜂。第三，野莴苣能产出很好的花蜜，但野莴苣在森林里处于野生状态。让我们依次讨论这三点。

果园的习俗

如前所述，如果许多类似的农场在位置上相互比邻，那么一个租赁蜂箱进行授粉的果园会在某种程度上使其邻居受益。当然，适当地布置蜂箱的位置能减少蜜蜂飞出界外。但在对行为缺乏社会约束的情况下，每位农场主都会倾向于租赁较少的蜜蜂，从而在邻居蜜蜂的越界行为中受益。当然，一个地区的所有农场主之间可以通过合约安排集体决定每个人需要租赁的蜂箱数量，但是我并没有观察到这种做法。

蜂农和农场主承认其中的复杂性，但他们很快指出果园的社会规则和习俗代替了明确的合约安排：在授粉期间，果园的所有者要么自己养蜂，要么在单位土地上租赁和邻近同类果园一样多的蜂箱。据说，不遵守这一习俗的人会被认为是"坏邻居"，其他果园的所有者将会给他带来诸多不便。[39]这种蜂箱密度对等的习俗涉及同类礼物的相互交换，这类做法需要的交易成本显然比签订明确的合约所需要的交易

38　虽然我们可以把这种行为归结为规避风险，养蜂场租赁合约却不同于普通的分成合约。相反，这些合约更加接近于我所谓的"例外条款"的固定租金合约。关于"例外条款"和分成合约条款的讨论请参见张五常《佃农理论》第2章和第4章。在我的印象中，华盛顿州的养蜂场租金价值很低，以至于不值得大费周章地推敲合约内容并执行合约。要对这些合约进行进一步研究的话，我推荐调查蜂蜜产出更高的州。

39　口头合约或者默示合约与习俗之间并不总是能明确区分。在某些地区常见的做法是每位农场主都让其邻居知道他到底租了多少个蜂箱。也许农场主们否认他们之间存在任何关于蜂箱租赁的合约的原因在于没有法庭会执行这些事实上很不正规的合约。

成本要低一些，因为如果签订明确的合约，农场主之间就不得不为蜜蜂的越界行为进行讨价还价和货币支付。[40]

喷洒杀虫剂

首先我们必须记住，使杀虫剂对蜜蜂的杀伤损失最小化并不必然与资源的有效配置一致。应该考虑的是使用杀虫剂的边际收益和总收益是否大于相应的蜜蜂的边际损失和总损失。如果签订合约的成本允许的话，农场主和蜂农会寻求合作协议，使得使用杀虫剂带来的边际收益等于预期边际蜜蜂损失。但在此类协议缺失的情况下，使用杀虫剂的总收益仍然可能大于相关的损失；对蜜蜂杀伤的预期损失越大，从此类合作协议获得的收益就会越大。[41]

在签订授粉合约时，农场主通常会同意在给作物喷洒杀虫剂之前通知蜂农，但这一承诺并不能保证蜜蜂免受邻近农场使用杀虫剂可能带来的杀伤。在一个以果园为主、授粉时间大致相同的地区，比如苹果种植区，有这样的协议就足够了，因为没有农场主会在授粉期间喷洒杀虫剂。但是在邻近农场所需的授粉时间不同或完全不需要授粉服务的地区，农场主对任何蜂农是没有义务的，他可能会在自己的农场喷洒杀虫剂，而对其他农场租赁的蜜蜂造成杀伤。在这种情况下，只有在广大区域内部进行合作才能避免蜜蜂的损失。我们只在蔓越橘而不是红三叶草的授粉服务中发现了此类安排。

西雅图附近常常能见到成片的蔓越橘农场，在蔓越橘开花后不久就喷洒杀虫

40　因为在报酬足够高的情况下，做一个"坏邻居"的坏名声将会被容忍，所以蜂箱的租金越高，明确而详细的合约越可能被采用。或许在蜂箱租金涨到足够高的同时，果园的平均规模也可能通过彻底的外部并购而扩大，或者果园的形状可能会发生变化，以适应蜜蜂的采蜜行为。根据定义，只要收益一定，人们就会选择成本最低的安排。有的蜂农说在一些特殊情况下，蜜蜂采蜜会成为单方面的礼物馈赠行为，但我目前的调查并没有涉及这些特殊情况。即使在这些罕见的情况下，合约和习俗约束的同时缺失也可能并不会导致资源的不同配置，参见张五常，"人际效应和合约需求理论"（Steren N.S. Cheung，"The Theory of Inter-individual Effects and The Demand for Contracts"，Univ. of Washington，Inst. of Econ. Res.）。

41　更多的讨论请参见张五常，同上注。

剂，而相邻的农场间开花日期可能会相差一到两周时间。虽然每位蔓越橘农场主都同意在签约的蜂农转移蜂箱之前不喷洒杀虫剂，但这仍然无法保护留在邻近农场的蜜蜂。因此，蜂农之间进一步约定在同一天转移所有的蜂箱，这样就能保证全部的蜜蜂得到保护。

红三叶草的情况则与此不同。因为这种植物经常生长在其邻近农场不需要授粉服务的区域，所以据报道杀虫剂风险是很高的，蜂农们会要求每蜂箱额外收取1到2美元来承担这一风险。但是与蔓越橘授粉期间的蜂农相互合作一样，种植红三叶草的农场主也可以和他的邻居做类似的约定。在给定邻近的农场主有权使用杀虫剂的情况下，只要他们答应在授粉期间不喷洒杀虫剂，种植红三叶草的农场主会愿意支付给他的邻居不超过蜂农风险金的金额作为补偿。虽然我并没有观察到这样的约定，但是看起来此类约定的相关成本并不会比蔓越橘案例中的成本更高。在得到经验证实之前，我们必须指出，使用杀虫剂的收益大于相应的损失，这一点在一个需要授粉的农场被许多当时正需要喷洒杀虫剂的农场所包围的时候尤其适用。

野莴苣

野莴苣是一种在森林里野生的蜜源植物。我手头有两种关于野莴苣的养蜂场租赁合约。第一种是蜂农和私人牧场的所有者惠好公司（Weyerhaeuser）之间的合约；第二种是蜂农与西雅图市水务部门之间的合约。这两者之间有两点区别值得注意。第一，虽然两类合约都规定每个蜂箱收取25美分，但惠好公司还规定了最低收费为100美元，而西雅图市水务部门的最低收费为25美元。在生产野莴苣蜜的养蜂场中，一个蜂农使用的蜂箱数量在100到400个之间。因此，在与惠好公司的合约中，养蜂场租金就和蜂箱的数量无关，而在与西雅图市水务部门的合约中，养蜂场租金就和蜂箱的数量有关。要不是因为养蜂场租赁合约中加入另一个特别的规定——不授予任何蜂农在特定区域采集野莴苣花蜜的专有权，水务部门收取"定价过低"的租金就会导致存在某种类型的排队现象。其中的含意就是蜂农之间的竞争将会把单位蜂箱的蜂蜜产量降低，直到单位蜂箱的养蜂场租金不超过25美分为止。

虽然蜂农们并不试图排斥其他进入者，但是各方的确会试图寻找到一个避免蜂箱混乱放置的区域划分办法。最后一点，野莴苣在国有森林中也有生长。我没有收集到这种情况的相关合约。我手头掌握的资料显示，这种情况下养蜂场租金由蜂农们竞价决定，按蜂箱数量来收取，据说中标者在特定区域采蜜专有权的价格大致在25美分到63美分之间。

三、结论

凯恩斯曾经说过政策制定者的狂热是从经济学家的理论中"提取"出来的。不管他的这种说法确切与否，有充分的证据表明一些经济学家的政策含意是从神话中提取出来的。为了要支持政府干预，他们没有详细调查证据的支持，就提出了"市场失灵"的概念。一些人完全忽略了市场运作对解决环境退化问题的可能性，比如，以米香（J. E. Mishan）的说法为证：

> 在土地和水体方面，产权的扩展可以有效地将其他情况下仍然会存在的外部性内部化。但由产权市场来保护居民免受诸如污物、烟雾、废气、噪音、视线阻挡等环境破坏所带来的影响，则是言之过早的。[42]

同样，经济学家们向来认为在诸如渔场、野生动植物以及其他一些经济学家口中所谓的"自然资源"方面是不能执行私有产权的。土地租佃合约向来被认为是无效率的；而对一些人而言，市场在教育、医疗等方面也会失灵。

42　E. J. Mishan, "A Reply to Professor Worcester", *J. Econ. Lit.* 10（1972），pp.59，62. 我推荐读者们参考一个可以直接反驳米香教授看法的真实例子：约翰·麦基（John McGee）教授刚刚买了一栋房子，他的房子和邻居的房子之间有一块空地。原来的房主曾在听说有人想买下这块空地来建造房屋后，为了保证这块地继续空着，他与邻居商量并最终一起买下了这块空地，从而使他们的房子免受来自新邻居带来的"污物、烟雾、废气、噪音、视线阻挡等的影响"。

当然，这其中就有一则蜜蜂的神话。

在任何一种情况下，产权执行和签约过程中的相关费用的确会使市场的运行与不存在这些费用时有所不同。也很少有人会否认政府在这些方面的确有经济上的优势。如果总是简单而权宜地假设市场的交易成本高而政府控制的交易成本低，那么同样可以肯定的是，任何政府行为都可以在效率的基础上被正当化。因此，假设真实世界就是如此这般，这样的做法不是将理想与现实相比较，而是将理想与神话相比较。

我没有理由批评米德以及其他追随庇古传统的经济学家用蜜蜂的例子来说明如下理论观点：如果一些要素"未被支付报酬"，那么总体上资源配置当然就会与观察到的情况不同。我批评的主要是他们不调查真实世界情况的经济研究方法以及纯粹基于想象就得到政策含意的做法。因此，他们的著作对于我们理解实际经济系统的运行几乎没有什么贡献。

第四章　键盘的寓言[*]

斯坦·J. 利博维茨（Stan J. Liebowitz）

斯蒂芬·E. 马戈利斯（Stephen E. Margolis）[**]

一、引言

"标准"一词可以指任何社会惯例（行为标准、法律标准），但它最经常被用于指代要求精确统一的惯例（度量标准、计算机操作系统）。目前，对高清晰度电视、多任务计算机操作系统以及录像制式的研发的控制，重新唤起人们对标准的研究兴趣。

最近有关标准的经济学文献主要关注的是标准选择方面可能出现的市场失灵。推到尽处，这一观点的要点如下：一个已经确立的标准面对挑战者拥有持久的优势，即使所有的用户都偏好由挑战者占主导地位的世界，但如果用户们不能够协调其选择，这一优势就仍然存在。比如，只要供录像用的 Beta 录像带的生产得以持续，我们每个人可能都更喜欢使用能用 Beta 格式录像带的录像机，但在个人层面上，我们并没有购买 Beta 录像机。这是因为我们认为不会有太多的人会去购买 Beta 录像机，因而就不足以维持 Beta 录像带的供应。我不购买 Beta 制式的录像机是因为我认为你

*　　本章由何樟勇翻译，范良聪校对。

**　　早期的草稿受益于克莱姆森大学和北卡罗来纳州立大学的讨论会，我们对讨论会的参加者表示感谢。我们感谢 James Buchanan、Dan Klein、Bill Landes、Nancy Margolis、Craig Newmark、John Palmer、Cregory Rehmke、George Stigler 和 Wally Thurman 所提的建议。

不会买；你不购买Beta制式的录像机是因为你认为我不会买。最后证明我们都是正确的，但比起我们原本能够达到的状况，我们实际的状况可能就要差一些。当然，这是一个在经济生活中经常会面临的难题。只有有了加油站，有车才有意义；只有有了车，建造加油站才会有意义。如果我们不能找到解决这一难题的方法，驾车兜风就不可能成为青少年喜爱的活动。[1]

从某种程度上讲，这些经济陷阱和难题的逻辑无懈可击，但我们显然可以做得更好，这些陷阱有时在市场中就被避开了。显然，加油站和汽车都存在，因此市场中的参与者肯定使用了某些技巧，化解了这一难题。如果这一难题是作为一个经验问题而引起我们的关注，那最起码我们希望能在现实生活中看到哪怕一个类似的例子。在有关"标准"的经济学文献中，[2]流行的市场失灵的现实例子是标准的QWERTY打字机键盘[3]，以及它与Dvorak键盘[4]（德沃夏克键盘）的竞争。这个例子在报刊中被频繁引用，似乎已经作为事实而被普遍接受，并且因保罗·戴维（Paul A. David）的论文而重新受到经济学家的关注。[5]根据流行的说法，华盛顿大学的教育学教授奥古斯特·德沃夏克（August Dvorak）发明的键盘，要全面优于现在得到普遍使用的由克里斯托弗·肖尔斯（Christopher Sholes）发明的键盘。我们倾向

1　与其他经济文献相比，在研究"标准"这一问题的文献中，这一难题得到了更为认真的对待。这反映了一个猜想：预测、整合或者占用在"标准"这个领域中要更为困难。现有的文献没有解释这些"外部性"为什么与标准特别相关。对此，我们在即将发表的文章中会有更多的讨论。

2　例如，参见Joseph Farrell and Garth Saloner，"Standardization，Compatibility，and Innovation"，*Rand J. Econ.*16（1985），p.70；Michael L.Katz and Carl C. Sharpiro "Network Externalities，Competition，and Compatibility"，*Am.Ecom.Rev.*75（1985），p.424；Jean Tirole，*The Theory of Industrial Organization*（1988）.

3　"QWERTY"代表键盘上方的数字下面，左上部分的字母排列顺序。这一键盘又被叫作肖尔斯键盘或者通用键盘。

4　这个键盘有时也叫DSK键盘，也即Dovark简化键盘（Dovark Simplified Keyboard）的简称（或者称为简化键盘）。正如下面解释的那样，该键盘字母排列的顺序是不同的。

5　Paul A. David，"Clio and the Economics of QWERTY"，*Am. Ecm. Rev.*（1985），p.332；and Paul A. David，"Understanding the Economics of QWERTY：The Necessity of History"，in *Economics History and the Modern Economist*（William N. Parker ed. 1986）.

于相信，虽然Dvorak键盘绝对比QWERTY要好，但几乎没有人受过Dvorak键盘方面的培训，因为与Dvorak键盘配套的机器太少，而之所以与Dvorak键盘配套的机器太少的原因又是因为会使用Dvorak键盘的打字员太少。

本文将考察打字机键盘背后的历史学、经济学和人体工程学。我们将证明，戴维关于市场拒绝Dvorak键盘的说法并没有反映真实的历史。我们将提供证据证明，在给定目前对键盘设计理解的条件下，继续使用QWERTY键盘是最有效率的。我们认为，Dvorak键盘的例子就像蜜蜂和灯塔这样一些更早时候的市场失灵的寓言一样，是难以经受严格的历史检验的。[6]

二、关于标准的经济学

一些标准会随着时间的变化而变化，但这些标准作为社会惯例不会受损。比如，语言随着时间而演化，增加一些词语和有用的用法，并筛掉一些已经失去意义的特征。另外一些标准则内在地缺乏弹性。比如，在目前的技术条件下，广播频率无法像管弦乐器那样随意调音。如果你喜欢大一点的厘米刻度，这种偏好也无法像在学术创作中增加对缩写的使用那般，能够被一系列独立的决策适应。显然，如果标准能够以低成本演进，它们应该能够演进到最有效率的形式（在采用该标准的那些人心目中）。相反，一种不适当的标准很有可能因为演进成本高昂而走向不变。

在一篇1985年的研究标准的论文中，约瑟夫·法雷尔（Joseph Farrell）和加思·萨洛纳（Garth Saloner）对一种标准转换到另一种标准的困难提供了一种正式的解释。[7]他们构造了一个可能造成标准方面市场失灵的假设环境。谈到一种更为优秀的标准没有被采用的条件时，他们发明了一个词语："超额惰性"（excess

---

6　参见Ronald H. Coase，"The Lighthouse in Economics"，*J. Law & Econ.*17（1974），p.357；Steven N. S. Cheung，"The Fable of the Bees：An Economics Investigation"，*J. Law &Econ.* 16（1973），p.11.对我们的启迪是显而易见的。

7　Farrell and Saloner，参见注2提到的论文。

inertia）。超额惰性是一种外部性：每个没有采用新标准的人都给该新标准的每个潜在用户强加了成本。存在超额惰性的情况下，新标准可能明显优于旧标准，并且转换到新标准的私人成本总和可能也是小于私人收益总和的，但是转换就是没有发生。这与绝大多数新标准确实优于旧标准，但因为转换的成本太高而使转换难以进行的情况是完全不一样的。旧标准的用户可能后悔他们选择了那一标准，但他们继续使用旧标准并不是没有效率的。把所有的后悔都归之于外部性不算愚蠢吧？

法雷尔和萨洛纳构造的模型很有用，因为它说明了市场失灵在理论上的可能性，并且证明了信息的作用。在他们的模型中，如果所有的参与者都能够充分交流，就不可能存在超额惰性的情况。就这一点而言，因为交易成本的核心重要性，标准与其他负外部性并没有什么不同。因而，标准可以放在若干年前由科斯提出的框架中加以理解。[8]

就其本质而言，这一模型以及与其像类似的其他模型肯定忽略了所考察市场中的很多因素。当一种更好的标准已经出现时，市场仍然坚持使用低劣一点的标准，一定会导致出现某种形式的损失。这种损失，对于某些人而言，却意味着某种获利的机会——这些人能够找出某种内化外部性的方法，摄取走向更优标准过程中出现的某些价值。而且，一些制度性因素，比如因率先上市得到的先发优势、专利与版权法、商标名、搭售、折扣等也可以给企业家带来获利机会，并且正是因为存在这些机会，我们预期能够看到那种努力内在化这种外部性的活动。两种标准之间绩效

8　Ronald Coase, "The Problem of Social Cost", *J.Law & Econ*.3（1960），p.1.当然，惰性不一定就是无效率的。在制定标准方面的某种延迟将意味着，到大多数使用者都使用给定技术的时候，会有更多用户对相关技术与标准本身了解得更多。回想一下哈罗德·德姆塞茨在论文《信息与效率：另一种观点》（12 *J. Law &Econ*.12［1969］，p. 1）中对效率本质所做的那个著名的讨论。如果上帝能够无成本地使一种正确的标准得到采纳，那么相比之下，任何惰性都是过大的（无效率的）。但把这作为一个严肃的基准似乎是不明智的。应该相对于某种可实现的结果来定义超额惰性。进一步地，使用标准方面的某些限制将允许它们的创立者去优化标准，而不是让他们为求成为先行者而仓促地进入市场。如果第一个可得到的标准总是被采用，那么，标准就像专利一样，可能因赶着上市而遭受损失。因为创立者可能会急不可待地把标准推向市场，即便当等待将产生一种更好和更有利可图的产品时。

的缺口越大，这些获利的机会就越多，转向一种有效率的标准的可能性就越大。因此，一种完全的超额惰性的例子常常很难发现。在某些可观察到的实例中，一种非常落后的标准在竞争中胜出，很有可能是短暂的，常常是政府机构强加的，或者纯粹是虚构的。

一种标准的创立者是内化这种外部性的天然候选人。[9]如果一种标准能够被"拥有"，那么由该标准所带来的好处就可以（至少是部分地）被所有者占有。比如，德沃夏克就获得了他发明的键盘的专利。一个所有者由于预见到能够从一种新标准中获得相当的收益，他便有激励承担转向新标准需要花费的一些成本。这种激励产生了各种各样的内化策略。有时，新产品制造商会给早期采用者提供相当大的折扣，提供满意的担保，或者以出租的方式给用户提供产品。有时，制造商会给那些以旧换新的消费者一个折扣，从而在那些已经在一种标准上进行过投资的购买者与那些完全没有过任何投资的购买者之间实现价格歧视。内化策略可以非常简单：一些公用事业曾经提供过灯泡，而一些超高频电视台仍在提供免费的超高频室内天线。在很多行业里，企业会给培训提供补贴甚或直接免费培训，以保证有足够的操作员。打字机制造商是培训打字员的一个重要来源，至少在该技术出现后的头50年是如此。[10]

另一个内化策略是可转换性。新一代计算机的供应商有时会提供一种把文件转换为新格式的服务。有线电视公司会在过渡时期提供硬件和软件，使旧电视适应新的天线系统。有趣的是，在二战前后的一段时期，打字机制造商以极低的费用提供

---

9 我们可以自问：如果没有获得一些金钱方面回报的想法，新的标准为何会被创建出来？我们不可能期望一个不显眼且代价昂贵的标准会像"天上掉馅饼"那样轻易地得到扩散。

10 David，"Understanding the Economics of Qwerty：The Necessity of History"，参见注5。并参见赫基默县历史协会（Herkimer County Historical Society）的 *The Story of the Typerwrite*：1873—1923（1923），在其中提到在20世纪20年代早期，一家打字机公司一年培训了10万名打字员。

把QWERTY打字机转换为Dvorak的服务。[11]

　　所有这些策略皆倾向于化解一种无效率标准所存在的明显缺陷，但要促成有效率标准占据支配地位还需要其他附加条件。其中一个重要的条件是使用该标准的活动的增长。如果一个市场增长迅速，已经采用了某种标准的用户数相对于将来的用户数就非常少。盒式录音磁带播放机的销售并没有因与在此之前的八声道唱机不兼容而受到阻碍。十六位计算机的销售也基本上没有受到与八位计算机的磁盘和操作系统不兼容的影响。

　　另一个必须加以说明的因素是各种相互竞争的标准之间的初始竞争。如果标准的选择主要受那些能够使这些标准的价值内化的行为人的影响，那么依照达尔文的理论，我们可以预期获胜的标准总会是最适合的竞争者。虽然前面键盘的历史已经承认了竞争者的存在，但它们似乎把竞争看成一个过程，这个过程导致的结果与纯属巧合没什么区别。

　　市场存在很多复杂的因素，这意味着关于标准方面存在的市场失灵，并不像很多抽象模型所认为的那样引人注目。理论抽象只是提出了可能很重要的候选因素，但只有经过经验验证才能决定这些抽象的模型是不是真的与现实世界有关系。

三、DVORAK键盘优越性的例子

　　保罗·戴维向经济学家介绍了目前的标准键盘，也即所谓的通用键盘或者QWERTY键盘出现和发展的传统故事。[12]这一故事的关键特征如下：打字机的经营专利于1868年被授予多年来一直在开发这种机器的克里斯托夫·拉森·肖尔斯。

11　亚瑟·福克（Arthur Foulke）在著作《我的打字机》（*Mr. Typerwrite: A Biography of Christophere Latham Sholes*，1961）第106页中说："在本地的打字机商店，目前的旧键盘机器可以被转换为简化的（Dvorak）键盘。现在可以获得任何打字机。并且，把一台标准打字机转换为简化键盘只需花5美元。"

12　David，"Clio and the Economics of QWERTY"，见注5。

肖尔斯与他的同事要解决的一个问题是，当特定的字母键组合被迅速连续打击时，打字棒（type bars）会卡住。作为一个部分解决方案，肖尔斯重新安排了他的键盘排列顺序，把最有可能被连续敲打的字母键放置在键盘的两边。由于QWERTY排列顺序是为了满足老式打字机的要求而设计的，打字速度显然不是其追求的目标。一些学者甚至认为，设计这种键盘排序的一个目的就是最小化打字速度，因为降低打字速度本就是避免打字棒卡住的一个方法。然而，当时流行的是一种看着键盘打字的两指法（a two-finger hunt-and peck method），可以想象，这种键盘打字的速度与触摸打字的速度差别很大。

1873年初，肖尔斯把专利卖给了雷明顿父子公司（E Remington & Sons），雷明顿一家做了一些机械上的改进，并于1873年后期开始商业化生产。

在QWERTY故事标准版本中，一个具有分水岭意义的事件是1888年7月25日在辛辛那提举行的一场打字比赛。弗兰克·麦古瑞（Frank McGurrin），一个来自盐湖城法庭的速记员，他显然是第一个熟记这种键盘并使用触摸打字的人，以绝对的优势战胜对手路易斯·陶布（Louis Taub）获得冠军。路易斯·陶布使用的是一台由72个键组成的能够提供大小写字母的Caligraph打字机，采用的是看着键盘打字的方法。根据流传的历史说法，这一事件彻底地在人们的脑海中确立了带有QWERTY键盘的雷明顿式打字机在技术上更先进的看法。更重要的是，这次比赛激发了对触摸打字的兴趣，对QWERTY排列的兴趣。根据报告，当时没有任何其他人有与麦古瑞接近的打字技能，因此也就不存在驳斥"雷明顿键盘排列有效率"这一说法的可能性。麦古瑞不断参加全国的打字竞赛并展示其打字技能，到后来几乎算是名人了。他选择雷明顿式打字机可能是随意的，但他的选择却为这种标准的确立做出了贡献。因此，根据流行的说法，一种被设计出来用于解决短期中存在的机械问题的键盘最后却变成了被成千上万打字员日常使用的标准。[13]

13　这一历史事件的描述参照了 Paul David, "Clio and the Economics of QWERTY"，同注5，但也可参见威尔弗莱德·比钦（Wilfred A. Beeching），*A Century of the Typewrite*（1974），其中描述的环节与重点与我们这里描述的相一致。

1936年，奥古斯特·德沃夏克为Dovrak简化键盘（Dvorak Simplified Keyboard，DSK）申请了专利。他声称这一键盘通过平衡双手之间的工作量以及让更有力的手指承担更多工作量的方法，极大地减少了打字所必然要产生的手指运动。其发明者认为这种排列的好处在于能提高速度、减少疲劳，并且更容易学习。这些看法被包括戴维在内的大多数评论者所接受，戴维还提到（不过并未指出引用来源）美国海军曾做过一个实验，该实验"证明了使用DSK键盘所带来的效率的增进，足以摊销在随后的十天内对全职雇佣的一组打字员进行重新培训的成本。"[14]不过，他并未指出引用来源。尽管声称存在上述优势，但Dvorak键盘从未被广泛接受。

这一故事是目前使用QWERTY键盘乃市场失灵这一论点的基础。这一观点声称：最初的打字员将不愿参加Dvorak键盘打字的培训，因为Dvorak的机器很难找到，而办公室也不愿配备Dvorak机器，因为找不到受过Dvorak训练的打字员。

这是一个理想的例子。度量绩效的维度并不多，并且在这些有限的维度上，Dvorak键盘似乎都占有绝对的优势。然而，正是这些属性，暗示着采用这一更优标准的力量也应该非常强大。但这些力量并没有占上风，这正是我们要进行批评性考察的原因。

四、Dvorak的神话

法雷尔和萨洛纳把打字机键盘作为市场失灵的一个典型例子提了出来。[15]梯

14　David, "Clio and the Economics of QWERTY"，p. 332。如果是事实，这将非常值得注意。一个熟练转型的肖尔斯机器打字员打字速度非常快，乃至于不管其中的培训成本是多少，都可以在十天之内收回。只计算一下工作日，这意味着投资于培训每年的回报接近培训成本的23倍，这看起来有一点可能性吗？难道有企业会忽视2 200%的投资回报？

15　Farrell and Saloner，同注2。

若尔的教科书也是如此。[16]他们都引用戴维德的文章作为这一主题的权威说法。然而，QWERTY和Dvorak键盘故事的很多方面还没有经过详细考察。第一，支持Dvorak键盘更好的论点不仅少，而且都值得怀疑。第二，人体工程学方面的文献研究发现，Dvorak键盘没有任何在科学上而言可靠的、重要的优势。第三，打字机生产者之间的竞争要比通常报告的激烈得多，而标准正是从这种竞争之中诞生的。第四，打字比赛活动很频繁，远远不是只有辛辛那提那一次比赛。这些比赛为其他各种排列的键盘提供了充足的机会去证明自己的优越性。QWERTY键盘能在早期打字历史的激烈竞争中生存下来，这一事实就证明，它即使不是想象中那样最适合的，也至少是相当适合的。

1. 证明Dvorak键盘优越性证据的缺陷

和大多数打字机的历史学家一样，[17]戴维似乎认定Dvorak键盘绝对优于QWERTY键盘。他从未怀疑过这种看法，并且始终认为QWERTY标准是劣标准。他最诱人的证据就是没有正式档案文件记载的美国海军实验。在复述了海军研究的主张后，他补充说："如果像苹果公司的广告说的那样，DSK'使你的打字速度提高20%—40%'，那么，为什么这种更优的设计也会跟之前对QWERTY打字机键盘的七方面改进遭遇一样的抵制呢？"[18]

是啊！为什么呢？在有更优秀的竞争键盘存在的情况下，QWERTY键盘仍然能够生存下来，这令经济学家很吃惊。戴维用QWERTY键盘的幸存来证明路径依

16　梯若尔（见注2）在他的教材第405页中陈述到："很多观察家相信，Dvorak键盘比这一（QWERTY）标准好，即使把再培训的成本考虑在内也是如此。然而，不管是企业还是秘书，如果他们独自转向这种替代的选择，那都是愚蠢的。"在某些情况下，秘书和企业这样做可能是愚蠢的，但这类行为在许多现实情况中似乎很难说是愚蠢的。比如，大型组织（联邦、州和地方政府，财富500强企业等）常常有数以万计的雇员，如果成本的确能够在短期得到弥补，那些组织能够承担这种培训的费用。参见注11和14。

17　比如，参见Beeching，同注13，或者Foulke，同注11。

18　David，"Understanding the Economics of QWERTY"，p. 34，见注5。

赖的性质、历史对经济学家的重要性，以及理论必然要对现实进行的不可避免的过度简化。少数理论家用戴维的历史证据来为他们的市场失灵说法提供经验上的支持。但所有这些是建立在什么基础上的呢？我们从戴维那里得到的是一种没有正式文件证明的主张和一些广告文稿。

Dvorak键盘更为优越的观点得到广泛认可。这一观点可以追溯到少数几个关键的来源。1936年，德沃夏克和几个合作者出版了一本书，总结了德沃夏克自己进行的一些科学调查的结论。[19]德沃夏克与其他合作者比较了四个不同并且完全独立的实验中得到的打字速度，这些实验是不同的研究者出于不同的目的而进行的。[20]其中的一个实验检验了Dvorak键盘的打字速度，另外三个实验检验了QWERTY键盘的打字速度。实验者声称，这些研究证明了学生学习Dvorak比QWERTY要快。对他们在实验中所使用的方法的一个严肃批评是，在他们的比较研究中，参与实验的是年龄和能力不同的学生（比如，用在芝加哥大学实验学校七、八年级的学生学习Dvorak的结果与在普通高中学生学习QWERTY的结果进行比较），他们在不同的学校系统参加不同的测试，在不同时间段的班级里进行测试。而且，更为严重的是，他们没有规定所选择的学生是随机样本，还是全部的学生。因此，他们的研究真正确定的只是找到这样的研究案例是可能的：在某个日历时间之内，学习用QWERTY键盘打字的学生所能取得的进步速度，似乎要比学习用Dvorak键盘打字的学生来得慢一些。然而，由于那些差别会随着打字速度增加而消失，因此随着学生逐渐进步，使用Dvorak键盘时是否仍然能保持优势的证据就有正有反（不明显）了，即使是在德沃夏克的这个研究中。

一般来说，有独立的评价是最理想的，而在这里，德沃夏克及其合作者的客观性似乎特别成问题。他们的书更像是一本给人以灵感的小册子，而不是一本科学著作。考虑如下的句子就更会有这种感觉（摘自书中关于键盘绩效的章节）：

19　August Dvorak，Nellie L. Merrick，William L. Dealy，and Gertrude C. Ford，*Typewriting Behavior*（1936）.

20　同上，第226页。

给你简单讲述的这些少量事实，应该足以驳斥如此自以为是地自称为"通用"（QWERTY）键盘的这种可用的排列模式。这种"通用性"是何时产生的？既然你可以最终克服QWERTY键盘的大部分缺陷，事实也无需强调。

将会有足够多的事实得到展示，这些事实能让你确信，为了追求速度，你将不可避免地犯错误，你将不断经历令人沮丧的延误，但是你本人并没有错。如果你对初学者作为"无辜的受害者"的角色越来越恼火，那么请记住，一点点的情绪往往就能促使你下决心。[21]

对当前键盘的分析是如此具有破坏性，因此达成改进已是势在必行。如果掌握了一种简化的键盘，那么就能以少得多的时间实现更快、更准确的输入，同时减少疲劳，这难道还不够显而易见吗？[22]

海军的研究似乎是Dvorak支持者的一些更激进看法的基础，但这一研究也是有缺陷的。肖尔斯的传记作者，亚瑟·福克——Dvorak键盘具有优越性的信徒——指出了海军研究产生的报告中存在的几个矛盾之处。他引用了美联社1943年10月7日的一份报告，大意是一种新的打字机键盘使打字员能够"每分钟飞速打180字"，然后，他补充说："然而，1943年10月14日，在一封麦卡锡少校（W. Marvin McCarthy）给该作者的信中说，海军部并没进行过这样的速度测试，也没有这一速度的纪录，并且否认曾经公开宣布达到这一速度。"[23]福克还提到了登载在1943年10月16日《商业周刊》上的一个故事，其中提到的打字速度是每分钟108字，而不是180字。

21　同上，第210页。

22　同上，第217页。

23　Foulke，同注11，第103页。

我们在颇费一番周折后终于得到了 1944 年海军报告的一个副本，[24] 该报告没有说明是谁进行了这一研究。报告由两个部分组成：第一部分以 1944 年 7 月进行的一次实验为基础，第二部分则以该年 10 月的实验为基础。该报告的前言提到之前进行的两个实验，但说"最初的两组实验并不是真正公平的测试"。我们也无从了解这些早期测试的结果。

报告的第一个实验是对 14 名海军打字员进行一天两个小时全新 Dvorak 键盘的培训。我们不知道被试者是如何选择的，但看起来好像不是随机选择的。至少这些人中有 12 位以前是使用 QWERTY 键盘的打字员，其打字平均速度是每分钟 32 字，尽管海军部宣称他们具有每分钟打 50 字的能力。这些打字员的平均智商（IQ）为98，并拥有平均百分位数为 65 的灵巧技能（dexterity skills）。这一研究提到，这些打字员经过 54 个小时的培训才达到以前的打字速度。在完成了平均 83 个小时的新键盘训练后，他们的打字速度从最初的平均 32 字／分钟增加到 56 字／分钟，提高了 75%。

第二个实验是对 18 个打字员进行 QWERTY 键盘的再培训。这些打字员是如何挑选出来的也不清楚，虽然这一组的成员知道他们是某个实验中的一部分。我们不知道这次培训进行的方式是否与第一个实验相同（海军不时对人员开展再培训，这次也可能只是这些小组中的一组）。报告中没有说明参加者的智商和灵巧技能。很难知晓这一组是否是作为第一组的一个合理的控制组。这一组开始时的平均打字速度是每分钟 29 字，但这些成绩的衡量办法与第一个实验不同。这一报告提到，因

24　当我们自己的研究图书馆员无法找到该资料时，我们努力让海军给我们提供一个副本。海军的研究图书馆员在检查了海军记录、马丁·路德·金图书馆、国会图书馆、国家档案馆、国家技术通信服务系统等后也没有找到。最后，我们终于可以确定有一个副本被一个组织——Dvorak 国际组织持有，在此要特别感谢该组织的弗吉尼亚·拉塞尔（Virginia Russell）主任的帮助。她相信他们是从安德伍德公司（Underwood Company）获得了副本。如果副本可以从公共档案馆获得，那我们对其记录的历史的疑问就会更为乐观。我们获得的副本的题目是《关于简化键盘再培训的一次实验——一份关于 14 个标准键盘打字员就简化键盘的再培训，以及打字员标准键盘培训和对简化键盘再培训的绩效改进比较的报告》，海军部海岸设施与文职人员司，维修服务部培训分部，华盛顿哥伦比亚特区（1944 年 7 月与 10 月）。

为有三个打字员一开始的成绩是每分钟零个字，开始和结束的打字速度是用头四次打字测试的平均速度和后四次打字测试的平均速度来计算的。相反，使用Dvorak的原始实验只用了第一次和最后一次的分数分别作为开始和结束时的打字速度。对所报告的数值进行截断（取值）在很大程度上会降低测量到的QWERTY键盘打字速度的增幅。[25]

在平均培训158小时后，所测量到的QWERTY再培训的净打字速度从每分钟29字提高到每分钟37字（提高28%），远远低于Dvorak键盘打字速度的增幅。

海军研究得出的结论是：用Dvorak培训比用QWERTY进行再培训要有效得多。但是这个实验的设计存在太多的疑问，使得这一结论难以为人所接受。这些结果适用于正常水平的打字员，还是低于正常水平的打字员？第一组的结论只是对一组表现不好的打字员的均值的一个回归吗？由于衡量标准的不一致，海军研究在多大程度上低估了QWERTY再培训的价值？两个小组得到的培训相同吗？对QWERTY打字机的检查有对Dvorak打字机的检查那般仔细吗？这一研究中存在很多可能的偏见。令人生疑的是，实验设计的所有方面似乎都有利于Dvorak键盘。

海军研究的作者们似乎确实存在事先就认定Dvorak键盘更为优越的看法。在讨论Dvorak键盘的背景时，以及在介绍该研究的结论之前，该报告就声称："毫无疑问，简化的键盘明显比标准键盘更容易掌握。"[26]后来，他们又把QWERTY比作"牛"，而把Dvorak比作"吉普车"，并且补充说："不管对牛进行多大的刺激都不

---

25 这并不是一个无足轻重的变化。我们得知，三个QWERTY打字员一开始的打字成绩是零，但在四天内其得分增加到了29、13和16。我们也了解到，其他七个打字员在头四天也取得了相同的进步。这些进步被作为仅仅是研究人员希望消除的测试效应而剔除了。但研究人员没有设法消除Dvorak打字员类似的测试效应。把衡量标准设定为截取头四天的平均速度，初始打字成绩为零的三个打字员报告的速度增加量至少减少了13、12、14。假定存在另外两个有相同测试效应的打字员，剔除这一测试效应将使报告的速度提高至少每分钟下降3.6字，收益率从46%下降到28%。在结束时截取最后四天的平均速度作为衡量标准的影响无法精确确定，但是在许多测试已经完成的情况下，在这个阶段已经没有什么测试效应需要剔除。尽管这些测量进步效应的技巧非常很重要，但一个无可争辩的问题是，它们没有被同等地应用到QWERTY和Dvorak打字员身上。

26 同注24，第2页。

会使这一结果发生实质性的改变"。[27]

这些海军研究存在的另外一些可信度问题与潜在的利益冲突有关。福克证实，德沃夏克的身份是二战期间分析时间和运动研究的海军首席专家德沃夏克少校。[28]宾夕法尼亚州立大学教授和美国标准协会办公机器部的前主席厄尔·斯特朗（Earle Strong）报告，1944年海军实验以及1946年财政部的一些实验都是在德沃夏克先生的指导下进行的。[29]我们还知道，德沃夏克在这一键盘上有经济利益。他拥有Dovrak键盘的专利，并且在华盛顿大学工作时就已经从卡内基教育委员会获得了至少13万美元的资助。[30]

除了在海军、德沃夏克及其追随者的报告中可以发现隐含的证据缺陷外，这一故事还存有其他方面的问题。由厄尔·斯特朗（Earle Strong）进行的一项在当时很有影响力的研究，针对的是《1956年通用服务管理》（A 1956 General Services Administration），提供了不利于Dvorak键盘的最有说服力的证据。[31]这一研究被忽视了，不管是在戴维写给经济学家看的历史故事中，还是在面向普通观众的其他历史记录中。斯特朗实施了小心控制的实验，该实验旨在检验转向Dvorak的成本和收益。他的结论是，重新培训Dvorak打字员与重新培训QWERTY打字员相比，

27　同注24，第23页。

28　参考Foulke，同注11，第103页。

29　Earlep. Strong, *A Comparative Experiment in Simplified Keyboard Retraining and Standard Keyboard Supplementary Training*（U. S. General Services Administration 1956）.然而，山田久生（Yamada）努力反驳对Dvorak键盘的这些批评，声称德沃夏克并没有指导这些研究，仅仅是提供了打字机。参见Hisao Yamada, "A Historical Study of Typewriters and Typing Methods：from the position of Planning Japanese Parallels", *J. Information Processing* 2（1980）p.175.他承认德沃夏克在这一研究进行时在海军和华盛顿，但否认有任何联系。我们不知道谁更可信，但是基于详细的间接证据，同时给定福克对德沃夏克作为海军这方面事务首席专家身份的证实，我们非常怀疑德沃夏克对这些测试没有影响的说法。有趣的是，山田指责斯特朗对Dvorak键盘有偏见（第188页），还谴责斯特朗的人品。他指责斯特朗拒绝给其他研究者（没有提名字）提供数据，并暗示斯特朗偷了德沃夏克的钱，因为在1941年，他还是Dvorak键盘的支持者时，据称接受了德沃夏克的付款进行了一项DSK键盘的研究，但却从来没有向他报告结果。

30　Yamada，见注29。

31　Strong，见注29。

并不具有特别的优势。

在斯特朗实验的第一阶段，10个政府打字员接受了使用Dvorak键盘的再培训。一天培训4小时，这些打字员花了25天达到了他们以前使用QWERTY键盘的速度（请与戴维报告的关于海军研究得到的10天内全部再培训成本就得到完全弥补的看法进行比较）。当打字员开始达到他们原来的速度时，斯特朗开始实验的第二阶段。刚得到培训的Dvorak打字员继续进行培训，同时一组由10人组成的使用QWERTY键盘的打字员也同时开始接受培训以提高他们的打字技巧。在第二个阶段，继续进行培训的Dvorak打字员的进步速度要比使用QWERTY键盘并得到继续培训的打字员慢得多。因而，斯特朗得出的结论是，Dvorak培训无法摊销其成本。因而他建议，政府对使用QWERTY键盘的打字员提供进一步的培训。那些负责选择打印机的企业和政府机构，本来把Dvorak当成QWERTY键盘重要的替代物，但最后打消了这个念头。出现这样的结果在很大程度上要归之于该研究提供的信息。[32]

斯特朗的研究确实还留下一些问题没有回答。因为实验使用的是有经验的打字员，它也就无法告诉我们培训初学的Dvorak键盘打字员是否比培训初学的QWERTY键盘打字员更快。而且，虽然斯特朗研究的含意之一是，QWERTY打字员最终达到的速度要比Dvorak打字员更快（因为在实验的第二阶段QWERTY小组日益扩大了对Dvorak小组的差距），但我们仍不能确定，如果参与实验的是初学者的话，是否会得到相同的结果。[33]

---

32 在斯特朗进行实验的时候，Dvorak键盘已经引起了广泛注意。至少有一个贸易集团在斯特朗的研究结论没有出来之前，就已经决定采用Dvorak键盘作为其新的标准。参见：1955年11月11日纽约时报文章 "U. S. Plans to Test New Typewrite"；1955年11月30日纽约时报文章 "Revolution in the Office"；1956年6月18日 "Key Changes Debated"；1956年7月2日纽约时报文章 "U. S. Balks at Teaching Old Typists New Keys"；1956年1月22日第18版彼特·怀特（Peter White）的文章 "Pyfgcrlvs. Qwerty"。

33 事实上，海军与通用服务管理研究都发现，最好的打字员要达到他们原先的打字速度花的时间最长，并且再培训改进的百分比最小。

*** 霍桑效应，是指工人、学生等因受到研究人员的关注而增加产量或提高成绩。——译者

尽管如此，斯特朗的研究仍然值得认真对待。该研究力图控制两组打字员的能力和他们所接受的指导。它直接探讨了海军研究中得到的观点，考察了再培训的成本和收益。它直接类推出一家真实的企业或者一个政府部门可能面临的一个决策：对现有的打字员进行再培训是否值得？由法雷尔与萨洛纳的"超额惰性"理论所代表的所谓QWERTY键盘市场失灵认为，只有当每个企业都确信其他企业将转变时，所有企业才会转向一种新标准。如果我们接受斯特朗的发现，那么阻止企业对其打字员进行再培训，或者阻止打字员自己承担再培训成本的，就不是沟通方面的问题。如果斯特朗的研究是正确的，现有的打字员不转向Dvorak就是有效率的。

Dvorak键盘的现有支持者在评价这一键盘为什么至今没有取得更大的成功时看法不一。山田久生（Hisao Yamada）——Dvorak键盘的支持者——试图影响日本的键盘发展，他对Dvorak键盘的失败给出了多方面的解释。他归咎于当时的经济衰退、德沃夏克所做的错误商业决策、二次世界大战以及斯特朗的报告。他接着说道：

> 总有一些人对DSK支持者的看法提出疑问。他们的理由也是多种多样的。一些人怀疑DSK支持者提供的优越性说明的可靠性，因为他们都拥有高学历；指导者这样的身份很容易引发霍桑效应[***]；其他人则坚持认为，所有的培训实验，除了GSA那个以外，都是由DSK支持者进行的，并且对实验没有实现很好的统计控制。这可能是个合理的论点。但是，人们用不了多久就会意识到，要组织这样一个令统计学家满意的实验主要是一个资金保证问题。……那些批评者也不愿出资支持这种实验这一事实……可以表明，他们批评的真实原因在于其他方面。[34]

34　Yamada，同注29，第189页。

这是一种不可调和的分歧。[35]

虽然如此，山田还是承认，德沃夏克及其支持者报告的那些实验发现并不能获得多少可信度，而山田用来支持DSK更为优越的观点的最有说服力的部分也来自德沃夏克的著作。山田使用的用来支持DSK优越性的其他很多证据，实际上都可以作为反驳DSK优越性的例子。山田提到，1952年澳大利亚邮政办公室的研究证明，DSK在最初引入时没有优势，只是在测试过程中进行调整（以移除性能优越的"心理障碍"）后，效果才有所好转。[36]他引用了1973年西部电气公司基于6个打字员完成的一项研究，在这项研究中，在对使用DSK键盘培训了104个小时后，打字员的速度比他们使用QWERTY键盘时快2.6%。[37]同样，山田报告说，在俄勒冈州立大学1978年的一项研究中，打字员在经过100小时的培训后，其打字速度达到了原来使用QWERTY键盘打字速度的97.6%。[38]这些再培训的时间都与斯特朗报告的相同，而与海军研究中报告的再培训时间不同。然而，山田认为，这些研究自身支持Dvorak键盘。[39]但与斯特朗研究不同的是，这些研究中没有一个同时对使用QWERTY键盘进行再培训，以做实验的对比之用。正如斯特朗的研究所指出的，如果有经验的QWERTY打字员得到进一步的培训时，那他们在QWERTY键盘上打字的速度也会提高。即使忽略该问题，Dvorak键盘可能有的优势也比海军研究报告中的要弱得多。

35　同上。

36　Yamada，同注29，第185页。

37　同上，第188页。

38　同上。

39　山田把俄勒冈研究解释为支持Dvorak键盘。为了实现这一点，他使用一个指数函数去处理俄勒冈数据，并指出，当培训时间趋于无限时，由函数得出的极限值要比使用Qwerty键盘的打字员最初的打字速度快17%。然而，该指数函数极为平坦，甚至是一个中等的速度提高看来也处于数据范围之外。比如，增加10%的收益也需要在培训165个小时后才能反映出来。

2. 来自人体工程学文献的证据

在人体工程学最近的文献中，可以找到有关键盘相对优点的研究。这些研究提供的证据表明，Dvorak键盘的优势要么很小，要么不存在。比如，米勒和托马斯得出的结论是："然而，事实仍然是，就一般的打字目的而言，没有什么替代选择已被证明对QWERTY键盘拥有实实在在的显著优势。"[40]在两个基于手与手指运动分析的研究中，小尼克尔斯（R.F. Nickells,Jr.）发现，使用Dvorak键盘要比使用QWERTY键盘快6.2%，[41]而金凯德（R. Kinkhead）则发现使用Dvorak键盘只有2.3%的优势。[42]唐纳德·诺曼和戴维德·拉姆尔哈特的仿真研究也得到了相似的结果：

> 我们研究了新手在几种排列不同的键盘上打字的情况，这里有按字母顺序排列组织的键盘、肖尔斯（QWERTY）键盘与随机组织的键盘（这是为了控制肖尔斯键盘的先验知识）。按字母顺序排列的键盘和随机组织的键盘之间几乎没有差别。新手在肖尔斯键盘上打字稍微快一些，也许反映了先验经验对人们的影响。我们也用仿真模型研究了专业打字员。这里，我们着重考察了肖尔斯和Dvorak排列设计，以及几种按字母顺序排列的键盘。仿真模拟证明，按字母顺序组织的键盘比肖尔斯键盘要慢2%—9%，而Dvorak键盘只比肖尔斯键盘快约5%。这些数字与其他比较Dvorak键盘和肖尔斯键盘的实验研究的结果，以及与卡特（Card）、莫兰（Moran）和纽厄尔（Newell）为比较这些键盘的差异所做的计算结果基本是相符的。……对专业打字员来说，键盘的排列几乎没有什么影响。如果仅仅是基于打字速度，我们似乎没有理由一定要在肖尔

40　A. Miller and J. C. Thomas, "Behavioral Issues in the Use of Interactive System", *Int. J. of Man-Machine Stud.* 9（1977），p. 509.

41　引 自 Hisao Yamada, "Certain Problems Associated with the Design of Input Keyboards for Japanese Writing", in *Cognitive Aspects of Skilled Typewriting*（William E. Coopered. 1983），p. 336.

42　同上，p. 365.

斯、Dvorak 或者按字母排列组织的键盘之间做出选择。然而，设计出糟糕的键盘排列还是有可能的，不过我们所研究的键盘排列中有两种可以排除。[43]

这些人体工程学的研究特别有趣，因为 Dvorak 键盘所声称的优势，一直是基于减少手指运动的人体工程学优势。诺曼和拉姆尔哈特的讨论指出了 Dvorak 没有提供如其支持者所认为的那样多的优势的原因。他们认为：

> 对最优的打字速度来说，键盘应该被设计成：
> （1）左右手负荷相同；
> （2）使中间一排的负荷最大化；
> （3）使两手顺序交替的频率最大化，并且运用相同手指打字的频率最小化。
>
> Dvorak 键盘在这些方面的确做得很好，特别是（1）和（2）；67% 的输入是在中间排进行的，并且左右手的负荷平衡是 47% 对 53%。虽然肖尔斯（QWERTY）键盘在（1）和（2）上完全不如 Dvorak 键盘（大多数的输入是在最上面一排进行的，并且两只手之间的平衡是 57% 对 43%），但它把连续受到敲打的字母键放得尽可能远，这样的安排有利于（3），因而使得打字速度相对快。[44]

对诺曼和拉姆尔哈特的因素（3）的解释是，在一次键击的中间，空闲的手可以准备下一次键击。因而，肖尔斯决定通过精确的键盘安排来解决一个机械问题，这可能无意中满足了一个产生高效打字的相当重要的条件。

人体工程学的研究中自始至终得到的结论都没有显示出 Dvorak 键盘具有明显

43　Donald A. Norman and David E. Rumelhart，"Studies of Typing from the LNR Research Group"，in *Cognitive Aspects of Skilled Typewriting*（William E. Cooper ed. 1983），pp.45，51.

44　同上。

的优势。虽然这些研究不是明确的统计学意义上的。然而，当测量的差别与没有得到解释的方差相比较小时，其否定性的结论看起来也就类似于人们所运用的科学的警告。在我们看来，这些研究者说的是，当方法并不精确时，科学的警告排除了对Dvorak与QWERTY没有差异这一假说的拒绝。至少，这些研究显示，Dvorak键盘的速度优势绝不可能达到戴维德所引用的苹果公司广告片中声称的20%—40%那样高。而且，这些研究也暗示，对于熟练的打字员而言，使用Dvorak键盘进行普通的打字可能并不存在优势。看来，Dvorak对键盘合理化配置的那些原则可能没有完全反映有经验的打字员的行为，主要是因为打字看来是相当复杂的活动。

关于这方面，弗兰克·麦古瑞，这位世界上首个为人所知的触摸打字员，曾说过一段话：

> 让一个操作员找一个新句子，看他能多快把这句话写下来。然后练习这个句子，自己再记录时间，他会发现他写得比之前快很多。进一步练习这个句子将使其速度近乎翻倍。现在，让操作员再找一个新句子，他将发现其速度掉回到了开始练习第一个句子之前的速度。为什么？手指是能保持同样的速度的，这里主要的原因是，大脑对键盘并没有那么熟悉了。[45]

当然，任何物理活动的表现都可以通过实践得到改进。但在麦古瑞的实验中，打字速度的极限看来与精神，或者至少与神经学技能有关，而与手指能够完成必要运动的速度极限关系不大。

3. 打字机竞争

肖尔斯打字机不是凭空被发明出来的。山田报告说，它出现之前的打字机（包括一些更早期的商业化生产的打字机）就已经有51个发明者。他说："对这些材料

45　George C. Mares，*The History of the typewriter*（1909）.

的考察显示，肖尔斯打字机所融合的几乎所有想法，即使不是全部，也已经在一个或者另一个时期为其先行者所用过。"[46]

雷明顿（Remington）早期的商业竞争对手很多，它们提供了相当多的打字机品种，而且有些还获得了一定的成功。肖尔斯打字机上市后存在大量的竞争者。其中最大和最重要的竞争对手是Hall、Cligraph，以及Crandall打字机。另一种双键盘机器Yost，由肖尔斯早期的一名合作者制造，使用不同的墨水系统，并因其独特的款式而闻名。根据山田收集的产品数据，[47]这些机器是不相上下的竞争者，并且每种机器的销售量都比较大。弗朗茨·泽维尔·瓦格纳（Franz Xavier Wagner），1873年在雷明顿打字机公司工作过，他开发了一种完全可以看着打字（打字时能完全看到打出来的字）的机器。这种机器被提供给联合打字机公司，但遭到拒绝。联合打字机公司是1893年由雷明顿公司与另外六个打字机制造商合并而成的。[48]在1895年，瓦格纳为生产他的机器加入了约翰·安德伍德（John T. Underwood）公司，该公司后来成为安德伍德公司，发展很快，到1898年，每周要生产两百台打字机。[49]瓦格纳提供给联合公司的样品也导致了史密斯（L. C. Smith）离开了联合公司，而正是后者在1904年引入了一种可以看着打字的机器。[50]这一企业正是Smith-Corona公司的前身。

两个制造商——哈蒙德（Hammond）与布利金斯得福（Blickensderfer）生产出了他们自己认为理想的键盘：前者是在1893年，后者是在1889年。[51]这两种机

46　Yamada，同注41，第177页。

47　同上，第181页。

48　Beeching，同注13，第165页。

49　同上，第214页。

50　同上，第165页。

51　David，"Understanding"，参见注5引用的书，第38页。也可参见Beeching，同注13，第40页，第199。Yamada，参见注29引用的书，第184页。山田在讨论哈蒙德键盘安排时说："这种'理想的'安排比QWERTY键盘要好得多，但并没有在市场上扎根，因为到那时为止，雷明顿学校每年已经在培养大量的QWERTY键盘打字员。"在1893年，布利金斯得福生产了一种带有哈蒙德键盘的便携式打字机。

器都生存了一段时间，并且每一种都有特定的机械优势。布利金斯得福后来生产了可能是第一台便携式打字机，以及第一台电子打字机。哈蒙德后来则生产了可变字体打印机（Varityper），一种标准的办公室自动排字打印机器，它是今天桌面排版系统的前身。这些制造商生产的替代键盘出现得很早，更重要的是，当时触摸打字还不是很流行。在第一次公开展示触摸打字的著名的辛辛那提比赛那一年，布利金斯得福出现了。

在19世纪80年代和90年代，打字机通常是卖给还没有配备打字员的办公室，或者在打字员还不容易寻得的市场上销售。由于销售一台新机器通常意味着培训一名打字员，这就为那些使用另一种键盘来竞争的制造商提供了一个机会。直到1923年，打字机制造商还起着提供打字员服务的作用，并且它们还是操作员的一个重要来源。在最早的时候，许多给打字员的有限的培训服务都是打字机销售员提供的。[52] 由于几乎每次销售都要求对打字员进行培训，提供不同键盘的打字机供应商也不会处于特别不利的地位。在这样的环境中，制造商会努力地内化培训成本，因此，一种能提升培训速度的键盘就可能特别有吸引力。

提供其他替代键盘的成本并不是非常昂贵。布利金斯得福使用了一种原理与IBM电动打字机的铅字球相类似的打字棒组合，因此能够很容易地提供很多不同的组合。其他厂商通过把铅字焊接到不同的棒上，并把键粘在不同的操纵杆上，就可以获得不同的键盘排列组合。因此，实施这种变换的问题显然不是要阻止制造商改变键盘。

当然，竞争对手的键盘最终都失败了。[53] 但是，QWERTY键盘也不可能在与

52　Herkimer County Historical Society，同注10，第78页。

53　我们也应该注意这一事实：QWERTY键盘虽然是在美国发明的，但已经成为世界各地的主导键盘。外国在引进打字机时，因为还不存在任何培训过的QWERTY键盘打字员，因而如果存在更好的替代选择的话，就不一定要采用QWERTY键盘。然而，所有其他的键盘设计都在QWERTY设计面前倒下了。在法国和一些其他国家，使用的键盘与在美国使用的QWERTY键盘有细微差别。其主要差别是最上面的左手键是Azerty（这一键盘也被称为Azerty键盘），几个字母的顺序变了，但大多键是相同的。

其竞争的键盘第一次供应市场时就建立起完善的标准，以至于与其竞争的键盘都因为不标准而被市场拒绝。打字机制造商追求并推动任何可以使它们获得市场优势的技术特征的出现。更短的培训时间与更快的速度肯定会是使用替代键盘的打字机的一个有吸引力的卖点。我们也不能说，竞争对手的键盘的机械特征注定较次，因为这些公司都在继续制造成功的、有创新性的打字机，尽管这些机器都立基于QWERTY。因而，我们不能把QWERTY键盘的最终流传归结为缺乏替代键盘，或者归结为这种键盘排列恰好幸运地与唯一适当的机械打字机相结合。

4. 打字的竞争

打字的竞争提供了对QWERTY键盘的另一种检验。这些竞争的作用在传统的历史记录中表现得不够充分。戴维德的历史记录提到的只有那场辛辛那提的比赛。威尔弗雷德·比钦（Wilfred Beeching）的历史记录，尽管非常有影响，但是也只提到辛辛那提比赛。不过他非常重视这次比赛："那些在自豪与绝望中煎熬的雷明顿与Caligragh公司的管理者突然意识到，无论取胜的是哪一方，另一方都可能被排挤出这个行业！"比钦认为，这次比赛"决定性地"确立了雷明顿的四行键盘打字机的地位。[54]

实际上，在这段时期内，打字比赛和打字速度表演非常常见。这些比赛涉及很多不同的打字机，很多制造商都声称自己保持了速度记录。

在"令人惊叹的打字"这一标题下，《纽约时报》描述了几天前在布鲁克林举行的，由来自纽约罗切斯特的托马斯·奥斯本（Thomas Osborne）先生所做的打字表演。[55]《纽约时报》报道说，奥斯本先生"保持了打字最快的冠军纪录，去年8月13日在多伦多的一次比赛中打字速度达到每分钟126字"。在布鲁克林的演示中，一个五分钟的测试，他的平均打字速度达到每分钟142字，其中最高的一分

54　Beeching，参见注13引用的书，第41页。
55　*New York Times*，February 28，1889，p.8.

钟达到179字，最高的半分钟达到每分钟198字。与他一起的乔治·迈克布莱德（George McBride）先生蒙上眼睛的打字速度是每分钟129字。两人用的都是没有使用QWERTY键盘的Caligraph打字机。《纽约时报》指出："Caligraph人已经选择了一种令人愉快而有效的方式证明，他们的机器不仅打字速度快，而且广为报道的该机器不能实现盲打的缺陷也是不存在的。"[56]值得注意的是，这时离麦古瑞取得辛辛那提比赛的冠军才过去几个月。

麦古瑞与雷明顿公司还参加了其他的比赛，并获得了很多次胜利。1888年8月2日，《纽约时报》报道了一次在纽约的比赛，在一个五分钟的测试中，麦古瑞以每分钟95.8字的速度获胜。[57]就通行的历史记录而言，麦古瑞是唯一使人想起这种键盘的人；有趣的是，要注意他的竞争对手的成绩很高。梅·奥尔（May Orr）小姐每分钟的速度是95.2字，格兰特（M. C. Grant）的速度是每分钟93.8字。在1889年1月9日，《纽约时报》又一次在"雷明顿仍然处于领先地位"的标题下报道了麦古瑞的胜利。[58]

考虑到没有任何旨在标准化这些测试的认真尝试，我们也许应该避免试图去比较Caligraph与雷明顿的速度。尽管如此，这个关于速度的事件看起来并没有如比钦的历史记录中所汇报的那般轻易消退。有很多麦古瑞之外的打字员能够做到盲打，也有很多雷明顿之外的机器有竞争力。历史记录在很大程度上忽视了那些对QWERTY最终取得主导地位关系不大的事件。这种关注的焦点对雷明顿公司或者QWERTY键盘的历史记录来说也许是合理的，但如果我们感兴趣的是QWERTY的存在是否仅仅只是因为某些偶然事件或者发明者的奇思妙想，那这些事件就非常重要。

56　同上。
57　同上，第2页。
58　同上。

五、结论

由一种落后的标准所构成的困境可能是非常脆弱的。因为现实世界的情形给行为人提供了很多转向一种更优越的标准而获利的机会，我们不可能只依赖一个抽象的模型就得出一种落后标准能持续取胜的结论。这种观点需要经验的检验。

作为市场失灵的一个经验事例，打字机键盘很有吸引力。键盘的作用非常明确：把字输入记录媒介。这里没有什么相互冲突的目标，绩效的解释也因此没那么复杂。但是，QWERTY 对 Dvorak 的标准竞争史中所记录的证据存在缺陷，且不完全。首先，宣称 Dvorak 键盘更具优越性的论点是值得怀疑的。最具戏剧性的观点可追溯到德沃夏克自身，追溯到有着很好的文字记录的实验，以及近来的人体工程学研究，但是这些研究都显示，Dvorak 键盘几乎或者根本没有什么优势。[59]

其次，因为忽视了雷明顿打字机及其 QWERTY 键盘的竞争对手的生命力和多样化，通行的历史记录意味着，肖尔斯与麦古瑞的选择在很大程度上是出于方便的权宜之计，从未经过检测就确立起了该领域的标准。在经过对历史的记录更为仔细的审阅和对初始来源的核查之后，结果揭示的是一幅迥然有别的图景：有很多触摸打字员，而不只是麦古瑞；所宣称的打字速度记录也存有相互矛盾之处；雷明顿公司所确立的地位，并没有达到令另一种能提供相当优势的键盘难以立足的程度。如果这一寓言要表达关于市场作用的某些教训，那我们就需要了解更多的事实，而不

---

59 见文中注30—43。转向 Dvorak 不划算的观点有几个版本。我们没有给出的最强看法是，QWERTY 已被证明是人们所能设想的最好的键盘。我们也不能宣称，Dvorak 已被证明比 QWERTY 来得差。我们的看法是，科学上，不存在任何可以接受的证据表明，Dvorak 可以提供任何超过 QWERTY 的实际优势。由于这一观点，我们对这种情形下的市场失灵的评价相当简单。它本可以变得更加复杂。比如，即便 Dvorak 被证明更为优秀，仍然可能出现的情况是，总社会收益要小于转变的成本。在那种情况下，我们可能只能在 QWERTY 键盘起步阶段中寻找市场失灵（如果替代选择在一开始时就存在的话）。或者我们可能得出结论，Dvorak 更好，并且所有各方的境况都能好转，如果我们能够零成本地完成这种转换并实现必要的再分配的话。这种结论将构成主流福利经济学意义上的市场失灵。当然，这种情况仍不能构成德姆塞茨意义上的市场失灵——这种失灵需要考虑能够实现转换的可行制度的成本。

经济学的著名寓言

只是哪种标准赢得了竞争。这是一个不同的龟兔赛跑故事，乌龟取得了胜利，只不过这里没有兔子。

我们搜索历史记录所揭示的证据与其说是有差别，不如说是不一致。我们对这一历史的解读，反映了我们在看待关于市场以及更一般的社会体系如何运转上，存在着更根本性的不同。戴维最重要的观点是，经济理论必须通过现实世界的事件来传达。对此，我们完全同意。但富有讽刺意义的是，或者也许是不可避免的，戴维对历史记录的解释受到他自己固有的市场模型的支配，这是一个看来构成很多经济思想之基础的模型。在该模型中，存在一个价格，一组外生的商品，要么买，要么离开。这里不存在或者几乎不存在企业家的作用。一般来说，这里也没有担保、没有租金市场、没有兼并、没有促销定价、没有广告、没有营销方面的研究。当这些复杂制度的作用得到承认，模型就会零敲碎打地把它们整合进来。然而这些制度常常被拿来说明它们产生无效率的潜在能力，而不是用于说明收益超过成本的情况是如何产生一个私人获利的机会的。

在由这种贫乏的竞争模型构造的世界中，偶然事件有相当持久的影响是毫不奇怪的。在这一世界中，走上某条错误的道路就很难有机会跳到另一条路上。纠正一个错误的个别收益太小了，因而不值得进行这种纠正。而且也没有代理人能够通过设计某些工具手段，摄取纠正过程中产生的总收益的一部分。

在这一世界中存在大量的偶然事件也是不足为奇的。消费者几乎没有被赋予一开始就避免走上错误路径的判断力。一个模型可以假定消费者有远见，或者假定他们具有完全理性，但总是在一种非常有限的意义上。比如，在法雷尔和萨洛纳的模型中，消费者能够很好地预知两个候选标准的均衡。但是，他们没有预测将来可能存在某种更优标准的能力。模型没有引导我们追问，现今的标准是如何获得其地位的，正如戴维所言，"一切顺其自然"。

但有时，用户必须把财力投入到一种标准中去或者选择等待。这时，他们显然有激励来考察其他竞争性标准的特征。他们必须忍受一系列决策的结果：是等待，抛弃陈旧的设备或者技能，还是继续坚守较劣的标准。因而，他们有充足的激励来考虑他们面对的替代路径是什么。虽然他们预测未来事件的能力可能不完美，但没有理由认定其能力比任何其他的观察者差。

最后，一致的看法是，在错误常见且具有持久影响力的世界中，"科学的方法"不得不对市场结果做重大改进。在这一世界里，存在大量的空间供大学教授们进行有启发的推理和个性化的建模，以改进无数独立决策的结果。除了一些技工参与的实验和最后被几百万打字员采用这个事实外，我们还能给这样一种键盘以什么样的信念呢？如果我们只使用了一个内容简单的无摩擦的市场模型，或者忽视了面对制度的竞争的生命力，那我们就不应该对它所得到的历史解释没有为西塞罗向历史学家追问的真理增光添彩而吃惊。

参考文献

Beeching, Wilfred. 1974. *A Century of the Typewriter*. New York: St. Martin's Press.

Cheung, Steven N. S. 1973. "The Fable of the Bees: An Economic Investigation." *Journal of Law and Economics* 16: 11—33.

Coase, Ronald H. 1960."The Problem of Social Cost." *Journal of Law and Economics* 3: 1—44.

Coase, Ronald H. 1974."The Lighthouse in Economics." *Journal of Law and Economics* 17: 357—76.

David, Paul A. 1985."Clio and the Economics of QWERTY." *American Economic Review* 75: 332—37.

David, Paul A. 1986."Understanding the Economics of QWERTY: The Necessity of History." in *Economic History and the Modern Economist*, edited by W. N. Parker. New York: Basil Blackwell.

Demsetz, Harold.1969."Information and Efficiency: Another Viewpoint." *Journal of Law and Economics* 12: 1—22.

Dvorak, August, Merrick, Nellie L., Dealey, William L., and Ford, Gertrude C.1936. *Typewriting Behavior*. New York: American Book Co..

Farrell, Joseph, and Saloner, Garth.1985."Standardization, Compatibility, and Innovation." *Rand Journal* 16: 70—83.

Foulke, Arthur. 1961. *Mr. Typewriter: A Biography of Christopher Latham Sholes*.Boston: Christopher Publishing.

Herkimer County Historical Society.1923. *The Story of the Typewrite: 1873—1923*.New York: Andrew H. Kellogg.

Katz, Michael L., and Shapiro, Carl. 1985."Network Externalities, Competition, and Compatibility." *American Economic Review* 75: 425—40.

Kinkhead, R. 1975."Typing Speed, Keying Rates, and Optimal Keyboard Layouts." *Proceedings of the Human Factors Society* 19: 159—61.

Landes, William M., and Posner, Richard A.1987."Trademark Law: An Economic Perspective." *Journal of Law and Economics* 30: 265—309.

Liebowitz, S. J. 1983."Tie-in Sales and Price Discrimination." *Economic Inquiry* 21: 387—99.

Liebowitz, S. J. 1985."Copying and Indirect Appropriability: Photocopying of Journals." *Journal of Political Economy* 93: 945—57.

Mandeville, Bernard M. 1962. *The Fable of the Bees*. New York: Capricorn Books.

Mares, George C.1909. *The History of the Typewriter*. London: Guilbert Pitman.

Margolis, Stephen E. 1987."Two Definitions of Efficiency in Law and Economics." *Journal of Legal Studies* 16: 471—82.

Miller, L. A., and Thomas, J. C. 1977."Behavioral Issues in the Use of Interactive Systems."*International Journal of Man-Machine Studies* 9: 509—36.

Navy Department. 1944. *A Practical Experiment in Simplified Keyboard Retraining-a Report on the Retraining of Fourteen Standard Keyboard Typists on the Simplified Keyboard and a Comparison of Typist Improvement from Training on the Standard Keyboard and Retraining on the Simplified Keyboard*.Department of Services, Training Section.Washington, D.C.: Navy Department, Division of Shore Establishments and Civilian Personnel, July 1944 and October 1944.

New York Times. 1888."Typewriters Contest for a Prize." August 2.

New York Times. 1989."Remington Still Leads the List." January 9.

New York Times. 1989."Wonderful Typing." February 28.

New York Times. 1955."Revolution in the Office." November 11.

New York Times. 1955."U.S. Plans to Test New Typewriter." November 11.

New York Times. 1956."Pyfgcrl vs. Qwertyuiop." January 22.

New York Times. 1956."Key Changes Debated." June 18.

New York Times. 1956."U.S. Balks at Teaching Old Typists New Keys." July 2.

Norman, Donald A., and Rumelhart, David E. 1983."Studies of Typing from the LNR Research Group." in *Cognitive Aspects of Skilled Typewriting*, edited by William E. Cooper.New York: Springer-Verlag.

Strong, Earle P. 1956. *A Comparative Experiment in Simplified Keyboard Retraining and Standard Keyboard Supplementary Training*.Washington, D.C.: U.S. General Services Administration.

Tirole, Jean. 1988. The Theory of Industrial Organization. Cambridge: MIT Press.

Yamada, Hisao. 1980."A Historical Study of Typewriters and Typing Methods: From the Position of Planning Japanese Parallels." *Journal of Information Processing* 2: 175—202.

Yamada, Hisao. 1983."Certain Problems Associated with the Design of Input Key-boards for Japanese Writing." in *Cognitive Aspects of Skilled Typewriting*, edited by William E. Cooper.New York: Springer-Verlag.

第五章　Beta、Macintosh和其他离奇传说[*]

斯坦·J. 利博维茨（Stan J. Liebowitz）

斯蒂芬·E. 马戈利斯（Stephen E. Margolis）

不论何时，不论是一开始还是需要改变之时，我们都可以依靠市场的引导而走向正确的方向吗？比如，如果大多数人都能从使用同样的文字处理软件中获益，那我们能够在需要改变之时换一个文字处理软件吗？如果能的话，我们又该怎么做呢？

我们曾像许多学术和畅销作品一样，简单勾勒出这个问题。如果每个人都使用A，但每个人都认为B比A好——仅当其他许多人都在使用B时，那么我们可能会发现，自己被锁定在A上了。我们认为，虽然这个困境是完全可能出现的，但是如果它确实造成相当大的伤害的话，利益相关方就很可能对此做出反应，逃出困境。

现在的问题是，仅凭这么一种困境存在的可能，应该不足以敦促我们采取行动。在采取行动矫正某种可能的伤害之前，我们首先需要从经验上确定，这种伤害确实是存在的。因为就这些问题而言，我们不能说只要逻辑上沿着一致同意的经济学原理、无懈可击的假设和约束条件，就能得到可置信的结论。我们必须要考察真实世界的情况。

在本章中，我们考察了很多标准之争或是技术之争——它们常常被用于说明这一类市场失灵。当然，在这些所谓的失灵中，最为人所知的就是QWERTY键盘。

---

[*] 本章由范良聪翻译，何樟勇校对。

在本章中，我们将详细地介绍 VHS 与 Beta 的历史，而后考察若干其他案例。

熟知经济学经验研究工作的读者可能会发现，我们对案例历史的关注有些与众不同。经济学家通常很少关注个案，而倾向于考察时间序列的总量数据——国民生产总值（GNP）、失业率、货币供应量或者消费支出，或者至少是成百上千甚或不计其数的企业、个体与产品组成的数据集。之所以如此，是因为经济学家常常在寻找某种行为模式，检验某个可在一般意义上应用的理论。但是，路径依赖理论与这些一般化的理论有所不同。与一般理论相反，三级路径依赖与锁定理论[**]并未宣称，这些结论就是标准；它们甚至没有宣称，自己特别普遍。更确切地说，它们只是宣称，这种路径依赖可能存在，并且很可能是重要的。路径依赖的支持者走得要略微远些，他们认为，路径依赖很可能很常见。但是，这种观点并非来自该理论。给定该理论的结论是一个有关锁定可能性的定理，那么经验上的支持就在于证明这种可能的现象已经发生——这样自然就已足够。沿着同样的逻辑，一旦我们找到经验上的反驳，对这些所谓的证明提出质疑，那自然也就足够了。

一、VHS 对 Beta

在说明所谓的路径依赖式市场失灵时，在打印机键盘之外，最常被提及的例子当属 VHS-Beta 之争了。[1]……我们已经在一个简单的假想例子中使用了 VHS 与 Beta 之名，说明了标准的困境如何发生，逃出困境如何可能。[2]现在，让我们转向这个标准之争的真实过程。这段历史非常重要，原因有三。首先，这段历史可见到

[**] 利博维茨与马戈利斯（Liebowitz and Margolis, 1995）依据结果的效率含义把路径依赖理论分为三级：一级路径依赖与效率无关，或者说其结果就是最优结果；二级路径依赖讲的是，因为交易成本的存在以及不可预见性而导致事前理性的结果最终走向次优；三级路径依赖明确肯定其中存在失效并存在补救的可能。在他们看来，只有三级路径依赖构成了市场失灵，但是他们强烈质疑是否存在这样一种路径依赖。——译者

[1] 这个例子在 Arthur（1990）那里最为突出。

[2] 这段历史来自拉德纳（Lardner, 1987），第 3、4、10 章。

这里所讨论的若干模型的结构性特征：特别地，它结合了规模经济与所有权。其次，这个标准之争的历史无法支持如下观点：因为技术的相互关联与规模经济，某种落后的机型取得了支配地位。最后，这是一个展现参与各方远见的极佳案例，也是一个展现用于确立标准的各种战术战略的极佳案例。

1956年，安派克斯公司（Ampex Corporation）公开展示了有史以来第一台商用录像机。在之后若干年，这些机器只卖给专业广播公司。最终，安派克斯公司判断，晶体管会替代电子管；由于它们在晶体管上没有什么积累，于是就与索尼签订一纸合约，为录像机装上晶体管。作为回报，索尼获得了在家用机上使用安派克斯所拥有专利的权利——安派克斯愿意退出家用机市场。

然而，安派克斯与索尼的关系很快就出现了问题；安派克斯认为，自己需要在日本找一个伙伴，把自己的录像机卖给日本的广播公司。这一次，安派克斯选的合作伙伴是东芝（Toshiba）。其他想要生产录像机的日本电子产品生产商都需要经过安派克斯的授权。最终，各种各样不兼容的录像机模型在市场上共存，但是这些早期的机型没有哪一款在家用市场上取得成功。

1969年，索尼开发出一种基于盒式磁带（Cartridge）的所谓U-matic系统，供应家用市场。因为松下、JVC（日本胜利公司，松下的一个独立子公司）、东芝、日立（Hitachi）都已计划开发这类产品，索尼就想找一些伙伴，分享它的这种制式（format），试图把它确立为一种标准。在索尼承诺对这种机器做出一些改进之后，松下、JVC与索尼同意基于U-matic的技术规范来生产该机器（尽管索尼会获得最终销售额的大部分）。这三家企业还同意共享技术与专利。U-matic机的生产始于1971年。尽管它在教育与工业市场上取得了一些成绩，但是过高的成本与过大的体积还是导致了它在家用市场上的失败。

试图进军家用市场的努力并未因此终止。1972年，一家美国企业生产出一种被称为Cartrivision的产品，这款产品已经能实现后来Betamax录像机的许多功能，尽管它为了获得更长的播放时间而牺牲了图片的质量。Cartrivision的销售与一个预先录制好的节目库捆绑在一起。因为出现了若干技术方面的问题，包括预先录制好的磁带在仓库中分解而引发的不利影响，它失败了。飞利浦（Philips）在1972年制造出一台家用录影机，但也从未取得多大的成功。三洋（Sanyo）与东芝一起努力推出了一款名为V-Cord的机器，但是表现也好不到哪去。松下生产了一款名为AutoVision的机子，最终亦是惨淡收场。与我们的故事相关的是，松下的管理层把其产品的失败归之于机子的一个缺陷，也即磁带只有三十分钟的容量——后来证明，这个教训十分重要。此外，松下的一个子公司——寿技研（Kotobuki）也在家用市场上推出了一款名为VX-100的机子。

当索尼于1975年4月份开始售卖Betamax时，它的磁带容量已达1个小时。同一时间，JVC也在研发一款名为家用影像系统（Video Home System）的机器，也即VHS。正如它早年在U-matic上已经试验过的那般，索尼试图整合充斥着各种各样竞争性机型的混乱市场，把Betamax确立为标准。在把Betamax引入市场前，它再次向松下和日本胜利公司提供自己的机型以及Betamax的技术细节，包括有助于消除色彩串扰的方位角录像方面的改进。经过长时间的讨论，在拖延了一年多之后，这三家企业最终同意会面，比较Betamax、VHS与VX机器的优劣。这次会面发生于1976年4月份，也即索尼在市场推出Betamax一年后。拉德纳（1987，pp. 151—152）是这么描述这次会面的：

> 议程上的第一件事是三台机器同时播放"芝麻街"之类的儿童节目。……索尼代表团的眼光都停留在JVC的机器上，……他们看到的是一台比Betamax小得多的机器。……机械方面，VHS同样拥有一个值得注意的特征：它使用的加载系统是所谓的M-loading加载系统，……其基本想法已经在某些早期的U-matic原型上试验过。……在其他方面，JVC与索尼的机器皆极为相似。它们都是双磁头、螺旋状扫描的机器，都是在一个U-matic式的匣子中使用了半英寸的磁带。不像V-cord、VX，实际上，不像迄今为止所有的彩色录像机，它们两者都采用了方位角录像（azimuth recording），通过同时兼顾不同的彩色相位来处理色彩串扰的问题。所以，就磁带的效率而言，Betamax与VHS是处

于同一级别的。

　　它们之间真正的差别体现在两家企业选择什么来展现自己产品的优势：索尼把录像带的磁带盒设计成平装书大小，而JVC选择了两小时的录像容量。……最终，（索尼团队）中有个人说出了所有索尼代表的心声："它就是Betamax的复制品。"

不用说，JVC对索尼技术改进的明显侵犯在这个一次性联盟中激起了波澜。索尼和松下–JVC最终分道扬镳。

　　Beta与VHS之间唯一真正的技术差异就是磁带的线程制式与录像带磁带盒的大小。Beta机型的线程在编辑与特效上有些优势，但是VHS机型因为装载了更大的磁带盒，也就可以用更多的磁带；给定磁带运转的速度，这也就意味着VHS拥有更长的录像或者播放时间。对于任何给定的录像技术，降低磁带运转的速度就可以增加录像时间，但是这同时也会降低图像质量。因为VHS的磁带盒尺寸更大，它就总是能够在图像质量与续拍能力上选择一个有利的组合。在其他方面，Beta与VHS之间的差异从技术角度看可以说相当之小。我们当前对这些差异的感知很可能由于两个阵营广告方面的说辞、时间的流逝以及Beta依然存活并转变为高端广播和电视设备等原因而被放大。

　　磁带盒尺寸方面的选择会出现不同是因为企业对消费者欲望的感知不同：也许是因为意识到U-matic的笨拙，也许是因为它们在便携式设备上取得了诸多成功，索尼的管理层因此相信平装大小、便于携带的盒子是非常重要的。与此相反，由于AutoVision因只能拍摄30分钟而走向失败，松下的管理层有理由相信，对于任何录像机而言，磁带可以录上两小时、可以录制一部完整的电影是必需的。

　　事实证明，这种差异至关重要。索尼的产品先一步上市，并因此实质上垄断了市场几近两年。为了巩固自己在美国市场上的支配地位，索尼还允许自己的Beta机贴上真力时（Zenith）的商标进行销售（真力时是美国主要的电视机生产商之一）。为了应对这一行动，松下与RCA（美国广播唱片公司）接上了头，后者在那之前曾做出判断并公开宣称，家用录像机若要取得成功，就必须拥有两个小时的录像时间。然而，就在松下与RCA牵上线之时，索尼已经宣布推出一款能够续航两小时的Betamax，也即Beta Ⅱ。RCA建议松下生产一款能够录下一场足球比赛的机器，这意味着录像机的续拍能力要进一步提升到三小时。六星期之后，松下开发出一款可以工作四个小时的机器，其中用于提升录像时长的技术与索尼在Beta Ⅱ中使用的技术是一样的。

RCA于1977年暑期开始销售VHS（也即在索尼引入Betamax两年之后），使用的是Selecta Vision的名称。广告词十分简单："四小时，1000美元，Selecta Vision"。真力时的反应是把Beta机的价格降到996美元。但在几个月内，VHS在美国的销量就超过了Beta机。一位真力时的市场营销主管说道："事实证明，更长的续拍时间非常重要，RCA的产品更受欢迎。"

战役逐渐升级。索尼把东芝和三洋拉入Beta制式的阵营，而松下则把日立、夏普和三菱拉入自己的阵营。某一种机型的任何改良很快都会引来另一种机型类似的改进。两种机型的相似性也使得任何一方都不大可能通过技术上的改进一次性击倒对方。当某一方降价之后，另一方也会迅速跟上。事实证明，两种机型几乎在所有方面都是不相上下的，除了一点，那就是VHS拥有更长的播放时长。当Beta的播放时长增加到两个小时，VHS就增加到四个小时。当Beta增加到五个小时，VHS就增加到八个小时。当然，对于想要获得更高图像质量的消费者而言，不管他们用的是什么机器，都可以通过调升机器磁带的运转速度而实现。

市场在播放时长与磁带紧凑性之间的选择不仅是决定性的，而且是迅速的；不仅在美国是如此，在欧洲与日本也是如此。到1979年年中，美国市场上VHS对Beta的销售比已经超过2：1。1983年，Beta的世界市场份额已降到12%。1984年，除了索尼，所有的盒带式录像机生产商都采用了VHS。克洛费恩斯坦因（Klopfenstein）总结说：

尽管许多人都认为，Beta的图像质量要好于VHS，但是诸如魏斯滕

　　　　　　　　　　　　　　　　　　经济学的著名寓言

（Weinstein，1984）与普伦蒂斯（Prentis，1981）等技术专家都认为，实际上并非如此；《消费者报告》（*Consumers Reports*）中的定期调查发现，有两次是VHS的图像质量胜出，有一次是Beta，第四次则没有什么不同。总之，**对于Beta而言，除了作为第一个上市的机型，它与VHS相比似乎没有什么优势；这对于未来新媒体产品的市场营销者而言，可能是一个教训。**（1989，p. 28）

这段历史对于路径依赖的理论和经验有何启示呢？

第一也是最明显的是，它显然不支持Beta制式更好的观点，也不支持Beta的消亡意味着分散决策机制问题重重或者是十分依赖初始条件的观点。就明确区分两种机型的那个方面，即磁带长度而言，消费者更喜欢的是VHS。

第二，即便两种机型之间的技术差异很小，可是因为拥有更长的录像时间，这个优势足以让VHS弥补Beta一开始取得的领先优势。如果市场依然选择Beta的话，可能也不会有什么大的问题，毕竟Beta的录像时长在20世纪80年代早期也已增加到五个小时。但是，消费者并不愿意多等那额外的几年，而市场的反应也足够迅速，马上便转换到更好的路径上去。

第三，这段历史显示了所有权、战略、采纳者的预见力在促成路径变迁上的作用。制式分属不同所有者，不管是索尼还是JVC—松下都在确立自己的标准中花费了巨大的精力，这意味着它们期望从中获得某些收益。VHS能够吸引到比如RCA和松下等伙伴的事实表明，市场参与者有能力认识到，在推进更好的标准中潜藏着巨大的收益。

尽管有人会认为，VHS的支配地位源于VHS一系列策略的随机组合，也即更为积极的授权许可和定价策略，而实际上，这两个制式的定价和促销策略非常接近。在消费电子产品的营销上，索尼显然不是一个新手。但是，消费者显然很快就识别出他们更喜欢的一种标准，并且相信其他人会做出同样的选择。转向VHS的速度不仅很快，而且在不同国家的市场上一再出现。因此，没有证据表明，市场的选择是源于错误，源于不合时宜的促销选择，或者是源于Beta制式所有者的投资不足。[3]

这场标准之争的另一插曲进一步说明了市场行为的丰富性。尽管 Beta 制式在编辑与特效上拥有优势，但是这种优势对家庭用户来说显然不太重要。不过，它们对于广播公司而言就比较重要了。也因此，Beta 制式的确在广播行业中存活了下来，因为这个行业中编辑与特效更为重要。当然，广播公司与家庭用户会相互影响，但这主要是通过无线电波或者有线电视。他们的相互影响总体上并未涉及盒式磁带本身的大量交换，即使在那些涉及交换的场合，广播公司也可以保有一些 VHS 的设备。但是，这些高性能和高成本的广播设备使用了 Beta 制式的做法，却成为许多人认定 Beta 制式质量更高的一个原因。

Beta 在广播业中存活下来有其重要性，因为这意味着，市场上其实存在两场而非一场标准之争，也因此最终出现了两个不同结果。消费者得到了他们喜欢的制式，广播公司也得到了他们喜欢的标准。这其实是一个两标准共存的故事。……广播公司属于对某种不同标准有着强烈偏好的少数……

Beta-VHS 的标准之争是研究标准之争的富矿。然而，这并非一个最先上市的产品锁定市场的故事。相反，这是一个有关制式相互竞争的故事，一个消费者在某些更好的产品可及之时做出转换的故事，一个为特定的使用群体提供特别好处的少数人标准并存于市场的故事。

关于 Beta-VHS 之争，还有最后一点补充说明：它指出了锁定故事的危险性。如果一种有着更好图像的标准出现了，但却没有被采用，那么这可能便会成为一个

3　在有关锁定的经济学文献中，Beta-VHS 的故事常常非常随意地被拿来支持锁定的观点。比如，布莱恩·阿瑟是这样述说这个故事的："盒带式录像机（VCR）的历史为正反馈提供了一个简单的例证。在 VCR 市场上，一开始有着两个相互竞争的机型——VHS 与 Beta，二者的售价也一样。……这两个系统差不多同时被引进市场，也因此它们一开始时拥有的市场份额也很接近；因为外部环境、'运气'以及公司策略，它们的份额在早期各有起落。早期收益的递增回报最终使得竞争的天平倒向 VHS：它积累起足够的优势，夺取了几乎整个 VCR 市场。然而，在竞争开始时，要预测哪一个系统会胜出、两种可能的均衡中哪一种会被选择几乎是不可能的。而且，如果认为 Beta 在技术上更优的说法站得住脚的话，那么市场的选择就不见得是最优的结果。"（Brian Arthur, 1990, p. 92）

描述锁定的潜在例子。DVD看起来可能符合这个描述，只不过DVD仍然被认为很可能会取代VHS。但是，如果DVD失败了，那么锁定的说法很可能就会无处不在了。不过，我们最好不要那么快接受这个结论，因为市场已经拒绝了一个有着更高图像质量的系统，而且这个系统还不用面对与VHS的兼容性问题。

我们指的是超级VHS，一个使用特殊磁带、可以录制并播放远比普通VHS清晰得多的图像的系统。超级VHS机器的售价只在350美元左右，只比普通VHS略高一些。在超级VHS上，我们也能找到同样的那些特性（高保真度、电缆箱控制等）。超级VHS可以播放普通VHS的磁带，所以这里不存在兼容性问题，它甚至可以用普通磁带来录制普通的VHS。然而，如果用的是特定磁带的话，它就可以提供更好的图像，分辨率可提升30%—40%。超级VHS在20世纪90年代的大多数日子里（即便不是整个十年）都可以买到，所以它拥有足够的时间来扩大市场份额，然而，它显然没能抓住机遇。

它为什么会失败呢？不可能是因为锁定，因为这里没有兼容性的问题，也没有网络效应的差别。超级VHS与普通VHS分享着一样的网络。因此，我们得出的结论必定是：消费者不愿意为了超级VHS而多付150美元。图像质量的改进显然不值这个差价。从技术规格的角度讲，这个图像质量的差异可能已经算很大了，但是普通消费者很可能察觉不到这种差异。在一台27英寸或者更小的普通电视机上，普通VHS磁带快速运转所播放的图像质量与普通观看者所能察觉的一样好。而且，普通VHS的图像质量要优于标准的广播电视质量，这就消除了超级VHS所能带来的价值增值，使其不值那个价。这一点很重要，因为它告诉我们，即便Beta的图像质量要优于VHS，也可能并不重要，因为VHS的图像质量已经足够好。毕竟，相比于VHS与超级VHS之间的差异，Beta与VHS之间的任何差异都显得相形见绌。

这个故事的含意已经超出了影像拍摄。正如在足够强有力的硬件变得易得、可负担之前，计算机上的图形操作系统迟迟不见改进一样（见本章的下一节），转向质量更高的录像制式［磁带或者广播用高清电视（HDTV）］很可能需要可承载的大屏幕电视，如此才能使得图像质量的改进有所体现。DVD或者HDTV目前均处于市场的初生阶段，如果它们在未来被淘汰，那么这种淘汰也只有在廉价的大屏幕电视唾手可得时才能被看成是市场的失灵或者标准的失败。

二、计算机操作系统：MAC对IBM

在深夜谈论经济事务时的一个流行话题就是DOS计算机操作系统的成功。据称，Macintosh（麦金塔操作系统）要比命令行的DOS好得多，甚至比基于DOS的Windows要好，至少相比Windows早期的版本而言是如此。然而，Macintosh仅仅获得了计算机市场一个很小的份额，并且近来看似已站在被淘汰的边缘。

因为使用者明显更喜欢基于图形的用户界面，而非基于命令行的用户界面，那DOS那个基于命令行的用户界面在与Macintosh基于图形的用户界面展开面对面的竞争时，是如何成功地支配了个体机市场的呢？通常的故事是说，DOS成功就是因为DOS成功了。DOS获得了一个很大的市场份额是因为它有很多软件可用，而它之所以有很多软件可用是因为有很多基于DOS的机器在使用。但是，DOS的成功也有可能是源于它自己的优点。

首先，DOS相对于Macintosh拥有成本优势。一个图形用户界面完成绝大多数操作所需要的计算能力都要大得多，这在这种能力难以实现时就会显著增加成本。而且，尽管Macintosh的所有者能够在屏幕上看到斜体字与粗体字，但是如果他们想要把自己看到的屏幕打印出来，那就需要一台兼容的PostScript打印机，而这种打印机相比普通的激光打印机大致要贵上1000美元。其次，基于命令行的DOS要比Macintosh运转得快。[4]Macintosh的所有者不得不等待他们的屏幕显示发生变化，

4　见利博维茨与马戈利斯（Liebowitz and Margolis，1999，第七章）对基于图形的电子表格程序（Excel）和基于文本的电子表格程序的比较讨论，他们认为基于图形的产品存在一个致命缺陷，那就是速度上处于劣势。

而PC的所有者几乎可以获得即时的更新。[5]再次，尽管图形用户界面使得使用者可以更容易地访问并学习程序，但是在很多商务环境中，一台计算机只用于某一项作业。每次只能运行一个程序，硬盘驱动器在一开始时都很小，甚或不存在。而且，许多程序都是写保护的，通常要求把软盘留在驱动之中，所以，改变程序是很麻烦的一件事。在那种情况下，操作者与操作系统界面之间的互动变得非常少，一旦操作者学会了怎么应用程序，那么图形用户界面的优势就几乎荡然无存了。最后，为DOS机器写软件要容易得多，这也是为何许多应用包在DOS的世界里能够很快获得的原因之一。

因此，DOS在20世纪80年代所展现出来的优势比它在20世纪90年代展现出来的要强得多，那时候用的内存只有几兆，硬盘只有几千兆。我们现在常用的计算机，其运行速度要比古老的DOS机器快上30倍，内存要大上50倍，硬盘要大上100倍，一种图形操作系统所需要的条件在当下看来已经微不足道。但若是回到20世纪80年代，这些要求就是天方夜谭。

随着处理器变得更快，内存变得更便宜，硬盘容量变得更大，命令行DOS系统的优势逐渐弱化。如果我们现在仍在使用DOS，那我们肯定会得到一个锁定在次优产品上的例子——这个产品给消费者带来的净收益更低。但是，我们并没有继续使用DOS系统。相反，我们正在使用的是一个类似于Macintosh的图形用户界面。如果有人从1983年一觉睡到2000年，睁眼之后看到一台现代PC，那他极有可能会认为，是Macintosh那图形用户界面被抹上了色彩、得到了更新，鼠标上也增添

5　个人机（PC）的屏幕显示所要求的计算机内存只是Macintosh屏幕显示要求的5%—10%。因为在屏幕变化时，更新将持续进行，DOS的屏幕一般能够即时更新，Macintosh的屏幕则有明显的滞后，其翻页速度也要慢得多。

了一个新的按键。[6]然而，一旦发现这个图形用户界面的所有者不是苹果而是微软，这个现代版的瑞普·万·温克尔[***]可能会一脸惊诧。

尽管从DOS到Windows的改进成本巨大，但是这个转变十分迅速。正如其他例子所示，这里的证据也不支持所谓的锁定：它证明，市场不仅没有陷入泥潭，而且还在转变可以带来明确收益时做出了快速的反应。因为Windows运行的也是DOS的程序，它降低了转变的成本。[7]

DOS与Macintosh之间的竞争证明，一个固定标准与一个弹性标准之间的差别是重要的。一个固定的标准至少保留了我们陷入泥潭的理论可能——每个人都想走出泥潭，但是没人愿意做出表率。然而，如果标准是有弹性的，那就很难想象会陷入泥潭。一个弹性标准会随着时间的推移而演进：它可以补充新的特征，或者增加容量，或者调整参数。

DOS-Windows平台之所以成功，其中一个重要的原因可能是微软承诺会提供向后兼容性——这是一种演进而非革命。相反，Macintosh计算机与早期成功的苹果产品是不兼容的。这意味着，Macintosh没有把遗留的老客户发展成新产品的早期客户。不管他们选择继续使用苹果的产品还是转向DOS，苹果的顾客都不可避免地面临一个任务：转换或者直接抛弃既有的各种文件及应用。

而且，苹果的行为向消费者发出了这么一种信号：公司未来不会在这个操作系

6　最初的图形用户界面是由施乐（Xerox）公司的PARC研究中心开发的，它的鼠标上有三个按键。PC的鼠标有两个按键。Macintosh的鼠标使用的按键只有一个。在使用Macintosh的群体中，这个设计看起来是一件被引以为荣的事，也因此有时会被认为是最优的而受到保护。在提到其操作系统的优势时，狂热的Macintosh用户经常论及的另一点与菜单是自动下拉还是需要点一下鼠标有关。对于大多数用户而言，相对于基于图形与基于文本的操作系统之间的那些鸿沟而言，这些差异实在无关紧要。

***　Rip van Winkle，美国作家华盛顿·欧文创作的著名同名短篇小说中的主人公，嗜睡。——译者

7　如果苹果对于转变DOS系统的使用者感兴趣，那么它们本可以在自己的操作系统中兼容DOS（比如，购买或者是授权一个DOS的复制品，比如DR DOS），并把他们的操作系统移植到英特尔的平台上，让用户的硬件不至于被废弃就成。显然，苹果把自己看成一个硬件生产商，也因此没有积极地贯彻这一策略。

统上继续投入。实际上，苹果在非常短的时间中推出了两代不兼容的操作系统：首先是Lisa，然后是Macintosh。[8]计算机用户，尤其是商业用户发现，这种突然的变化极具破坏性，也因此对这些政策留了心。还有两家早期同样采用图形用户界面操作系统的公司——Comodore（康懋达）与Atari（雅达利），它们也采取了与苹果相似的做法。

人们常常批评，Windows系统一直携带着过时的DOS系统的残余。但是，正如所有有趣的经济学问题中显示的那般，收益通常伴随着成本。从DOS到Windows各种版本的延续所带来的收益，不可避免地会伴随因保留DOS某些特性而来的成本。在剩下的三个小节中，我们将看到，在应用软件市场上，这些成本与收益一而再再而三地相互影响着。

三、公制度量对英制度量

乔治·华盛顿在当总统时曾明言反对公制。他是否知道某些我们所不知道的东西呢？

华盛顿知道，法国人在采用公制度量上已经走了极端。在大革命之后的法国，转向公制来计算时间可谓一个令人啼笑皆非的案例，因为这种转换的成本要远远高于收益。时间公制毫无价值的理由在于，它让所有的时钟都变成废物，却又没有带来什么独有的附加价值。人们并没有经常使用时间单位来进行计算，所以引入一个基于公制的体系价值有限。时间公制就像开车是靠左还是靠右——我们可以随意选择，很难说哪一种更好。

转向公制度量体系的成本并非微不足道，而且大多数美国人也不认为它们会超

8　这种差异也把苹果与微软区分开来。当苹果转向它近来开发出的Macintosh（8.0）时，它一开始就宣称，它无法运行可以在上一代操作系统（7.x）中运行的软件应用。另一方面，微软在开始认真地迁移用户时，非常注意Windows NT与Windows 95/98操作系统的兼容性，允许有五到六年的时间来完成切换。

过收益。消费者最常用到一种度量体系的那些情形，比如确定屋外的冷暖、到超市买肉或者决定驾车的速度，这些都不会因为采用了公制度量制度而获益。因此，在美国没有建立一个公制体系完全是对个体选择的一种理性反应，而非出现某个问题的迹象。这种反应与加拿大实施成本高昂的度量体系形成了鲜明的对比。

20世纪70年代，加拿大政府颁布法令，采用了公制体系。标准变化之前发生了相当激烈的争辩。十分讽刺的是，这次争辩中最具说服力的观点认为，加拿大需要在转向与美国相同的标准上走得快一些——而在当时的美国，仅仅是出现了一些关于向公制转变的讨论。在加拿大，公制监管者是如此尽心尽力，以致在采用了公制之后立马禁止了英式度量法的使用。超市的混乱与选民的不满很快迫使监管者允许两种度量体系并存，但是加拿大官方确定的度量体系依然是公制。尽管如此，迄今为止，英式度量依然是许多日常度量采用的事实标准。

另一方面，对于美国的许多团体而言（比如科学家），公制已然成为标准。这个例子说明，使用某种标准的人口总数不如一个人最经常接触交往的个体来得重要，并且两种标准能够并存。

四、官僚机构与日本通产省神话

所有这些例子——键盘、VCR（盒带式录像机）、计算机、公制体系，都是神话。它们的流传从某种程度上成了市场中事后诸葛亮式的墨菲定律存在的证据。如果某些事情发生了，那它可能就错了。但是，现实中可能还存在一种相反的神话，这种神话带来的成本可能更高。这种神话就是，我们本可以通过指定一个无所不知且乐善好施的标准裁定者替代市场，从而避免这些所谓的"灾难"。有时，这个救世主知道的并不会比放马后炮的人多。当他把实际的结果与假想的理想状态相比较时，本应该发生的是什么也就显而易见了。在这些讨论中，众人所期望的完美仲裁者常常就是政府。

这并不是说人们对政治未抱有诸多讥讽抱怨。但是，产业政策的讨论看起来常常会融入这么一种观点，也即认为政府或者政府所依赖的专家能够确定哪一种技术与标准最佳，甚至在那些私人自己也无法为自己选择的情形中亦是如此。然而，一碗水端平似乎是合理的。把真实的市场与假定仁慈而完美的政府拿来比较没有什么用处。即使要比较，那也要约束一下我们自己，把真实的市场与真实的政府拿来比较吧！

目前，政府都是由人组成的机构，并非无所不知。然而，它们能够做一些私人主体无法完成但却十分重要的事务。即便自由市场的宣扬者通常承认政府在确定和实施产权、裁定合约和提供共同防卫上的作用。但是，政府也会失灵。自由主义者甚至认为，某些政府的项目中充斥着浪费、欺骗与误导。为了更好地理解技术政策，我们需要的不是唠叨可能发生的所有事情，而是就已经发生的那些事情展开讨论。就此，我们确实有一个很好的例子，那就是日本的通产省（MITI，日本国际贸易与产业部）。

就在几年前，当日本的经济看起来还像是一匹开足马力且从未失足过的发动机时，通产省常常被当作美国政府需要学习的榜样，一个能够制定成功产业政策的榜样。现在，随着日本经济陷入衰退、定价过低的资产反弹、受补贴产业的迅速衰落，对通产省的谈论也就迅速减少。实际上，通产省的故事就是一个充斥大量误导的故事，一个对某些技术做出破坏性承诺、对企业家施加破坏性约束的故事——在他们眼中，企业家做的都是错的。通产省的丑态现在已是人尽皆知：不支持晶体管，可晶体管成功了；支持超级计算机，可超级计算机没能成功；大力发展钢铁行业，错了；大力发展合成燃料，错了；在本田的发展上判断错误；在高清电视的发展上也判断错误。[9]简单地说，通产省，这个本可能是所有想把经济引向最好方向上的政府机构中做得最好的一个，也不能取代众多为了寻找最好的捕鼠器而逐利的竞争者之间的相互作用。

---

9   就通产省的一般讨论，可见 Zinsmeister（1993）。

五、其他一些例子

路径依赖的支持者有时会宣称，学术界与科学界持续地使用FORTRAN语言就是一个陷入错误标准的典型案例。[10]但是，我们不需要翻阅太多的计算机杂志就能够认识到，FORTRAN语言早早就被比如Pascal、C、C++之类的语言所取代了，现在这个清单上也许还得加上一个Java。那些继续使用FORTRAN的人，他们之所以这么做不是因为他们想要与其他人一样，而是因为他们的转换成本实在太高了。这是一个典型的网络效应故事的反例。正如通常所定义的那般，网络效应本应该在若干年前就引导他们转向主流的编程语言。这个故事背后的关键是一般意义上的沉没成本，而非网络"外部性"，或者其他类型的市场失灵。这个故事也说明，网络效应如果重要的话，那么与其说它们与整个网络的总体规模有关，还不如说它们与人们工作中相互交往的小团体有关。

路径依赖的支持者有时还会宣称，汽油发动机的出现可能是一个错误，蒸汽或者电力发动机可能是车辆动力的更优选择。他们在宣扬这一观点时不顾以下事实——在汽车普及开来的这个世纪中，尽管有如此多应用发动机与蓄电池方面的努力，数字电子动力管理系统也拥有那么多的优点，但是人们能够制造出来的最先进电动汽车的动力水平也依然达不到20世纪20年代末期制造出来的内燃机车的水准。

还有很多曾经被拿来说明锁定到劣标准中的例子，许多学者已经开始考察这些例子。比如，经济史学家多年以来都认为，英格兰所使用的小型运煤车就是所谓的"技术退步"的例子。这个技术退步的机理与其他锁定的故事非常相像。运煤车的囤积导致某种围绕着运煤车展开的适应性变革，而这又导致运煤车新一轮的囤积，如此等等。然而，瓦尼·范弗莱克（1997）近来重新考察了这个例子之后发

10　万一你认为我们在这里提到这一点是为了树立一个可笑的稻草人的话，那么请参见Arthur（1990）。近来，一位斯坦福的经济学博士也把这个问题作为他博士论文考察的主题（Kirsch，1998），他选择这一主题时是想找出内燃机的使用可能存在的巨大效率损失，但是他的研究却迫使他得出了相反的结论。

现，小型运煤车实际上非常适合英格兰的地理情况和煤炭的分销系统。在一个截然不同的主题领域中，拉里·利博斯坦与布鲁斯·小林（Larry Ribstein and Bruce Kobayashi，1996）考察了州层面的法律是否会锁定到第一批通过立法的那些州所采用的法令特征之中。他们发现，几乎没有什么初始的法令特性留存下来。

最后，软件的应用也提供了许多有关一种产品替代另一种产品的例子。

参考文献

Arthur, W. B. 1990. "Positive feedbacks in the economy." *Scientific American* 262: 92—99.

Kirsch, David A.1998. "From competing technologies to systems rivalry: the electric motor vehicle in America, 1895—1915." Ph.D. dissertation. Calif.: Stanford University.

Klopfenstein, B. C.1989 "The diffusion of the VCR in the United States." in M.R.Levy (ed.) *The VCR Age*. Newbury Park, Calif.: Sage.

Lardner, J. 1987. *Fast Forward*. New York: W.W. Norton.

Liebowitz, Stan J. and Margolis, Stephen E. 1999. *Winners, Losers and Microsoft*. Oakland, Calif.: The Independent Institute.

Ribstein, L., and B. Kobayashi.1996. "An economic analysis of uniform state laws." *Journal of Legal Studies* 34: 131—99.

Van Vleck, V. N. 1997. "Delivering coal by road and by rail in Great Britain: The efficiency of the 'Silly Little Bobtailed Coal Wagons'." *Journal of Economic History* 57: 139—60.

Zinsmeister, K. 1993. "Japan's MITI Mouse." *Policy Review* 64: 28—35.

第六章　英国公路和铁路运煤："小傻短尾巴"煤车的效率*

瓦尼·范弗莱克（Va Nee L. Van Vleck）**

经济史上反复出现的一个主题，就是所谓老技术向新技术的缓慢转化，且以维多利亚晚期为甚。英式小煤车一直被看作是英国抗拒技术变迁的一个范例。"小傻短尾巴"煤车，说得好听点，被当作古董一件；说得难听点，乃为企业家失败再添新证。[1]当代学者和经济史学家虽多有微词，但不幸的是，小煤车尚未得到系统性的分析。对煤炭采掘业、铁路和众多煤炭用户的利益而言，煤车是一项普遍而关键的技术，并且具有网络特性。当下，长期使用小煤车似乎极容易被归类为一项错误选择，并被认为是它导致了大英帝国的衰弱。然而，这实为一轻率之责难。

小煤车既非一古董，亦非一技术错误。小煤车之所以受到嘲弄，是因为它在散货运输系统中被错误地当作一个薄弱环节。与欧洲、北美更庞大的"表亲"相比，英式煤车显然缺乏效率；更大的煤车本可使英国铁路得以利用运输中的规模经济。然而，事实并非如此。我将提出有关小煤车的另一种观点，它将被置于更广的物流系统中加以理解，在此小煤车提供灵活性且能替代更为昂贵的公路运煤方式。小煤

---

*　本章由赖普清翻译，茹玉骢校对。

**　瓦尼·范弗莱克曾经是 Gustavus Adolphus 学院、Grinnell 学院和 Nebraska Wesleyan 大学的经济学访问助理教授，目前是加利福尼亚 Modesto 的独立学者。作者感谢戴尔德丽·麦克洛斯基（Deirdre McCloskey）、艾奥瓦大学经济史研讨班，以及我以前的同事的宝贵意见和鼓励。两位匿名审稿人和杂志主编的建议和批评让我受益良多。当然，文责自负。

1　这个形容词短语出自托斯丹·凡勃伦《德意志帝国和工业革命》（*Imperial Germany and the Industrial Revolution*），第 130 页。

车恰恰是适宜技术的典型，而非技术滞后的一个例证。

一、对煤车的批评

凡勃伦（Thorstein Veblen）在《德意志帝国和工业革命》一书中对小煤车大加鞭挞。他同情英国受到德国和美国日益加剧的竞争。他认为，英国"曾经引领世界"，但后来犯了错误，未能采用创新和新技术而陷入停滞。[2]工业革命的追随者们从领先者的错误中学习并加以避免，采用并适应了新技术，从而增长得更快。例如，凡勃伦认为，英国铁路那些曾具创新性的技术现已过时，且成了一个阻碍，本该在可能的时机中早早地将其抛弃。[3]铁路小煤车正是凡勃伦指责的对象。当时比利时和德国的运煤车载重15至16吨，美国煤车载重30至50吨，而英国煤车每车通常载重仅为10至12吨，英国煤车确实太小。

凡勃伦对英国运煤车的尖刻批评后来归结为三点：载重量过小；数量过多；由煤矿、商人和制造商等拥有而非由铁路专有，直接影响了其营运成本。[4]据统计，在1918年的61.4万辆矿车中，煤矿拥有62.5%，商人和其他分销商拥有23.9%，制造商拥有8.2%，剩余的5.4%由铁路公司或政府拥有。[5]以上第一、二点批评被看作是第三点的自然结果，因为所有者多样化且均有其特殊要求，从而导致过多的煤车；因煤车所有者多样化且拥有过多的煤车，铁路竞争蜕化为"服务"（质量）

2　同上，第132页。

3　同上，第131—132页。

4　在凡勃伦之后，对小煤车比较著名的批评包括：Sherrington，*Economics*；Frankel，"Obsolescence"；Kindleberger，"Obsolescence"；David，"Landscape"．

5　U. K.，Board of Trade，*Report*，pp. 5—6，7.该调查仅针对拥有超过30辆煤车的车主，这使得"私人"（非铁路）拥有煤车的实际比例高于报告的数字。（后来在1928年，煤车的数量上升到75.3万辆。其中55.3%为煤矿所有，17.1%归其他分销商所有，4.3%归制造商所有，23.3%归铁路公司所有。U.K.，Standing Committee on Mineral Transport，*First Report*，第96页。）

竞争而不是经济（价格）竞争。[6]服务就意味着少量又频繁的小煤车运输，留下了未被利用的规模经济和利润空间。故此才有上面的说法。[7]不管较大煤车宣称的经济效益是大是小，是真实抑或想象，不可否认，总有一些人——首先是铁路的同情者——相信小煤车是主要问题所在："此经济问题基本上是一个如何以最低成本来运输一定吨位的问题，不幸的是，在大不列颠，煤车尺寸过小造成了许多吨位的无谓损失。"[8]

1930年煤炭业管制和1947年铁路国有化，终于使所有煤车都置于政府单一控制之下。即使如此，相对较小的煤车——16吨和后来的20吨——仍在使用。但如果说早期小煤车昂贵是因为它们需要太多的"非生产性"火车头牵引和转轨里程，我们将会看到它们的优势在于能够节约一些更昂贵的运输资源：马匹、干草和燕麦、车皮和燃油。

二、小煤车的非效率成本

批评者认为小煤车运输比大煤车更为麻烦和昂贵。小煤车所隐含的低效率需要一个粗略的上限估计。设想某一固定数量的煤炭使用20吨的大煤车或10吨的小煤车来运输。当两种方式的单位吨运费相同时，运输同样重量的煤炭，铁路的总收益也不会有差异。假定收入一样，铁路采用大煤车的动机必是降低每吨运量的运营成

6　Cain，"British Railway Rates Problem" and "Private Enterprise"；Irving，"Profitability"；Lee，"Service Industries"．

7　小煤车曾被认为是路径依赖和技术锁定的经典例证之一。问题的关键是两种技术同时存在，一种具有明显优势，而另一种广泛使用的却明显更为落后。根据凡勃伦（以及他之后的人）的看法，使用较落后的技术是历史的选择；小煤车之所以得到使用是因为它更适应现有的基础设施，不是因为它在经济上更为节约。大煤车肯定是更经济的但却未被采用，是因为它们与历史资本不相兼容。如果不用路径依赖这个术语的话，小煤车更符合阿瑟（Arthur）的"竞争性技术"（Competing Technology），戴维（David）的"Clio"及其他术语的精神。（目前，对小煤车的批评只意味着它的低效，并且没能解释它带来的任何好处。）

8　Sherrington，*Economics*，vol 2，p.228.

本（operating costs）。学者们会认为，一辆20吨煤车的铁路运营成本会与两辆10吨煤车的在以下几个方面有所不同：转轨和牵引活动会减半——一车顶两车；车辆维修减少四分之一；皮重仅增加1/3至1/2，但每车的有效载荷加倍。[9]

将这些可预期的工程效益转化成合理的经济收益，我们需要铁路运营费用的一些细节。1899年至1912年，英国主要铁路公司营运费用的平均份额是：运输支出29.4%、机车动力27.5%、设施维护15%、车辆维护8.3%。余下的包括税费、普通收费、旅客税、领航调度和杂项。[10]前四个运营部门最可能得益于大煤车的使用。大煤车净运营利益（每吨）的粗略估计会等于每一部门按支出份额加权的预期利益。

$$预期运营效益=\sum_{部门i}大煤车的节省量_i\times支出份额_i$$

假定预期收益与铁路运营成本之间具有如下关系：运输费用与煤车数量成正比；机车（即火车头）动力支出与容重比成正比；车辆维护费用与其耐用性成反比。[11]在这些假定条件下，使用一辆大煤车替换两辆小煤车，运输费用差不多可以降低一半。由于皮重减少和所拉煤车减少，机车支出可以削减一半；车辆维护费用

9　Fenelon, *Railway Economics*, p. 172；复载于Kindleberger, "Obsolescence", p. 284；另外可参见Irving, "Profitability", p. 62。容化比（capacity-to-tare ratio）是付费载重对空煤车皮重之比。更高的容重比显示煤车载重额更大，总重量是用来增加收费货重的，而不是用于增加皮重的，因为那只会增加铁路的运营成本。

10　Irving, "Profitability", pp. 49, 60.

11　车辆维护费用包括车辆看护、更新、维修和购买新部件的支出；机车动力费包括看护、工资、燃油、水、润滑剂支出；交通支出包括前面两个类别未能纳入的费用（也未纳入线路工作或杂项中）。这是一个大杂烩，包括从秘书到守卫等等雇员的薪水和工资、印刷、邮费、广告费、**煤车盖**、**换轨工人工资**、固定动力、起重机、**倒煤费用**、铁路清理费用和杂项费用（Munby, *Inland Transport Statistics*, p. 144）。线路维修没有出现在估计中，是因为铁路和路基物并不包含煤车的总重量，它是每车轴负担的重量。（Kumar and Singh, "Threshold Stress Criterion".）一辆典型的10吨煤车其空车大约6吨，满载后小煤车每轴可载8吨；20吨大煤车也是建造在**两根**（不是四根）车轴之上，空车重10吨。因此，大煤车满载后每轴承重15吨。每根车轴承重吨数的增加抵消了使用更少的煤车（因而更少车轴）的收益。此处的估计忽略了这种模糊的净效应。

预计可下降四分之一。[12] 使用大煤车运输矿石的预期收益等于按运输量比例加权后的运营成本节约。[13]

$$预期运营效益 = 62\% \times [(0.5 \times 29.4\%) + (0.5 \times 27.5\%) + (0.25 \times 8.3\%)]$$
$$= 19\%（每吨）$$

使用20吨的大煤车预期大约为每吨有效荷载节约19%的运营支出。至此，使用大煤车给铁路公司带来的优势看起来相当明显。然而，即使使用大煤车能够避免一些如重新建造磅房或卸货装置的资金成本，19%也是铁路公司能够节省的最大额度了。煤矿和制造商前景则更不妙，对他们唯一确定的是，建造和购买与大煤车匹配的机器设备提高了资金成本。[14] 面临这一问题，煤矿、商人和工厂主所获无几。因此，若要考虑引进大煤车，他们肯定希望能够降低运费。他们所能期望的最大运费消减最多只可能是铁路成本节省的那19%。

很奇怪，煤车正史忽略了私人煤车主向铁路公司提出以降价换用大煤车的两次提议。这些有待运输史专家去解释。第一次发生在1904年，当时艾尔弗雷德·希克曼爵士（Sir Alfred Hickman）保证，如果降低铁路运费，他的公司将一周七天，

---

12 这是根据Fenelon、Kindleberger和Irving的假设条件（参见注9）计算的。在注11中我已对那些最有可能受煤车数量减少影响的费用加粗。另外，煤车数量的减少或有利于降低交通费用，尽管每车更大的重量可能同样增加这类成本（尤其是发动机、起重机、吊车和翻斗车等）。

13 Bagwell，*Transport Revolution*，p. 115.

14 容易理解的是，当有其他的独立投资决策在技术上相互关联时，投资新项目的可能性就会降低。这正是凡勃伦所谓大煤车一开始处于不利地位的主张。（Frankel，"Obsolescence" 和 Salter，*Productivity*.）

存在基础设施障碍是以被抵制技术更具经济优势为假设前提的。在本例中假定可节约19%，但这并不是一个估计正确的经济收益。不直接考察基础设施，我采取了一种不同的方法：可变成本（铁路运费）的减少是否足够补偿其他可变成本的相应增加呢？如果有足够的节约金额可"支付"其他可变成本的增加，剩下的部分就是对新设备等的"回报"。如果减少的铁路运费不足以抵消其他相关可变运输成本，那么资金成本的相关争论就变得毫无意义了。（Salter，*Productivity*，p.86.）

如果两辆小煤车被一辆20吨大煤车取代，也许煤车所有者会有一点直接资金成本上的节省。1904年，大煤车成本约为110镑，两辆小煤车为62镑一辆。（参见Colliery Guardian，*Digest*，pp. 105，117.）

每天使用25—30吨煤车满载运输两趟货物。但是，铁路公司拒绝调整运费。[15]另一个提议由斯泰弗利（Staveley）的煤矿向中部铁路公司提出：如果中部铁路愿意在使用新煤车时降低运费，煤矿就会新建矿坑以适应30吨煤车的要求。中部铁路拒绝了，斯泰弗利的煤矿就只能按现有车辆规格来建设矿坑。[16]一位历史专家暗示铁路公司的心态造成了这样的两难处境：希克曼"以为铁路公司需要他本人以及铁器制造商伙伴的本地运输业务，他是彻底搞错了"。[17]在法律上，只要运费价格不是过于不合理，铁路公司是可以提供优惠价格的；但是支持降低运费的主要理由和证据取决于铁路公司以及它们那不太靠谱的统计数据。[18]铁路公司不愿意或不能决定对预期收益进行某种可以接受的分配，这一点表明预期收益即使有也是很小的。（事实上，铁路公司本身并没有看到使用大煤车产生了19%的预期节约，要不然早就为降低运费自己跑去谈判了。）

尽管有相反的例证，但在那时英国铁路确实有大载量的煤车在跑。在几处煤炭生意专线上使用的，有些是15吨20吨的煤车，有些甚至更大。大煤车主要用于向港口运输，卸装到南方海运或出口的汽轮上。煤气厂、电厂、钢铁厂和铁路自身都使用大煤车。这些大煤车用户的共同特征是他们都是从事向某一中心地点或单一客户固定运输大量标煤。其他煤炭交易的典型特征则与之相反：向特定买家的运次时断时续、煤炭等级繁多、需要从众多矿场收集煤炭。例如，Stockport合作社将它的48辆煤车从一个仓库分配到7个煤矿；Hall&Co.，Ltd of Croydon（一个煤炭交易商和建筑供应商）经营着164辆煤车和34个堆场，堆场的煤炭则是从十几个煤矿采购[19]。配备小煤车的内陆运煤列车反映着煤炭来源、类型、规模以及最终送达地

15　U. K.，Royal Commission on Coal Supplies，*Second Report*，p. 123［#11624］.

16　Church，*History*，p. 85.

17　Le Guillou，"Freight Rates"，p. 112.

18　Kahn-Freund，Law，p. 108. 铁路统计数据的定义得非常糟糕，这妨碍了有价值的分析。1912年Ackworth和Paish悲叹："那些编制报表的工作人员从未希望会有人（使用这些数据）。"（Ackworth and Paish，"British Railways"，p. 702.）

19　Hudson，*Private Owner Wagons*，p59；Dobson，*Century*，pp. 167，168.

的复杂性。

铁路公司或许希望煤炭交易是同质大单，事实却并非如此。煤炭要么是按合同从煤矿购买，通常规定每月交货数量，要么从现货市场上的煤炭批发商、商人、工业用户那购买。在煤炭市场上，有数量众多的买家和卖家。结果就是运煤列车相当异质化。在产煤区或在大城市的远郊，大量"等待订单"旁轨成了成百上千或成千上万已装载待发煤车的临时储煤场。其后果就是需要通过转轨和牵引来组织和重组列车，并频繁地发送小批量煤炭。转轨和牵引机车锅炉用煤的花费，使铁路公司利润看起来像是消失在煤烟中。对铁路经理和投资者来讲，小煤车好似一台利润的抽水机。如果使用大煤车，那19%的利润流失似乎就可以止住了。

对铁路公司本身来说，使用大煤车主要是为了获取列车机车用的煤炭，而出租给客户的则通常是10吨或12吨的煤车。当小煤车符合其目的，铁路公司非常乐意公开吹捧小煤车的优点。其中一例就发生在他们意欲杯葛英国运河体系振兴计划及其将提供的散货运输服务之时。[20]1910年埃德温·普拉特（Edwin A. Pratt）写道：

> 铁路公司在许多煤场站允许煤商直接从煤车将煤卸装到麻袋和马车里……从而可以立即将煤送往他们的客户；或者……在接到订单之前存放在铁路线旁边以年租方式租来的地方。……在小煤车装载系统下，只要不是订购数额巨大，它们能够迅速派送并胜任大量不同种类煤炭的生意。[21]

也就是说，连铁路公司也认识到小煤车在灵活性方面的经济优势，它可以满足数百煤商客户的需求。内陆煤炭交易关键不在于数额或批量，却在于速度和分销，这为煤炭商人以及铁路公司所看重，而具有这些特征的正是小煤车而非大煤车。

---

20 至于铁路和水路运输（运河和沿海航运）之间相互作用的分析，可参见 Van Vleck，"Reassessing Technological Backwardness"，ch. 3。

21 Pratt，Canals，pp. 51—52. 普拉特曾经受雇于铁路公司来劝止大众对水路运输的同情。（Bagwell，Transport Revolution，p. 156）

煤炭商人说他们并不反对在经济上合理时使用大煤车，但他们的行动表明，本地煤炭交易甚少处于这种情形。[22] 普拉特准确注意到小煤车很好地适应了大多数煤炭商人的存货需求。典型的煤炭商人通常是间断地和少量地购买刚好装满一小煤车的煤炭。大煤车需要装满，其全部经济效益才能实现。对某些煤炭商人来说，20吨一次不再有经济效益，因为这要么使他们的资本被绑在煤炭堆场里，要么没有足够能力将煤炭运走。[23] 大煤车无法如预期那般，提高容重比率和降低运营成本，装载过小的量反而降低容重比率并增加了铁路成本。

使用小煤车还是大煤车的问题，其实间接是在问在不同运输技术下（在大煤车或小煤车技术下）煤炭是有多便宜或者多昂贵。表6.1给出了1924年9个合作社的煤炭零售价格细目。合作社是消费者所有的企业，主要向工人阶层售卖日常用品和煤炭。煤炭价格最大构成部分是煤矿按等级标出的坑口价格，铁路运费是价格中的第二大项，因而可以设想如果使用大煤车并降低运费，煤炭会变得稍微便宜一些。依照（先前计算的）上限节约率和运费在总价中的占比，煤炭在批发市场上价格可便宜至多5%，在零售市场上便宜3%。[24] 人们期盼更低廉的煤炭和降低的运费会再次振兴英国的制造业。然而，他们忽略小煤车的运费仍然比公路运输便宜，也比在现有物流系统上强制使用大煤车来得便宜。使用大煤车只会将公路运费用推得更高，抵消可能实现的经济收益。

22　运输客户不仅受到所能选择的运输模式的极大影响，而且他们本身会影响不同运输模式的相对绩效，这一想法并不新鲜。绍斯塔克认为，在前铁路时代，可靠便捷的交通运输模式的发展是工业革命成功的必要条件，而后这又会反馈作用于铁路公司（参见Szostak, *Role*）。在当时环境下，可靠性、灵活性、速度等因素并未随铁路时代的到来而消失。事实上，它们更可能是增强了，以致运输提供者和运输客户之间共生关系比从前更加强化了。

23　更多内容请参考Van Vleck, "Reassessing Technological Backwardness", ch. 2。最优批量由不同的销售量决定，并且所得到的结果与英国地方性煤炭交易的总体评估相一致。小煤车是货运集装箱化的一个历史例证——集装箱有助减少散装以及其他现代物流处理支出，然而，这一历史脉络基本上被忽略了。

24　利用表6.1的数据，铁路运费占大约批发商支出的四分之一，因此，批发商有望降低5%（=0.25×0.19）的支出。类似的，在零售市场可以节省3个百分点（=0.174×0.19）。

表 6.1　1924 煤炭平均零售价格的构成

构成部分	价格（便士/吨）		均值（百分比）
	均值	标准差	
坑口价格	272.0	26.7	52.8
铁路运费	92.0	42.8	17.4
铁路煤车租金	20.4	6.1	3.8
短重费用	7.1	5.6	1.4
零售			
劳力（卸货）	52.2	11.7	10.2
运营			
马车租金	26.0	9.2	5.1
成本			
包装	2.1	0.8	0.4
储煤场地租金	1.4	0.8	0.4
雇员工资	8.1	2.5	1.6
间接费用（保险）	12.3	4.4	2.4
利润	29.2	19.1	5.6
送达价格	518.1	45.6	100.0

注：由于四舍五入，每列的加总可能有出入。在 9 个合作社调查中，2 个来自西英格兰，2 个来自格拉斯哥，东英吉利、汉普夏、伦敦周边各郡、英格兰中部和兰开夏郡各有 1 个。

数据来源：United Kindom，Mines Department，*Retail Prices and Qualities of Household Coal*，Cmd 2185，pp. 6-7；对 9 个合作社的调查报告。

三、煤炭的铁路运输和公路运输成本

表 6.1 的数据由 9 个合作社调查平均得到，所给出的铁路运费没有揭示每吨英里的价格信息，按理"无效率"的小煤车应该会抬高价格。我们有必要了解每吨英里的价格是多少。从特定产地到不同目的地，标出的是便士每吨的铁路运价，而不是标准价格形式的便士每吨英里。我使用 1906 年可获数据对每吨总运费与拖运里

程和里程平方进行回归，估计了煤炭运输的平均运费。[25] 回归估计结果如下：

运费 = 13.02 + 0.65 ×（英里数）+ 0.000 2 ×（英里数）^{2} R^2 = 0.71

  （4.487）（0.613）   （0.001 1）   N = 172

预测运费是每吨英里 0.65 便士且运费与运程的关系是线性的——长途拖运既无补贴也未被加价。奇怪的是，这里估计的 0.65 便士远低于一战之前矿物运输的流行报价。[26]（由于数据来源的性质，我们得承认数据是有局限的，它涵盖了受到铁路运费歧视影响的运河线路。）

不像铁路公司，煤炭商人和一些制造商面临两种不同构成的运输成本：把煤炭从煤矿拉到铁路车站的运费和把煤炭运到自己或客户手中的费用（公路运费）。最大的买家就在铁轨旁收煤，但其他用户要么依靠自己运煤，要么通常雇用一个煤炭商人来提供运煤服务。铁路公司曾经热切地推进内陆煤炭交易扩张，为制造商建设旁轨，出租地方给煤炭商人从事工业、商业和家庭用煤生意。[27] 在后面这种情形中，煤炭需要再重新装到推车或车皮，并用马力——动物的或机械的——来拉走。这种做法一直接续到二战时期。拥有煤车的煤炭商人和制造商较少采用大煤车，这或许是表明大煤车会对分销和运输成本带来负面效应，而不是出于纯粹的顽固不化。在由马车与卡车拖车组成的地方煤炭分销运输中，小煤车作为一个有机组成部分发挥着作用。

25　数据来源于 U. K.，Royal Commission on Canals，1907，[*Second Report*]，附录 23 和 25。（怀特检验证明存在一定的异方差性，并报告了怀特标准误；White，"Heteroscedasticity–Consistent Covariance Matrix". ）

26　报告的运费价格通常高出 30%，例如，在 1906 年是 0.953 便士每吨英里。Cain，"British Railway Rates Problem"，p. 90.（Cain 报告的运费明显直接引用铁路报告，并且没有对估计方法加以讨论。）这里估计的运费价格与港口出发的铁路运费价格相差不多，0.50—0.67 便士每吨英里，请参考 Colliery Guardian，*Digest*，vol.2，p. 114.

27　Mitchell，*Economic Development*，p. 10.

1、地方性的马车煤炭运输

在铁路煤炭运输与地方煤炭运输之间的关系重构中，有些细节惯常被忽略了。在运输史的书页里，朴素普通的马车很快就被伟岸强劲的蒸汽机车取代了，尽管它们在街头并不是那么快就被取代。[28]实际上，所有供应给办公室、小生意和家庭的煤在某些环节都是通过马车来运送的。地方性的煤炭买卖可以非常简洁地总结为这样一个问题："这不过就是说，你挖起它，装进煤车，用铁路送到煤场，再从煤场用你自己的马车送到消费者那里吧？——没错，就是这样。"[29]

通过马车运送煤炭的量化数据非常少，且仅有的证据来自伦敦。[30]据巴克（T.C. Barker）统计，1890年代伦敦从事煤炭生意的马匹大约在8 000匹左右；在1900年之前，大约有300匹马为伦敦国王十字架储煤场一地专用。[31]一个重要数据来源是1914和1915年的零售煤炭价格委员会。这个委员会被委任调查1914年6月到1915年2月间家用煤炭价格飙升35%的原因。委员会收集了铁路拥堵、马匹和劳动力供应、投机倒把的相关证据，然后试图从效率低下和机会主义当中区分出战争的影响。这份报告对于了解当时煤炭运输的情形是最有用的，它提供了正常的伦敦煤炭交易应具有的状态。利用这份报告作为一张伦敦马车煤炭运输的快照，可以确定当时的一些基本做法和相关成本以及对马车运费进行估计。

根据所服务的具体市场，马车预计每周可运输24到36吨煤：零售24吨或单纯

28　Thompson，"Nineteenth–Century Horse Sense"，pp. 63—64；Barker，"Delayed Decline"，p. 109. 最近几年对马车运输的历史研究有所复兴，但与铁路运输历史研究相比仍然相形见绌。例如，可参见以下文集：Thompson，Horses；Gerhold，"Growth"；Langdon，"Horse Hauling"；Thompson，*Victorian England*；and Turnbull，*Traffic*.

29　U. K.，*Report by the Committee Appointed By the Board of Trade to Inquire into the Causes of the Present Rise in the Retail Price of Coal*，p. 155［#4547］.

30　使用伦敦证据可合理地代表总体煤炭马车交易。在一战之前的伦敦，铁路公司所有、商人所有和临时的大量马匹接近于一个竞争性市场。Turnbull，*Traffic*，pp. 136—7.

31　Barker，"Delayed Decline"，p. 103；Gordon，*Horse–World*，p. 130.

运煤36吨；早前戈登（W. J. Gordon）报告的数字则是每匹马每周运输30吨。[32]一周六个工作日，每匹马每天可运输4—6吨。至于说单程就能够把全部的量运过去的说法则是值得怀疑的。马匹载重范围在每次每匹马半吨（菲什罗使用的保守数）到每匹马2吨（戈登使用的上限数）之间。若每趟每匹马载重1吨，零售生意需要每匹马每天运送4个单程；若每趟每匹马载重2吨，则需运送2个单程。[33]这里计算的趟次和戈登当时的观察高度吻合，一天"两趟长距运输，或者可能最多四次短途运输"。[34]较大的运输合同可以由一组马车来完成，这样每匹马每天需拉的趟数就少一些。

对于马车的运费问题，很少有人感兴趣，因此很少有人搜集这方面的数据。遗憾的是，该委员会没有进行马车运费的抽样调查，尽管有一个听证会辩论明显相关：

阿什利（Ashiley）教授：马车的运价是多少？——根据不同距离，从1先令（12便士）到4先令（48便士）不等。

弗勒克斯（Flux）先生：1先令是最低运价吗？——是的。

阿什利（Ashiley）教授：但是你的大多数客户愿把运价限制在1先令之内，对吧？——我想公平的平均运价应该是在2先令（24便士）左右。当然我无法给出一个确切的数字。[35]

---

32 U. K., Committee Appointed by the Board of Trade to Inquire into the Causes of the Present Rise in the Retail Price of Coal, *Minutes of Evidence*, p. 82［#2305］; Gordon, *Horse-World*, p. 129.

33 运送（delivery）这个术语暗示与大家庭、小生意和制造商之间的煤炭运输合同；零售是指在大街上向每个客户叫卖兜售较少的数量，通常是1英担或更少。

34 Gordon, *Horse-World*, p. 132.

35 U. K., *Report by the Committee Appointed by the Board of Trade to Inquire into the Causes of the Present Rise in the Retail Price of Coal*, p. 47［#1164—6］.

在合作批发协会代表随后的证词中得到了一些可供对照的数据，即在伦敦地区为每吨36便士，其他地区则为每吨30便士。[36] 为了对公路运费与铁路运费的大小做比较，马车运费价格必须转换成可比的吨—英里制，这反过来又取决于马车运输的平均距离。

如果满载马车的平均速度是每小时2.5英里，其上限是每天拉两趟，单向平均市场半径最多为10英里。[37] 日益严重的交通拥堵问题表明10英里的距离是高估了的，在伦敦和其他城市中心马车速度不可能达到每小时2.5英里。因此，双程运货和交通拥堵一起把市场半径推到了极限，并决定了运输价格的下限。运费10英里内每吨最少12便士到每吨最多48便士，得出公路运输的运费价格大约是每吨英里 $3\frac{2}{3}$ 便士。与马车运输相比，小煤车的运费价格是便宜的——甚至都把当时铁路运费稍有上升考虑在内了。[38]

马车运输费用主要涵盖马料、装卸费用、马夫工资、再过筛成本、称重和装袋，以及马匹和马车的折旧。[39] 工资和马料支出是主要成本，分别占43%和40%。表6.2列出了马匹和马车的维护成本的详情。马匹可拉的距离、载重量和速度——公路运输的每吨英里运费——主要取决于马匹的饲养情况良好与否。[40]

一匹普通商业用马1年消耗大约1.4吨草料和2.4吨燕麦。[41] 到了1892年，由于私人、农业和商业用马数量的不断增加，国内的饲料供应不足，草料和燕麦需要进

36　同上，第122页［#3636］。

37　2.5英里每小时的平均速度也被Fishlow所使用（Fishlow, *American Railroads*, p. 94, 脚注56）。这个数字也被认为是农业用马的"最优工作速度"（Collins, "Farm Horse Economy", p. 77）。

38　参见 Munby, *Inland Transport Statistics*, p. 95.

39　U. K., *Report by the Committee Appointed by the Board of Trade to Inquire into the Causes of the Present Rise in the Retail Price of Coal*, p. 28—82passim［#617, 856—64, 2275—76, 2291—92, and 2300—02］.

40　商人的其他成本——从煤车卸煤和马车装载、煤炭打包和马夫工资——不会因距离而变化。

41　Thompson, "Nineteenth-Century Horse Sense", p. 77, and "Horse", p. 60. 饲料消耗多少取决于马匹的大小、使用强度和其他饲料的可得性。

口。[42]一匹在用的商业用马每天消耗草料和燕麦的成本，大致可以通过一战期间使用的饲料配额来粗略估计。拉车的每匹马每天可以配给12—16磅燕麦；1918年歉收之后，草料也实施了配给制：壮马每天仅得到草料12磅。[43]草料和燕麦相加，可以得到商业用马的最低生存饲料量；由于在和平时期马匹可能会饲养得好些，维持商业用马的估计费用可能会偏低。汤普森（F.M.L. Thompson）估计二十世纪头十年英国每吨草料和燕麦的平均价格为66先令和129先令。[44]因此，每匹商业用马每天的平均最低喂食费用至少要15便士，而在美国类似的饲料费用则为4.9便士。

表6.2　1919年马车的周运营费用

构成	镑	先令	便士	百分比
工资（一个劳力）	3	3	0	42.9
草料和燕麦	2	1	0	40.1
马掌	0	6	0	4.1
马具	0	5	0	3.4
马车	0	5	0	3.4
马棚	0	5	0	3.4
保险	0	4	0	2.7
合计	7	7	0	100.0

数据来源：U.K., *Findings by a Committee on Road Transport*，Cmd 549，1920，第5页。

在消费者（和煤炭商人）眼中，煤炭的总运输成本是铁路运输和马车运输费用的总和。我们在前面已经得到，铁路煤炭运费是0.65便士每吨英里。假设每天每匹马送4吨，每程最多10英里，运货费用需要48便士，最保守可折合为1.2便士每

42　Thompson，"Horse"，pp. 68—69；Bagwell，*Transport Revolution*，p.72. 首次观察到的大量草料进口（61237吨）是在1892年，并且在接下来的两年里进口增加了三倍。

43　U.K.，*Statutory Rules and Orders*，p. 3；Thompson，"Horses and Hay"，p.72.

44　同上，第60页的表4-1。

吨英里。现在，我们可以得到煤炭运输全部成本（便士/吨）的表达式：[45]

$$运输成本 = 31.23 + 0.65 \times （铁路里程）+ 1.18 \times （马车里程）$$

表 6.3　1913年和1920—1927年英国、德国和美国燕麦、汽油对煤炭的相对价格

年份	燕麦对煤炭的相对价格			汽油对煤炭的相对价格	
	英国	德国	美国	英国	美国
1913			0.26	9.3	
1920			0.33	24.2	35.8
1921	0.14		0.63	11.7	45.2
1922	0.12		0.54	12.1	47.8
1923	0.13		0.5	15.1	57.9
1924			0.45	13.4	65.4
1925	0.1	0.1	0.55	11.5	62.4
1926	0.11	0.09	0.55	11.8	61.3
1927	0.1	0.08	0.44	14.6	67.1

此处空白是因在给定价格数据下无法计算得到相关比率。

数据来源：英国 1921—1923 年燕麦价格来自 International Institute of Agriculture，*Agricultural Problems*（1927）转引自 Moeller，Germany Peasants，第 182 页；英国 1925—1927 年燕麦价格来自 Holt，*German Agricultural Policy*，第 217 页；美元与德国马克换算成先令；英国煤炭价格来自 Mitchell，*British Historical Statistics*，第 748—749 页（f.o.b. 出口价格）；德国燕麦价格来自 *Statistisches fuer das deutsche Reich* 1929，1931，1933，转引自 Holt，*German Agricultural Policy*，第 217 页；德国煤炭价格来自 Jacobs and Richter，*Grosshandelspreise*，第 63 页（Rhineland–Westphalia series）；美国燕麦和煤炭价格来自 *Historical Statistics*，第 208 页（燕麦）、第 511 页（煤炭）；燕麦价格根据标准 38 磅蒲式耳换算以吨计；英国汽油价格来自 Jenkins，*Oil Economists' Handbook*，第 133—134 页（免税价格），价格换算为老先令；美国汽油价格来自 American Petroleum Institute，*Petroleum*，第 49 页（基准价格）；年平均值根据月数据计算而得。

所有假设都合理低估了马车的费用，特别是最低饲养量和市场半径的假设。从本地煤炭商人的角度来看，马车的运输费用是铁路的 2 倍。英国铁路非常密集，铁

45　利用 Feinstein 的 GDP 价格指数，1914—1915 的马车运费换算为 1906 的便士；Feinstein，*National Income*，T132. 固定成本项包括前面估计的铁路固定成本和商人的杂项固定运输成本。商人的每吨固定成本从表 6.2 中非饲养要素计算而来，除以每马每周 24 吨的保留运输配额，并换算成 1906 年的便士。

路可以很好地提供大部分物流服务，可以把煤车停放在数以百计的城镇乡村煤场，供本地商人和商业购买者采购。铁路运程平均较短，起先可理解为英国经济地理的原因——煤炭就在近旁，其实可更好地理解为铁路运输替代昂贵公路运输的结果。表6.3前四列给出了英国、德国和美国燕麦与煤炭的相对价格。很明显，燕麦在英国（和德国）相对较贵，1吨煤炭大约可折合为0.1吨燕麦。相反，美国马匹饲料价格大约便宜80%，在那里煤炭才是昂贵的。[46]

因此，英国铁路网线和车站的密集有助于大范围物流运输，从而减少了马车的运输里程。即使在蒸汽时代，运输系统还是离不开草料和燕麦。商人的选择节约了运输过程中马车的投入数额，尤其是使用小煤车运输。这种模式一直持续到石油动力卡车时代。

2. 地方性卡车煤炭运输

虽然英国马车运输相对于铁路运输来说是昂贵的煤炭运输方式，但它最终是被卡车运输所取代（卡车最终替代马车发生在20世纪50年代）。运送较少的采购量时，通常每辆卡车的载重量在3.5到5吨之间，而载重6吨的卡车用来运送"大单"。[47]卡车相对马车的优势在于每天可运输更多。表6.4给出了1919年两款典型商用卡车的运营费用。初期卡车尤其是重型卡车的油耗巨大：1.5吨Crossley卡车每加仑（1英制加仑=4.546 1升）汽油14英里，而3吨Leyland卡车每加仑仅为6英里。[48]

与草料和燕麦一样，汽油相对于英国煤炭也是一种昂贵的能源，并且汽油是卡车唯一最大的可变成本。对于给定的载重量，与燃油相关的每吨英里最低运营成

46　尽管此方面许多差异都奇怪地与（前面观察到的）煤车容量差异相接近，但这可能是一个巧合；我并不是暗示两者存在一一对应。更详细的比较研究超出本文的范围，但这是以后研究的一个方向。

47　Charrington，"Road Distribution"，p. 113.

48　Robertson，*Wheels*，p.37.

本，可以大约通过每加仑里程的倒数乘以燃油价格再除以装载重量来估计。例如，1913年每加仑燃油标价21.12便士，除以Leyland卡车每加仑6英里的油耗，然后再除以3吨的载重量，得到卡车运输费用至少是1.17便士每吨英里。[49]这个近似值是基于最佳却事实上不太可能的场景：每一加仑燃油都用在了生产性运输之中。不过，本地卡车煤炭运输的待驶时间（idle time）并非微不足道。家用煤炭一般都是装在1/4到1英担（1英担=50.8千克）之间的麻袋来售卖的，因此3吨装载量的卡车可能需要停靠240次。若每次停靠最少1分钟，花在空闲耗油的待驶时间将是每天4小时。如果搬运大麻袋不会更加费时的话，使用更大的煤炭包装可能意味着更少的停靠次数——也就是更少的待驶时间。如果卡车的平均装载量大于其额定载重，实际的油耗运营成本或许会低一些。当然由于待驶和高油耗，卡车成本也可更高。这样，两者中和之后，其净效果是模糊不定的。所以吊诡的是，"如果货物的收集和运送需要许多等待时间，马车依然是更有效率的运送低成本货物和高价值商品的地方性运输者"。[50]

从煤炭商人的角度，对于最后由卡车完成的煤炭运输，可以得到全部运输成本的更完整估计。下面的近似值是以1913年为基础的：[51]

$$运输成本 = F + 0.6 × （铁路里程） + 1.17 × （卡车里程）$$

该估计值使用的是载重量3吨的Leyland卡车，具有充分的代表性。在这个例子中，我们无法推测出使用卡车运输的煤炭商人的固定成本，因为当时卡车煤炭运输的标准做法的细节资料很少。不过，考虑到卡车需要更大启动资金、高技能驾驶员的高工资、附加管理费用等，卡车煤炭运输的固定成本很可能更高。

对照表6.3最后两列，英国与美国在公路和铁路运输的成本差异仍然是显著的：

49　汽油价格来源于Jenkins，*Oil Economists' Handbook*，pp. 133—4.

50　Barker，"International History"，pp. 7—8.

51　利用Munby的实际运费价格指数，1906年的铁路运费换算为1913年的便士；Munby，*Inland Transport Statistics*，p. 95.（使用1.5吨的Crossley卡车作为样本，得到的是一个略微更好的吨英里卡车运输价格，但与马车的载重量是一样的，尽管在煤炭交易中使用卡车是为了更大的载重和单位运输量。）

美国1吨煤炭可以"购买"的石油燃料要比英国多4到5倍。（德国的汽油价格没有给出。）无论在哪种情况下，煤炭的卡车运输都不便宜。[52]

表6.4　1919年卡车周运营费用

构成成分	3吨卡车				5吨卡车			
	镑	先令	便士	百分比	镑	先令	便士	百分比
工资（两人）	6	16	0	38.0	6	16	0	35.1
汽油	6	0	0	33.5	7	0	0	36.1
修理	1	10	0	8.4	2	0	0	10.3
轮胎	1	0	0	5.6	1	0	0	5.2
其他用油	0	12	6	3.5	0	12	6	3.2
车库	0	12	0	3.4	0	12	0	3.1
润滑油	0	1	6	0.4	0	1	6	0.4
保险	1	6	0	7.3	1	6	0	6.7
合计	17	18	0	100.0	19	8	0	100.0

因四舍五入，每列总计或有出入。

数据来源：U. K., *Findings by a Committee on Road Transport*，Cmd 549，1920，p. 5.

3. 大煤车，昂贵的反事实

我们已经注意到，英国铁路上的大煤车只限于特定的煤炭生意，因为许多地方性设施无法与其载重量和尺寸相匹配。马文·弗兰克尔（Marvin Frankel）注意到这些物理瓶颈是阻碍大煤车使用的最大障碍："然而，补救药方不是一个简单的判断力问题。问题是在这个最古老、最完整的铁路系统中，车站设施、铁轨、转轨设备和所有处理货物的方法，都是为了适应短尾小煤车的。"[53]尽管弗兰克尔对此情形有些言过其实，但是，事实上使用大煤车意味着重建煤矿和车站设备。而且地方性的煤炭交易也必须"重建"。

52　汽油消耗于生产性行程和卡车不超载这两个关键性假设（这两个假设对成本有着相反的效应），在多大程度上合乎现实，尚有待将来的卡车运输研究验证。

53　Frankel，"Obsolescence"，p. 311.

从铁路公司优势的角度看，大煤车可以从每吨运煤中节约最多19%的成本。但是19%的数字太高了。第一，这个数字是计算的上限，铁路运营成本可能不会减少那么大的份额。第二，这19%的利益全部来自铁路经济体，并不包括铁路之外可能产生的附加成本。要得到全部的19%节约，大煤车必须满载。如果煤炭商人保持小煤车标准时的做法，面对加倍的运货量，商人们可能要承担卸货的额外劳动成本——借助铁铲装袋和装上马车的成本，以及马匹、马车、草料和燕麦或者卡车和汽油带来的附加成本。没有更多劳动力、马匹或卡车，加倍的货运量会导致双重处理和存贮（存货）成本的增加。[54] 如果大煤车没有满载的话，得到的收益就会少于19%。如果只运输一半的载重量，按其皮重量就是不经济的。因此，大煤车所带来的成本节约肯定比19%少很多，甚至微不足道。

在凡勃伦、谢林顿（Sherrington）以及其他人指责小煤车缺乏效率的时候，适合大煤车的物流系统在当时尚未出现。[55] 他们将煤炭运输仅限于铁路货运的片面观点，模糊了铁路和公路运输的内在联系。若没有马车来完成地方性的收集和运输，蒸汽动力铁路自身只能是一个技术上的奇巧之物。铁路运输强烈地依赖于马车运输，并随着乘客和货物数量的增加，它对马车服务的需求也不断增加。[56] 铁路的黄金时代也同时是马车运输的黄金时代。

限制马车贸易持续扩张的因素是马匹和饲料的供应问题。商业用马通常在5岁时开始在城市贸易中使用。[57] 从马驹到可供使用需5年时间，表明马匹的短期供给

---

54 双重处理是指从煤车卸煤到地面并从地面装煤到马车上的额外时间和劳力，而不是直接从煤车装载到马车。如果为了避免双重处理，煤炭商人把煤炭留置在煤车上贮存，那么煤车从煤场和旁轨的清理会更慢一些，这样也会降低使用大煤车的预期收益。

55 1921的铁路法案试图规范英国铁路过度竞争（服务）、过剩运能和运营程序。这也是基于对于铁路运输作用的一个短视的观点。事实上，建议关闭过剩的和"不经济"的煤场，连同采用大煤车的压力，只能恶化以上讨论的特定商业成本。关闭煤场部分规范了铁路运输，因为这样使得运输加长，从而节省铁路营运成本，但铁路运程越长同时也意味着公路运程越长。

56 Thompson，*Victorian England*，p. 13，and "Horses"，p. 71；Chivers，"Supply"，p. 31；Barker，"Delayed Decline"，p. 101.

57 Chivers，"Supply"，p.31；更早有关农业马匹用于商用的做法肇始于Gerhold，"Growth"，and Langdon，"Horse Hauling"。

是相对缺乏弹性的，即使增加那些在交通部门和休闲行业被公共汽车和小汽车替代的成年马匹。在1900年之前，对马的需求超过了国内饲养所能供应的马匹。于是马匹从爱尔兰引进，并从俄国、西欧和美国进口。[58] 利用国际市场进口避免了英国农业用马的短缺，但却增加了对饲料的需求。

1900年英国350万匹马每年大约消耗1 500万英亩的草料产出，其中仅城镇马匹就需要消耗200万吨燕麦和350万吨草料。[59] 至1910年，英国种植燕麦和大麦的面积比之前50年的任何一年都多，但是仍远远不能满足马匹和人类的双重且相互竞争的需求。就在数年前，汤普森推测，维多利亚晚期，英国（和全球）处于不可持续的马匹和马匹饲料需求的极限。[60] 如果需求增加相当多，马车运输的缺乏弹性就必将导致更高的公路运输价格。

用卡车运输替代马车是一种可能的解决方案，但同样面临供给的无弹性。很少有针对爱德华时期英国的卡车运输经济定量研究，汽油供给比较缺乏弹性还是一个比较合理的推测，至少短期供给是如此。（石油生产、炼油、运输、贮存的能力不会像草料和燕麦的种植面积那样迅速扩张。）但是，无论缺乏弹性与否，汽油燃料也与马匹、燕麦和草料一样从国外进口。进口看起来是不可避免的：无论是大众消费的食品还是交通用的饲料和燃料。优先满足的应该是大众对食品的需求，而后是交通部门需要的草料、燕麦、汽油。当然，煤炭也可用于此需求，大量的机车锅炉就是烧煤。

四、结论

与凡勃伦、弗兰克尔和其他人的推测相反，延迟使用大煤车不是煤矿机械、铁

---

58 Chivers，"Supply"，p.41.

59 Thompson，*Victorian England*，p. 19，and "Nineteenth–Century Horse Sense"，p.78.

60 马匹数量的扩充只能以人类消费的农产品不断减少为代价；Thompson，*Victorian England*，pp. 18—19。随着英国失去那些供应马匹、燕麦和草料以及某些石油产品的国家的出口市场，当时进口就成了一剂苦口的补药。

轨标准、隧道等限制因素所致，而是受到马匹、草料和燕麦、卡车、石油经济和燃油等因素的制约。公路运输是小煤车运输价格的两倍。如果大煤车得到广泛使用，那就需要更多而不是更少的马车和卡车来运输。使用更多马匹意味着要么进口更多马匹，要么从农业用马中置换出来，并增加草料和燕麦进口。使用更多卡车则意味着进口更多汽油。尽管有其经济上的理由，更大规模的进口却不为大众所接受。煤炭是国内的能源，意味着国内的工作岗位。在英国人的观念中，煤炭是英国经济的基石。

大煤车的鼓吹者被欧洲大陆和美国大煤车所迷惑，但对英国使用大煤车的种种不切实际和不适用性却相当麻木。简言之，英国是用其更加富余的煤炭禀赋——通过更多的火车时长、里程和运次，来替代马匹、饲料以及后来的卡车和燃油。[61]

英国较慢采用大煤车，是有其道理的。铁路公司和煤炭商人曾经受到不公正的批评，他们被指责以服务来替代工程上的效率。跟现存的文献不同，我的成本收益计算既不对小煤车断然指责，也不会压倒性地支持大煤车。小煤车也不是古董，除非没有认识到它在一个更广阔的煤炭物流运输所起的作用。英国煤车或许是小的、"短尾巴"的，但是其经济学道理却不是"傻的"。

参考文献

Ackworth, W. M. and Paish, G.1912."British Railways: Their Accounts and Statistics." *Journal of the Royal Statistical Society* 75: 687—730.

American Petroleum Institute.1930. *Petroleum Facts and Figures*. Baltimore: American Petroleum Institute.

Brain, Arthur W. 1989."Competing Technologies, Increasing Returns, and Lock-In by Historical Events."

61　汤普森〔Thompson〕说道："必须谨记，所有这些意味着一个以高度发达铁路系统服务的世界，在那里煤炭取代了燕麦作为铁路公司的主要动力。"Thompson，*Victorian England*，p. 19. 他主要是为了表明马车运输的重要性。

Economic Journal 99: 116—131.

Bagwell, Philip S.1974. *The Transport Revolution From 1770*. London: Batsford.

Barker, T. C. 1983."The Delayed Decline of the Horse in the Twentieth Century." in *Horse on European Economic History*, edited by F.M.L. Thompson, 101—12. Reading: British Agricultural History Society.

Barker, T. C.1985."The International History of Motor Trasnport." *Journal of Contemporary History* 20: 3—20.

Cain, Peter J.1978."The British Railway Rates Problem 1894–1914." *Business History* 20, no. 1: 87—99.

Cain, Peter J. 1980."Private Enterprise or Public Utility?" *Journal of Transport History*, 3rd ser., 1, no. 1: 9—28.

Charrington, John. 1949."Road Distribution and Depot Work." in *Coal: Production, Distribution, and Utilisation* edited by P. C. Pope. London: Industrial Newspapers.

Chivers, Keith.1983."The Supply of Horses in Great Britain in the Nineteenth Centuiy." in *Horses in European Economic History* edited by F. M. L. Thompson, 21—49. Reading: British Agricultural History Society.

Church, R. A. 1986.*The History of the British Coal Industry, Vol. 3, 1830—1913: Victorian Pre-eminence*. New York: Oxford University Press.

Colliery, Guardian. 1906. *Digest of Evidence Given Before The Royal Commission on Coal Supplies 1901—1905*. London: Chichester Press.

Collins, E. J. T. 1983."The Farm Horse Economy of England and Wales in the Early Tractor Age 1900—40." in *Horses in European Economic History* edited by F. M. L. Thompson, 73—97. Reading: British Agricultural History Society.

David, Paul A. 1971."The Landscape and the Machine." in *Essays on a Mature Economy: Brtiain After 1840* edited by Donald N. McCloskey, 165—205. Princeton: Princeton University Press.

David, Paul A. 1985."Clio and the Economics of QUERTY." *American Economic Review* 75, no. 2: 332—37.

Dobson, C. G.1951. *A Century and a Quarter*. London: Eden Fisher & CO..

Feinstein, C.H. 1972. *National Income, Expenditure and Output of the United Kingdom 1855—1965*. Cambridge: Cambridge University Press.

Fenelon, K.G. 1932. *Railway Economics*. London: Methuen.

Fishlow, Albert. 1965. *American Railroads and the Transformation of the Ante–Bellum Economy*. Cambridge: Harvard University Press.

Frankel, Marvin. 1955."Obsolescence and Technological Change in a Maturing Economy." *American Economic Review* 45, no. 3: 296—319.

Gerhold, Dorian. 1988."The Growth of the London Carrying Trade, 1681—1838." *Economic History Review* 41: 392—410.

Gordon, W. J. 1893. *The Horse–World of London. London: Religious Tract Society*; 1971. reprint, Newton Abbot: David & Charles.

Holt, John Bradshaw.1975. *German Agricultural Policy 1918—1934*. New York: Russell & Russell; 1936. first published by the University of North Carolina Press.

Hudson, Bill. 1976. *Private Owner Wagons*. Vol. 1. Poole: Oxford Publishing Co..

Irving, R. J. 1978."The Profitability and Performance of British Railways 1870—1914." *Economic History Review* 31, no. 1: 46—66.

Jacobs, Alfred and Richter, Hans. 1935. *Die Grosshandelspreise in Deutschland von 1794 bis 1934*. Berlin: Hanseatische Verlagsanstalt Hamburg.

Jenkins, Gilbert.1977. *Oil Economists' Handbook*. London: Applied Science Publishers.

Kahn-Freund, Otto. 1949. *The Law of Carriage by Inland Transport*. London: Stevens.

Kindleberger, Charles P. 1961."Obsolescence and Technical Change." *Bulletin of the Oxford University Institute of Economics and Statistics* 23: 281—97.

Kumar, S., and Singh, S. P. 1992."Threshold Stress Criterion in New Wheel/Rail Interaction for Limiting Rail Damage Under Heavy Axle Loads." *Journal of Engineering for Industry* 114: 284—88.

Langdon, John.1984."Horse Hauling: A Revolution in Vehicle Transport in Twelfth– and Thirteenth

Century England." *Past & Present* 103: 37—66.

Le, Guillou M.1975."Freight Rates and Their Influence on The Black Country Iron Trade in a Period of Growing Domestic and Foreign Competition, 1850—1914." *Journal of Transport History* 3: 108—18.

Lee, Clive.1994."The Service Industries." in *The Economic History of Britian Since 1700* edited by Roderick Floud and Donald McCloskey, 2nd edn., Vol. 2: 1860—1939, 117—44. Cambridge: Cambridge University Press.

Mitchell, Brain, R. 1984. *Economic Development of the British Coal Industry 1800—1914.* Cambridge: Cambridge University Press.

Mitchell, Brian, R.1988. *British Historical Statistics*. Cambridge and New York: Cambridge University Press.

Moeller, Robert, G. 1986. *German Peasans and Agrarian Politics 1914—1924.* Chapel Hill: University of North Carolina Press.

Munby, D. L. 1978. *Inland Transport Statistics: Great Britain, 1900—1970*. Oxford: Clarendon Pressx.

Pratt, Edwin, A. 1910. *Canals and Traders: The Argument Pictorial.* London: P. S. King and Son.

Robertson, Bruce. 1983. *Wheels of the RAF. Cambridge*. England: Patrick Stephens.

Salter, W. E. G. 1960. *Productivity and Technical Change*. Cambridge: Cambridge University Press.

Sherrington, C. E. R. 1928. *The Economics of Rail Transport in Great Britain*. 2 vols. London: Edward Arnold.

Szostak, Rick. 1991. *The Role of Transportation in the Industrial Revolution*. Montreal: McGill-Queen's University Press.

Thompson, F. M. L. 1970. *Victorian England: The Horse–Drawn Society*. London: Bedford College, University of London.

Thompson, F. M. L. 1976."Nineteenth–Century Horse Sense." *Economic History Review*, 2nd ser. 29(1): 60—81.

Thompson, F. M. L. 1983."Horses and Hay" in *Horses in European Economic History* edited by F. M. L. Thompson, pp. 50—72. Reading: British Agricultural History Society.

Turnbull, Gerard. 1979.*Traffic and Transport*. London: George Allen & Unwin.

United Kingdom. Board of Trade.1919. *Report on the Number Capacity, and Construction of Private Traders' Railway Wagons in Great Britain at 1st August 1918.* London: HMSO.

United Kingdom. Mines Department.1924. *Retail Prices and Qualities of Household Coal.* Cmd. 2185

United Kingdom. Parliament.1904.*Royal Commission on Coal Supplies. Second Report.* Minutes of Evidence and Appendices. Cd. 1991.

——.1907. *Royal Commission on Canals and Waterways. ⊠Second Report⊠ England and Scotland, Evidence and Appendices*. Cd. 3718.

——.1915. *Report by the Committee Appointed By the Board of Trade to Inquire into the Causes of the Present Rise in the Retail Price of Coal Sold for Domestic Use.* Cd. 7866.

——.1915. Committee Appointed By the Board of Trade to Inquire into the Causes of the Present Rise in the Retail Price of Coal Sold for Domestic Use. *Minutes of Evidence with Appendix.* Cd. 7923.

——.1917. *Statutory Rules and Orders.* No. 954. Cd. 8771.

——.1920. *Findings By A Committee Appointed to Enquire into the Effect on Road Transport Rates Caused By An Alleged Existence of A Combine.* Cmd. 549.

United Kingdom.1929. *Standing Committee on Mineral Transport. First Report to the Minister of Transport and the Secretary of Mines.* Cmd. 3420.

United States. Department of Commerce.1975. *Historical Statistics of the United States: From Colonial limes to 1970.* Washington: U. S. Government Printing Office.

Van, Vleck, Va, Nee L.1993."Reassessing Technological Backwardness: Absolving the 'Silly Little Bobtailed' Coal Car." Ph.D. diss., University of Iowa.

Veblen, Thorstein.1964. *Imperial Germany and the Industrial Revolution*, reprinted, New York: Augustus M. Kelley.

White, Halbert.1980."A Heteroskedasticity–Consistent Covariance Matrix Estimator and a Direct Test for Heteroskedasticity." *Econometrica* 48: 817—38.

第七章　通用汽车收购费雪车体[*]

罗纳德·H. 科斯（Ronald H. Coase）[**]

一、流行的说法

关于通用汽车收购费雪车体事因的流行说法是，费雪车体和通用汽车有一份10年期的车体供货合约，费雪车体通过采用低效率的生产安排（这个安排在费雪车体的成本加成定价安排下增加了其利润）和拒绝在通用汽车流水线工厂附近设立工厂的做法，来向通用汽车敲竹杠。这致使情况变得"不可容忍"，并以通用汽车收购费雪车体而告终。这一共识的出现，是因为先有本杰明·克莱因、罗伯特·克

---

[*]　本章由茹玉骢翻译，赖普清校对。

[**]　在1997年国际新制度经济学学会的年会上我曾宣称，大家所接受的那个导致费雪车体被通用汽车收购事件的版本，在我看来是错误的，而且我正在撰写一篇相关的文章。由此我也获悉罗伯特·弗里兰（Robert Freeland）已经完成了的一篇研究费雪车体—通用汽车案例的文章。弗里兰涉及的话题比我广泛，我只是把问题集中在收购发生前，费雪车体是否向通用汽车敲了竹杠。我们两篇文章重叠之处就是，我们对于事件发生的缘由解释上并无显著的差异之处。由拉蒙·卡萨德苏斯–马萨内尔（Ramon Casadesus–Ma）和丹尼尔·施普尔伯独立撰写的相关文章所做的解释也是如此。他们对费雪车体和通用汽车之间的关系作了更细致的考察。

劳福德和阿门·阿尔钦在一篇论文中的描述，接着又经克莱因后续文章妙笔生花。[1] 结果是，大量文章和书籍把费雪车体—通用汽车案作为"敲竹杠（或套牢）"问题的一个标准案例。[2] 如克莱因所说，这个案例"也许是经济学文献中，关于专用性投资现象引发敲竹杠问题中讨论最为广泛的例子"。[3] 乔尔·特拉赫特曼（Joel Trachtman）在论及机会主文行为时，也认为"费雪车体—通用汽车乃经典案例"。[4] 经济学家们开始信以为真的情况，在基思·克罗克和斯科特·马斯滕最近的一篇文章中有很好的描述：

> 通用汽车和费雪车体一开始达成了一项10年期的金属车体供销协议。但协议执行初期汽车需求的增长超出预期，导致双方对销售价格超出合约规定价格一事出现争执，并且费雪车体拒绝在通用汽车厂附近设立生产设施。最终，双方的紧张关系变得无法容忍，1926年，通用汽车干脆收购了费雪车体。[5]

1　Benjamin Klein, Robert G. Crawford and Armen A. Alchian, "Vertical Integration, Appropriable Rents, and the Competitive Contracting Process", *J. Law and Econ.* 21（1978）, p. 297; Benjamin Klein, "Vertical Integration as Organizational Ownership: The Fisher Body–General Motors Relationship Revisited", *J. L. Econ. and Org.* 4（1988）, p. 199, reprinted in *The Nature of firm: Origins, Evolution, Development* ed. Oliver E. Williamson and Sidney G. Winter（1983）; Benjamin Klein, "Why Hold–Ups Occur: The Self–Enforcing Range of Contractual Relationships", *Econ. Inquiry*34（1996）, p. 444; Benjamin Klein, "Hold–Up Problem", in *The New Palgrave Dictionary of Economics and the Law*, ed. Peter K. Newman（1998）, vol. 2, p. 241.

2　有些书把费雪车体—通用汽车案作为敲竹杠的例子，参见: Jean Tirole, *The Theory of Industrial Organization*（1997）, p. 3; Dennis W. Carlton and Jeffrey M. Perloff, *Modern Industrial Organization*（1994）, p.18; Oliver E. Williamson, *The Economic Institutions of Capitalism*（1985）, pp. 114—15; Martin Ricketts, *The Economics of Business Enterprise*（1994）, p. 200.

3　Klein, "Hold–up Problem", op. cit., p. 241.

4　Joel P. Trachtman, "The Theory of the Firm and the Theory of the International economic Organization: Toward Comparative Institutional Analysis", *Nw. J. Int'l L. and Bus.* 17（1996—7）, pp. 470, 521.

5　Keith J. Crocker and Scott E. Masten, "Regulation and Administered Contracts Revisited, Lessons from Transaction–Cost Economics for Public Utility Regulation", *J. Regulatory Econ.* 9（1996）, pp. 5, 25.

关于导致通用汽车收购费雪车体的事因，我相信流行看法所提供的描述完全是虚假的。"敲竹杠"问题子虚乌有，情况也从未变得"无法容忍"。

二、我的美国之行

1931年我获得了伦敦大学的欧内斯特·卡塞尔爵士访问学者奖学金。我决定在1931—1932年去美国逗留一年，以研究我称之为工业"横向和纵向一体化"问题。促使我选择这一题目的原因是，当时我们似乎缺乏一种理论，能够解释为何生产活动会存在各种不同的组织方式。我决意去寻找这种理论。尽管我造访了不少大学，但我主要还是想通过访问工商企业以寻找问题的答案。[6]有一段时间，我一度认为资产专用性可能导致了纵向一体化。我在1932年3月24日一封写给好友罗纳德·福勒（Ronald Fowler）的信中写道：

> 假使生产某一产品需要一台大型的资本设备，而它是专用的，只能用于此产品，或者重置成本很高。于是，专为某一买家生产该种产品的企业便发现，它自身面临着一个很大的风险——该买家可能弃之而作他购，或者运用其垄断购买力强迫生产者降价——即该机器没有任何供给价格。此风险意味着支付给该资本的利息率会高出很多。反之，如果买家决定自己生产该产品，此风险就将不复存在，而且情况可能是，由此带来的资本成本节约将足以弥补实际生产运行中的相对低效率。[7]

6　关于我访美的详细经历，参见 R. H. Coase，"The Nature of the Firm：Origin，Meaning，Influence"，*J. L. Econ. and Org.* 4（1988），p. 3，重印于 Oliver E. Williamson and Sidney G. Winter（eds），前注1。后面提到该文时，皆引自此书。

7　R. H. Coase，同上，p. 43.

后来，我到了芝加哥并与雅各布·维纳（Jacob Viner）讨论了这个观点，他表示赞同。同时我还与工商界人士讨论过，不过，他们则不甚苟同。正如我1932年5月7日给福勒的信中所说：

> 对需要用大型资本设备生产的产品的合约形式的询问结果告诉我，通过合约安排可以避免上述风险。因此，买家可能会自己购买专用设备，即便其他公司的工厂已经采购了。现实中存在多种其他合约设计能够克服这一困难。[8]

遗憾的是，我在信中没有提到这些其他的合约设计都是什么样的。与工商界人士的讨论使我对资产专用性导致纵向一体化的实际重要性产生了怀疑。通过对底特律的福特汽车公司和通用汽车公司的访问，我感觉到资产专用性本身通常并非纵向一体化的重要理由。在底特律，我访问了福特公司和它的一家供应商。在我的记忆中，它是Kelsey–Hayes轮胎公司。我访问了福特采购部门的某些人（我想是负责人），并"讨论了与供货签约、采购计划等相关的一些问题，时间大约是一个半小时。"[9]我还访问了通用汽车公司。遗憾的是，我在与福勒的通信中，除了告诉他我的访问行程外，别的事情却只字未提。现在回忆起来，当时我得知收购费雪车体公司的理由仅仅是为了使车体车间离通用汽车组装车间更近些。

访问底特律后，我去了芝加哥。我在那里参观了史密斯（A. O. Smith）公司在密尔沃基（Milwaukee）的一家工厂，该公司生产汽车骨架，通用汽车便是其主要客户。这些沉重的骨架随后必须用船运至数百公里以外的密歇根。这使我意识到为何费雪车体车间靠近通用汽车组装车间的问题如此之重要。这里也同样存在资产专用性的问题。通用汽车是史密斯公司的主要客户，后者的高度自动化生产线上的设备是专门针对通用汽车的。这些情况都提示我，合约安排是能够妥善处理资产专用

8　同上，p. 45.

9　同上，p. 44.

性问题的。1987年我在准备耶鲁大学演讲稿时，又收集了更多关于通用汽车与史密斯公司的相互关系的信息。我发现它们之间的和谐关系维持了几十年之久，可惜我未能对费雪公司案例做类似的调查。所以我说过，虽然通过合约安排能够妥善处理问题，如史密斯公司那样，但"这种情况有时也的确可能导致一体化安排，而通用收购费雪一案正好属于此例"。[10]

我的演讲在《法律、经济学和组织》杂志（*Journal of Law, Economics, and Organization*）上发表后，我很诧异地发现，克莱因教授的一篇文章对我的观点做了回应，其中大部分材料依然来自他所声称在费雪—通用案例中发生的事情，后面我将讨论克莱因的观点。但我在此首先作一个声明。他说："科斯声称在他写作其经典文章之前，已经明确考虑到了纵向一体化的动机是为了防止机会主义行为，尤其体现在费雪—通用案例中，但他又明确否定了这一点。"[11]这个说法并没有准确描述我的思想演变，当然我文章中的某些疏忽之处应该对这一误解负责。在访问通用公司之前，我的确清楚思考了资产专用性的问题。作为与工商人士讨论的结果，我发现通常通过合约安排即能够妥善解决专用性问题，如模具（dies）采购，我得出结论认为纵向一体化并非是常规性选项。在与通用公司的主管讨论他们为何收购费雪公司时，我得知那是为了确保车体车间位于汽车组装厂附近。紧接着对史密斯公司的访问，又使我怀疑是否有必要一定要把车间搬到组装厂附近，而史密斯公司和通用公司之间亲密和谐的关系，坚定了我的看法，即资产专用性问题不通过一体化方式，通常也能够得到妥善处理。我的结论是，即便通用收购费雪案的情况正如克莱因所描绘的那样，它也仅仅是一个例外而已。然而，我的文章以及克莱因的评价发表后，我开始对查清楚这个案例中究竟发生了什么产生了兴趣。结果很快显示，克莱因的故事具有误导性，而我决定做一次更彻底的调查以揭示到底发生了什么。

1996年，在研究助理理查德·布鲁克斯（Richard Brooks）的协助下，我开始

10　同上，p. 46.

11　Klein, "Vertical Integration", Oliver E. Williamson and Sidney G. Winter（1983）主编，见注1，
　　p. 213.

收集导致该收购事件的信息。于是呈现出了与克莱因、克劳福德和阿尔钦论文所描述的完全不同的画面。

三、费雪车体和通用汽车

费雪车体的故事就是费雪兄弟的故事。弗雷德（Fred，长兄）先是在其父亲设在俄亥俄州的四轮货运和敞篷客运马车工厂工作，但在1902年却前往底特律，就职于C. R.威尔逊（C. R.Wilson）敞篷客运马车工厂（它也生产汽车车体），他的五个弟弟也加入其中，1907年他成为主管。1908年费雪车体公司成立，弗雷德当上了老板，五个弟弟也分别在公司里各守一摊。旋即，路易斯·门德尔松（Louis Mendelssohn）和亚伦·门德尔松（Aaron Mendelssohn）（下称门德尔松）对该公司进行大量的投资。企业经营得非常成功，他们生产的汽车车体不仅仅适用于敞篷马车，而且在设计中考虑了汽车的特殊需求。尽管当时绝大多数的汽车是敞篷的，费雪兄弟却意识到未来对封闭式汽车的需求。1910年他们为凯迪拉克公司（Cadillac）生产了150套封闭车体。同年他们设立了费雪封闭车体公司，又在1912年建立了加拿大费雪车体公司。1916年这三家公司合并为费雪车体股份有限公司，[12] 成为车体行业的龙头企业。[13] 它为所有领头的汽车制造商生产车体，客户包括如凯迪拉克、别克、哈德森、查默斯、斯蒂庞克、钱德勒、克利夫兰，当然还有福特。[14] 考虑到福特和通用汽车这两大巨头可能自行生产车体，自己只能向剩下的较小的汽车制造商供货，费雪兄弟便考虑直接进入汽车整车的生产，并于1913年或1914年建立了Hinckley汽车公司。他们开发出一款发动机，但却隐瞒了其真正

12　这里讲述的费雪兄弟的故事取材于Arthur Pound，*The Turning Wheal*，（1934），p. 288；以及 Testimony of Lawrence Fisher，Trial Transcription，vo1. 2，pp. 958—1007，*United States v. Du Pont* 126. Supp. 235（N. D. III1954）.

13　同前注Pound，p. 291.

14　同注12，Testimony of Lawrence Fisher，*Du Pont* 126. Supp. 235，p. 964.

的目的是为第一次世界大战生产一种卡车发动机。[15]然而在1917年11月，通用汽车与他们签下了一笔大单，即"以成本外加17.6%的价格买下他们所有的产品"。[16]

通用汽车是由威廉·杜兰特（William C. Durant）创办的。他发迹于敞篷客运马车业务，并由此决定进入汽车制造业。1904年他收购了别克汽车公司。1908年建立起通用汽车股份有限公司。杜兰特的发展思路是购买现成的企业，他先后购买了几家汽车公司，如奥兹（即现在的奥兹汽车）、奥克兰（现在的庞蒂亚克）和凯迪拉克，以及若干家生产汽车部件和辅件的企业。然而正如艾尔弗雷德·斯隆（Alfred Sloan）所说，杜兰特"善于创建而不谙管理"。[17]1910年由于销量下滑导致杜兰特无法支付雇员薪水和供货商货款。通用汽车靠一笔银行贷款逃过一劫，但银行家们接管了公司，按照斯隆的说法，他们执行的任务"尽管保守然而有效"。[18]即使杜兰特是一位差劲的管理者，他也属于特别有魄力的一类。他以合伙的方式与路易斯·雪佛兰（Louis Chevrolet）建立起雪佛兰汽车公司。用雪佛兰的股票去购买通用汽车的股份这一招很成功，加上自己在通用汽车的股份，杜兰特以足够的股份得以在1915年从银行家手中夺回了通用汽车的控制权。[19]1917年，杜兰特又组建了一个辛迪加来购买通用汽车股票，目的是推动股价上涨或维持股票价格（这样做也许是为了促进雪佛兰和通用汽车的合并）。然而通用汽车的股价下跌，杜兰特发现自己陷入了财政危机。[20]皮埃尔·杜邦（Pierre du Pont）拥有通用汽车的个人股份，而且他在促成银行接管通用汽车一事中起了一些作用，杜兰特找杜邦协商，他却不想再投入任何资金。[21]于是有人建议费雪车体接管通用汽车，因为费雪车体

---

15 同前注，pp. 991—2.

16 Alfred D. Chandler，Jr.，and Stephen Salsbury，Pierre S. *du Pont and the Making of the Modern Corporation*（1971），p. 465.

17 Alfred P. Sloan，Jr.，*My Years with General Motors*（1964），p. 4.

18 如上，p. 8.

19 如注16，pp. 440—2.

20 如上，p. 448.

21 如上，p. 449.

能够从银行弄到贷款，但此举并未发生。[22]最后，杜兰特在杜邦执行官约翰·拉斯科布（John Raskob）的帮助下和杜邦公司进行了协商。他们最终达成协议，向通用汽车投入2 500万美元。作为协议的一部分，杜邦负责通用汽车的融资，而杜兰特则负责运营。[23]

四、通用收购费雪的股票

前文已提及，在1917年杜兰特与费雪车体签了一份合约，即通用将以成本加17.6%的价格购买费雪车体的全部产品。然而，这并不能够消除通用对未来车体供应的担心。如通用所看到的那样，艾尔弗雷德·钱德勒（Alfred D. Chandler）和斯蒂芬·萨尔斯伯瑞（Stephen Salsbury）对这一情形做了如下描述：

> 战后的生产扩张计划，使杜兰特及其融资委员会确信，绝对有必要确保对通用最大和最关键供应商的控制权。他们无法承受费雪以不可接受的条款更新合同。得知克利夫兰的汽车制造商（无疑就是威利斯—越野（Willys-Overland）已经开始与费雪公司建立（费雪兄弟能够控制的）伙伴关系进行了协商，这一疑虑……得到了印证。[24]

上述考虑甚是正确，但是我对克利夫兰协商在导致通用购买费雪股份事件中所起的重要性持有异议，且听我细细道来。

1918年，杜兰特派沃尔特·克莱斯勒（Waiter Chrysler）拜访劳伦斯·费雪（Lawrence Fisher）。克莱斯勒曾是别克的总裁，并与杜兰特同在纽约工作，当然，他后来成立了自己的汽车公司。克莱斯勒当时的解释是"封闭车体供应问题对通用

22　同上14，pp. 1006—7.
23　同上16，pp. 450—6.
24　同上16，p. 465.

而言至为重要，……以致杜兰特想在弗林特（Flint）和兰辛（Lansing）及庞蒂亚克（Pontiac）建立工厂"，而且他"还想与更年轻的四位费雪兄弟谈一笔交易，请他们加入通用并建立一家企业……来经营他们的封闭车体业务"。劳伦斯·费雪的回答是他们"不能拆散我们兄弟"。[25] 我们并不清楚杜兰特为何有这种念头，他本应知道费雪兄弟愿意被视为一个整体。也许，这仅仅是邀请费雪兄弟加盟通用的一种试探。无论怎样，至少在几个月后，也即1919年初，杜兰特开始与弗雷德·费雪接触。在纽约的一次会面中，杜兰特提出了与克莱斯勒相同的建议。他称所要商谈的是"将费雪兄弟引进通用一事"。弗雷德和劳伦斯闻而不答，劳伦斯则说："当时我们对此不感兴趣。"然而，杜兰特坚持不懈，两个月后又旧事重提。因为有关车体的形势变得"更加敏感"。与此同时，费雪车体公司接到了福特的一大笔封闭车体订单。这时，费雪兄弟才开始认真考虑加盟通用的可能性，并与他们的合伙人门德尔松商量此事，门氏拥有费雪车体相当大的股份。[26] 在此后的谈判中，皮埃尔·杜邦扮演了重要角色，终于在1919年9月达成了一个协议。这期间还有一个复杂的因素是，费雪车体与威利斯—越野在克利夫兰达成了一个暂时协议，打算成立一家公司生产汽车车体，费雪车体将拥有51%的股份并主持管理。通用当然希望此事告吹，事实也的确如此。[27]

费雪和通用之间的协议条款如下：

1. 费雪车体的核准普通股本，在原先20万股的基础上增加到50万股。通用将以每股92美元的价格购买其中的30万股。

2. 通用拥有的30万股和费雪兄弟们拥有的3.5万股一起存入一家有投票权的信托，该信托为期5年，共有四位受托人，其中两位来自费雪车体，两位来

25　Testimony of Lawrence Fisher, *Du Pont*, 126 F. Supp.235, pp. 987—8.

26　同上，pp. 989—91.

27　Letter from Pierre S. du Pont to Fred J. Fisher（1919年9月11日），Govt Trial Ex. no. 425, *Du Pont*, 126F. Supp. 235.

自通用汽车。费雪公司指定的受托人是弗雷德·费雪和路易斯·门德尔松，通用汽车指定的受托人是杜兰特和皮埃尔·杜邦。除非一致同意，否则任何一位有投票权的受托人之行为皆属无效。这实际上意味着只要费雪车体不愿意，通用汽车的股票在5年内都不得行使任何投票权。

3.费雪车体公司将有14位董事，7位来自费雪—门德尔松利益集团，7位来自通用汽车。尽管通用拥有60%的股份，他们却只占有董事会席位的50%。

4.费雪车体公司将成立新的执行委员会，负责全部的经营，但不包括融资。该委员会由7人组成，2位由通用提名，5位由费雪—门德尔松利益集团提名。融资委员会则由5人组成，3位来自通用汽车提名，2位由费雪—门德尔松利益集团提名。

5.5年内，至少2/3的净利润要用以分红，直到每股分红升至10美元。

6.和四位年轻的费雪兄弟签订了5年的雇佣合约，而其中年长的两位已经与费雪车体签有雇佣合同到1926年到期。费雪兄弟希望修改这一条款，以便所有费雪兄弟的雇佣合同都到1924年到期。杜兰特虽然不喜欢这一变动，但最后也同意了。其结果是，所有的费雪兄弟都可以在1924年选择终止雇佣合同。他们的理由是，不敢确信与通用的合作前景，一旦不愉快，他们可以自由地退出或者进入汽车制造业，或者做其他的经营打算。律师称这份雇佣合同为"三角婚姻"时，劳伦斯·费雪对这一说法表示认可。

7.费雪兄弟的收入，除薪水外，5年内还可获得费雪车体5%的净利润。

8.通用汽车考虑到费雪兄弟既有的能力，继续让费雪车体生产封闭车体。1917年的价格协议继续有效。通用汽车基于产品的不同档次付给费雪车体价格，但费雪车体的平均净利润率依然维持在17.6%。但合同规定通用汽车所支付的价格必须不高于费雪向其他同类产品客户收取的价格。

9.供应车体的合同将持续10年，即1929年才终止。

10.双方同意，费雪车体公司可以自由选择与通用汽车之外的其他客户合作。

这份协议的结果是，在5年内，尽管杜邦拥有费雪车体公司60%的普通股份，[28]但费雪车体公司实际上将作为一家独立企业来运作，即便在1924年以后，费雪兄弟在运营费雪车体公司时也仍然拥有相当大的独立性。

五、导致通用汽车完全拥有费雪车体的事件

1920年11月，杜兰特辞任通用汽车总裁，这与他个人的财政危机有关。1920年9月汽车销量暴跌后，杜兰特企图通过保证金买进股票来平稳通用汽车的股票价格。股价继续下跌，杜兰特不能达到保证金催缴要求，欠下了2 000万美元或比这更多的债，这时杜邦公司和J. P. 摩根（J. P. Morgan）救了他一把。银行家们的结论是，杜兰特"完全没有能力管理公司"。杜邦对此表示认同，并同意担任通用汽车的总裁。[29]

通用汽车对1919年协议并不满意，它当时虽然解了燃眉之急，但却为日后在与费雪车体的长期关系中埋下了隐患。尽管费雪车体公司不仅效率高，产品质量上乘，但费雪兄弟更热衷于自己的车体事业，而对通用汽车需求的关注远未达到通用期望的那样。这就使得杜邦及其继任者艾尔弗雷德·斯隆急于将费雪兄弟拉进通用汽车的怀抱，以便建立更为亲密的关系。

1921年费雷德·费雪成为通用汽车的一名董事，1922年又被任命为通用汽车执行委员会委员，正如钱德勒和萨尔斯伯瑞所言，这"是为了保证与费雪车体公司更好地沟通"。[30]后来钱德勒和萨尔斯伯瑞在书中写得更加明确，弗雷德·费雪进入

28　关于1919年协议的陈述基于：Govt Trial Ex，No. 424—30，*Du Pont*，126F. Supp. 235；Defendant's Ex. No. 101，*Du Pont*，126F. Supp. 235； 在Testimony of Lawrence Fisher Trial Transcript，vol. 2，*Du Pont*，126F，Supp. 235中有关Lawrence Fisher对该协议的辩论。也可参见注16，p. 465.

29　Chandler and Salsbury，op. cit.，pp. 482—91.

30　同上，p. 526.

通用执行委员会，是希望他"更广泛地参与通用汽车产品的生产、设计、产量和价格等方面的决策，而这样做必然会影响他自己在费雪车体的工作"。[31]这种加深双方关系的企图是有所成效的。劳伦斯·费雪在他有关杜邦反托拉斯案的证词中是这样描述弗雷德·费雪的：尽管身在费雪车体，却把大部分时间投到了通用汽车。[32]1922年费雪兄弟好像放弃了5年期满后与通用汽车终结关系的念头。[33]这一"三角婚姻"看来将修成正果。事实上1924年雇佣合同到期后，查尔斯·费雪和劳伦斯·费雪与弗雷德·费雪一道进入了通用汽车的董事会及执委会，而弗雷德·费雪更被任命为金融委员会委员。1925年，劳伦斯·费雪成为通用汽车最重要的事业部之一——凯迪拉克的老总。

从1924年后发生的事情看来，我们不难理解费雪车体最终与通用汽车合并的结果。皮埃尔·杜邦在1924年7月给弗雷德·费雪的一封信中写道：

> 在下希望您和您的弟兄们能感受到，费雪车体和通用汽车乃天作之合，全部努力功不唐捐和充满机遇，使得诸位可放手一搏共谋发展。在下翘首以待两个公司拟定一份合约以决定相应的股权价值，这不存在任何麻烦，但是到目前为止，对于费雪兄弟在通用汽车公司里仍然铁板一块会是什么样的情况，在下尚无把握加以描述。然而，若彼此对此事恒加关注，定有方法加以解决。[34]

通用汽车急于想获得其尚未获得的费雪车体余下的40%股份。除了期望将费雪兄弟更进一步地拉近通用汽车集团以外，通用汽车一方还担心费雪公司的少数

---

31 同上，p. 576.

32 Testimony of Lawrence Fisher，Du Pont，126F. Supp. 235，p. 1003.

33 Gov't Trial Ex. No. 328，*Du Pont*，126F. Supp. 235.

34 参见 Du Pont 给 Fred Fisher 的信（1924年7月28日）（Longwood Manuscripts，Group10，Series A，Papers of Pierre S. du Pont，Hagley Museum and Library，Greenville，De1）（后面简称Longwood Manuscripts）。

股权，会由于死亡或通过其他方式，落入那些不易对付的人之手。[35] 而门德尔松和费雪兄弟也不急于将股权卖给通用汽车。门德尔松对在费雪车体的投资很满意，因此并无任何转移投资到通用汽车的愿望。而费雪兄弟仍然想作为一个家族企业来运营，如钱德勒和萨尔斯伯瑞所言，借此"他们能够得到他们意志坚定的母亲的鼎力支持"。[36] 费雪兄弟还认为通用汽车出的价格过低。谈判困难重重。但最后，弗雷德·费雪和杜邦还是达成了协议。

1926年5月费雪车体公司宣告解散。通用汽车公司购买了它的全部资产，同时接受了它的所有债权和债务。对费雪车体公司股民的公告是这样表述的，"费雪兄弟、门德尔松先生、大股东们以及公司的所有行政官员和董事，皆认可和推荐这一最有利于股东的收购计划"。这份公告还解释了为何他们认为接受通用汽车的要约能够满足众股东的最大利益：

> 由于1919年与通用汽车所签的合同已快到期，你们的管理者和董事们对费雪车体的前景进行了认真考虑。到1929年，必须谈判签订一份新的合同，或者通用汽车自由选择自建车体工厂，或者另求他购。有鉴于此，为了对合同到期时费雪车体可能面临的情况有充分把握和做出准备，我们与通用汽车进行了多轮会谈，最终董事会接受了通用汽车的要约。[37]

费雪车体股东的每一股费雪车体股票换到了三分之二股通用公司股份。威廉·费雪成为费雪车体事业部的头，并与他的其他三位弟兄一道进入了通用汽车的董事会。在一封欢迎威廉·费雪入阁董事会的信中，杜邦写道："费雪车体—通用汽

35　Chandler and Salsbury, op. cit., pp. 576—77.

36　同上16, p. 576.

37　如上, p. 576.

车的联姻非常愉快，在我看来是一项最佳的动议。"[38]在1927年1月给杜邦的一封信中，弗雷德·费雪对费雪车体股价提出异议："如果阁下回想一下我们达成通用汽车和费雪车体之间交易时我所做的评论，本人当时的表述是，在产品库存和未收款方面还存在相当大的隐形价值。"他随后以通用汽车财务部门提供的往后各期财务数据证明此言不虚。[39]

正如我将指出的，在我追述的导致费雪车体被通用汽车收购事件的叙述中，从未提及所谓的敲竹杠，或者这两个公司之间变得无法容忍的关系。费雪兄弟已位居通用汽车最高职位，却如克莱因所描述的那样干有损于通用汽车之勾当，或者他们的确这样做了，却还被一而再，再而三地受到提拔和重用，这样的假设的确是很荒谬的。

六、流行观点的基础

关于费雪车体—通用汽车案例的流行观点，起源于克莱因给《新帕尔格雷夫法经济学大辞典》所撰写的"敲竹杠问题"一文。他是这样说的：

像所有其他合同一样，费雪车体和通用汽车签订的（成本加成）合同是不完全的。不过，这个案例不同寻常的地方在于，费雪兄弟利用合同的不完全性敲了通用汽车的竹杠。费雪之所以能够敲通用汽车的竹杠，是因为双方签订合同后，市场对封闭式车体的需求激增。费雪面对车体需求的大量增加，利用合同的不完全性，采用了低效率的、高劳动密集型的生产程序。在费雪看来，依照合同，他们可以雇用工人并在工人工资的基础上上浮17.6%进行定价，因而没有任何经济理由进行资本投入。此外，费雪利用合同将其车体工厂建在远离

38　Notice to Stockholders of Fisher Body Corporation（May17，1926），Gov't Trial Ex. No. 855，*Du Pont*，126F. Supp. 235.

39　Du Pont给William Fisher的信（1927年2月15日）（Longwood Manuscripts）。

通用汽车装配工厂的地方。没有任何经济原因可促使费雪将其工厂建在靠近通用汽车装配工厂的地方，因为根据合同，他们将工厂建在远离通用汽车的地方，并在运输成本的基础上增加17.6%进行定价就可以获利。结果，汽车车体的生产对费雪而言可获高利，而对于通用汽车来说，却必须付出昂贵的价格去购买。[40]

我前面说过，就我们所知的通用汽车和费雪车体的关系而言，克莱因的故事不可能是真的。但谁又能实证它是假的呢？论及车体工厂的位置，我相信这很容易做到。理查德·布鲁克斯（Richard Brooks）考察过1921—1925年期间费雪车体工厂的区位分布。1922年建了两家车体厂，一家靠近设在密歇根州庞蒂亚克的通用汽车卡车工厂和奥克兰工厂，一家靠近密苏里州圣路易斯的雪佛兰工厂。在1923年，费雪公司又分别在密歇根州的弗林特（靠近别克和雪佛兰工厂）、密歇根州的兰辛（邻近奥兹工厂）、威斯康星州的简斯维尔（靠近雪佛兰工厂）、加利福尼亚州的奥克兰（靠近雪佛兰工厂）以及纽约州的布法罗（靠近雪佛兰工厂）建了车体工厂；它的一家装配工厂则建在俄亥俄州辛辛那提，靠近雪佛兰工厂。在1925年，它在纽约州的塔里敦（Tarrytown），靠近雪佛兰工厂又建一家车体工厂。显然，克莱因关于费雪车体"远离"通用汽车装配工厂建立其工厂的说法完全不实。[41]

克莱因所依据的资料是杜邦反托拉斯案中斯隆（Sloan）的证词。关于费雪车体建立车体工厂，克莱因加以引用的是斯隆的两个说明。其一，律师问及在收购发生之前是否存在"与工厂位置有关的问题"时，斯隆回答："是的，……那儿有一个底盘装配厂的确需要一家费雪车体厂和它相邻……，而费雪兄弟并不太愿意投巨资

40　Klein，"Hold-Up Problem"，op. cit.（note 1），pp. 241—2.

41　费雪车体的确有两个工厂"远离"通用汽车的装配工厂，但它们也很难支持克莱因的观点。1925年，费雪车体在宾夕法尼亚州的弗利特伍德收购了一家车体工厂，这是它收购弗利特伍德车体公司的结果。1924年，它在田纳西州的孟菲斯收购了一家工厂，使其成为费雪板材公司的一部分。后者被庞德描述为一家"木材生产工厂"。参见Pound，如注12，pp. 298—9.

来建这些装配厂。"[42]其二，律师问斯隆，他的"装配问题"是什么意思。斯隆回答："我的意思是，当时我们正在全国各地建设装配工厂……，而那里我们有一家底盘装配厂，附近也的确需要一家费雪车体装配厂，但费雪车体公司不愿意投资建设这些装配厂。这对我们相当不利。"[43]显然斯隆所指的争议之处并非在于是否在通用汽车装配厂附近设立费雪车体厂，而在于是否需要对其投资的问题。我知道这一问题在费雪车体建厂于塔里敦雪佛兰工厂附近的情况中是如何解决的。其成本是由通用汽车来承担的。[44]费雪车体许多其他的工厂无疑也是如此。这也并不奇怪，1931—1932年的调研经历告诉我，专门为一位客户使用而产生的资本装备成本由该客户来承担是很正常的。一份备忘录记录了1922年皮埃尔·杜邦、通用汽车两个高官和弗雷德·费雪之间关于雪佛兰装配项目的讨论，从中可以清楚地看到通用汽车不时为费雪车体投资建厂的事实。备忘录记录道："弗雷德·费雪建议这些工厂（生产封闭车体）的产权属于雪佛兰，由费雪车体来租用。"此外，在弗雷德·费雪说"额外的设备和各种改进需要500万美元……但可以用现金贷款解决"之后，备忘录记录道，经过讨论，"大家都同意，不发行高级债券对费雪公司更有利。另一方面，拥有装配工厂并将之租给费雪公司使用对于通用汽车而言也更有利"。[45]由弗雷德·费雪提议让雪佛兰拥有车体工厂的产权，这并非无利可图。

尽管我毫不怀疑上述关于费雪车体工厂选址记录的正确性，但它留给我一个谜。记得1932年通用汽车的一位主管曾经告诉我，收购费雪车体的理由是为了保证车体工厂建在通用汽车装配厂附近。在罗伯特·弗里兰（Robert Freeland）的文

42　斯隆的陈述（1952年4月28日），*Du Pont*，126F. Supp. 235，pp. 189—90.

43　斯隆的证词（1953年3月9日），*Du Pont*，126F. Supp. 235，p. 2912. 我要补充的是，我完全接受斯隆关于靠近装配工厂建立车体厂更省钱的观点。我早年访问史密斯工厂时曾对此有怀疑，原因是我忽视了运输车体和车架的成本差异，或者说忽略了对于车架而言其规模经济比车体可能更为重要。这一错误对一个本科生来说也许是可以原谅的，而那时我正好是一个本科生。

44　参见 Minutes of the Executive Committee of General Motors（October 24，1923）（General Motors' Law Library，Detroit，Mich）.

45　关于费雪公司与雪佛兰装配项目有关的财务情况，参见 Longwood Manuscripts，file 624，box 1.

经济学的著名寓言

章中我发现了解惑之道。他告诉我们，作为其扩张计划的一部分，1925年底通用汽车想关闭费雪车体在底特律的工厂，并在密歇根的弗林特新建一个车体工厂。这遭到了费雪兄弟的反对，因为他们想扩大底特律的工厂。对于两种不同处理方式的相对成本，自然存在意见分歧，但有一点无疑是更重要的，费雪兄弟除了通用汽车外还有其他的客户，而与弗林特相比，从底特律向这些客户供货成本显然更低，这一点自然不为通用汽车所考虑。还有一点不能忘记，费雪车体有一些大股东（如门德尔松）和通用汽车的命运并无利益瓜葛，肯定有其他因素会影响费雪车体。通用收购费雪后，矛盾终于得到解决。1926年11月弗林特新建的车体工厂投入运营，接着在1927年关闭了底特律的工厂。[46]1932年当通用汽车公司执行官告诉我，通用汽车收购费雪车体是为了保证车体工厂更靠近通用汽车的装配厂，发生在五六年前的这一收购事件无疑就在其脑海之中了。

克莱因的另一个观点是，费雪车体采用了"一种低效率、高劳动密集型的生产工序"。而克莱因引用的斯隆证词并未提及这一点。我在前面也说过，以费雪兄弟在通用汽车组织中高居要职的情况来看，他们绝对不可能如此行事。其他的一些考虑也可得出相同的结论。费雪车体既然向通用汽车以外的汽车制造商供货，选择低效率的生产程序必将降低其自身的利润。而且，由于在许多（也许是绝大多数）情况下，通用汽车都付钱建了车体工厂（并由它拥有），它绝不会愿意让任何一个车体工厂采用低效率的生产程序，通用汽车也不缺乏工程方面的人才。进而言之，某种程度上是费雪车体在支付资本成本，不要忘记，通用汽车所提名的融资委员会中费雪车体占有多数席位，此类支出必然得到了委员会的批准。我本可以多说几句，但面对一则广泛讨论却毫无事实根据的不可信传说，多说并无多少意义。

对费雪车体—通用汽车案事实的曲解，业已误导经济学家们的注意力，并且妨碍处理资产专用性问题更具坚实基础的方法的发展。我在1932年形成并曾在耶鲁

46　Robert F. Freeland，"Creating Holdup through Vertical Integration: Fisher Body Revisited"，*J. Law and Econ*. 43（2000），p. 33.

大学演讲中讨论过的观点是，一般而言，长期合约比纵向一体化更容易解决资产专用性问题，而且"企业需要考虑其行为对未来事业的影响，因而机会主义行为的倾向通常会得到有效抑制"。[47]此番对费雪车体—通用汽车案的再调查并未改变本人的想法。诚然本人对声誉在此事件中的作用未予涉及，然而我确信，费雪兄弟基于声誉的考虑也不会做出克莱因所描述的勾当。

我也没有讨论人力资本专用性问题。我将这一话题留给弗里兰和其他同仁。当然，我也希望从事该领域的研究者能够关注事实的真相。

参考文献

Carlton, Dennis W., and Perloff, Jeffrey M.1994. *Modern Industrial Organization*. New York: HarperCollins College Publisher.

Chandler, Alfred D., Jr., and Salsbury, Stephen.1971. *Pierre S. Du Pont and the Making of the Modern corporation*. New York: Harper & Row.

R. H. Coase. 1988. "The Nature of the Firm: Origin, Meaning, Influence." *Journal of Law, Economics and Organization* 4: 3—47. Reprinted in *The Nature of the Firm: Origins, Evolution and Development*, edited by Oliver E. Williamson and Sidney G. Winter, pp. 34—74. New York: Oxford University Press, 1993.

Crocker, Keith J., and Masten, Scott E. 1996. "Regulation and Administered Contracts Revisited: Lessons from Transaction Cost Economics for Public Utility Regulation," *Journal of Regulatory Economics* 9: 5—39.

Fisher, Lawrence, Direct Testimony. Trial Transcript, Vol. 2, pp. 958—1007. *United States v. E. I. Du Pont de Nemours and Co., General Motors, et al.*, Civil Action 49C—1071, 126 F. Supp. 235 (N.D. Illinois 1954).

---

47 见注6，Coase，p. 71.

Freeland, Robert F. 2000. "Creating Holdup through Vertical Integration: Fisher Body Revisited." *Journal of Law and Economics* 43: 33—66.

Klein, Benjamin. 1988. "Vertical Integration as Organizational Ownership: The Fisher Body General Motors Relationship Revisited." *Journal of Law, Economics, and Organization 4: 199—213. Reprinted in The Nature of the Firm: Orgins, Evolution, and Development*, edited by Oliver E. Williamson and Sidney G. Winter, pp.213—26. New York: Oxford University Press, 1993.

Klein, Benjamin. 1996. "Why Hold-Ups Occur: The Self-Enforcing Range of Contractual Relationship." *Economic Inquiry* 34: 444—63.

Klein, Benjamin. 1998. "Hold-Up Problem" in vol. 2 of *The New Palgrave Dictionary of Economics and the Law*, edited by Peter K. Newman, pp.241—44. New York: Stockton Press.

Klein, Benjamin, Crawford, Robert G., and Alchian, Armen A. 1978. "Vertical Integration, Appropriable Rents, and the Competitive Contracting Process." *Journal of law and Economics* 21: 297—326.

Pound, Arthur. 1934. *The Turing Wheel: The Story of General Motors through 25 Years*, 1908—1933. Garden City, N. Y.: Doubleday.

Ricketts, Martin. 1994. *The Economics of Business Enterprise: An Introduction to Economic Organization and the theory of the Firm*. New York: Harvester Wheatsheaf.

Sloan, Alfred P., Jr. 1964. *My Years with General Motors*. New York: Doubleday.

Tirole, Jean. 1997. *The Theory of Industrial Organization*. Cambridge, Mass.: MIT Press.

Trachtman, Joel P. 1997. "The Theory of the Firm and the Theory of the International Economic Organization: Toward Comparative Institutional Analysis." *Northwestern Journal of International Law and Business* 17: 470—555.

Williamson, Oliver E. 1985. *The Economic Institutions of Capitalism: Firms, Markets, Relational Contracting*. New York: Free Press.

第八章　费雪车体的寓言[*]

拉蒙·卡萨德苏斯–马萨内尔（Ramon Casadesus-Masanell）

丹尼尔·F. 施普尔伯（Daniel F. Spulber）[**]

经济理论的阐述并不总是沉闷无趣的，有时经济学家也会选择生动有趣的寓言来演绎。[1]通用汽车公司兼并费雪车体公司的案例经常被用于说明资产专用性和机会主义行为会导致市场合约失灵。该案例在契约理论和企业理论中都扮演着极为重要的角色，影响深远。费雪车体事件为本杰明·克莱因、罗伯特·克劳福德和阿门·阿尔钦的纵向一体化研究[2]、奥利弗·威廉姆森的交易成本经济学[3]和奥利弗·哈

---

* 　　本章由吴晓露翻译，吴意云校对。

** 　我们感谢美国通用汽车公司的议题管理总监托马斯·马克思（Thomas G. Marx）提供的非常有价值的帮助。我们也感谢Kettering/GMI工业史校友基金会、哈格利（Hagley）博物馆和图书馆提供的相关文献。感谢马库斯·亚历克西斯（Marcus Alexis）、纳比勒·纳贾尔（Nabil Al—Najjar）、沙恩·格林斯坦（Shane Greenstein）和布莱恩·乌茨（Brian Uzzi）提供的建设性意见。我们还感谢丹尼斯·卡尔顿（Dennis W. Carlton）和一位匿名审稿人对本文文字表述提出的宝贵意见。一切文责自负。

1 　费雪车体案例也被视为是市场失灵的一个典型案例，虽然对这个案例的理论演释完全不同于史料记载。我们的研究深受以下这些关注市场失灵的经济分析和历史研究的启发：Steven N. S. Cheung（张五常），"The Fable of the Bees: An Economic Investigation"，*J. Law & Econ.*16，1973，p.11；R. H. Coase，"The Lighthouse in Economics"，*J. Law & Econ.* 17，1974，p.357；S. J. Liebowitz & Stephen E. Margolis，"The Fable of the Keys"，*J. Law & Econ.* 33，1990，p. 1.

2 　Benjamin Klein，Robert G. Crawford and Armen A. Alchian，"Vertical Integration，Appropriable Rents，and the Competitive Contracting Process"，*J. Law & Econ.* 21，1978，p. 297.

3 　Oliver E. Williamson，*The Economic Institutions of Capitalism*，1985.

特的企业产权理论[4]都提供了一个典型案例。但在这篇文章中,我们要说明的是,有关费雪车体事件的史料记载与经济学文献对该事件的理论演绎有很大出入;由此引发了对建立在这些历史描述基础上合约机会主义相关结论的一系列疑问与反思。并购并不必然意味着市场失灵,而只是反映了当时情形下一些特殊的经济考量,与通用汽车公司在当前重组中所反映的情况可能完全不同。我们认为,通用汽车公司对费雪车体公司的纵向一体化是为了改善两家公司之间的协调,例如,可以确保通用汽车公司获得充足的车体供应,促进两家公司的同步运营;当然更重要的是,能使通用汽车公司获得了费雪兄弟的优秀管理才能。

费雪车体的寓言源于克莱因、克劳福德和阿尔钦文章中的三段话。[5]1919年,通用汽车公司与费雪车体公司签订了一份为期10年的、向费雪车体公司购买封闭式轿车车体的合约;同时,通用汽车公司还收购了费雪车体公司60%的股份。在克莱因、克劳福德和阿尔钦看来,这份合约提供了费雪车体公司免被通用汽车公司敲竹杠的价格保护,因为费雪车体公司不得不在压模设备和车体成型上进行大量的专用性投资。但20世纪20年代初,由于封闭式车体需求的急剧上升,合约规定的价格已经不足以约束费雪车体公司的机会主义行为,也不能避免费雪车体公司趁机利用通用汽车的合约承诺而在履约中处于相对有利的地位。克莱因、克劳福德和阿尔钦还进一步指出,通用汽车公司因不得不支付高昂的价格向费雪车体公司购买车体而导致其市场竞争能力下降;费雪兄弟甚至还拒绝按照通用汽车公司的选址要求来新建车体工厂,因为他们害怕新工厂的建成会暴露他们的机会主义行为。到了1926年,事态发展使通用汽车公司再也无法忍受双方的关系而不得不吞并了费雪车体公司。

然而事实却并非如此。据史料记载,两家公司一直是密切合作、相互信任,并没有出现所谓的合约失灵。费雪兄弟从1921年开始广泛涉足通用汽车公司的运营,

---

4   Oliver D. Hart,*Firms，Contracts，and Financial Structure*，1995.

5   见注2。

也表明了他们并没有所谓的机会主义行为。在1919年的首次收购中，通用汽车公司向费雪车体公司投入了大量资金，并一起建立了表决权信托制度，规定两家公司的高管对费雪车体公司董事会拥有平等的控制权。此外，费雪车体公司在履约中也不存在机会主义定价。费雪车体公司在1926年之前就已经在通用汽车公司的组装工厂周边建立了许多车体制造工厂。最后，封闭式金属车体所要求的金属冲压模具被认为是一种交易专用性投资（transaction-specific investment），与费雪车体公司原本的制造技术并不相符，后者采用的是木质车体，是一种劳动密集型、柔性的生产模式，因而，不具备交易专用性。而且，两家公司全面合并的谈判早在1922年初就已经启动。因此，通用汽车公司在1926年收购费雪车体公司剩余40%股份的行为与资产专用性或合约失灵毫无关系。

我们的研究认为，无论是1919年的首次部分收购还是1926年的最终全面兼并，都是为了加强两家公司间的协调。在艾尔弗雷德·钱德勒（Alfred D. Chandler）、肯尼斯·阿罗（Kenneth J. Arrow）和丹尼斯·卡尔顿（Dennis W. Carlton）看来，对通用汽车公司而言，这种协调的最大意义在于，确保了汽车车体的充足供应。[6]费雪车体公司生产的封闭式汽车车体代表了高品质和高舒适度，是通用汽车公司相较于竞争对手（福特汽车）的一大竞争优势。通用汽车公司对费雪车体公司的纵向一体化，是其与众多其他公司纵向一体化整合计划的组成部分。在当时的交通、通信和数据处理成本下，在车体制造方面的纵向一体化整合有助于通用汽车公司更好地操控与协调库存、生产与采购。按照艾尔弗雷德·斯隆（Alfred P. Sloan）加强内部协调的改革思路，通用汽车公司通过1926年的兼并使费雪车体公司成为它的一个分部（division），有着重要的意义。纵向一体化的同时也实现了

---

6   Alfred D. Chandler, *Strategy and Structure*（1962）; Alfred D. Chandler, *The Visible Hand*（1977）; Kenneth J. Arrow, "Vertical Integration and Communication", *Bell J. Econ.* 6, 1975, p. 173; Dennis W. Carlton, "Vertical Integration in Competitive Markets under Uncertainty", *J. Indus. Econ.* 27, 1979, p. 189.

人事整合，令通用汽车公司获得了费雪兄弟的管理才能。[7]

我们的研究印证了罗纳德·科斯强调的交易成本是纵向一体化的诱因的观点。[8]同时，也支持了科斯认为的资产专用性和合约中的机会主义并不是决定企业是否实施纵向一体化的基本动因的观点。科斯指出，在1932年，当他在思考与撰写其开创性论文《企业的性质》时，他曾一度认为资产专用性可能是企业纵向一体化的潜在动因。

但经过后来在通用汽车公司的调研，科斯了解到费雪车体公司并购事件及通用汽车公司与另一家车架供应商史密斯（A. O. Smith）公司之间的融洽关系后，却发现资产专用性和利己主义并不构成企业纵向一体化的潜在动因。[9]大量研究合约问题的文献将企业与其供应商间的纵向一体化看作是市场合约失灵的例证，因为这些文献提供的是合约和纵向一体化之间的霍布森选择（Hobson's choice，即没有选择余地的选择）。科斯通过列举下面的例子，恰如其分地批评了这种观点："我们之所以对一个人从他的帽子里变出一只兔子不会感到吃惊，是因为我们事先已看到他把

7　费雪车体公司是由费雪七兄弟中的老大和老二创办的。弗雷德和查尔斯（以及他们的一位叔叔）在1908年7月22日投资5万美元在底特律创立了费雪车体公司，比通用汽车公司早成立2个月。费雪七兄弟分别是弗雷德（Fred J., 1878—1941）、查尔斯（Charles T., 1880—1963）、威廉（William A., 1886—1969）、劳伦斯（Lawrence P., 1888—1961）、爱德华（Edward F., 1891—1972）、艾尔弗雷德（Alfred J., 1892—1963）和霍华德（Howard F., 出生于1902年）。他们还有四位姐妹：Anna、Mayme、Loretta和Clara。除老大和老二外，还有另外四位兄弟（分别是威廉、劳伦斯、爱德华和艾尔弗雷德）加入费雪公司，并分管公司的运营。1912年，劳伦斯加入费雪公司，负责油漆和装饰；艾尔弗雷德和爱德华在纽约修完设计学业后于1913年加入；威廉也在1915年加入。家中最年轻的霍华德则经营家族不动产。路易斯·门德尔松和亚伦·门德尔松是早期的出资人，分别负责公司财务和文秘。参见Roger B. White, "Body by Fisher: The Closed Car Revolution", *Automobile Q.* 29（1991）, p.46.

8　R. H. Coase, "The Nature of the Firm: Origin, Meaning, Influence", *J. L. Econ. & Org.* 4, 1988, p. 3.

9　科斯同期也走访了通用汽车公司的主要车架供应商之一史密斯的一家工厂，它是全球最大的汽车车架供应商。科斯曾描述了令其印象深刻的汽车车架生产过程中自动化水平和资产专用性强度。但是，史密斯工厂与通用汽车公司间一直保持着融洽的关系，而且，45年后，通用汽车公司仍然是史密斯工厂的主要客户。因而，科斯认为，为促进未来商业往来而建立信誉的激励会令资产专用性和机会主义的命题失效。

一只兔子塞进了帽子。"[10]

我们发现，兼并的主要动机是改善企业间的协调而不是克服机会主义，这与艾尔弗雷德·钱德勒和斯蒂芬·萨尔斯伯瑞、托马斯·马克思和劳拉·彼得森的经验研究完全吻合。马克思和彼得森，苏珊·黑尔珀、约翰·保罗·麦克达菲和查尔斯·萨贝尔也发现克莱因、克劳福德和阿尔钦对费雪车体案例的研究结论值得怀疑。[11]帕特里克·博尔顿和戴维·沙尔夫斯泰因则指出，哈特的理论并不完善，因为没有考虑到因决策权的委托而产生的委托代理成本，因而，无法准确解释通用汽车公司并购费雪车体公司的案例。[12]本特·霍姆斯特罗姆和约翰·罗伯茨指出，许多观察到的所有权安排之所以不符合企业产权理论的预言，是因为没有考虑到企业商誉的作用。[13]

由于所有研究费雪车体公司并购案例的经济学文献都是源于斯隆在联邦政府诉杜邦公司案（United States v. E. I. Du Pont）中的证词，因而，有必要重新审视政府关于通用汽车公司兼并费雪车体公司是前者扩张市场力量的一种手段的论点。我们发现，几乎没有任何经验证据能支持通用汽车公司这个兼并是为了阻碍市场竞争（foreclosure）的观点。

文章将按如下结构展开论述。第一节首先综述经济学中围绕费雪车体公司并购案的相关文献；第二节是对这些描写和解释的历史准确性的评价；第三节探讨纵向

---

10 同注8，第43页。

11 Alfred D. Chandler & Stephen Salsbury，*Pierre S. du Pont and the Making of the Modern Corporation*（1971）；Thomas G. Marx and Laura B. Peterson，"Asset Specificity, Opportunism, and the Vertical Integration of Body and Frame Production in the Automobile Industry"（unpublished manuscript, General Motors Corp., Detroit；1993）；Susan Helper, John Paul MacDuffie, and Charles Sabel，"The Boundaries of the Firm as a Design Problem"（unpublished manuscrip, Columbia Univ. Law Sch., November1997）.

12 Patrick Bolton and David Scharfstein，"Corporate Finance, the Theory of the Firm, and Organizations"，*J. Econ. Persp.*12，Autumn 1998，p. 95.

13 Bengt Holmstrom and John Roberts，"The Boundaries of the Firm Revisited"，*J. Econ. Persp.* 12，Autumn 1998，p. 73.

一体化是否能解释这一并购案；第四节阐述通用汽车公司兼并费雪车体公司并不是为了扩张市场势力；第五节是本文结论。

一、经济学文献中的费雪车体公司并购案

费雪车体公司并购案至少被用于说明三个经济学理论。克莱因、克劳福德和阿尔钦、威廉姆森、哈特都认为通用汽车公司在1926年对费雪车体公司的纵向一体化是为了防范后者在长期合约履行中的敲竹杠行为。[14]克莱因、克劳福德和阿尔钦、威廉姆森以两家公司1919年的初始合约为例来说明合约中的机会主义。他们通过观察发现，两家公司之所以要签订1919年的初始合约，是因为新的生产技术要求进行关系专用性实物资产（relationship-specific physical assets）投资，而这种投资会损害合约的最优履行。[15]哈特则利用对通用—费雪并购案例分析来支持他的企业产权理论；哈特认为，通用汽车公司对费雪车体公司的并购是互补性资产的有机结合，有利于激励关系专用性投资。[16]

14　Klein，Crawford，and Alchian，见注2；Williamson见注3；Hart，见注4。

15　Williamson，见注3，第114页。

16　Hart，见注4，第7页。

上述研究激发了大量学者对合约理论与企业理论的探讨。[17]在经济学文献中，费雪车体公司寓言的真实性一直被认为是理所当然的。因为，它经常在有关合同、纵向一体化和企业理论的分析中用以说明资产专用性、机会主义及所谓市场合约失灵的经济含义。[18]很多经济学和商学教科书都留有一定篇幅来介绍通用—费雪并购

17　见Kirk Monteverde and David J. Teece, "Appropriable Rents and Quasi—Vertical Integration", *J. Law & Econ*.25, 1982, p.321; Paul A. Grout, "Investment and Wages in the Absence of Binding Contracts: A Nash Bargaining Approach", *Econometrica* 52, 1984, p.449; Sanford J. Grossman and Oliver D. Hart, "The Costs and Benefits of Ownership: A Theory of Vertical and Lateral Integration", *J. Pol. Econ.* 94, 1986, p.691; Mathias Dewatripont, "Commitment through Renegotiation-Proof Contracts with Third Parties", *Rev. Econ. Stud.* 55, 1988, p.377; Oliver Hart and John Moore, "Property Rights and the Nature of the Firm", *J. Pol. Econ.* 98, 1990, p. 1119; Tai-Yeong Chung, "Incomplete Contracts, Specific Investments, and Risk Sharing", *Rev. Econ. Stud.* 58, 1991, p. 1031; William P. Rogerson, "Contractual Solutions to the Hold-Up Problem", *Rev. Econ. Stud.* 59, 1992, p. 777; Philippe Aghion, Mathias Dewatripont, and Patrick Rey, "Renegotiation Design with Unverifiable Information", *Econometrica* 62, 1994, p. 257; Georg Nöldeke and Klaus M. Schmidt, "Option Contracts and Renegotiation: A Solution to the Hold-Up Problem", *Rand J. Econ.*26, 1995, p. 163; Aaron S. Edlin and Stefan Reichelstein, "Holdups, Standard Breach Remedies, and Optimal Investment", *Am. Econ. Rev.*86, 1996, p. 478; Peter J. Buckley and Malcolm Chapman, "The Perception and Measurement of Transaction Costs", *Cambridge J. Econ.*21, 1997, p. 127; and Yeon-Koo Che and Donald B. Hausch, "Cooperative Investments and the Value of Contracting", *Am. Econ. Rev.* 89, 1999, p. 125.

18　见Benjamin Klein, "Vertical Integration as Organizational Ownership: The Fisher Body-General Motors Relationship Revisited", *J. L. Econ. & Org.* 4, 1988, p. 199; Richard N. Langlois and Paul L. Robertson, "Explaining Vertical Integration: Lessons from the American Automobile Industry", *J. Econ. Hist.* 49, 1989, p. 361.

案。[19]通用—费雪并购案例也逐渐成为合约理论、产业组织、组织经济学和管理战略等课程的必备教学内容。

1. 克莱因、克劳福德和阿尔钦的纵向一体化理论

克莱因、克劳福德和阿尔钦认为，合约之所以不完备是因为专用性资产投资的存在为一方当事人的敲竹杠行为创造了机会。对敲竹杠行为的合理预期会令合约中的专用性资产投资不足而降低交易所得。因为合约当事人的有限理性将导致合约无法达到完备，可占用性准租金（appropriable quasirents）的存在将使专用性资产投资方面临被敲竹杠的风险。在重新协商阶段，合约当事人的议价能力被认为取决于各自拥有关系专用性资产所有权的相对大小，因而，双方当事人都有激励减少这方面的投资，最后导致合作剩余下降。假设企业内部化能减少机会主义行为，那么，克莱因、克劳福德和阿尔钦认为，纵向一体化是解决市场合约中机会主义的良方。[20]

为了解释他们的理论，克莱因、克劳福德和阿尔钦经观察后指出："费雪车体

19　这些教科书包括：Jean Tirole，*The Theory of Industrial Organization*，1988，p. 33；Paul R. Milgrom and John Roberts，*Economics，Organization，and Management*，1992，p. 137；Sharon M. Oster，*Modern Competitive Analysis*，1994，p. 209；Hart，如注4，第7页；David Besanko，David Dranove，and Mark Shanley，*Economics of Strategy*，1996，p.146；Bernard Salanié，*The Economics of Contracts*，1997；James A. Brickley，Clifford W. Smith，and Jerold L. Zimmerman，*Managerial Economics and Organizational Architecture*，1997，p.56；Jeffrey Church and Roger Ware，*Industrial Organization：A Strategic Approach*，1999，p. 94. 例如，Salanié是这样解释的："1920年代，费雪车体公司为通用汽车生产车门；为了更好地满足通用汽车公司的需求，费雪车体公司投资了一些更具专用性的机器设备，并为此专门调整了生产流程和生产组织。显然，万一通用汽车公司选择了其他汽车零部件供应商，费雪车体公司的投资就会失去一部分相当可观的投资价值。因而，两家企业在1919年签订的合约是为确保费雪车体公司为期10年的独家供应权，以避免被通用汽车公司敲竹杠。另一方面，为了防止费雪车体公司在未来大幅提价，合约同时规定了成本加成条款。然而，遗憾的是，这也给费雪车体公司滥用价格条款提供了机会，该公司选择了非常低的资本密集型生产方式，并将工厂建在离通用汽车公司很远的地方。因而，事实上是通用汽车公司被费雪车体公司敲了竹杠，最后迫使它不得不在1926年全面收购了费雪车体公司。"（本注，第181页）

20　Klein，Crawford，and Alchian，注2，第298、302页。

公司最初生产的汽车车体主要以个别组装的敞开式木质车体为主。但其从1919年开始转为生产以金属结构为主的封闭式车体，使得专门的压模设备变得必不可少。"他们继而指出，通用汽车公司在1919年与费雪车体公司签订了一份为期10年的购买封闭式车体的合约中承诺，"费雪车体公司是通用汽车公司唯一的封闭式汽车车体供应商"。在克莱因、克劳福德和阿尔钦看来，上述排他性条款是为了防范通用汽车公司的机会主义行为——通用公司以威胁向其他供应商采购汽车车体迫使"已经做了特定生产技术投资"的费雪车体公司不得不妥协降价供应。同时，也为了防范费雪车体公司利用独家供应条款占通用汽车公司的便宜，因而，合约同时也规定"费雪车体公司以固定价格向通用汽车公司供应封闭式金属车体，……封闭式金属车体的定价标准是生产成本加上17.6%的利润（所投资本除利息以外的收益）"。另外，

> 合同规定，费雪车体公司卖给通用汽车公司的车体价格不得高于前者将同类车体卖给其他汽车制造商的价格，也不得高于其他车体制造商供应同类车体的市场平均价格。最后，合约还规定了处理任何价格争议的强制性仲裁条款。[21]

制造合同签订几年后，封闭式汽车的需求大幅上涨，依照克莱因、克劳福德和阿尔钦的说法，"复杂的合约价格条款实际上并没有带来签订合约时所预期的结果"。因此，

> 通用汽车公司难以接受其非常重要的供应商费雪车体公司向其索取的价格。通用汽车公司非常不满地认为，在单位资本投入的车体产量已大幅提高的情况下，这个价格过高了。但在初始合同缺乏资金成本转嫁相关条款的情况下，出现这样的变化是可以理解的。

21　同上注，pp. 308—9。

　　　　　　　　　　　　　　　　　　　经济学的著名寓言

几位学者还进一步发现："费雪车体公司拒绝在通用汽车公司的装配工厂附近建造车体制造工厂，而这在通用汽车公司看来是提高其生产效率的必要举措。"因而，克莱因、克劳福德和阿尔钦推断，"到了1924年，通用汽车公司终于无法忍受与费雪车体公司的合约关系，开始联系费雪车体公司商谈购买剩余股份，直到1926年终于达成了全盘收购协议"。[22]因而，克莱因、克劳福德和阿尔钦的立论依据是：（1）费雪车体公司有必要进行大量的关系专用性实物资产投资；（2）费雪车体公司的机会主义价格策略；（3）费雪车体公司不愿意靠近通用汽车公司的工厂建造车体制造工厂。

2. 威廉姆森的交易成本经济学

威廉姆森探讨了有限理性和不确定性对合约签订过程的影响。[23]他认为，为了规范合约关系中的资产专用性和当事人的机会主义，需要建立更复杂的治理结构，其中就包括纵向一体化。威廉姆森将通用汽车公司和费雪车体公司的并购案例用以研究和阐述纵向一体化理论。[24]

威廉姆森断定，通用汽车公司与费雪车体公司间的关系经历了三个阶段。在第一个阶段，双方当事人对合约的履行都感到相当满意，因为这个时期交易的汽车

---

22 同上注，pp. 309—10.

23 Williamson，注3；Oliver E. Williamson，"Transaction Cost Economics：The Governance of Contractual Relations"，*J. Law & Econ.* 22（1979），p. 233.

24 威廉姆森（注3，第114页）将费雪车体公司和通用汽车公司间的关系归纳为四点：（1）1919年，通用汽车公司与费雪车体公司签订了一份为期10年的合约，通用汽车公司承诺从费雪车体公司购买其所需的全部封闭式车体。（2）车体的交货价格以成本加成为基础，并规定通用汽车公司不会支付高于费雪车体公司提供给其他汽车制造商（通用汽车公司的竞争对手）同类车体的价格。价格纠纷必须通过强制性仲裁解决。（3）市场对封闭式汽车需求的增长幅度远远超过了签订合约时的预期，因此，通用汽车公司认为初始合约中的价格条款不再合理。而且，通用汽车公司曾多次强烈恳请费雪车体公司将车体制造工厂建在其汽车组装工厂的附近而使其运输和仓储更有效率，但费雪车体公司拒绝了。（4）通用汽车公司从1924年开始着手收购费雪车体公司的剩余股份，并在1926年达成了全面合并协议。

车体主要为木质结构，不需要进行大量专用性投资。当汽车车体的生产技术向金属车体转变后，两者关系进入第二阶段。这一阶段的生产需要大量的专用性实物资产投资，且双方当事人间的相互依赖进一步增强。因此，双边合约才是最优选择。因而，这个时期签订的合同规定了定价方式和通过仲裁解决价格纠纷。到了第三个和最后一个阶段，"需求的意外大幅增长和单位成本的快速下降使合约双方的关系开始趋于紧张。而且，费雪车体公司一直不愿意接受通用汽车公司对其车体制造工厂选址的提议而使双方关系进一步恶化"。[25]

为了在封闭式汽车需求扩张的重要时期，分属两家公司的运营决策和投资决策能密切结合、达成一致，一体化组织的统一管理将替代双边治理。威廉姆森断言，随着这种特殊资产的专用性程度不断加强，两家公司间的摩擦也将不断升级。与克莱因、克劳福德和阿尔钦相同，威廉姆森对1926年最终并购的解释也是基于资产专用性、机会主义和工厂选址。他对1919年合同的解释是，技术变化对专用性资产投资的影响促成了两位合约当事人的互相依赖（bilateral dependency）。威廉姆森强调，在费雪车体并购案例中的专用性实物资产是为了满足汽车车体的设计从"木质车体时代向金属车体时代转变"的需要。[26]

3. 哈特的企业产权理论

与克莱因、克劳福德和阿尔钦及威廉姆森的观点相同，哈特也认为，合约双方在关系专用性实物资产上的投资不足是为了减少受制于机会主义的不利影响。[27] 哈特指出，拥有互补性资产的合约当事人拥有更多的选择权，而使该当事人在合约的事后谈判中拥有更强的议价能力。拥有更高比例的实物资产能使合约当事人少受敲竹杠的威胁，并更有能力实施机会主义行为。哈特将该理论概括为："在合约不完备

---

25   同上注，第115页。

26   同上。

27   Hart，注4。

的情况下，所有权是一种权力之源。"[28]在哈特的企业产权理论中，实物资产应该在合约当事人之间进行分配，其目的就在于激励双方当事人进行事前的专用性投资，从而实现尽可能大的共同剩余。当事人拥有的资产越多，就越有激励进行关系专用性投资，在人力资本方面更是如此。

哈特声称："在很长的一段时间里，费雪车体公司与通用汽车公司是通过一个长期合约连接在一起的两个独立企业。然而到了20世纪20年代，通用汽车公司对汽车车体的需求大幅增长，当费雪车体公司拒绝修改之前的价格条款后，通用汽车公司只能将其收购。"在缺乏史料支持的情况下，哈特断言："通用汽车公司是想要确保在今后的谈判中总能占据优势地位，尤其要确保无须支付一大笔钱就能得到更多的车体供应。"[29]

为何通用汽车公司和费雪车体公司没有签订一份更好的合约呢？哈特解释道，签订一份囊括所有风险的完备合约的成本是极其昂贵的。因此，即使再详细的合约也可能面临重新协商的风险。两家企业之所以不愿意投资关系专用性资产，是因为害怕在合约再协调中被敲竹杠。因而，让通用汽车公司成为费雪车体公司所有者的这一解决方案可以让通用汽车公司获得剩余控制权，提高其在未来谈判中的地位。哈特指出："极端的做法是，一旦费雪车体公司的经营管理者拒绝接受通用汽车公司的要求，就可能被通用汽车公司免职。"[30]同时，哈特也认为，如果通用汽车公司是费雪车体公司的所有者，那么通用汽车公司将有更强的激励进行关系专用性资产投资。总之，哈特在对并购案的解释中强调，在并购前，通用汽车公司和费雪车体公司是两家独立的企业，费雪车体公司有机会主义行为的可能，而通用汽车公司则希望在未来的合约重新谈判中占据更有利的地位。

---

28   同上注，第29页。
29   同上注，第7页。
30   同上。

二、对费雪车体寓言的评价

费雪车体的寓言流传甚广，因而，很有必要去考评是否真有这样的历史事实能支持克莱因、克劳福德和阿尔钦、威廉姆森及哈特的研究。通用汽车公司的确在1919年与费雪车体公司签订过一份为期10年的合约，以成本加上成本的17.6%的价格向后者购买汽车车体。[31] 然而，经济学文献对该案例许多重要细节的描述并不准确。第一，通用汽车公司和费雪车体公司间的合约关系一直很融洽，双方相互信任，并非"无法忍受"。费雪车体公司在车体的定价中并没有机会主义行为。第二，这份制造协议应该在1919年的收购、收益合约及表决权信托安排的视角下来审视；这两家公司并非相互独立。随着1919年通用汽车公司收购费雪车体公司，费雪车体公司的治理结构出现了所有权与控制权的分离，但这与取得所有权是获得控制权的必要条件的观点并不相符。第三，1919年的部分收购后，两家公司的最终合并谈判早在1922年初就已经开始，这说明最终合并不如文献所描述的，是由所谓

31　这份为期10年的合约在1926年5月17日路易斯·门德尔松和威廉·费雪写给费雪车体公司股东的信中得到了证实。有关这封信的内容可参见：Gov't Trial—Ex. No. 506，*United States v. E. I. Du Pont de Nemours & Co.*；General Motors，et al，Civil Action 49C—1071，126 F. Supp. 235（N.D. Ill. 1954）；353 U.S. 586（1957）；366 U.S. 316（1961）。早在1917年11月9日，通用汽车公司就与费雪车体公司签订过一份为期10年、以成本加17.6%成本利润的价格购买汽车车体的合约。参见：Lawrence H. Seltzer，*A Financial History of the American Automobile Industry：A Study of the Ways in Which the Leading American Producers of Automobiles Have Met Their Capital Requirements*（1928），p.191；Roger B. White，*Fisher Body Corporation，in The Automobile Industry，1896—1920*（Encyclopedia of American Business History and Biography Series 1990）. 也可参见Chandler和Salsbury，注11，第465页。这份合约在1919年的重新协调中，维持了成本加17.6%成本利润的价格条款不变。参见Seltzer，同上注，第218页；Chandler和Salsbury，同上注，第465页；White，同上注，第189页。有关这份10年期合同的文献也可参见*Poor's Manual of Industrials*（1921），p.1488；Arthur Pound，*The Turning Wheel：The Story of General Motors through Twenty-Five Years，1908-1933*（1934），p.291；Alfred P. Sloan, Jr.，*My Years with General Motors*，1963，p.15；Al Fleming，"Body by Fisher"，*Automotive News*，1983，p. 143.经Chandler和Salsbury（第465页）及White（第189页）证实，这份合约到1924年10月只执行了5年，这与表决权信托的结论和其他对费雪兄弟的补偿条款基本一致。

1926年的合约问题所造成。第四，在最终并购前，两家公司早已协商解决了工厂选址和产能问题。

最后，费雪车体公司的制造技术一直以来都主要专注于木质汽车车体的制造。这个事实极为重要，因为它能说明，费雪车体公司的投资并不是交易专用，因而也无需合约的保护。木工工艺技术非常灵活，允许公司随意改变汽车车体型号。而且，既然这个技术是以木质工艺为基础，那么，公司就完全没有必要在金属压模工艺上进行大量的交易专用性投资。

1. 与费雪车体公司的合约关系表现出信任

在1926年的最终并购前，两家公司间大量的互动和频繁的信息交流均能证明，他们一直维持着长期合作关系，也并没有出现机会主义。无数事实可以证明两家公司间的关系是融洽的。[32] "费雪车体"是通用汽车在全国性广告宣传中经常提及的内容，而且所有通用汽车的底盘上都刻有"费雪车体"金属字样。通用汽车公司早在1919年就向费雪车体公司大量注资，并在1923年又投入450万美元提升费雪车体公司的生产规模以满足通用汽车公司的需求。自弗雷德·费雪进入通用汽车公司执行委员会后，费雪兄弟在通用汽车公司高层管理中的参与度不断增加，这表明费雪兄弟与通用汽车公司高层管理者间的关系一直很不错。1919—1926年间，费雪兄弟在通用汽车公司经营管理中的参与度不断增加，与通用高层的关系更为密切，事实上，即使在1926年的最终并购后，这种情况仍然持续多年。因而，有足够证据表明，通用汽车公司与费雪兄弟间的关系在最终并购之前一直很友好。

早在1919年被部分收购前，费雪车体公司就需要投入充足的资金来扩大生产规模以满足市场需求。与众多企业创办人和家族企业需要大量外部资金注入一样，

---

32 这种互动关系与青木昌彦描述的母公司与分包商间典型的合作关系非常类似。参见：Masahiko Aoki, "Horizontal vs. Vertical Information Structure of the Firm", *Am. Econ. Rev.* 76, 1986, p. 971; Masahiko Aoki, "Toward an Economic Model of the Japanese Firm", *J. Econ. Literature* 28, 1990, p.1.

费雪兄弟同样面临股权稀释及失去部分控制权问题。外部资本可以来源于向公众发行股票或与其他投资者合资，但这些都会对公司的控制权产生重大影响。费雪车体公司与通用汽车公司之间的密切经营关系及通用汽车公司提出的收购后的控制权结构打动了费雪兄弟，令他们接受了1919年通用汽车公司提出的部分收购要约。费雪兄弟对通用汽车公司的信任表现在他们转而成为通用汽车公司的合伙人。1926年那封费雪车体公司写给其原股东的信中也能说明它与通用汽车公司间一直保持着良好的关系。信中记载："1919年与通用汽车公司签订的生产合同使费雪车体公司获得了巨额利润"，且"费雪车体公司约90%的生意是给通用汽车公司供应车体"。[33] 而且，亚瑟·庞德（Arthur Pound）认为，费雪车体公司之所以接受通用汽车公司而不是其他两家汽车制造商的部分收购要约是因为费雪兄弟想生产高质量的汽车车体，同时也希望能扩大生产规模。而当时的通用汽车公司不仅正在处于高速发展阶段，而且能向市场提供从低端到高端的所有车型。[34]

克莱因、克劳福德和阿尔钦的一个重要推断是，"到了1924年，通用汽车公司与费雪车体公司间的关系已经恶化到令它无法容忍时，通用汽车公司才着手实施购买费雪车体公司剩余股份的谈判"，[35] 这个推断是根据"美国联邦诉杜邦案"的三份被告陈述（编号分别是，GM-32、GM-33和GM-34）[36] 做出的。这些陈述都说了什么呢？材料GM-32是一封1924年10月皮埃尔·杜邦（Pierre S. du Pont）写给哈里·麦高恩（Harry McGowan）的信。信中写道："要让艾尔弗雷德·斯隆亲自过问两家公司合作中的所有分歧是不太可能的，但我相信费雪兄弟一定会很好地协助和及时揭露问题，并想尽办法解决问题。"信中继续写道：

两位费雪家族成员参与通用汽车公司经营的意愿将有助于打破两家公司间

33　费雪车体公司给股东的信，注31。

34　Pound，同注31，第291页。

35　Klein，Crawford and Alchian，同注2，第310页。

36　Defendants' Trial—Ex. Nos. GM-32，GM-33，and GM-34，*Du Pont*，126 F. Supp. 235.

的利益壁垒，促进双方关系的健康发展。由于缺乏充分的信息交流，双方难免产生冲突，但这没什么好处。将来，费雪兄弟能更好地理解通用汽车公司的问题和困难，同时我认为，通用汽车公司也会更充分认识和帮助解决费雪车体公司的问题。[37]

信中列出了许多可以由费雪兄弟担任的管理职位。材料GM–33是哈里·麦高恩对皮埃尔·杜邦的回信，主要表达了他非常赞同杜邦关于给费雪兄弟提供更多管理职位的提议。最后一份材料GM–34是斯隆在1926年2月13日写给拉斯科布（J. J. Raskob）的信。信中说："为了保持公司的竞争力，我们将尽最大努力、坚持不懈地协调与费雪车体公司间的各种关系，使双方的合作更具建设性、更有成效。"[38]斯隆在信中虽然也提到了公司的日常运作问题，但着重阐述的一个主要问题是：通用汽车公司的股份和费雪车体公司的股份要按什么比率进行兑换。双方谈判的焦点是收益分配协议，而非生产合同。斯隆在他的信中还提到："弗雷德（费雪）兄弟对通用汽车公司的现状与未来如此热心，以至于解决这个问题的容易程度将前所未有。"[39]这三个材料都否认了合约关系因为机会主义行为而变得无法容忍的论断。相反，这些材料都显示了一种基于合作利益的并购意愿。

与克莱因、克劳福德和阿尔钦、威廉姆森及哈特的推断相反，几乎没有史料显示定价上的机会主义是一个问题。通用汽车公司完全能决定费雪车体的供应价格，因为其从1919年开始就实际拥有费雪车体公司的控股股权。此外，钱德勒和萨尔斯伯瑞还发现，1919年签订的收益合约在1924年终止后，通用汽车公司和费雪车体公司重新签订的一份合约，废除了沿用了7年的、旧的成本加上17.6%的定价公

37　1924年10月21日，皮埃尔·杜邦写给哈里·麦高恩的一封信，Defendants' Trial—Ex. No. GM–32，*Du Pont*，126 F. Supp. 235.

38　J. J.拉斯科布是杜邦公司的一个董事和财务总监。Chandler，Strategy and Structure，p. 126.

39　1926年2月13日，艾尔弗雷德·斯隆写给J. J.拉斯科布的一封信，Defendants' Trial—Ex. No. GM–34，*Du Pont*，126 F. Supp. 235.

式。[40]斯隆的证词更多是关于定价弹性，而非高价格。斯隆在1952的证词中曾提及1920—1923年的情况，他说老的定价公式"有很大的局限性，其令我们不得不遵守一份过于倾向于保护少数股东利益的合约。这是我们必须关注的问题，因为我们缺少一个能适应商业活动变化的、灵活的定价条款。为更好地协调与费雪车体公司间的关系，令其运营跟我们保持一致，购买剩余40%的股权是绝对必要的。"[41]这份证词并没有显示机会主义或高垄断价格的存在。事实上，建议的补救方案是用协调经营代替价格机制。更重要的是，斯隆在这份证词和次年的证词中都声明"我从来没有见过那份合约"，即1919年签订的生产封闭式车体的生产合同。[42]

2. 通用汽车1919年对费雪车体的收购将所有权与控制权分离

通用汽车公司在1919年10月收购了费雪车体公司60%的股份。同时，两家公司也签订了一份前面曾提及的为期10年的生产合同。而且，通用汽车公司也与弗雷德·费雪和查尔斯·费雪签订了一份利益同享合约，承诺向他们支付10%的净利润作为他们担任公司管理者的报酬。[43]作为并购的一个条件，通用汽车公司设立了一个表决信托制度，有效分离了费雪车体公司的所有权和控制权。对公司控制权的安排更像合作合资，而非恶意收购，其象征着公司间最高层的紧密合作。

收购完成后，费雪车体公司增发了30万股新股，新增加的无面值普通股由

40　Chandler和Salsbury，同注11。

41　艾尔弗雷德·斯隆的证词（1952年4月28日），*Du Pont*，126 F. Supp.235，p.188.

42　同上注，第187页，1953年3月17日艾尔弗雷德·斯隆的证词。Trial Transcript Vol. 5，*Du Pont*，126 F. Supp. 235.

43　这样的安排曾在 J. J.拉斯科布写给威廉·杜兰特的信中提及（这份文件存档于Kettering/GMI工业史校友基金会、Flint和Mich）。四位年轻的费雪兄弟已经就5%的净利润达成协议。一封由皮埃尔·杜邦在1924年10月21日写给哈里·麦高恩的信中提到协议将于1924年10月1日到期，还提到费雪兄弟收的这些款。可参见Defendants' Trial—Ex，No. GM—32，*Du Pont*，126 F. Supp. 235.

通用汽车公司以每股92美元的价格买入。[44] 通用汽车公司支付了580万美元的现金和一张2185.1万美元的分五年支付的远期票据。事实上，如果再加上按比例购入的费雪车体公司新发行股票的支出，通用汽车公司对费雪车体公司投资总额达3215.1825万美元。

增发的股票由一家新成立的、为期5年（从1919年7月11日到1924年10月1日）的表决权信托机构持有。[45] 表决权信托机构之所以只存在5年是因为通用汽车公司是按纽约州的法律成立，该州法律规定表决权信托的年限不得超过5年。[46] 表决权信托制度为股票所有人提供了一种不按股票价值直接控制公司的机制，因为股票转给信托机构持有，信托机构按股票发行的方式向原股票持有人颁发表决权信托凭证。[47] 在这种情况下，优先股股东将其手中的股票转给信托机构以换取表决权信托凭证。表决权信托机构作为控股公司，不仅能统一分配控制权，还能有效实现所有权与控制权的分离。亚瑟·杜因（Arthur S. Dewing）将表决权信托定义为一种管理机制，用以维持一家公司的经营管理和财务控制，借此"拥有很少股份甚至完全没有股份的人也可以绝对控制公司的政策。"[48]

信托人是来自通用汽车公司的威廉·杜兰特和皮埃尔·杜邦，及来自费雪车体公司的弗雷德·费雪和路易斯·门德尔松，因而，费雪车体公司获得了50%的信

44　Chandler 和 Salsbury，同注11，第465页；Seltzer，同注31，第191页；Marx 和 Peterson，同注11，第8页。

45　这家表决权信托机构持有费雪车体公司所有股份，包括公司股份以及弗雷德·费雪、路易斯·门德尔松、威廉·杜兰特、皮埃尔·杜邦持有的股份。参见 Gov't Trial Ex. No. 429，Vol. 3，*Du Pont*，126 F. Supp. 235. 也参见 *Poor's Manual of Industrials*，如注31，p. 1489.

46　Harry A. Cushing，*Voting Trusts*，1927，p.22.

47　Harry A. Cushing，*Voting Trusts*，1915；Arthur Stone Dewing，*The Administration of Income*（The Financial Policy of Corporations Series，5 Vols.，1921）.

48　Dewing，同上注。

托控制权。[49]另外，费雪车体公司重组了董事会。董事会最终确定的14名成员，有一半代表通用汽车公司的利益，另一半则来自费雪家族。尽管公司的控制权是以50：50设置，但却仍然由费雪兄弟继续经营。因而，在这种制度安排下，两家公司在表决权信托和公司董事会方面都是平等的。因而，其清楚显示了，所有权与控制权之间的区别，因为通用汽车公司虽然拥有费雪车体公司60%的股权，却只执行50%的控制权。即使通用汽车公司在1926年全面并购费雪车体公司后，通用汽车公司自己的执委会也是在通用汽车公司的人［斯隆、唐纳森·布朗（Donaldson Brown）、约翰·普拉特（John L. Pratt）］和费雪车体公司的3位（弗雷德、劳伦斯和查尔斯）之间平分，因为另外两名成员（杜邦和拉斯科布）基本已经不管事了。[50]

回顾哈特的企业产权理论，企业存在的目的是巩固实物资产所有权以保障剩余控制权。[51]但是，表决权信托、1919年费雪车体公司董事会的构成及通用汽车公司在1926后关于控制权安排的建议等方面出现的所有权与控制权分离，都与哈特对通用汽车公司纵向一体化动机的解释不相符。很显然，通过购买产权来行使剩余控制权并非通用汽车公司并购费雪车体公司的动机。通用汽车公司最初购买了费雪车体公司60%的股份后，费雪兄弟只占有公司的少数资产，但作为企业的管理者、董事和表决权信托的信托人却依然拥有实质控制权。

49　皮埃尔·杜邦在1914年2月购买了通用汽车公司14万美元的普通股后，开始成为其股东。到了1915年底，杜邦的证券投资组合中除了在化工行业的投资外，有一半是投在通用汽车公司。1915年11月16日，杜邦被任命为通用汽车公司的董事会主席，并担任威廉·杜兰特（在1916年6月1日—1920年11月30日担任通用汽车公司的总裁）的顾问，为通用汽车公司在1918—1919年的扩张计划提供了大量资金支持，其中就包括购买费雪车体公司的股份。1920年11月30日，杜邦成功替代了杜兰特的职位，直至1923年5月10日；之后，杜邦继续担任通用汽车公司的董事会主席直至1929年2月7日。参见：Pound，同注31；Chandler和Salsbury，同注11。

50　Chandler和Salsbury，同注11，第465、577页。

51　博尔顿和沙尔夫斯泰因（同注12）指出，哈特理论的缺陷是，哈特没有考虑通用汽车公司自身的证券所有权（securities ownership）和企业管理控制权的分离，尽管他们俩也没考虑他们提到的这些问题。

3. 全面收购谈判早在1922年就已经开始

大家都认为1926年的全面并购是源于合约难以继续履行下的应急策略。然而我们要强调的是，这次全面并购很早就已经开始筹划了。事实上，费雪兄弟最晚在1922年就对完全并购产生了兴趣。皮埃尔·杜邦在1922年10月31日一封写给拉莫特·杜邦（Lammot du Pont）的信中记载：

> 最近，费雪先生们正在考虑他们与通用汽车公司的未来关系，并表达了愿意跟我们加强合作，甚至融为一体的想法；提请实施一项有关通用汽车公司和费雪车体公司资产相对价值的研究，希望能将费雪车体公司的普通股兑换成通用汽车公司的股份。

通用汽车公司对并购也感兴趣。皮埃尔·杜邦认为："与费雪兄弟建立更密切的关系和两家公司的更深入合作将带来巨大的利益。"[52]1922年秋天，弗雷德·费雪被任命为通用汽车公司的执行委员会委员，这是费雪兄弟进入通用汽车公司高级管理层的第一步。[53]

1924年，皮埃尔·杜邦和费雪兄弟之间又有过一次关于合并的谈判。[54]1924年10月1日，表决权信托和收益合同终止，被一份新的收益合约取代。新合约的一个核心条款是，费雪兄弟将获得管理者证券公司（Managers Security Company）的股权，数额等于此前他们在通用汽车公司担任经理或主管时的收入。另外，威廉·费雪将出任费雪车体公司的总裁，查尔斯·费雪和劳伦斯·费雪也将成为通用

---

52 1922年10月31日，皮埃尔·杜邦写给拉莫特·杜邦的信。Gov't Trial Ex. No. 435，Du Pont，126 F. Supp. 235.

53 Sloan，同注31，第161页；Chandler和Salsbury，同注11，第526页。

54 参见Chandler和Salsbury，同注11，第575页。费雪兄弟赞成更多地参与通用汽车公司的运营是有好处的，但他们不接受完全一体化，因为费雪车体公司当时是一家非常赚钱的公司，而且他们也不想看到自己的家族企业被通用汽车公司完全吞并。

汽车公司执行委员会的成员，其中，查尔斯·费雪主要负责费雪车体公司的管理，爱德华·费雪和艾尔弗雷德·费雪则主要负责费雪车体公司的具体运营。[55]费雪车体公司的利润计算方法将与通用汽车公司其他事业部一样，而不再适用成本加成法。[56]

一年后，双方又重新启动并购谈判。通用汽车公司管理层关心的是，剩余40%的费雪车体公司股份能否最终从费雪家族、路易斯·门德尔松和亚伦·门德尔松（Aaron Mendelson）处转移或卖给其他第三方。[57]而且，在通用汽车公司扩张和重组的那些年中，斯隆和杜邦都认识到了招揽费雪兄弟加盟通用汽车公司经营管理的重要性。1925年，他们说服劳伦斯·费雪担任凯迪拉克汽车公司的总经理。

显然，费雪车体公司对并购也有兴趣。1926年，费雪车体公司在向股东们解释拟议中的并购时指出，1919年签订的为期10年的生产合同"已经临近尾声，……1929年必须重新协商签订一份新的合同，而通用汽车公司也可能建立自己的车体制造工厂，或另外寻求其他的汽车车体供应商"。[58]经过一系列的谈判后，通用汽车公司终于在1926年6月30日完成了对费雪车体公司的全面收购。通用汽车公司和费雪车体公司的每股股权交易比率是1.5：1。通过上述交易，通用汽车公司的股票市值是1.36亿美元，而费雪车体公司的资产额是9 230万美元。

4. 费雪车体工厂坐落在通用汽车装配工厂附近

1923年，一份汽车车体制造工厂的建设计划得以实施。工厂的选址问题早在原表决权信托终止前的1924年就已经彻底解决。[59]由于1922年汽车的市场需求猛增，费雪车体公司在次年建立了更多的车体制造工厂，将公司规模扩张到了

55　Defendants' Trial Ex. No. GM—32，Vol. 1，*Du Pont*，126 F. Supp. 235.

56　Chandler 和 Salsbury，同注11，第576页。

57　同上注。

58　费雪车体公司给公司股东们的一封信。Gov't Trial Ex. No. 506，*Du Pont*，126 F. Supp. 235.

59　Marx 和 Peterson，同注11。

1 643 246平方英尺（1平方英尺=0.092 9平方米）。例如，1926年杜兰特汽车公司（Durant Motors）接管的弗林特一号工厂，占地面积超过了200万平方英尺。在1926年直接收购后的连续三年内，费雪车体公司的规模扩大了263 831平方英尺。表8.1列明了费雪车体公司在1923—1929年间工厂规模的扩张情况。

表 8.1　1923—1929年间建立的费雪车体装配工厂

年份	工厂所在地	面积/平方英尺
1923	Flint No. 2，Mich.	266 443
	Lansing，Mich.	622 234
	Buffalo，N.Y.	150 692
	Norwood，Ohio	182 167
	Jamesville，Wis.	257 790
	Oakland，Cal.	163 920
1925	Tarrytown，N.Y.	376 924
1928	Atlanta，Ga.	130 258
1929	Kansas City，Mo.	133 573

资料来源：Arthur Pound, *The Turning Wheel: The Story of General Motors through Twenty-Five Years，1908—1933*，（1934），p. 298—299.

如表8.1所示，早在1926年前，大量的费雪车体制造工厂就已经坐落在通用汽车装配工厂的附近。例如，在密歇根州弗林特、纽约州布法罗、俄亥俄州诺伍德及威斯康星州詹姆斯维尔的雪佛兰汽车工厂，加利福尼亚州奥克兰的旁蒂克（装配工厂，及密歇根州兰辛的奥兹莫比尔装配工厂附近都建有费雪车体制造工厂，彼此间合作密切。[60]通用汽车公司在1924年的一份报告中指出："无论在美国还是加拿大的任何地方，只要有一家大型的别克、凯迪拉克、雪佛兰、奥克兰或奥兹莫比尔的轿车工厂，附近就必有或即将有一家费雪车体制造工厂，以满足前者对高质量的、

60　Pound（同注31，第289页）；White（同注7，第56页）。Helper、MacDuffie和Sabel（同注11）也指出，通用汽车公司与费雪车体制造工厂非常靠近。

封闭式车体的需求。"[61]

5. 费雪车体的生产性资产并非关系专用性资产

费雪车体公司并没有在金属压模工艺上进行大量的关系专用性实物资产投资以满足通用汽车的需要，因为当时几乎所有的汽车车体都是木质而非金属的。直到1930年代末，费雪车体公司才开始采用新的金属车体制造技术，而这已经是1919年首次收购后约20年后的事了。费雪车体公司在1910年代、1920年代甚至1930年代的大部分时间内都采用劳动密集型生产。因此，资产专用性并不能成为收购和合并的激励因素。

迈克尔·拉姆（Michael Lamm）和戴夫·霍尔斯（Dave Holls）指出："从1905年到1930年代中期，绝大多数轿车车体都是在木质结构基础上覆盖一层薄薄的金属外壳。这种类型的车体结构被称为'混合'结构。"[62]虽然一些初级的压模工艺已被用于压制包覆在木质车体外部的金属薄壳上，但费雪车体公司早在1919年前就已经使用了这些技术。[63]直至20世纪30年代后期，费雪车体公司成为通用汽

---

61 *General Motors Corporation，Fisher Body: Its Contribution to the Automotive Industry*（1924）.
引自Helper，MacDuffie，and Sabel（同注11）。该书指出，克莱因、克劳福德和阿尔钦做出错误推判的原因在于，他们是根据艾尔弗雷德·斯隆（Alfred P. Sloan，Jr.）1953年3月17日的证词来讨论工厂的位置问题（*Du Pont*，126 F. Supp. 235）。却忽略了该证词是在事实发生30年后才做出的。

62 Michael Lamm and Dave Holls，*A Century of Automotive Style: 100 Years of American Car Design*，1996，p. 35.

63 同上注，第63、27页。拉姆和霍尔斯是这样描述早期的金属薄壳压模工艺的："直至1910年，才有少数车体制造商，包括C. R. 威尔逊（C. R. Wilson）和费雪兄弟开始使用简单的冲压工序来生产车体的金属外壳。这些工序由一个半钢凹模和一个能牵引的凸模冲头组成。冲头的形状通常直接取自凹模。在凸模冲头的顶部有许多大扣环，工人依靠穿过扣环的绳索将冲头牵引至屋顶。凸模冲头沿着轨道定点砸入凹模。为了制成定型的外壳，工人事先将一块大型金属薄片在燃气炉中加热；当金属薄片被烧红后，他们用钳子把樱桃色的金属片放在凹模上；然后牵引冲头从屋顶落下，将金属片砸入凹模。由于当时的钢铁薄片质量不稳定，因而压出来的外壳经常走形。光滑的、更有延展性的和质量稳定的铁片只有在大型液压机和肘杆压力机出现后才有可能。"事实上，直至20世纪20年代末和30年代初，人类才发明了最早的大型压模工艺。参见Karl Ludvigsen，"A Century of Automobile Body Evolution"，*Automotive Engineering* 103，1995，p. 51.

车公司的一个分部后，才开始利用昂贵的大型压模工艺来生产轿车车体。

事实上，费雪车体公司是最后一个转用金属技术生产的主要车体制造商。拉姆和霍尔斯指出，"通用汽车公司（费雪）是美国最后一个固执地坚持使用混合车体的公司。当然，费雪兄弟是以传统木质工艺起家的，持着木制工艺很可能跟他们的保守主义有很大关系。"

他们还指出："通用汽车公司在1937年生产的车型使用的仍然是混合车体。"[64] 就如怀特（White）所阐述的，"直到1919年，通用汽车公司购买费雪车体公司的大部分股权时，费雪车体公司一直是世界最大的汽车车体制造商。管理公司的费雪六兄弟不仅都是封闭式车体结构专家，而且都坚定不移地提倡木钢质混合车体"。怀特还指出："雪佛兰在1925年拒绝了一份来自巴德（Budd）公司的全钢质车体订单。而且6年后，费雪车体公司仍然坚持生产硬木质车体，虽然会在每个接口处使用钢或铁的夹具；而且这一结构在之后4年中仍然继续沿用。"[65]

费雪车体公司倾向于使用木质车体的考量是显而易见的。通用汽车公司在1924年对费雪车体公司的报告中，准确统计了费雪车体公司使用的木材数量："费雪车体公司不仅在许多州都有商用林；而且还拥有三个锯木厂，其中一个是美国最大的硬木厂。硬木木材年产量高达1亿英尺。"基于这样的年产量，报告指出，"用于制造车体的木材足以建造1万套7居室的住宅。"[66] 即使到了1933年，费雪车体公司仍然在密歇根州和南部各州拥有22.2万英亩的商用林，及852 456平方英尺的木质车体加工厂。[67]

车体的生产过程是高度劳动密集的。通用汽车公司在1924年的报告中进一步指出："封闭式车体的每一块木头都是用胶水、螺丝和螺栓固定在相应位置。（每

64　同注62，第35页。

65　White，同注31，第187、191页。

66　同注61，第6、7页。

67　Pound，同注31，第289页。

年）大约要使用75万磅的干胶、7.2亿个螺丝和1 700万个螺栓。"[68]费雪车体公司在1919年（和1920年代）为通用汽车公司做的投资并不多，而且也不是高度专用的。拉姆和霍尔斯这样描述这种早期的汽车车体制造技术：

> 钢质车体的形状很难修正，因为它们需要昂贵的压模设备。与此相反，木质车体形状的改变要容易得多，它们通过重新设计和重新定型将木质组件再组合，最后包覆上金属薄壳。在批量生产的情况下，借助人工或简单的锯木工具就能实现木材的切割和构形。工厂也会做一些夹具，使得较大的独立部件，如车顶和车门框架，可以用夹具将它们固定并组合在一起。一些复杂的部件，如后轮罩内板，则需要由十多个独立的小部件通过胶水和螺扣用特殊夹具组合起来。这样的部件再用更大的夹具固定，直到它们组合成一个完整的车体。[69]

木质车体生产的灵活性表明不存在资产专用性问题。

三、纵向一体化在费雪车体并购中的作用

本节我们将证明，通用汽车公司之所以并购费雪车体公司，一方面是为了达成更好的纵向协调以确保汽车车体的充足供应，另一方面也是为了获得费雪兄弟的经营管理才能。首先，费雪车体公司生产的汽车车体能增加通用汽车的竞争优势，因为前者在当时是以卓越的品质和独特的设计著称。通用汽车公司在1919年的年度报告曾明确指出："本公司能收购费雪车体公司的大部分股权，尤其是其在底特律和密歇根的这两个世界上最大的车体工厂，从而确保有大量的车体供应，是非常幸运的。"报告还进一步指出："费雪车体公司正在提高底特律工厂的生产能力，从而确

---

68 同注61，第6、7页。
69 Lamm 和 Holls，同注62，第35页。

保本公司有足够的车体供应，尤其封闭式车体，以应对市场需求的大幅增长。"[70]

其次，通用汽车公司收购这家重要的车体供应商绝非是一起孤立事件。1919年的收购不过是威廉·杜兰特领导的通用汽车公司的庞大全面收购计划的一部分。与供应商的合并是为了通用汽车公司能在需求迅猛增长和高度竞争的市场中获得充足的车体供应。这个计划印证了当时流行于战略管理和经济学文献中的有关纵向一体化的观点。[71]钱德勒在《看得见的手》（*The Visible Hand*）一书中，总结了美国在1900—1917年间发生的大量纵向一体化现象，并将这些与大规模生产有关的市场过程内部化的倾向归因于"行政协调的有形之手"的效率。[72]在这之前，钱德勒就已经注意到，所有产业的扩张都离不开资本、原材料和其他相关物资的充足供应保障。[73]

第三，并购费雪车体公司可以增强汽车车体生产和汽车整车生产间的日常协调。加强协调是杜邦和斯隆在1920—1924年间推行的改革计划中的核心环节。通过1926年的全面并购，费雪车体公司终于成了通用汽车公司的一个分部。

最后，通过建立斯隆所倡导的企业内部管理技能市场，公司可以更好地制定与调整个性化的人事政策。通过对费雪车体公司的并购，通用汽车公司成功地利用经理和董事的职位将费雪兄弟揽于麾下。斯隆特别强调将费雪兄弟招揽入通用汽车公司运营组织的重要性："因为我们需要最高层次人才的杰出才能。"[74]

70　General Motors Corporation，*Annual Report*，1919.

71　例如，劳伦斯·弗兰克认为："协调运营要求某个组织要拥有所有阶段的所有权或控制权。"他还提及，"众所周知，至少就其对产业行为的影响而言，价格机制早已被淘汰"，而由纵向一体化取而代之。参见 Lawrence K. Frank，"The Significance of Industrial Integration"，*J. Pol. Econ*.33（1925），p.179，187，191.

72　Chandler，*Visible Hand*，同注6，第34页。

73　Chandler，*Strategy and Structure*，同注6，第37页。

74　艾尔弗雷德·斯隆的证词（1952年4月28日），*Du Pont*，126 F. Supp. 235.

1. 费雪车体能提升通用汽车的竞争优势

通用汽车公司收购费雪车体公司的动机在于，在汽车需求大幅增加的情况下确保费雪汽车车体的充足供应，因为后者拥有生产汽车的一个关键竞争优势。正如斯隆所言，"费雪汽车车体在整个业界都以非常卓越的品质著称，而且其外观也是其他与之竞争的制造商生产的车体无法比拟的"。[75]费雪汽车车体不仅享有卓越品质和精湛工艺的美誉，而且费雪兄弟从一开始就非常注重开发和制造封闭式汽车车体。这在当时是有风险的，因为二十世纪早期，几乎所有汽车都是敞开式的。但费雪兄弟的选择经受住了时间的考验，到了1927年，将近85%的汽车都转为封闭式的。费雪封闭式车体代表着舒适和豪华，成了通用汽车与福特汽车竞争的有力工具。斯隆将封闭式车体视为其与福特汽车竞争的"最终的决定性因素"。[76]

早在1910年，凯迪拉克，这家1909年7月1日被通用汽车公司收购的汽车公司，就曾向费雪车体公司签过一份150套封闭式车体的订单。这在当时是一份前所未有的采购封闭式车体的大额订单。1910年12月，费雪兄弟决定组建费雪封闭式车体公司以应对此类订单。费雪兄弟不愧是杰出的经营管理者和封闭式车体的技术专家。费雪车体公司的发展极为迅猛:1910年的生产能力不过日产10套敞开式车体，1914年的年产量已经提高到10.5万套封闭式车体和敞开式车体，1916年的年产量更增至37万套。[77]费雪工厂的数量也由1911年的4家增至1918年的16家和1924年的44家。[78]费雪车体公司的合并利润在1913—1914年度是369 321美元，1914—1915年度增长为576 495美元，1915—1916年度增长到1 390 592美元。

因而，费雪兄弟在1916—1919年间的业绩斐然，在公众心目中，他们的名字已经和高质量联系在一起。1916年8月22日，也就是在通用汽车公司首次部分收购费雪车体公司的前2个月，费雪兄弟将费雪车体公司、费雪封闭式车体公司及加

75　同上注，第189页。

76　Sloan，同注31，第160页。

77　General Motors Corporation，同注61，第5页；Pound，同注31。

78　White，同注7，第50页。

拿大的费雪车体公司（1912年组建）合并为费雪车体公司，成为最大的车体制造企业。费雪车体公司的客户包括：Abbott、别克、凯迪拉克、Chalmers、钱德勒、雪佛兰、Church-Field、Elmore、EMF、福特、Herreshof、哈德森（Hudson）、Krit、Maxwell、奥克兰、奥兹莫比尔、Packard、Regal和斯蒂庞克。[79]

表 8.2　1919—1927年间使用封闭式车体的比重

年份	比例（%）
1919	10
1920	17
1921	22
1922	30
1923	34
1924	43
1925	56
1926	74
1927	85

资 料 来 源：Beverly Rae Kimes & Henry Austin Clark，Jr.，Standard Catalog of American Cars，1805—1942（3d ed. 1996），p. 10；see also Ralph C. Epstein，The Automobile Industry：Its Economic and Commercial Development，1928.

表 8.3　费雪车体公司各财务年度车体产量（截至4月30日）

年份	敞开式车体	封闭式车体	总产量	封闭式车体的比重（%）
1919	103 449	31 318	134 767	23.24
1920	245 114	83 864	328 978	25.49
1921	112 401	87 796	200 197	43.84
1922	58 435	99 789	158 224	63.07
1923	202 867	217 632	420 499	51.76
1924	239 502	335 477	574 979	58.35

资料来源：General Motors Corporation，Fisher Body：Its Contribution to the Automotive Industry（1924）.

79　同上注；Fleming，同注31，第144页。

表8.2不仅说明了封闭式车体的重要性，也充分说明了汽车产业从敞开式车体向封闭式车体的急剧转变。表8.3则说明市场对费雪车体的需求快速增长，势头迅猛。其中费雪封闭式汽车车体的产量增长尤为迅速，从最初的不足25%到几年后增加到超过50%。费雪车体公司的市场占有率变化充分显示了封闭式车体的市场竞争价值。1919年，费雪车体公司只拥有美国封闭式车体市场50%的市场占有率，而到1926年，该比例上升至60%。1925年，费雪车体公司已经能为凯迪拉克、别克、奥克兰、奥兹莫比尔和雪佛兰等提供40种型号的封闭式车体。[80]

1920—1921年，费雪车体公司不仅为凯迪拉克和别克提供封闭式车体，也为非通用汽车的汽车制造商，如钱德勒、克利夫兰（Cleveland）等提供封闭式车体。1922年，封闭式车体的市场需求剧增，能否得到充足的封闭式车体供应几乎成为所有汽车制造商扩大生产能力的瓶颈，如福特汽车公司就曾因此而无法在1922年底如期完成10万份汽车订单。而在同一年，费雪车体公司通过在底特律新建一个大型工厂和在密歇根州的庞蒂亚克收购一家工厂，满足了通用汽车公司新增的封闭式车体需求。[81]

2．通用汽车公司的纵向扩张和横向扩张

通用汽车公司收购和并购费雪车体公司是与其发展模式相一致的。通用汽车公司由别克汽车公司的董事长兼总经理威廉·克拉波·杜兰特在1908年9月16日创办，主要通过纵向和横向收购上下游企业和同行企业实现成长与扩张。通用汽车公司先后完全收购或控股了20多家汽车和汽车零部件生产企业，到1910年曾同时经

---

80 White，同注7，第48页。
81 同上注，第55页。

营10个不同的汽车品牌。[82]通用汽车公司通过同时经营多种不同车型，有效规避了因特定需求变化而产生的经营风险。[83]1916年10月13日，通用汽车股份有限公司（General Motors）在特拉华注册成立。[84]1917年夏天，杜兰特将所有的子公司都转变为事业部，而将通用汽车公司改造为一家运营公司。杜兰特开始了新一轮的扩张计划，其中包括生产能力的扩张和将资本从6 000万美元增加到1亿美元。[85]1918

82　Seltzer，同注31，第36，154页；Pound，同注31，第119页。这些汽车制造商包括：Buick Motor Company，Cadillac Motor Car Company，Olds Motor Works。其他收购企业有：Oakland Motor Car Company，Markette Motor Car Company，Cartercar Company，Elmore Manufacturing Company，Randolph Motor Car Company，Reliance Motor Truck Company，Rapid Motor Vehicle Company，Weston-Mott Company，Rainier，W. T. Steward Body Plant（assets），Michigan Motor Castings Company，Northway Motor & Manufacturing Company，Ewing Automobile Company，Dow Rim Company，Welch Motor Car Company，Michigan Auto Parts Company，Jackson-Church-Wilcox Company，Novelty Incandescent Lamp Company，Heany Lamp Companies，McLaughlin Motor Car Company，Champion Ignition Company，Brown-Lipe-Chapin Company，Oak Park Power Company。

83　Seltzer，同注31，第157页。大量收购的成本也给通用汽车公司带来了一些严重后果。1910年第二季度，美国经济进入萧条期，汽车销售量急剧下滑（同本注，第161页）；Carl H. A. Dassbach，Global Enterprises and the World Economy：Ford，General Motors，and IBM. The Emergence of the Transnational Enterprise，1988，p.107. 1910年9月下旬，通用汽车公司获得了以Lee、Higginson & Co. of Boston、J. & W. Seligman & Co.和the Central Trust Company of New York为首的23家银行组成的财团的1 500万美元的承销贷款（loan underwritten）。通用汽车公司的大部分股权由一个5年期的表决权信托机构管理，董事会由该辛迪加的三位代表、安东尼·布雷迪（Anthony N. Brady，最大的股东）和威廉·杜兰特组成（参见Seltzer，第157页）。这份协议使银行家们完全控制了通用汽车公司的董事会。银行家们强制实施了保守的财务控制，关闭了11条汽车生产线中的5条，并将其中3条生产线并入通用卡车公司，维持不变只有别克、凯迪拉克、奥兹莫比尔和奥克兰；参见Seltzer，第37、168页。然而，杜兰特的受挫只是暂时的。1911年11月6日，杜兰特和雪佛兰兄弟一起创建了雪佛兰汽车公司。这家企业的成功运营使杜兰特买回了通用汽车公司的大量股份。1916年，杜兰特通过大量购入通用汽车公司的股票而重新夺回了公司的控股权，进而重新入主通用汽车公司的董事会；并全部偿还了银行财团的贷款；参见Dassbach，第112页。

84　1917年8月1日，通用汽车公司正式成为一家运营公司。参见Seltzer，同注31，第178页；Pound，同注31，第164页；和Dassbach，同上注，第121页。

85　1917年12月31日，通用汽车公司的固定资产投资为38 657 835美元，超过1916年7月的两倍；存货价值从25 100 450美元增加到46 559 394美元；同期的利润再投资总额为27 810 043美元。参见Seltzer，同注31，第179页；也可参见Chandler和Salsbury，同注11，第464页。

年5月2日，通用汽车公司收购了雪佛兰汽车公司及其分公司。[86]

自此，通用汽车公司开始走上了提高零部件自主生产能力的道路。[87]纵向一体化成了杜兰特的撒手锏，他下定决心要确保汽车零部件的充足供应。[88]例如，杜兰特在1916年5月成立了联合汽车公司，专门收购汽车零部件生产企业，并在1918年春将其并入通用汽车公司。杜邦和斯隆沿袭了杜兰特的做法。在通用汽车公司首次部分收购费雪车体公司前，杜兰特掌控的是一个受皮埃尔·杜邦财力支持的、单一伞形法人组织和控股公司，而这一架构在1918年就已经基本建成。[89]杜邦还成立了一个执行委员会，其成员是所有主要部门的负责人，这些负责人对自己部门的运营拥有充分的权威，同时也要承担全部的责任。同时，还成立了一个由亨利（Henry F.）、伊雷内·杜邦（Irénée du Pont）、哈斯克尔（J. A. Haskell，杜邦公司的董事和执行经理）、杜兰特及拉斯科布组成的财务委员会。[90]

收购费雪车体公司是通用汽车公司1919年扩大投资总体方案的一个组成部分。[91]随着战后的经济复苏，通用汽车公司1919年的产量增加了近60%，利润高

---

86 Seltzer，同注31，第180页。

87 C. C. Edmonds，"Tendencies in the Automobile Industry"，*Am. Econ. Rev.* 13，1923，p.422.

88 《纽约时报》报道（1920年8月2日）："通用汽车公司背后的一个天才梦想是，令汽车的每一个方面都实现自给自足。据杜兰特一个朋友的描述，杜兰特计划着有那么一天，通用汽车公司的金字塔能够延伸至金属矿场并自己开采；用自己的卡车将金属矿石运至自己的炼铁厂，再送至自己的炼钢厂，然后再把钢材分发到自己的零部件加工厂，最后再把零部件送至自己的装配车间组装成汽车、卡车和拖拉机，再经由自己下属的销售代理商将车辆卖给最终用户。而且，通用汽车公司已经成立了一家通用汽车票据承兑公司（General Motors Acceptance Corporation），为汽车购买者提供金融支持。如果杜兰特的计划真能实现，那么，就像他身边的人所预期的那样，还有可能会有一两个农场及皮革装潢公司，并有可能新增一家电灯厂。"

89 Chandler 和 Salsbury，同注11，第461页。

90 财务委员会的主要职责是，决定公司的分红、高级管理人员的薪酬、按年度或半年度检查与估算资本支出，编制例行的财务预算，及制定股票发行计划等。参见 Chandler，Strategy and Structure，同注6，第126页。

91 当杜兰特和杜邦了解到威利斯—奥夫兰多（Willys—Overland）和另外一家汽车公司正与费雪兄弟谈判，打算建立一家由费雪兄弟控股的合伙企业后，就决定加强与其最重要的供应商费雪车体公司间的紧密合作。参见 Chandler 和 Salsbury，同注11，第465页；Pound，同注31，第291页。

达6 000万美元，是往年的四倍。通用汽车公司将其中的2 000万美元用于扩张现有的汽车生产工厂，并投资2 000万美元在底特律建立办公楼，最后还将剩余2 000万美元用于开发员工住宅项目。另外，通用汽车公司还成立了通用汽车票据承兑公司，专门为通用汽车的批发商、零售商及零售买家提供金融支持。[92]最后，通用汽车公司还加购或新收购了9家零部件制造企业和另外3家企业的股份。[93]

通用汽车公司首次部分收购费雪车体公司后的发展为1926的全面收购创造了条件。战后经济的不景气给通用汽车公司带来了一些麻烦，令其意识到内部协调的必要性。这也令杜兰特在1920年11月30日被迫辞去总裁职务。[94]之后，皮埃尔·杜邦成功接任了杜兰特的职位并一直工作到1923年5月10日由斯隆接任为止。但杜邦还继续担任董事会主席，主要工作是配合斯隆强制实施对改善内部协调至关重要的基于市场预测和财务分析的专业化管理。[95]经过两年半的努力，杜邦解散了一些资不抵债的部门，并在保留分散式管理体制的前提下，重新调整了各部门间的关系。

通用汽车公司1920年的年度报告阐述了一体化行动的进展，其中，收编的部门和公司包括：Central Axle Division，Central Forge Division，Central Gear Division，Central Products Division，Michigan Crank Shaft Division，Muncie

---

92　Seltzer，同注31，第192页。

93　其他三家企业分别是：Guardian Refrigerator Company（后来注册了Frigidaire商标，电冰箱制造商），the Dayton Products Company（生产雷管、压力仪表等），the Domestic Engineering Company（Delco—Light power company 的创办者）。同上注。

94　受战后经济衰退的影响，通用汽车公司在1920年夏秋两季的销量骤然下滑。为完成上年制定的扩张计划而需要的资金超过7 900万美元；同时，由于低效率的库存管理和销售的大幅下降，也需要大量资金去盘活存货。1920年3月，为了减少库存，通用汽车公司的执行委员会制定了一系列的生产指南。当时的通用汽车公司已经无力提供足够的资金流去偿还这些应付款。同上注，第198页。

95　Pound，同注31，第14、15章。也可参见 Seth W. Norton，"Information and Competitive Advantag：The Rise of General Motors"，*J. Law & Econ*. 40，1997，p. 245；Anthony Patrick O'Brien，"The Importance of Adjusting Production to Sales in the Early Automobile Industry"，*Explorations Econ*. Hist. 34，1997，p.195.

Products Division，Northway Motor and Manufacturing Division，Jaxon Steel Products Division，Lancaster Steel Products Corporation。报告也指出，通用汽车公司已经通过控股以下公司而成为"能自己生产大部分汽车零部件的汽车制造商"：Harrison Radiator Corporation，Dayton Engineering Laboratories Company，Hyatt Roller Bearings Division，Klaxon Company，New Departure Manufacturing Company，Remy Electric Division，Champion Ignition Company。[96]到了1920年，通用汽车公司"不仅能生产自己制造的所有类型汽车的发动机，而且绝大部分的零部件，如齿轮、车轴、机轴、散热器、电气设备、滚柱轴承、报警器、火花塞、车体、平板玻璃和车体五金配件等，也都由自己的某个部门或某个分公司生产"。[97]1920年的年度报告还指出，公司"已经建成了生产轿车、卡车或拖拉机的完整的、稳固的生产线"。[98]

　　通用汽车公司纵向一体化的重点是汽车零部件，而不是原材料投入。[99]在那个时代，汽车产业的纵向一体化倾向，正如福特汽车公司"从矿山到整车，一个组织"（From Mine to Finished Car，One Organization）的口号所言，福特汽车公司实现了原材料的自给自足。塞尔策（Seltzer）在1928年指出："近年来，日益增强的纵向一体化令汽车行业的产业集中度不断提高。"[100]而通用汽车和其他汽车制造商则主要增加了零部件的自我生产。从表8.4可以看出，1922—1926年间，汽车行业的外购零部件价值占整车价值的比重稳步下降。

96　General Motors Corporation，*Annual Report*，1920，p.7.

97　Edmonds，同注87，第426页。

98　General Motors Corporation，同注96，第8页。

99　同上注。

100　Seltzer，同注31，第57页。

表 8.4　外购零部件的价值占整车价值的比重

年份	整车价值（美元）	外购零部件价值（美元）	比重（%）
1922	1 787 122 708	982 952 384	55
1923	2 582 398 876	1 270 000 000	49
1924	2 328 249 632	900 321 000	39
1925	2 957 368 637	1 128 648 000	38
1926	3 163 756 676	823 394 000	26

资料来源：Lawrence H. Seltzer, *A Financial History of the American Automobile Industry：A Study of the Ways in Which the Leading American Producers of Automobiles Have Met Their Capital Requirements*（1928），p.57.

3. 协调和交易成本

根据斯隆1952年的证词及钱德勒、萨尔斯伯瑞、马克思和彼得森的研究，通用汽车公司1926年全面收购费雪车体公司的动机是将车体生产与整车装配间的协调成本降至最低，以确保充足的车体供应。[101]协调过程的关键步骤是，通过1926年的全面并购，把费雪车体公司变为通用汽车公司的一个部门，从而使斯隆能把车体生产整合进新建的库存和生产管理以及各分部间协调的系统。

杜邦和斯隆在通用汽车公司1921年的重组中建立了一个统一的中央办公室，专门协调各事业部之间的关系。他们创建了一个配件部，它生产的配件超过60%都是销售到公司外部；同时建立了一个零件部，其生产的零件超过60%是供应给公司内部。[102]此外，斯隆在1922年还建立了一个统一采购委员会，负责协调各事业部之间的采购业务，并从中获取经验。

斯隆从20世纪20年代中期开始推行了旨在更好地协调通用汽车公司各运营事业部间关系的组织制度改革。通过上述改革，来自分销商的信息大幅增长，优化

---

101 艾尔弗雷德·斯隆的证词（1952年4月28日），Du Pont, 126 F. Supp. 235, p.188；Chandler和Salsbury，同注11；Marx和Peterson，同注11。

102 Chandler和Salsbury，同注11，第495页。

了对未来的销售预测，使生产计划更有效率，采购和销售也得到了更好的协调。[103]
通用汽车公司在1921年后还实施了更先进的管理会计制度。[104]塞思·诺顿（Seth
Norton）通过考查上述变革对通用汽车公司业绩的影响后，发现通用汽车公司的回
报率从1918—1925年间的8.1%上升到1926—1940年间的13.5%，成品库存销售
比率则大幅下降。诺顿还发现，与1922—1925年间相比，1926—1929年间通用汽
车公司事业部间的销售和分销商销售都得到了改善。[105]

经通用汽车公司跨事业部委员会改良后的需求信息和生产计划被有效用于促
进车体产量的生产协调。斯隆对收购费雪车体公司的解释是"通过协调车体生产与
底盘装配来获取运营经济"。[106]在跨事业部委员会的大力支持与有效配合下，斯隆
成功运用长期库存和生产控制的管理技术降低了运输成本，更有效率地满足了市场
需求。

汽车装配协调中的一个关键环节是要确保所有零部件按正确的技术和特定的规
格进行制造，而且必须确保它们能及时准确地送到装配生产线上。[107]为了配合新产
品的推出，零部件的设计必须经常更换。零部件的配送也必须按生产计划和需求波
动适时调整，以免出现短缺或高成本的过度库存。当前大型汽车制造商实行资产剥
离和外购策略说明，21世纪的汽车产业发展状况能支持零部件生产的剥离及依赖市
场的采购合约。然而，我们在理解费雪车体公司的并购事件时，需要对1910年至
1920年代初企业的外部市场交易和内部协调的相对成本进行比较。

赫伯特·西蒙（Herbert Simon）研究认为，企业内部的权威关系能更好地促

---

103 Pound，同注31，第196页；O'Brien，同注95。

104 参见Thomas H. Johnson，"Management Accounting in an Early Multidivisional Organization：
General Motors in the 1920s"，*Bus. Hist. Rev.* 52，1978，p.490，and the extensive references
therein.

105 Norton，同注95。

106 Sloan，同注31，第161页。

107 Paul Milgrom和John Roberts，同注19，第91、556页。他们探讨了设计和开发过程中的资源分
配问题；并指出集中协调更有利于解决这类资源分配问题。

进这类协调。[108] 相对于外部合约，这种关系能以更低的成本应对意外风险，因为它有利于促进非正式的沟通与交流。如果当时存在大量的有利于企业内部沟通而非市场交易的因素，那么这种成本差异会更加明显。例如，电信技术的发展水平可能使企业间的远距离信息交流成本比企业的内部管理成本更昂贵。[109] 另外，如果账单和发票都要手工开具，那么，这也是一项昂贵的劳动密集型工作。因此，企业间交易比企业内部协调需要更多的数据传输和资料保管。而且，当时的航空运输仍处于试验阶段，州际高速公路系统也尚未建成，人与货物的物理移动成本非常高，因而依赖内部授权比外部公平市场交易更有效率。1923年，通用汽车公司开始频繁地修改车型。[110] 无论是新产品的设计还是老产品的改进都需要进一步加强零部件制造商之间的信息交流。

两家公司在1926年的全面整合可以产生运营经济，能在更大范围内优化配置公共资源（尤其是管理人才和金融资产），因为通用汽车公司实现了金融、营销和行政管理资源在各事业部间的共享。伊娃·弗吕格（Eva Flügge）曾指出，斯隆发起的组织制度改革提倡更进一步的一体化，虽然看似新增了一些协调部门而增加了成本，但与采用集中组织协调所节约的成本（因为减少了原本重复设置的行政部门）相比，这个新增成本是非常少的（这是完全可以想象的，因为生产过程中的自动化管理仍然保持不变）。[111]1919年通用汽车公司收购了费雪车体公司60%的股权后，两家公司就开始共享金融、营销和行政管理等资源。通用汽车公司1926年的年报期望，"通过共同努力把成本尽可能地降到最低，将使运营经济的效果进一步改善，而很多这些努力在机构分散化运营的情况下是完全不可能达到的"。[112]

---

108 Herbert A. Simon, *Administrative Behavior*（1945），p.139.

109 例如，1919年，贝尔系统宣布开发的一种新的机器交换设备（拨号电话）。

110 Sloan，同注31，第13章。

111 Eva Flügge, "Possibilities and Problems of Integration in the Automobile Industry", *J. Pol. Econ.* 37，1929，p.150.

112 General Motors Corporation，*Annual Report*，1926，p.10.

4. 人事协调

通用汽车公司一直想获得费雪兄弟的经营管理才能。费雪兄弟在汽车车体制造行业的经验及在车体设计上的信誉是通用汽车的重要优势。斯隆曾特别指出，费雪兄弟的价值是发起并购的重要动因，"致力于费雪车体开发的费雪四兄弟是高层次的人才，他们在车体制造和工程管理方面的能力极为卓越，尤其在保证产品高质量方面更是出类拔萃"。[113]

在1910年代和1920年代，许多因素都有利于经营管理人才在内部劳动力市场流动而非外部劳动力市场的发展。前文提及的人口流动的高昂时间成本及欠发达的通信系统都增加了劳动力的搜寻成本。专业化的商业教育才刚刚起步（哈佛商学院1908年刚成立）。弗兰克·奈特在1921年的文章中写道："去发掘有能力高效率管理企业的人才，并能将他们留在有控制权的位置上，可能是经济组织在效率方面将要面对的最重要的问题。"[114]

通用汽车公司同样面临严峻的高素质管理人才的筛选与引进问题。斯隆在1923年启动了一系列重要的组织机构改革，为通用汽车公司创设了事业部制组织结构（multidivisional organizational form，亦称多部门结构，M-form），将半自动化的生产事业部交由一个中央协调机构（执行委员会和财务委员会）统一协调。它面临的问题是能胜任这种新型组织形态的管理人才的短缺。到1923年，费雪兄弟在这个行业已经有多年的从业经历，累积了大量的宝贵经验：弗雷德和查尔斯有15年，劳伦斯11年，爱德华和艾尔弗雷德10年，威廉也有8年。他们是汽车市场运营和汽车制造技术领域公认的优秀管理人才。而且，他们从1908年就开始与通用汽车公司合作，多年来关系密切，对通用汽车公司的组织架构也非常熟悉。

1924年10月，劳伦斯·费雪和查尔斯·费雪进入通用汽车公司执行委员会，弗雷德·费雪（从1922年起一直是执委会成员）被任命为财务委员会委员。弗雷

113　艾尔弗雷德·斯隆的证词（1952年4月28日），Du Pont，126 F. Supp. 235，p. 189.

114　Frank H. Knight, *Risk, Uncertainty and Profit*，1921.

德·费雪是费雪兄弟中唯一兼任执行委员会和财务委员会的委员，另外两位兼任这两个委员会的委员是斯隆和杜邦；同时，他也是费雪兄弟中唯一兼任执行委员会和运营委员会的委员，另外两位兼任这两个委员会的委员是斯隆和布朗。[115]1925年，劳伦斯被任命为凯迪拉克汽车公司的总经理。[116]

要说服费雪兄弟全力投身于通用汽车公司，一体化是必然选择。费雪兄弟们曾经将所有精力和时间都献给了自己18年前建立的公司，如果不将这两家公司合并，而要说服他们放弃自己的公司转而效力通用汽车公司是极为困难的。通用汽车公司1926年的年度报告中就曾提到引进费雪兄弟，并与之建立更亲密关系的重要性：

> 两家公司资产的合并会带来很多好处。……但比这更重要的是，以更紧密的关系将费雪兄弟引进通用汽车公司运营机构。通过在业界以卓越的战略力、远见力和执行力著称的费雪兄弟的加盟，必能使通用汽车公司得到更好的发展。[117]

1926年的全面并购后，费雪兄弟被安置在各个关键的重要管理岗位上。查尔斯和劳伦斯分别被任命为工厂管理者委员会和销售委员会委员。弗雷德进入财务委员会和运营委员会，并继续担任执行委员会委员。弗雷德·费雪与斯隆一道，成为仅有的两位同时兼任三个委员会委员的管理者。威廉则主管由费雪车体公司和配件事业部组建而成的车体集团。艾尔弗雷德担任这个新组建的车体集团的技术总监，

115　Chandler和Salsbury，同注11，第577页。

116　斯隆进一步观察费雪兄弟后说道："(他们)是非常有才能的人，我们(通用汽车公司)正需要这样的人才，他们在一个发展良好的企业中证明了自己的出类拔萃，尤其在产品质量方面的才能更是众所周知。那时的通用汽车公司迫切需要这样的人才。我本人非常希望他们能加入通用汽车公司，并帮助我们解决公司发展中存在的方方面面的问题；我们相信，其他三位费雪兄弟定能不负众望地经营好通用汽车公司在费雪车体公司中的股份。"艾尔弗雷德·斯隆的证词(1952年4月28日)，Du Pont，126 F. Supp. 235，p. 2909.

117　General Motors Corporation，同注112，第10页。

并最终被提升为分管工程技术的副总裁。[118]

四、对并购的增强市场势力动机的述评

在"美国联邦诉杜邦案"中，联邦政府根据克莱顿法案（Clayton Act）的第7节，起诉杜邦在1917—1919年间相继买入通用汽车公司23%股份的行为。[119]联邦政府指证，通用汽车公司购买费雪车体公司的主要动机是为了支持杜邦，封锁费雪车体公司的其他供应商。

本案是援引克莱顿法案第7节审判纵向一体化的第一案。在1957年最高法院对上诉案件的判决中，布伦南（Brennan）法官认为，费雪车体公司被通用汽车公司收购的原因是，前者抵制杜邦对其就油漆和面料等产品的强行推销。这个结论显然与本案中的证据相矛盾。令人难以置信的是，布伦南法官坚持认为，费雪兄弟一直面临杜邦的销售施压，并顽强地抵抗至1947或1948年，甚至在费雪车体公司被收购且与通用汽车公司合并后，这种压力仍然存在。后来加入的伯顿法官（Burton）和法兰克福特（Frankfurter）法官对此提出了异议并指出："法庭记录明确显示，1926年后，杜邦卖给通用汽车公司及其他客户的新产品完全是以质取胜的。"[120]

通过对本案的回顾可以看到，最高法院的判决完全没有事实依据，缺乏经济分析基础。[121]有关通用汽车公司对费雪车体公司的纵向一体化是为了排除杜邦之外的

118　Chandler和Salsbury，同注11，第577页；Pound，同注31，第293页。

119　*United States v. E. I. Du Pont de Nemours & Co., General Motors, et al.*, 126 F. Supp. 235（N.D. Ill. 1954）；353 U.S. 586，1957；366 U.S. 316，1961. 1957年的判决是对上诉案件的判决，1961年的判决主要针对与前一个案件相关的补救措施。

120　353 U.S., p. 645.

121　参见Roger D. Blair and David L. Kaserman，Antitrust Economics（1985），p. 327. 他们指出："最高法院的判决完全没有建立在对1917—1919年间市场状况的经验主义分析基础上，当时杜邦正在不断地买入通用汽车公司的股票。相反，这个判决是根据对约30年后的市场状况的判断而做出的。"

其他供应商的指控，既不为史料所支持，也缺乏经济动机。这样的指控令杜邦、通用汽车公司及斯隆不得不为通用汽车公司收购费雪车体公司的行为进行辩护。因此，无怪乎合约的履行困难成为了解释30多年前发生的并购案的各种动因之一。

1926年的纵向并购并没有增加通用汽车公司在汽车产业中的市场份额，因而不能被解释为其是为了加强市场力量。此外，双重边际化（double marginalization）也没有出现在1919年的并购中，因为并购后合约双方的交易定价规则是成本加成。双重边际化也不是1926年全面收购的动机，因为自1924年废除17.6%的成本加成定价条款后，费雪车体公司的利润计算公式就与通用汽车公司其他运营事业部完全一样。费雪兄弟可能曾经考虑过向汽车制造商索取封闭式车体的高价格，但他们很快发现，这样做会导致市场需求下降而损失规模经济的可能收益。他们也曾经考虑过进军整车生产，但最终还是放弃了，因为封闭式轿车竞争的加剧令其价格开始下滑。[122]

五、结论

经济利益考量和历史证据都表明，通用汽车公司并购费雪车体公司的主要动机是促进协调，而非规避机会主义。我们的分析表明，资产专用性和合约中的敲竹杠都不足以解释通用汽车公司对汽车车体的纵向一体化。通用汽车公司在1919年收购了费雪车体公司60%的股权，并在1926年完成了纵向一体化，其主要动机是为了确保费雪汽车车体的充足供应，因为这能给通用汽车带来独一无二的竞争优势。并购和兼并是通用汽车公司纵向合并许多汽车零部件制造商的主要手段。1926年，

122　参见Pound，同注31，第290页。1913年，Studebaker（斯蒂庞克）和Carterca正在销售售价约2000美元一辆的封闭式轿车。1915年，福特推出T型封闭式轿车，售价975美元，但上市后前三年的销量极低。1910年代后期，哈德森、奥夫兰多及其他汽车制造商推出了中等价位的封闭式轿车。参见White，同注7，第53页。1921年，哈德森汽车公司（Hudson Motor Company）推出的一款全封闭式车厢型埃塞克斯（Essex）仅比敞开式车厢型埃塞克斯贵300美元。参见Chandler和Salsbury，同注11，第575页。

通用汽车公司将费雪车体公司收归麾下，并将其纳入了通用公司新建的集库存、生产、购销为一体的内部协调系统。

汽车工业的不断扩张和竞争强度的日益加剧必然要求加强纵向一体化。汽车的购买者变得越来越精明，通用汽车公司开始提供各种不同型号的汽车，正如它的口号所宣传的，"为每一个钱包和每一种用途量身定制一辆汽车"（One car for every purse and purpose）。这种企业战略需要整车装配工厂与费雪车体工厂之间充分的信息交流。汽车的生产技术越复杂，两家公司间需要交换的信息量就越大。车体的正常供应一旦中断，就不得不暂停整条汽车装配生产线，当然也就无法及时向汽车经销商供货。通用汽车公司之所以倾向于纵向一体化汽车的零部件制造商而不是向市场求购，也正反映了20世纪早期高昂的市场交易成本及恶劣的交通与通信条件。纵向一体化使通用汽车公司能从统一协调生产和分享资源中获得成本经济。

斯隆力推的新的组织制度改革要求匹配有能力协调复杂运营、在分权制组织中有效决策和高效使用公共资源的管理者。因为当时具备这些才能的经理人外部市场非常有限，而费雪兄弟又与通用汽车公司紧密合作，因此，他们也许就是能够胜任斯隆提供的职位的最合适的候选人。此外，费雪兄弟也具备核心的运营能力和制造经验。通过并购费雪车体公司，斯隆就能如愿以偿地聘请费雪兄弟担任公司的经理和董事。

在全面并购前，通用汽车公司和费雪车体公司的合约关系体现了彼此间的信任和合作而非机会主义。青木昌彦（Masahiko Aoki）发现，如果采用J型企业模式（J-Firm lines），那么一些类型的购买合约能促进与供应商的合作。[123] 通过合约来提高合作的可能性具有重要的时代意义，因为通用汽车公司一直致力于改变其早年建立的纵向一体化结构。通用汽车公司并购费雪车体公司也是20世纪早期的经济环境使然，而非无法避免的合约机会主义和市场失灵所致。一旦通信技术、数据处理能力和汽车制造技术有了改变；经理人和技术工人市场有了长足发展；管理战略

123　Aoki，同注32。

更为先进，那么激励通用汽车公司进行组织化改革的初始动机将不复存在。通用汽车公司的董事会主席杰克·史密斯（Jack Smith）在1998年接受《经济学人》（The Economist）的采访时曾说："随着全球进入自由贸易时代，斯隆的体系将不再具有竞争力。"[124] 果不出其然，1999年通用汽车公司的零部件制造事业部从总公司剥离后，成立的德尔福汽车系统公司，成为了全球最大的、拥有20万员工的汽车零部件制造商。因而，从费雪车体公司的寓言中可以看出，鼓吹企业为了规避合约中的机会主义而合并资产所有权的理论是完全没有根据的。

参考文献

Aghion, Philippe, Dewatripont, Mathias, and Rey, Patrick. 1994."Renegotiation Design with Unverifiable Information." *Econometrica* 62: 257—82.

Aoki, Masahiko. 1986."Horizontal vs. Vertical Information Structure of the Firm." *American Economic Review* 76: 971—83.

Aoki, Masahiko. 1990."Toward an Economic Model of the Japanese Firm." *Journal of Economic Literature* 28: 1—27.

Arrow, Kenneth J.1975. "Vertical Integration and Communication." *Bell Journal of Economics* 6: 173—83.

Berle, Adolf A., and Means, Gardiner C.1968. *The Modern Corporation and Private Property*. New York: Harcourt, Brace & World.

Besanko, David, Dranove, David, and Shanley, Mark. 1996. *The Economics of Strategy.* New York: John Wiley.

Blair, Roger D., and Kaserman, David L.1985. *Antitrust Economics.* Homewood, Ill.: Irwin.

124　Jack Smith，"The Decline and Fall of General Motors"，*The Economist*，October 10，1998，p. 63.

Bolton, Patrick, and Scharfstein, David S.1998. "Corporate Finance, the Theory of the Firm, and Organizations." *Journal of Economic Perspectives* 12: 95—114.

Brickley, James A., Smith, Clifford W., and Zimmerman, Jerold L.1997. *Managerial Economics and Organizational Architecture.* Homewood, Ill.: Irwin.

Buckley, Peter J., and Chapman, Malcolm. 1997. "The Perception and Measurement of Transaction Costs." *Cambridge Journal of Economics* 21: 127—45.

Carlton, Dennis W.1979. "Vertical Integration in Competitive Markets under Uncertainty." *Journal of Industrial Economics* 27: 189—209.

Chandler, Alfred D.1962. *Strategy and Structure.* Cambridge, Mass.: MIT Press.

Chandler, Alfred D. 1977. *The Visible Hand. Cambridge*, Mass.: Harvard University Press.

Chandler, Alfred D.1971. and Salsbury, Stephen. *Pierre S. du Pont and the Making of the Modern Corporation.* New York: Harper & Row.

Che, Yeon-Koo, and Hausch, Donald B. 1999. "Cooperative Investments and the Value of Contracting." *American Economic Review* 89: 125—47.

Cheung, Steven N.1973. "The Fable of the Bees: An Economic Investigation." *Journal of Law and Economics* 16: 11—33.

Chung, Tai-Yeong. 1991. "Incomplete Contracts, Specific Investments, and Risk Sharing." *Review of Economic Studies* 58: 1031—42.

Church, Jeffrey, and Ware, Roger. 1999. *Industrial Organization: A Strategic Approach.* Homewood, Ill.: Irwin/McGraw Hill.

Coase, R. H. 1937. "The Nature of the Firm." *Economica* 4(16): 386—405.

Coase, R. H. 1974. "The Lighthouse in Economics." *Journal of Law and Economics* 17: 357—76.

Coase, R. H. 1988. "The Nature of the Firm: Origin, Meaning, Influence." *Journal of Law, Economics, and Organization* 4: 3—47.

Cushing, Harry A.1915. *Voting Trusts.* New York: Macmillan.

Cushing, Harry A.1927. *Voting Trusts.* Rev. ed. New York: Macmillan.

经济学的著名寓言

Dassbach, Carl H. A.1988. *Global Enterprises and the World Economy: Ford, General Motors, and IBM: The Emergence of the Transnational Enterprise.* New York: Garland.

Dewatripont, Mathias. 1988. "Commitment through Renegotiation-Proof Contracts with Third Parties." *Review of Economic Studies* 55: 377—89.

Dewing, Arthur Stone. 1921. *The Financial Policy of Corporations*, vol. 3. The Administration of Income. New York: Ronald Press.

Edlin, Aaron S., and Reichelstein, Stefan. 1996"Holdups, Standard Breach Remedies, and Optimal Investment." *American Economic Review* 86: 478—501.

Edmonds, C. C. 1923. "Tendencies in the Automobile Industry." *American Economic Review* 13: 422—41.

Epstein, Ralph C.1928. *The Automobile Industry: Its Economic and Commercial Development*. Chicago and New York: A. W. Shaw.

Fleming, Al.1983."Body by Fisher." *Automotive News* ("GM 75th Anniversary Issue"), September 16, pp. 143—51.

Flügge, Eva. 1929. "Possibilities and Problems of Integration in the Automobile Industry." *Journal of Political Economy* 37: 150—74.

Frank, Lawrence K. 1925. "The Significance of Industrial Integration." *Journal of Political Economy* 33: 179—95.

General Motors Corporation. 1919, 1920, 1921, and 1926.*Annual Report.* Detroit: General Motors Corporation

General Motors Corporation.1924. *Fisher Body: Its Contribution to the Automotive Industry.* Detroit: General Motors Corporation.

Grossman, Sanford J., and Hart, Oliver, D.1986. "The Costs and Benefits of Ownership: A Theory of Vertical and Lateral Integration." *Journal of Political Economy* 94: 691—719.

Grout, Paul A. 1984. "Investment and Wages in the Absence of Binding Contracts: A Nash Bargaining Approach." *Econometrica* 52: 449—60.

Hart, Oliver.1995. *Firms, Contracts, and Financial Structure.* Oxford: Clarendon Press.

Hart, Oliver D., and Moore, John. 1990. "Property Rights and the Nature of the Firm." *Journal of Political Economy* 98: 1119—58.

Helper, Susan, MacDuffie, John Paul, and Sabel, Charles. 1997. "The Boundaries of the Firm as a Design Problem." Unpublished manuscript. New York: Columbia Law School.

Holmström, Bengt, and Roberts, John. 1998. "The Boundaries of the Firm Revisited." *Journal of Economic Perspectives* 12(4): 73—94.

Johnson, H. Thomas. 1978. "Management Accounting in an Early Multidivisional Organization: General Motors in the 1920s." *Business History Review* 52(4): 490—517.

Kimes, Beverly Rae, and Clark, Henry Austin. 1996. *Jr. Standard Catalogue of American Cars, 1805—1942.* 3d ed. Iola, Wis.: Krause Publications.

Klein, Benjamin. 1988. "Vertical Integration as Organizational Ownership: The Fisher Body—General Motors Relationship Revisited." *Journal of Law, Economics, and Organization* 4: 199—213.

Klein, Benjamin, Crawford, Robert G., and Alchian, Armen A.1978. "Vertical Integration, Appropriable Rents, and the Competitive Contracting Process." *Journal of Law and Economics* 21: 297—326.

Knight, Frank. 1921. *Risk, Uncertainty and Profit.* Boston and New York: Houghton Mifflin.

Kuhn, Arthur J. *GM Passes Ford, 1918—1938: Designing the General Motors Performance-Control System.* University Park: Pennsylvania State University Press, 1986.

Lamm, Michael, and Holls, Dave. 1996. *A Century of Automotive Style: 100 Years of American Car Design.* Stockton, Cal.: Lamm—Morada Publishing.

Langlois, Richard N., and Robertson, Paul L. 1989. "Explaining Vertical Integration: Lessons from the American Automobile Industry." *Journal of Economic History* 49: 361—75.

Liebowitz, S. J., and Margolis, Stephen E.1990. "The Fable of the Keys." *Journal of Law and Economics* 33: 1—25.

Ludvigsen, Karl. 1995. "A Century of Automobile Body Evolution." *Automotive Engineering* 103: 51—59.

Marx, Thomas G., and Peterson, Laura B.1993. "Asset Specificity, Opportunism and the Vertical Integration of Body and Frame Production in the Automobile Industry." Unpublished manuscript. Detroit: General Motors Corporation.

Milgrom, Paul R., and Roberts, John. 1992. *Economics, Organization and Management.* Englewood Cliffs, N.J.: Prentice Hall.

Monteverde, Kirk, and Teece, David J. 1982. "Appropriable Rents and Quasi-Vertical Integration." *Journal of Law and Economics* 25: 321—28.

Nöldeke, Georg, and Schmidt, Klaus M. 1995. "Option Contracts and Renegotiation: A Solution to the Hold-Up Problem." *Rand Journal of Economics* 26: 163—79.

Norton, Seth W. 1997. "Information and Competitive Advantage: The Rise of General Motors." *Journal of Law and Economics* 40: 245—60.

O'Brien, Anthony Patrick. 1997. "The Importance of Adjusting Production to Sales in the Early Automobile Industry." *Explorations in Economic History* 34: 195—19.

Oster, Sharon M. 1994. *Modern Competitive Analysis.* New York: Oxford University Press.

Pound, Arthur. 1934. *The Turning Wheel: The Story of General Motors through Twenty-Five Years, 1908—1933.* Garden City, N.Y.: Doubleday, Doran & Company.

Raskob, J. J. Letter to William C. Durant. September 4, 1919. Kettering/GMI Alumni Foundation Collection of Industrial History, Flint, Mich.

Rogerson, William P. 1992. "Contractual Solutions to the Hold-Up Problem." *Review of Economic Studies* 59: 777—94.

Salanié, Bernard. 1997. *The Economics of Contracts: A Primer.* Cambridge, Mass.: MIT Press.

Seltzer, Lawrence H. 1928. *A Financial History of the American Automobile Industry: A Study of the Ways in Which the Leading American Producers of Automobiles Have Met Their Capital Requirements.* Boston and New York: Houghton Mifflin.

Simon, Herbert A. 1945. *Administrative Behavior.* New York: Free Press.

Sloan, Alfred P. 1963. *Jr. My Years with General Motors.* Garden City, N.Y.: Doubleday.

Tirole, Jean. 1988.*The Theory of Industrial Organization.* Cambridge, Mass.: MIT Press.

United States v. E. I. Du Pont de Nemours & Co., General Motors, et al.. Civil Action 49C—1071, 126 F. Supp. 235 (N.D. Ill. 1954); 353 U.S. 586 (1957); 366 U.S. 316 (1961).

White, Roger B. 1990. "Fisher Body Corporation." in *The Automobile Industry, 1896—1920*, pp. 187—92. Encyclopedia of American Business History and Biography. New York: Facts on File.

White, Roger B.1991. "Body by Fisher: The Closed Car Revolution." *Automobile Quarterly* 29(4): 46—63.

Williamson, Oliver E.1979. "Transaction Cost Economics: The Governance of Contractual Relations."*Journal of Law and Economics* 22: 233—61.

Williamson, Oliver E.1985. *The Economic Institutions of Capitalism.* Englewood Cliffs, N.J.: Prentice—Hall.

第九章　佃农分成制[*]

张五常（Steven N. S. Cheung）[**]

　　……在佃农分成制下，每单位产出中的一部分被当作租金，给人一种类似于从价消费税（ad valorem excise tax）的印象，即所生产的每单位产出都有一部分是被地主（政府）给"抽税"了。人们认为，佃农分成与固定租金或地主自耕的产出分配是不同的。在后两种耕作方式下，耕种者能获得全部的增量产出。由于佃农在土地上耕耘或投入的积极性被削弱了，佃农分成制因而被认为会导致较粗放（和低效率）的耕种。[1]

　　不难说明，把税收分析应用于佃农分成制［以下称作"税收等价"（tax-equivalent）法］是错误的。由此引出的假说忽略了一些问题。在税收等价法中，学者们通常没有意识到，在佃农分成制下，分成的百分比和所承租的面积并非神秘"固定的"，而是由市场竞争所决定的。此外，这些作者们也无法具体说明他们赖以构建其假说的土地所有制的性质。下面，就让我来阐明。

---

[*]　　本章由应俊耀翻译，邱蔚怡校对。译文参考了2000年商务印书馆出版的易宪容的中译本，结合张五常教授最新出版的《经济解释》（二〇一四增订本）以及其他中文文章，部分译文直接引自作者的中文作品，力求尽可能地用作者本人的中文表达习惯将译文呈现给读者。——译者

[**]　本文选取自张五常教授的博士论文《佃农理论》（Steven N.S. Cheung, *The Theory of Tenancy: With Special Application to Asian Agriculture and the First Phase of Taiwan Land Reform*, University of Chicago Press，1969）第三章"有关佃农分成的传统观点和多种假说的验证"（第33—61页）和附录（第165—173页），部分内容略有删减，体例和注脚编号与原文保持一致。

[1]　　有意思的是，东方的学者们也普遍持相同观点。

首先，尽管一些古典经济学家讨论了土地的划分问题，但他们并没有把它纳入一般均衡理论的框架中分析（参见本章第一节）。自马歇尔起，经济学家们就一直忽略了地主把自己全部土地分配给几个佃农耕作的可能性（参见本章第二节）。尽管这在分析从价税时是有效的，但在佃农分成制下，这样做却忽略了土地的成本及其分配。其次，分成百分比通常被认为是既定的。然而，在佃农分成制下，租金百分率却通常是一种自由变量。第三，就税收而言，政府签订合约并不是为了实现财富最大化。换言之，税收等价分析无法对分成合约中的条款加以明确的说明。在分成合约下，合约一旦达成，合约双方当事人就必须共同遵守这些条款。

假如不先说明资源的产权性质，我们就无法对一个人使用资源的方式进行分析。的确，对佃农而言，一旦农地面积与承租比例通过合约确定下来，相比其自耕的土地而言，他会倾向于较少地耕耘或投入。但在土地私人所有制下，地主财富最大化的动机却并不会被削弱。……不管是地主规定由佃农增加土地投入而采用较低的租金百分率，还是由地主自己对土地进行投资而采用较高的租金百分率，只要会增加土地的净租值，这种投资就会发生。

然而，假如要说所有早期分析佃农分成制的学者都被税收等价分析所欺骗，并一定会得出在佃农分成制下资源使用无效率的结论的话，那将会使人产生误解。一些学者是这样做的，而另一些学者则对此表示怀疑，还有一些学者似乎完全放弃了税收等价分析。事实上，与此话题相关的文献调查显示，有时甚至连他们所犯的错误也是极为有趣的，而他们的洞见有时却是极为深刻的。[2]

2　当我写完此论文的初稿时，尚未意识到佃农分成制已经被很多人分析过了。随后的文献调查让我更加确信，追溯该课题的经济思想发展过程将是值得一做的。之后关于古典主义观点的部分是对盖尔·约翰逊（D. Gale Johnson）综述的扩展。见其论文 "Resource Allocation under Share Contracts"，*Journal of Political Economy*（1950年4月），第112—114页。

一、古典主义观点

请注意，亚当·斯密在讨论法国的佃农（metayers）*时写道："在英国，佃农分成这种制度早已废除，因此如今我不知道如何用英文来称呼他们。"他认为他们是继"古代奴隶耕种者"之后的一种农民。[3]关于佃农分成制的生产性质，斯密写道：

> 佃农永远不会从他们的储蓄拿钱出来改进土地，因为什么钱也不出的地主要把产品的一半拿去。（政府或教会）从农产品抽取十分之一已经对改进土地有非常大的阻碍。抽取百分之五十的税必然有效应更大的障碍。[4]

尽管斯密用税收来类比佃农分成制可能会使后来的学者误入歧途，但他把佃农分成制放在那个背景中来讨论还是有意义的。斯密并没有针对佃农制度本身，而是试图通过一整章的篇幅来追溯土地使用制度的发展历程，并对其进行经济解释。[5]

根据斯密的观点，先于佃农的"奴隶"耕作者的生产力甚至更低，因为"一个没有资产的奴隶只管吃，不管做"。[6]因此，为了增加土地使用的效率，佃农替代了"奴隶"。在斯密看来，佃农分成制也是有缺陷的，所以他宣称佃农"以非常缓慢的速度"被农民所替代，这些农民"用他们自己的生产资料耕种土地，并向地主缴

---

* 按照张五常教授的说法，当时法国的佃农称为"metayer"具有误导性，因为metayage是指五十对五十（即双方各一半）的分成制度，其实佃农分成的变化多，不限于五十对五十。参见张五常，《经济解释》（二○一四增订本），中信出版社，2015年第2版，第906—907页。——译者

3　Adam Smith, *Wealth of Nations*（1776；New York：Modern Library edition，1937），p. 366.

4　同上，第367页。
　（本段译文直接引自张五常，《经济解释》（二○一四增订本），中信出版社，2015年第2版，第907页。——译者）

5　同上，第三卷，第二章。

6　同上，第365页。

纳固定的租金"。[7]尽管相对于佃农分成制而言,斯密更偏爱固定租金合约(农民),但他却考虑因租约期满而给农民造成"不安全"问题:"然而,就连这种农民的租佃权在很长一段时期内也是极不稳定的,在欧洲的许多地方至今如此。"[8]他鼓吹"保障最长租期的法律,使之不被各类承继人所侵害",但据他所知,这种法律"是英国所特有的"。[9]因此,在斯密看来,英国当时的农地使用制度(即缴纳固定租金而永久年期的租约)远远优于欧洲其他国家。[10]

尽管"经济效率"的含义在之后很长一段时间内都未能阐释清楚,但斯密在分析土地使用制度的发展历程时,其基于资源有效使用的思想仍具有重要意义。不过,他所使用的方法并没有获得丰硕的成果。一旦财产法对竞争界定了一组具体的约束条件,就可能存在着几种意味着相同资源使用效率的合约安排形式。……当这些财产法发生变更时,合约安排也会发生改变。因此,恰当分析土地使用发展历程的方法是追溯财产法的变动,而不是像斯密所做的那样,通过追溯可能存在缺陷的土地使用制度来解释(或主张)法律的变化。

因此,斯密是错误的。尽管他声称"奴隶"耕种会造成极大的浪费的观点可能对也可能不对,但是从历史上看,他所提出的佃农因经济原因逐渐被固定租金农民所替代的观点却是错误的。我们仅仅需要指出的是,佃农分成制并没有被固定租金制所取代。即使在美国,类似的分成合约在零售商店、美容院、加油站、娱乐场所,甚至是在受到严格管制的石油和捕鱼业中,都是十分普遍的。事实上,正如斯密以及随后的穆勒与马歇尔所观察到的那样,佃农分成制在英国极为罕见,很有可能是实行永久业权(freehold)所造成的。在这种制度下,法律强制要求签订终身租约。在终身租约下,实施分成合约的费用可能很高,以至于这种合约不受人们欢

---

7   同上,第368页。正如盖尔·约翰逊指出的那样,"斯密不仅反对佃农分成,而且提议通过税收促使地主采用其他的租约安排"。见约翰逊,"Resource Allocation",第112页;Smith,*Wealth of Nations*,第779—788页,特别是第783页。

8   Smith,*Wealth of Nations*,p. 368.

9   同上,第369页。

10   同上,第368—372页。

迎，因为解除分成合约是一种保证佃农表现良好的有效方式。

当然，我们难以评估斯密对后来研究佃农分成制的学者产生的影响。暂且不论税收等价分析的争议，后来渗入英国学者脑海中的信念是：英国的（固定租金）制度要比其他国家的租金制度更先进、更有效。这种信念随后又被阿瑟·杨格（Arthur Young）的著名《游记》（*Travels*）所增强。

杨格是农业荣誉委员会秘书和皇家学会会员，被誉为英国农业专家。他在《1787、1788和1789年期间的法国游记》[11]一书中，几乎每次提及佃农时都要予以批判谴责。关于佃农分成制度，杨格写道：

> 我说不出一句赞扬佃农分成制的话，而反对这种制度的理由则成千上万……这是所有土地出租方式中最糟糕的一种。在这种方式下，被欺骗的地主仅能获得一点点可怜的租金；农民处于最贫穷的状况；土地耕作极端无效率；国家如同合约双方本身那样损失惨重。……这种制度在哪里流行，那里的人民就必定陷于贫困无依的悲惨境地。[12]

但是，在一百年之后的1892年，出现了一个截然不同的《杨格游记》版本。编者是贝瑟姆—爱德华兹（Betham—Edwards）小姐，她是法国公共信息部的作家和官员。她随意删除了杨格谴责佃农分成制的大部分话。[13]而我所能查阅到的杨格有关佃农分成制的话只有这么一段。杨格在这段话中声称："佃农分成制只能让人永

11　杨格的游记初版于1792年，后面还出了多个版本。我手头有一本由都柏林1793年重印版的第二卷、由 Constantia Maxwell 编的节选本（Cambridge：Cambridge University Press，1929）以及 Miss Betham-Edwards 编的 *Arthur Young's Travels in France during the Years* 1787，1788，1789（London：George Bell and Sons，1892）。

12　Young，*Travels*，都柏林版，第241—242页。杨格几乎没有进行多少分析来支持他的主张，当他写下以下这段话时，人们会怀疑他带有偏见。他说："佃农极度贫困，无法很好地进行耕种。我尝试着观察这种应该加以研究的方式，但在法国讨论这种事情纯属浪费时间。"（Maxwell 版，第202—203页）

13　Young，*Travels*，Betham-Edwards 版。

远贫穷和上不起学。"对此，贝瑟姆—爱德华兹小姐添加的注脚是："佃农分成制是一种初看起来十分复杂的制度安排，但必须把它视作导致法国农业繁荣一个极为重要的因素"。[14]

贝瑟姆—爱德华兹并不是唯一向杨格的评判发起挑战的编者。康斯坦蒂娅·马克斯韦尔（Constantia Maxwell）——1929年版《游记》的编者，在他长篇的编者按语中，对杨格的观点作了大量的修正。[15]在众多材料的支持下，马克斯韦尔指出，在杨格的时代，法国政府对葡萄种植实行管制，赋税沉重，路易十四战争后果严重，法国大革命前夕政治动乱频频。无疑，杨格不会不知道以上这些事实。但即使是我们同意他的观点，认为法国农业"一团糟"，而要弄明白杨格为何指责佃农是造成该局面的唯一原因，却非常困难。[16]

尽管杨格谴责了佃农分成制，但我们在他的著作中还是找到了一个证据。这个证据似乎与在佃农分成制下土地使用无效率的观点相吻合——也就是说，与英国相比，法国的租金较低。[17]根据税收分析法，在佃农分成制下，投向土地的非土地投入要比在固定租金制下的少。因此，在土地面积相同的情况下，支付给地主的租金就会较少。根据标准的经济理论，在其他因素不变的情况下，假如（a）土地较为贫瘠（杨格对此的讨论是模糊不清的），或者（b）佃农投入的成本（或工资率）较高（由于佃农"极度贫穷"，杨格会否认这一点），那么租金就会较低。但事实上，

14　同上，第18页。

15　Young，*Travels*，Maxwell版，第361—404页。

16　Betham-Edwards在杨格的《游记》引言（第6页）中写道："在过去的五十年里，同其他任何的土地租用方式相比，佃农分成制最大限度地改善了农民的生活条件和农业状况"。她写这段话时，谈的并不是杨格时代的法国农业。因此，Maxwell的编辑方式似乎更为恰当。Maxwell关于佃农分成制的观点是值得注意的：

　　或许这种制度并不是贫穷的原因，而是贫穷的结果。佃农分成制在实践上要比在理论上运行得更好，以下事实证明了这一点：法国大革命之后，它保存了下来，而且至今仍是一种得到普遍承认的土地占有方式。……甚至在法国大革命前，就有许多法国地主同分成佃农关系良好，常去地里看望他们，与他们一起讨论农业问题（Maxwell版，第30页）。

17　见Young，*Travels*，都柏林版，第239页。

其他因素并不相同。在那个时代，除了政治动荡和农耕管制（这很可能会阻碍人们对土地的投入，从而导致地租下降）之外，一个更为重要的因素，或许就是所谓的佃农税负沉重。[18]在佃农另谋高就的收入微不足道的情况下，对佃农课征较高的税收，就要求地主采用较低的租金百分率（rental percentage，分成率），以确保佃农会留在地里工作。这就意味着每英亩土地的租金较低。

尽管杨格有可能被他的情感干扰了判断，但他的一些观察本可以提示后来的学者，假如竞争的局限条件相同，那么固定租金和佃农分成会导致相同密度的非土地投入。特别是，杨格观察到各个地区的分成百分率是不同的，而土地规模的划分则与人口压力相关。[19]但据我所知，后来进一步详细研究过佃农分成制下农地划分的经济学家，只有琼斯（Richard Jones）和穆勒两位。

琼斯在他1831年所写的著作中，不仅重述了斯密关于租约安排的观点，还重申了斯密的结论。但是，琼斯更为详细地论述了如何通过土地规模的划分来调整劳力投入。[20]由于琼斯手头拥有更多的资料，他在认可杨格观察报告的基础上写道：

> 尽管佃农在名义上支付了相同的［租金百分率］，但其获得的产出份额有可能通过两种方式减少：一是他需要承担的公共负担加重，二是他所承租的佃田（metairie）面积减少。但我不清楚法国的佃农由于后者的原因而遭受了多大的损失。[21]

18　杨格对税负的描述最好参见"革命"那章（Travels，Maxwell版，第327—360页）。在第26页上，Maxwell指出："根据最近的估计，在杨格的时代，36%的农民收入作为直接征税上缴给了国家；14%的收入作为什一税缴纳给了教会；仅有11%或12%的收入缴纳给了庄园主。"

19　同上，第296—297页。

20　Richard Jones, *An Essay on the Distribution of Wealth and on the Source of Taxation*，part 1: Rent（London，John Murray，1831）。据我所知，该书的第2卷从未出版。琼斯对土地出租的看法与斯密相同，这在他的整本书中都可以看得很清楚，特别是第73—75页。

21　Richard Jones, *An Essay on the Distribution of Wealth and on the Source of Taxation*，part 1: Rent，p. 91.

在谈到意大利的佃农时，琼斯进一步指出：

> 人们发现，佃农总是随时准备好接受土地的进一步划分。……就像我们在法国所看到的情况那样，佃农人数不断增加，直到分租的土地仅够维持他们基本的生存才停止；或者更为常见的是，因土地所有者拒绝进一步划分土地而迫使其停止，因为劳力供应已超过了他们认为对自己最有利的那个点。[22]

按照这一思路，人们会希望琼斯接下来说：至少在某些情况下，相对于土地投入而言，非土地投入的密度在佃农分成制下与在固定租金或自耕自种的情况下是相同的（或者产出一样高）。但琼斯并没有这样说，反而得出了如下结论：

> 即便与……奴隶相比较，佃农与地主之间的关系存在某些优势。……但这种关系，尤其对其自身而言，有着特有的麻烦。耕种产出中存在的对立利益，会破坏几乎每一种改良土地的努力。[23]

很难说琼斯的结论是否与他前面的论述相矛盾。在古典经济学家看来，对土地的改良或他们所谓的在土地上的"储备"，似乎都意味着对土地进行"投资"，但无法确定他们具体所指的含义。根据我们传统上的理解，投资是消费在时间上的权衡轻重，即是放弃当下的消费来换取将来的消费。当一个人为了将来获取谷物而耕地、锄草、清理石块时，这个人就是在对土地进行投资。在一般的经济分析框架中，投资回报是通过不同的时间期限来进行处理的。一项工作是由一个人还是由一匹马来完成，或是靠施用更多的肥料、更好地灌溉还是利用其他资产，从概念上来说都是一样的。当然，只有在没有时间性的投入—产出模型中，我们才不会涉及投

22　同上，第98—99页。
23　同上，第102页。

资这个概念。因此，在我们的传统理解中，一方面说劳力投入的密度（它可以用于改良土地）能够自由调整，而一方面又说"对立的利益会破坏几乎每一种改良土地的努力"，的确是相互矛盾的。

但是，对于琼斯及其同时代的人，甚至对于穆勒及其追随者而言，对"土地改良"或"投资"的概念却是模糊不清的，这主要是由以下两个原因所造成的。首先，他们没有把某个时点的耕作投入与跨期的投资区分开来。因此，总是搞不清他们指责的是产出分成，还是非永久性租约。其次，他们不是把劳力投入和非劳力投入看作是在生产中发挥不同功能的不同物质实体，而是视其为两个不同的概念。对他们而言，"劳力"是"短期的"，非劳力是"长期的"，土地的"改良"只是由"资本"来完成，而不需要使用"劳力"。

不过，即便是接受他们术语模糊的传统做法，琼斯本应该意识到，既然"劳力"是可以调整的，那么"资本"也可以进行调整，或者说"劳力"也能与"资本"进行替换。但事实上琼斯并没有意识到这些。实际上，人们不得不推测，他那唐突的结论并非出自逻辑上的推理，而是来自于其自认为的"英国农业制度较为优越"的成见。我们可以猜测一下，假如琼斯考虑到早于他十五年前的西斯蒙第（Simonde de Sismondi）对意大利佃农现象做出的解释，他是否会改变自己的结论。西斯蒙第本身就是一个佃农地主，自然对佃农制度赞誉有加。他写道：

> 佃农分成制……比任何其他制度都更有助于较底层的阶级得到幸福，有助于提高土地的耕作水平，有助于在土地上积累大量财富。……在这种制度下，农民如同关心自己的土地那样关心他所耕种的土地。……他们在土地上积累了资本，发明了不少先进的轮作方法、巧妙的耕作方式，……在一块面积不大并且贫瘠的土地上聚集了大量人口，这一切都非常清楚地表明：这种耕作方式既

有利于土地本身，又有利于农民。[24]

这种对佃农分成制的高度赞美，与杨格对此的强烈谴责是完全对立的。但等到穆勒考察这一制度时，双方的意见得以融合。[25]

在对有关文献作了出色而全面的概括之后，穆勒指出："佃农分成制受到了英国权威人士的粗暴对待。"[26] 穆勒称："英国的写手滥骂佃农制度，是站在一个极端狭窄的角度来看的。"[27] 穆勒自己的分析本质上是对琼斯观点的修正，更为明确的是，他同样把劳力投入和土地改良看作两种概念不同的事物。

穆勒引用并接受了斯密关于分成地租类似于抽税的观点，因此他觉得佃农不会对"改良土地"感兴趣。[28] 于是，在这种制度下，"凡是需要资本投入的改良，非地主不可"。但是，"风俗"（custom）成了"土地改良的一大障碍"。[29] 关于劳力投入，穆勒有时认为"不足"，有时又认为"太多"，这初看上去似乎是不一致的。穆勒说：

> 佃农的劳动积极性要低于自耕农，因为他只能获得其劳动成果的一半，而非全部。我猜想这一半产出已足以维持他的生计。当然这不仅取决于土地再分配的程度——这取决于人口原理的作用。……有的地主会起阻碍作用，不同意

24　J. C. L. Simonde de Sismondi, *Political Economy*（1814）（New York: Augustus M. Kelley, 1966）, p. 41—42.

25　参见John Stuart Mill, *Principles of Political Economy*，第四版（London: John W. Parker and Son, 1857），第2卷，第8章，"佃农"（Of Metayers）。

26　同上，第367页。麦卡洛克（J. R. McCulloch）是另一个著名的"英国权威"。他写道："用佃农分成的方式出租土地……在欧洲大陆是很普遍的。哪里采用了这种方式，那里的土地改良就已完全停止，农民过着最贫穷的生活。"［*Principles of Political Economy*（Edinburgh），1843，第471页］

27　Mill, *Principles of Political Economy*, p. 380.

28　同上，第366—367页。

29　同上，第367页。

经济学的著名寓言

对土地进行再分配。不过，我并不以为这种阻碍作用有多重要。因为，即使不对土地进行再分配，原有土地也能负担过剩的人手。只要人手的增加能使总产出增加（情况几乎总是这样），获得一半产出的地主就会成为直接的受益者，而一切不利后果只会由劳动者来承担。[30]

这里要指出两点。首先，在这段引文中，穆勒预先假定，对佃农而言不存在任何通行的工资率或另谋高就的收入，甚至未说明维持最低生活的收入是不是对土地进一步划分的一种限制。事实上，如果没有明确说明报酬递减定律（the law of diminishing returns），就很难达到任何形式的均衡。[31]其次，尽管穆勒非常清楚存在不同的租金百分率，但是他却不同意通过调整租金百分率来进行"土地改良"。[32]

穆勒没有得出任何确切的结论，源于他并未宣称要对这个主题进行任何经济分析。他一开始就指出，在欧洲，佃农分成制受限于风俗习惯而非市场竞争，[33]因此，"当产出不按可变的合约，而是按固定的风俗习惯分配时，政治经济学就没有分配法则要研究了"。[34]穆勒是从谁那里获取的这种"风俗"的思想呢？从西斯蒙第那里：

这种（投入义务的）关系常常是合约的主题，合约规定佃农所应提供的某些劳务和所应临时支付的某些款项；但不同合约规定的义务差别很小。风俗支配着所有这些合约，合约中没有写明的事情也按照风俗来约定。有的地主试图违背风俗，征收高于邻人的地租，不以产出的平均分配为合约的基础，这样做的地主会招人讨厌，肯定找不到诚实的人做他的佃农。因此，所有的佃农分成

30　同上，第365—366页。

31　请注意，在引文的最后一句话表达的观点，与琼斯的观点迥然不同。

32　同上，第363页，以及第364页上第二个脚注。

33　同上，第363页。

34　同上，第364页。

合约可以说是完全一样的，至少在同一地区是相同的，既不会引起找工作的农民之间的竞争，也不会使某些农民提出比另一些农民低的耕作条件。[35]

上述合约条款基本蕴含在佃农理论之中，我们也能通过许多详尽的资料看到，它们与中国分成合约中的条款是十分相似的。但是，佃农分成制中有关"决不会引起竞争"的表述却是错误的。事实上，西斯蒙第所想象的对合约当事人的约束，正是由竞争本身所施加的。

我们或许还会问：为什么把分成合约的条款看作是由"风俗"而不是由竞争所决定的呢？我相信答案是：要素的价格并没有被明确地写入分成合约之中。[36]在固定租金或工资合约条件下，不仅土地的租金价格或工资率会通过条款清楚地写出来，而且合约的一方可以通过支付足够高的价格购买到任意数量的资源。在分成合约条件下，价格机制是通过调整租金百分率和土地与非土地投入的比率来运作的，这不仅给人造成一种市场价格不存在的印象，而且也给人造成了由合约当事人共同规定的投入密度是"固定的"这么一种感觉。西斯蒙第和穆勒未能意识到，在其他因素不变的情况下，农地面积的减少要么表示工资率的下降（或者非土地投入成本的减少），要么表示土地的租金价格上升；或者说租金百分率的下降，要么代表工资率的上升，要么代表土地的租金价格下降。进而言之，相对要素价格在市场上的变化，在分成合约中则可以通过几个层面加以灵活调整。由于调整过于灵活，以至于会让人产生一种固定不变的假象。例如，工资率提高百分之五十，在工资合约中会显得非常明显；但在分成合约下，相同的增幅则可能通过略微降低租金百分率（地主的分成率）、稍微减少劳力投入以及略微增加土地面积来实现。

因此，穆勒无法从理论上解决该问题。但我们不得不承认，面对之前各种不同

---

35 穆勒对西斯蒙第的引证. 见引前书，第363—364页。

36 这是我对以往学者关于佃农分成制下分配问题的讨论所获得的印象。例如，参见Jones, *Distribution of Wealth*；Sismondi, *Political Economy*， 第3章；McCulloch, *Principles of Political Economy*，第3部分；Mill, *Principles of Political Economy*，第2卷。

经济学的著名寓言

的观点，他能做出如下判断可以说是令人折服的：

> 如果意大利托斯卡纳（Tuscany）的佃农制度是像西斯蒙第说的那么好，
> 而西斯蒙第知道那么多的细节，又是一个本领不凡的权威；如果农民的生活与
> 农地的面积，经过那么长久的岁月还能像西斯蒙第说的那样维持着，而农村的
> 生活情况显然远高于欧洲的大多数国家，要是我们举着农业改革之名，试图引
> 进固定租金与资本家的农业制度，是多么危险而又令人惋惜的事。[37]

二、新古典主义观点

某些分析上的缺陷阻碍了古典学者就佃农分成制下的资源使用得出一般性的解
释。除了前面提及的概念上的模糊不清外，古典学者也没有把地租看作生产成本的
一部分。[38]而且，达到均衡所需要的边际分析也是模糊不清的。但这些问题并不妨
碍马歇尔对佃农分成进行分析。虽然在马歇尔之前，西斯蒙第和穆勒并没有把重心
放在税收等价法上，但马歇尔却重新捡起了这种方法。这可能是由于把分成地租比
作抽税，与他的边际分析基本相近的缘故。[39]尽管采用了这种方法，马歇尔在他的
注脚中还是差一点就找到了正确的答案[40]……

在脑海中作了分析之后，马歇尔评论道：

37　Mill, *Principles of Political Economy*，第380—381页。

　　［本段译文除了增加了"托斯卡纳"这个地名，其他直接引自张五常，《经济解释》（二〇一四增订
本），中信出版社，2015年第2版，第910页。——译者］

38　书稿付印前，斯蒂格勒（George J. Stigler）告诉我，穆勒的确认为地租是一种生产成本，但马歇
尔却犹豫不定。

39　Marshall, *Principles of Economics*，8th edn, 1920（London: Macmillan & Co., 1956），pp.
534–537.

40　同上，第4卷，第3章；以及第6卷，第10章，第536页。

当耕种者每次在土地上投入的资本和劳力所获得的收益必须有一半要缴纳给地主时，假如总收益达不到他所获报酬的两倍，他就不会投入任何资本和劳力。假如他可以自由耕种，他耕作的密度就会远远低于英国固定租金条件下的。佃农投入的资本与劳力，以他将获得的总收益足以偿付他自身的报酬两倍以上为限：所以他的地主在该收益中所得到的份额，比在固定租金下要少。[41]

这里重要的一点是，马歇尔发现，根据该分析，佃农将获得一些剩余回报，而地主所获得的租金收入将低于在固定租金条件下的收入。令人奇怪的是，马歇尔没有想一想，地主为何不因此而选择固定租金合约，或者干脆把他的土地所有权卖断（outright）给佃农呢？[42] 当然，马歇尔并不愿意让佃农的剩余收入处于未被解释的状态。他说：

假如佃农没有固定的租佃权，地主便可以蓄意和自由地安排由佃农提供的资本和劳力的数量，以及由他自己所提供的资本数量，以便适应每一种特殊情况的需要。[43]

马歇尔的观点是，佃农"实际上拥有固定租佃权"。[44] 他提及了希格斯（Henry Higgs）的一篇文章。[45] 希格斯指出，地租的份额是不同的，"佃农分成制虽然初看上去很死板，但实际上却具有相当大的弹性"。[46] 不过，同西斯蒙第和穆勒的想法一样，希格斯也认为佃农的分成率是由"风俗"所决定的。希格斯的判断建立在他对

41　同上，第535—536页。

42　马歇尔像他以前的学者一样，意识到固定租金和自耕自种与佃农分成制在欧洲是同时存在的。各种对佃农分成制所占比例的估计，存在很大的出入。

43　Marshall, *Principles of Economics*, p. 536.

44　同上。

45　Higgs, "'Metayage' in Western France", *The Economic Journal* (March 1849), pp. 1—13.

46　同上，第9页和注1。

法国所做的经验调查基础之上，但可惜的是，该调查的样本仅有一家农场。[47]或许，正是"固定租佃权"这一观念，促使马歇尔只在一个注脚中提及了调整的可能性：

> 如果采用佃农分成的地主可以自由地为自己的利益而调整资本，并且与佃农协商，指明农作劳力的投入量，那么从几何上可以证明，地主会作这样的调整以迫使佃农的耕种密度与在英国的固定租金制度下一样，而地主的分成收入，则会与固定租金相等。[48]

马歇尔没有提供任何几何证明，如果他真做了证明，他是否会更改这个注脚将会是一个有趣的猜测。说这是一个有趣猜测，是因为他想象的效果在一些特殊的情况下是对的，但一般而言却是错的。之所以错，是因为马歇尔不允许分成的百分比变动。[49]……假定租金百分率是给定的（而不是任意的），且地主提供了足够数量的非土地"资本"投入，那他就可以调整由任何一方合约当事人所提供的非土地投入，使得（a）佃农分成制下的租金收入与在固定租金下相同；（b）佃农的剩余收入在不改变给定租金百分率的情况下会耗散掉。就此而言，马歇尔是正确的。但假设佃农提供了所有的非土地投入，或者地主提供部分非土地投入但数量甚微；那么，除非巧合，否则（在调整非土地投入之外）就必须改变租金百分率才能得到马歇尔所设想的结果。从另一个角度来看，给定非土地投入对土地的比率是与财富最大化相一致的，并且由合约当事人提供的非土地投入的相对份额是规定好了的，那么，

47　同上，第9—13页。

48　Marshall, *Principles of Economics*, p. 536, n. 2.

49　尽管马歇尔意识到租金比例在每一个地方是不同的（同上，第535页注1），但他却说，由于风俗的原因，"在不出现暴力的情况下，它很少发生变化"（同上，第533页）。但他没有提供任何关于"暴力"的证据。由于不允许租金比例发生变化，马歇尔在理论上所遇到的困难，在他下面的一段话（同上，第536页，注2）中被明显地表现出来：

　　如果地主不能调整资本的多少，但还能控制劳力的投入，那么在某些形状的产出曲线下，耕种的密度会高于英国固定租金制度下的，但地主的分成收入会较英国的（固定租金）为少。这个矛盾的结论有点科学趣味，但实际的重要性却微不足道。

有且仅有一种与均衡相一致的租金百分率[50]……

需要注意的是，与之前的斯密、琼斯以及穆勒一样，马歇尔试图根据某些经济效率的概念对不同的土地使用安排进行分类。[51]他们处理该问题的方式，不是确定一组特定的产权约束，在这组特定产权的约束下，各种形式的土地使用制度可能含意着相同的资源使用效率。在他们对佃农分成制的讨论中，其分析所含意着的自由转让权（alienable rights），意味着假设了存在私人产权的约束。[52]然而，斯密和琼斯把佃农分成看成是一种浪费的过渡性制度安排；而穆勒和马歇尔则把一切归咎于风俗。斯密曾预言，固定租金将会替代佃农分成，但这一预测并没有成为现实；正如前面所指出的那样，分成合约的条款可能给人以一种由风俗决定的印象。

在当代学者中，进行同样的分类并依赖于"风俗"这一概念的，还有沙克尔（Rainer Schickele）[53]和黑迪（Earl O. Heady）[54]。沙克尔和黑迪在分析分成租约时，对税收等价法做了进一步的扩展，但与马歇尔所使用的分析方法有所不同……

我们不清楚沙克尔和黑迪在讨论土地租佃时所使用的"风俗"一词是什么意思。穆勒只是把风俗想象为非竞争的因素，而沙克尔和黑迪在分析佃农分成制时既

---

50 ……但请注意，如果是种植几种作物，由于不同的作物要求不同的要素投入密度，在一份分成合约中就会存在多种租金比例……

51 Marshall，*Principles of Economics*，第6卷，第10章。

52 产权在个人所有者之间的可转让性，至少在某种程度上意味着资源使用上的排他性。在市场中，资源权利的转让并非只有完全的转让，还包括各种租约安排。法律对这些转让形式中的某一种进行限制，可能会导致较高的交易费用，但可能并不构成一组严重影响资源使用的不同约束条件。在法国的佃农分成制中，存在着自由转让的权利，这在杨格的《游记》（Maxwell版，"编者按语"）中可以清楚地看到。

   罗甘（N.Georgescu-Roegen）在分析佃农分成制时，把该制度称为"封建制"下的一种土地占有形式。但他未说明界定"封建制"的产权约束条件。罗甘也运用了税收等价法，并得出了佃农分成制无效率的结论。参见他的"Economic Theory and Agrarian Economics"，*Oxford Economic Papers*（1960年2月），第23—26页。

53 Rainer Schickele，"Effects of Tenure Systems on Agricultural Efficiency"，*Journal of Farm Economics*（February 1941），pp. 185—207.

54 Earl Heady，"Economics of Farm Leasing Systems"，*Journal of Farm Economics*（August 1947），pp. 659—678.（注55—58省略）

提到了风俗，又提到了竞争。一种解释是，他们所谓的风俗，指的是那种不能应用财富或效用最大化假设的情况。但如果没有这样的行为假设，就无法界定竞争的含义。让事情变得复杂的是，有时最大化行为假设隐含地仅适用于佃农，却不适用于地主。伊萨维（Charles Issawii）在分析佃农分成制时，明确地指出了这一点。……伊萨维在他的分析中承认：

> 从头到尾我的隐含假设是……地主们不会对经济收益做出迅速的反应，不会意图用增加投资的办法来增加他们的收入。如果他们这样做的话，固定租金与佃农分成之间的差别，自然就失去了其主要意义。曾经，此假设在很大程度上，对大多数欠发达国家而言是正确的；如今，在较小范围内依旧适用。[59]

这种分析在有关欠发达国家的文献中很常见。我们想知道的是，追随马歇尔的经济学家如果放弃风俗的观念会怎样。我们在约翰逊（D. Gale Johnson）的研究中就发现了这一点。[60] 约翰逊更为详细地把马歇尔的分析公式化，他的公式使他得出了以下结论：

> 在谷物佃农分成制下，如果地主的谷物分成份额为总额的一半，那么佃农将会把其资源投入到生产中，直到谷物产出的边际成本等于边际产出价值的一半为止。不过，同一个佃农将会饲养牲畜，因为这样的话，饲养牲畜的主要成本将由地主承担，而地主却不能分享其收益。地主也不会对其土地进行投资，除非边际产出的价值是边际成本的两倍。[61]

59　Charles Issawii, "Farm Output under Fixed Rents and Share Tenancy", *Land Economics*（February 1957）, p. 76.

60　Johnson, "Resource Allocation", pp. 111—123.

61　同上，第 111 页。在森（Amartya K. Sen）的论文中也得出了同样的结论。参见 Amartya K. Sen, "Peasants and Dualism with or without Surplus Labor", *Journal of Political Economy*（October 1966）, pp. 445—446.

不过，约翰逊指出，他的分析是建立在"以下条件之上的，……即佃农和地主……每一方都单独考虑各自利益"的前提之下。[62] 这类似于马歇尔所假设的：佃农"可以按照其意愿自由耕作"。当然，这个假设使合约的含义变得模糊不清。有意思的是，即便我们接受这个假设，约翰逊的结论仍然是建立在一组难以确定的局限条件之上。这点将在下一节予以说明。

但是，约翰逊不愿意接受分成合约下资源使用无效率的含意，他花了一整节的篇幅研究了其他可能的调整。[63] 他发现，"虽然不可否认，能够获得的证据是不充分的，但现有证据表明，在一些可比较的农场中，谷物分成合约下每英亩的产出，即便没有高出很多，也至少与现金租约下的相差无几"。[64] 为了调和理论与事实之间的这种明显冲突，约翰逊认为，在短期租约下，佃农事实上无法自由地按照自认为合适的方式进行耕作。[65] 因此，真实的佃农投入密度"将取决于他认为'自己能将就到什么程度'"。[66]

考虑到约翰逊认为合约当事人仅仅在选择接受或不接受合约上是自由的，而他们"所能将就的程度"也要以竞争约束所允许的范围为限，我很难理解他为什么不抛弃这种理论分析，开启新的思路。这些选择实际上与固定租金和工资合约是相同的，是由私有产权约束所含意着的，也是约翰逊已想到的。建立在私有产权基础之上的理论将表明，分成合约的条款是通过由市场决定的租金比例和非土地投入与土地的比率来表达的。但约翰逊却对这一点持怀疑态度。他说：

---

62 Johnson，"Resource Allocation"，p. 111.

63 同上，v.，第118—121页。

64 同上，第118页。约翰逊在相应的注脚中写道："我对爱荷华州1925到1946年期间谷物分成租约农场的净地租进行了估算。从1925到1934年，分成租约农场每英亩的净地租，平均值也许比现金租约农场少1美元。从1935到1939年，净地租大致相同。从1940到1946年，分成租约农场每英亩的净地租，至少比现金租约农场多4美元"。

65 同上，第119—120页。

66 同上，第120页。

尚不清楚地主与佃农签订租佃合约的过程。价格机制并不是在通常的意义上起作用，因为土地不一定会出租给租金报价最高的佃农。但在佃农分成市场上和现金租约市场上，价格配置的作用差别并不大。[67]

约翰逊在分析过程中，已经获得了——但最终丢弃了——一个足以表明分成合约市场条款的条件。关于理论架构，他写道：

> 在这些条件下进行经营的佃农，其配置资源的方式，是否会跟支付不与实际产出挂钩的现金租金时完全相同呢？答案显然是否定的。只有在每英亩土地的租金处于平均水平时，分成率可变和租金固定条件下的资源配置才会相同。而且没有任何理由相信，这种特殊的租金会在竞争条件下出现。[68]

为什么不会出现呢？……当每英亩租金达到最大值并且处于均衡状态时，固定合约和分成合约条件下的平均租金就会相同。每英亩租金的最大值是唯一的，因为它是在非土地边际成本与非土地投入的边际产出相等时得到的。每个佃农所承租的相应土地规模、非土地投入的价值以及租金百分率，将会被写入分成合约的条款之中。因此，让人感到有些困惑的是，约翰逊还写道：

> 在短期租佃的情况下，承租者清楚知道，地主还有可能以现金租约方式，而不是根据现行产出来出租他的土地。因此，佃农必须筹划好，务必使每英亩土地上用来支付租金的平均产出，与可能要支付的现金租金相等。[69]

67　同上，第121页。
68　同上，第118页。
69　同上，第120页。

这段引文和前面引文之间的明显矛盾，或许能以下述方式进行协调：在否认固定租金和分成合约条件下的平均租金有可能出现理论上的一致性时，约翰逊采用的正是一种不可能获得该一致性的模型。在承认有可能出现这种一致性时，他在经验上的观察促使其寻找另一种解释。就像我们在讨论马歇尔的观点时所看到的那样，理论上的一致性只有在我们把租金比例视为变量时才能推导出来。约翰逊那篇富有洞见的文章给我留下的印象是：他坚持认为，虽然根据一个有很多局限条件的模型，佃农分成制下的生产力不如固定租金制，但在实际上它们却是相同的。或许正是由于这一原因，他呼吁"通过经验上的验证来弄清分成合约对资源配置的影响"。[70]

……

三、含意的验证

正如约翰逊在1950年呼吁对佃农分成制下的资源使用进行经验上的验证一样，中国学者在大约20年前就对佃农耕种做了类似的广泛调查，并将有关租佃耕种的资料兢兢业业地汇编成册。在20世纪20年代末和30年代初的中国，人们普遍抨击农业中的佃农分成制，经常讨论私有土地所有制的利弊。由于缺乏标准的经济理论来支持他们的论点，一些中国机构和独立学者便诉诸经验调查。关于佃农问题的争论，不久之后就因中日战争的爆发而终止。除了卜凯（John Lossing Buck）以英文

70　同上，第123页。（注71—73省略）

　　　　　　　　　　　　　　　　　　　　经济学的著名寓言

撰写的两部名著外，其他大部分的调查结果此后便一直湮没无闻了。[74]

上面提及的资料，虽然看起来不够充实，但却是我所能找到的主要资料，得以研究在没有约束的私有产权条件下的农地使用情况。中国的经验，连同从亚洲其他一些地方所获得的资料，将应用于本节的分析。……不过，请注意，在每一个例子中，我们只使用收集自这样一些时期和地方的资料，在这些时期和地方，现存的产权制度与我们借以推导出佃农理论的约束条件是一致的。由于战后的农地改革，使得我们无法将亚洲过去二十年的农业资料用于这部分的研究。

把多种佃农理论的含意应用于观察研究，我们就能做出一些简单的验证。

根据标准的佃农理论，……给定生产函数，租金的比例取决于土地的肥沃程度和佃农另谋高就的所得。具体而言，假如（a）土地较为肥沃，或（b）佃农投入的成本较低，则租金的比例就会较高。[75]支持这种假说的证据是确凿的。

根据对中国十一个地区的641个样本农户的调查（1921—1925年），卜凯发现：

> 作为租金，假如佃农租用的是麦地和水田，就要交给地主一半的谷物和稻草；假如只是水田，就要交给地主五分之二的谷物与稻草；假如土地较为贫瘠，

---

74 1929至1936年，在南京大学的资助下，卜凯带领一个由四十人组成的工作组，收集整理有关中国农业的资料。这些似乎一直未引起人们注意的原始资料，可见Buck, *Land Utilization in China-Statistics-A Study of 16，786 Farms in 168 Localities and 38，256 Farm Families in Twenty-two Provinces in China*，1929—1933（Nanking: University of Nanking，1937）。在编写这部重要著作期间，卜凯还写了著名的 *Chinese Farm Economy*（1930年），和 *Land Utilization in China*（1937年），这两部著作都由美国芝加哥大学出版社出版发行。不过，卜凯早期的著作也很重要: *An Economic and Social Survey of 102 Farm near Wuhu，Anhwei，China*（Nanking，1923）; *An Economic and Social Survey of 150 Farms，Yehshan County，Hopei，China*（Nanking，1926）; *Farm Ownership and Tenancy in China*（Shanghai: National ChristianCouncil，1927）.

　　除了单个的学者外，从事调查的机构有内政部、国家土地局、国家统计局、行政院和立法院。我发现，这些独立的调查结果通常是彼此一致的。

75 略。

则只要交给地主十分之三的谷物与稻草。[76]

同样，他在贵州省的调查中（1929—1930年）发现：

> 地主的分成率取决于土地的肥沃程度。平均上或粗略地说，上等土地地主的分成率一般为60%；中等土地的分成率为50%；劣等土地的分成率为40%。[77]

且不说上述随意观察的结果，中国立法院（1930年）和中国内政部（1932年）收集到的数据资料也表明了相同的情况。[78]中国内政部的资料已经通过整理计算放在本书的附录B中，这些资料包括了当时中国22个省七类土地的情况。

在台湾地区，政府于1949年将地主的最高分成率降为年产出的37.5%。这一最高比例对所有的佃农分成合约来说都是一样的，无论他们租用的是水田还是旱地。资料表明，99.4%的出租水田都受到了这种分成率约束的影响，也就是说，原有的租金分成高于产出的37.5%。不过，只有50.9%的出租旱地受到了这一约束的影响。[79]这意味着，在自由市场条件下，较高的租金百分率（分成率）一般是与较肥沃的水田关联在一起的。

同时，卜凯也发现，当地主提供一部分耕作投入（即佃农的成本较低）时，租金比例会较高：

> 地主所获的总收益占比从24.6%到66.6%不等。在前一种情况下只收取少

76　Buck，*Chinese Farm Economy*，第148页。未提供更多信息。

77　Chinese National Government，*Shengching Route Economic Report*（1931），p. 102.

78　参见中国立法院《统计月刊》（1930），2.5；中国内政部《内政部公告》（1932），2，1：5，1和2。

79　……日本于1946年开始约束分成地租，规定了分成地租的最高比例：水田为25%，高地田为15%。这反映出，在自由市场条件下，水田的租金份额较高。参见日本农林部，*Agricultural LandReform Legislation*（Tokyo，1949）。

量租金，在后一种情况下则盛行分成制，且地主提供了除劳力和日常管理外的其他一切耕作投入。[80]

同样，根据陈正谟对四个省份所进行的另一项调查（中国，1934年），我们发现，在地主提供种子、肥料和耕牛的情况下，地主的分成率平均为55.98%；而在由佃农提供这些非土地投入的情况下，地主的分成率平均为46.37%。[81]

进一步而言，在生产函数给定的情况下，每一个佃农所租用的土地面积，取决于土地的肥沃程度和佃农另谋高就的所得。具体来说，假如（a）土地较为肥沃，或（b）佃农另谋高就的所得较低，则每户佃农租用的农地面积就较小。[82]支持这一论点的证据也是确凿的。

朝鲜在1929至1938年这10年中，每位水田佃农租用的农地面积平均为0.58町（1町约9 917平方米，约等于1公顷），而旱地佃农租用的农地面积平均为0.97町。在同一时期和地区，水田的价格通常是旱地的2.5倍以上，从而证明了水田通常比旱地更为肥沃。[83]

根据卜凯的另一次调查（覆盖了1929至1933年中国168个地区的16 786片样本农地），我们发现：（a）在土地较为肥沃的水稻产区，每个佃农租种的农地面积平均是3.09英亩，而在土地较为贫瘠的小麦产区，租种的农地面积平均是5.63英亩；（b）在列举的7类耕地中，所租种的平均面积最小的耕地，出现在双季稻产区

80　Buck，*Chinese Farm Economy*，p. 149. 卜凯所提供的地主分成率，是每一个地方（中国的十一个地方，1921—1925年）样本农地的平均数，因而所引证的66.6%完全是偶然的。参见其著作，第148页上的表2。

81　这些平均数是由陈正谟计算出来的：《中国各省的地租》（上海，商务印书馆，1936年），第102—103页。

82　略。

83　Andrew J. Grajdanzev，*Modern Korea*（New York：Institute of Pacific Relations，1944）。每一佃农的土地平均面积是用第291页表2的资料计算出来的；土地的价格参见第292页的表5。

（2.37英亩），这种稻田通常是最为肥沃的。[84]

现在回过头用税收等价法来分析佃农分成制，……我们要问的是：如果所宣称的均衡点……是有效的，我们会观察到什么呢？其中的含意如下：

1. 我们会观察到，租佃农场中的劳力与其他对土地的投入之比率，要低于地主自耕或雇人耕作的农场。这也意味着，租佃农场单位公顷的产出要低于自耕农场，但正如卜凯所指出的那样（中国，1921—1925年）：

> 流行的观点认为，佃农耕种不如自耕农。而根据不同类型土地产出所进行的一项分类调查表明，事实与该观点恰恰相反。在大多数地区，两者产出并没有多大差别。在少数有差别的地区，调查结果对佃农或部分自耕农的有利程度，同自耕农是一样的。……甚至在某些地方，佃农对土地的耕耘要明显好于自耕农。[85]

卜凯的数据显示每英亩谷物产量指数如下：自耕农场为100和101；部分自耕农场为99和101；租佃农场为103和104。[86]三十年后，在没有参考卜凯著作的情况下，布雷（James O. Bray）也得出了相同的观察结果：

> 经济落后的国家要提升农业的生产技术，需要知道在美国，农业生产力最

84　参见Buck，*Land Utilization in China*，表23，第197页。第272—273页上的表7、表8，几乎没有什么差别地显示了相同的情况。并请注意，据该书的第197页称，自耕农的土地面积（平均4.22英亩）通常要大于佃农租种的土地面积（平均3.56英亩）。这是因为，无论在哪里，佃农都更愿意租种水田而不是旱地。参见Sidney Klein，*The Pattern of Land Reform in East Asia after World War II*（New York，BookmanAssociates，1958），第229页；还可参见Buck，*Statistics*，第2章，表23、表26，以及第7章。

85　Buck，*Chinese Farm Economy*，第156—157页。卜凯显然未意识到，租金百分率是一个确保有效耕作的变量，因此，他随后便开始讨论"公平"租金方案。

86　同上。卜凯的调查结果来自中国7个省15个地方2 542个农地样本。佃农每英亩产量较高，或许是由于其租佃的水田比例较高，卜凯没有觉察到这一点。类似证据可参见Buck，*Farm ownership and Tenancy in China*.

可观的制度，大部分是地主与农民之间采用佃农分成的租约。[87]

　　关于耕作密度，我们通过日本在1932至1938年间的资料发现，每个自耕农平均占有的土地为2.22町，而每个部分自耕农为2.1町，佃农则为1.93町，[88]这也否定了税收等价法的含意。租佃农场中较高的劳力与土地的比率，可以通过水田的租佃比例较高来解释。

　　2. 根据税收等价分析，均衡状态下的租金收入比自耕情况下的租值要低，所以

87　Bray，"Farm Tenancy and Productivity in Agriculture：The Caseof the United States"，*Food Research Institute Studies*（1963），第25页。尽管布雷没有提出任何正式的佃农理论，但他凭直觉没有接受传统的观点。他说：

　　资源效率的观点有点学究味。……佃农和地主都有动机设法提高自有资源的边际生产率，……两者都不会取得完全的成功。……例如，若地主提出，种植第三轮作物会带来好处（地主无需付出任何成本），佃农便会说，糊上新壁纸，起居室的状况准会得到改善（佃农也无需付出任何成本）（同上，第27页）。

　　关于不同租用方式之间的资源使用没有很大差别这一点，也被米勒（Walter G. Miller）、克莱斯特（Walter E. Chryst）和奥托森（Howard W. Ottosom）所注意到，"Relative Efficiencies of Farm Tenure Classes in Intrafirm Resource Allocation"，*Research Bulletin* 461（Iowa Agricultural and Home Economics Experiment Station，November，1958），第321—337页。但本书没有大量使用来自美国的资料。这是因为，不同的政府农业政策，会产生不同的竞争约束条件，从而会以不同的方式影响不同合约下的资源利用。

　　（本段译文直接引自张五常，《经济解释》（二〇一四增订本），中信出版社，2015年第2版，第913—914页。——译者）

88　这些平均数是用Andrew J. Grajdanzev下文中的数据计算出来的，"Statistics of Japanese Agriculture"，（New York：Institute of Pacific Relations，1941），表17，第32页。调查结果以每一类大约95个样本农场为依据。即便使用的是壮年劳力而不是每个家庭的成员人数，也可以观察到相同的情况……

　　黑迪和凯尔伯格（Earl W. Kehrberg）也对所选择的74对现金租约和分成合约农场进行了调查（Iowa，1949）。他们发现，就耕作投入的密度而言，分成合约和现金合约之间没有什么明显区别。但他们拒绝承认理论与调查结果之间的冲突，而是求助于其他因素"来解释为何没有区别"（第661—662页）。运用税收等价法，他们得出的结论是：从理论上说，分成租金下的耕作密度，必然低于现金租金下的耕作密度（第658—660页）。参见Headyand Kehrberg，"Relationship of Crop Share and CashLearning Systems to Farming Efficiency"，*Research Bulletin* 386（Iowa State College Agricultural Experiment Station，1952），pp. 635—683.

我们将会发现租佃土地的市场价值要低于自耕土地情况下的。相关证据再一次清楚地否定了这个含意。我们发现，土地的价值依土地的肥沃程度和位置不同而有所差别，"三种使用方式（自耕、部分自耕和租佃）下的土地价值，在大多数情况下只相差几美元"。[89]此外，在税收等价法的均衡点，我们可以观察到，地主收到的（每英亩）实际租金在佃农分成制下要低于在固定租金制下的。但正如附录B所表明的那样，分成租金通常略高于谷物租金。[90]我在后面会提及，这种微小的差别可能被解释为对地主在分成合约下承担"风险"的一种补偿。

3. 正如税收等价法所含意着的那样，我们会看到，较高的租金百分率……将与租佃农场中单位土地较低的耕耘投入相关联。而事实上，我们得到的证据却恰恰相反：租金百分率较高的租佃农场，通常劳力与土地的比率也较高。[91]这要么是由于佃农租用的土地较为肥沃，要么是由于佃农另谋高就的所得较低，这一条件已经隐含在我们的佃农理论之中。

4. 最后，如果税收等价法是正确的话，我们会看到，即便不是全部，也会有大多数佃农从几个地主那里租用土地。但这种情况非常少见。以台湾为例，在1949年，每个佃农只有1.24份租约。[92]这额外的0.24份租约可以很容易地通过使用边际小块土地来解释。……另一方面，地主放出一两百份租约也是司空见惯的事情。[93]

89　Buck，*Chinese Farm Economy*，p. 156. 未提供数字资料。

90　参见中国立法院，《统计月报》（1930年），2，5。

91　这点本节在前面已经证明过了……

92　略。

93　所提供的数字资料很少，或许是为了强调土地所有权的高度集中，列举了有些地主持有上千份租约的例子。根据吉廷格（J. P. Gittinger）提供的资料，"在越南土地改革前，2 170人……宣称占有总共976 602公顷土地"。假设"每个佃农平均承租大约2公顷或可能比2公顷多一点的土地"，那么，这些地主平均每人所持有的租约就超过了200份。参见Gittinger，"Vietnamese Land Transfer Program"，*Land Economics*（May，1957）.

附录A 关于隐性失业和二元经济假说的评论

一些学者把亚洲（尤其是中国）农民占有土地面积很少的现象归咎于家庭和社会结构。另一些学者把亚洲拥挤的耕作条件看作是隐性失业的证据（据称那些农民的边际生产率为零或负数）。然而还有一些学者则提出：无论农民的边际产出是否为零，亚洲的农业劳动生产力都要低于其他地区。于是从家庭结构、无限的劳力供给、特殊的固定系数生产函数（因农民不懂耕作方法而形成的），以及"最低"生计理论等方面出发，提出了各种隐性失业和二元经济假说。有些学者则坚持认为，在欠发达地区，对耕作决策起决定作用的是平均产出而不是边际产出。[1]

建立在这些前提之上的假说都是不正确的。第一，把拥挤的耕作条件视为社会现象，实际上是回避对这一经济问题做出回答。第二，无限的劳力供给或劳力"剩余"的存在是一种事实上没有任何实证基础的断言。第三，农民不懂耕作方法的说法是武断的，因为竞争会促使农民变得经验老到。确切地说，不懂耕作方法的恰恰是这些经济理论家本身。第四，"最低"生计这一标准是模糊可变的。第五，由于缺乏明确的行为假设，平均产出的观点与资源私有制下的财富最大化假设并不一致。

佃农理论……对亚洲农业中劳力与土地比率较高的现象提出了一个不同的解释：农民占有的土地面积小，是由于他们另谋高就的收入低。他们的收入低，是因为相对于劳力而言的可耕农地面积较小，而且他们的耕作技术和知识在其他行业中

1　大量的文献都表述了相同的观点。但是可以参见 W. A. Lewis, "Economic Development with Unlimited Supplies of Labour", *Manchester School of Economic and Social Studies*（1954年5月）。有关这些假说的讨论，可以参见 Benjamin Higgins, *Economic Development*（New York：W. W. Norton & Company，1959年），第11—17章；C. H. C. Kao etal, "Disguised Unemployment in Agriculture", in Agriculture in *Economic Development*, ed. C. K. Eicher and L.Witt（New York：McGraw-Hill Book Co., 1964）；H. Myint, *The Economic of the Underdeveloped Countries*（London：Hutchinson&Co., 1964）；A. K. Sen, "Peasants andDualism with or withoutSurplus Labor", *Journal of Political Economy*（1966年10月）。

并没有多少用武之地。在土地私有制下，不"掩盖"任何负的边际努力，对地主来说是有利的。在现有资源的条件下，拥挤的耕作是财富最大化的结果，而不是"非理性"的结果。

不难发现，那些试图解释欠发达国家农业资源配置的"原始"理论或假说都是没必要的。对亚洲农业而言，根据土地使用的观察资料，再联系分析者对相关产权局限条件的忽视，我们很容易就能驳斥上面提及的那些假说。

首先，让我们来仔细看一下所谓的"亚洲耕作过于拥挤"的说法。按照西方的标准来看，不可否认亚洲的耕作的确是过于拥挤的：

> 稻子和甘蔗的种植季节有部分是重叠的。在要开始种植甘蔗的时节，上一季种的稻子还没有成熟。解决这个问题的办法是，稻子收割的前一个月，在即将成熟的稻田中种上甘蔗。由于每行甘蔗之间有 1.39 米行距，每株之间有 0.4 米的株距，于是农民常会在夏天的时候，在每行甘蔗之间种植花生、白薯、棉花和大豆。这些套种的作物可以在甘蔗长高前的十一或十二月完成收获。[2]

这种复杂的例子还有很多。[3]但是，正如卜凯所指出的那样：

> 从中国农作物实际使用土地的复杂情况可以证明，尽管大量的农产品被直接用于人类食用，而不是间接供人类使用——用这些农产品喂养牲畜，再用肉

2　Tsung-han Shen, *Agricultural Development on Taiwan since World War II*（New York：Comstock Pub. Associates，1964），pp. 198—199.

3　例如，参见 F. H. King, *Farmers of Forty Centuries*（Emmaus：Organic Gardening Press，1900）。作为 1900 年的一名观察者，King 像其后的卜凯一样，花了不少精力了解亚洲的耕作技术，尽管他在其附有很多照片的著作中主要强调的是集约耕作。但是，当地的学者却不太注重农民的耕作方法。例如参见 Shen, Agricultural Development on Taiwan；Shen, *Agricultural Resource of China*（NewYork：Cornell University Press，1951）；Nien-tsing Lu, *An Analysis of Farm Family Economy of Owner-Operators under the Land-to-the-Tiller Program in Taiwan*（Taipei：Research Department of Bank of Taiwan，1965）。也可以参见本书的第 8 章。

制品供人类食用，人们仍然可以获得更多的农产品。

尽管卜凯对中国各种不同的精细耕作和土壤养护方式感到惊叹不已，但发展经济学家们却常常对土地使用的灵活性问题视而不见。一个不了解真实情况且缺乏想象力的经济理论家，很容易认为密集耕作是一种浪费，草率地提出空洞的理论和政策，从而置中国这条巨龙于死地。

有证据表明，在亚洲土地改革之前，农业劳力的边际产出不仅为正，且远远高于零。以台湾为例，1948年，人均占有的耕地面积非常小。……然而，减租之后，佃农耕地上劳力和其他投入的增加致使产出明显提升。

实际上，种植普通作物（common crops）这一事实就证明了劳力的边际产出为正。这是因为，同样的土地也可用于种植其他作物，例如蔬菜。蔬菜的市场价值比普通作物要高得多，而且种植蔬菜所需的劳力通常是普通作物的8倍。[4]若放弃种植一些普通作物而改种蔬菜，将会增加劳力投入，当然总收入也会增加。但是在亚洲，只有一小部分耕地用来种植蔬菜。[5]

劳力的边际产出为零，意味着不再可能选择种植劳力密度更高的作物来获得更高的收入，这是与事实相悖的；它还意味着，不存在空闲的边际土地，或不可能通过种植轮作率更高的作物来增加劳力投入和收入，这也是与事实相悖的；它更进一步意味着，大部分旱地通过劳力的使用转变成了水田。还可以列举出许多此类理论与事实相悖的例子。

否定隐性失业和二元经济假说的第二个理由则是，他们忽略了现有的产权制

4　种植不同作物所需的劳动集约度的估计数字，见 Nien-tsing Lu, *An Analysis of Farm Family Economy*，第42—44页；S. C. Hsieh and T. H. Lee, "The Effects of Population Pressure and Seasonal Labor Surplus on the Pattern and Intensity of Agriculture in Taiwan"，油印（1964年）。蔬菜和其他作物的市场价值资料，见 Shen,《中国的农业资源》，第24章；和 *Taiwan Agriculture Yearbook*。

5　参见 Shen,《中国的农业资源》，第24章；也可以参见 Lu, *Analysis of Farm Family Economy*，第124—134页，其中列出了48种所观察到的作物轮作方式。

度。在土地私有制下，不管耕作多么拥挤，从标准的经济理论中都无法推出隐性失业。但在土地公有制下，劳力的边际产出为零或负值，则与一般的经济理论框架相一致。[6]这是因为，土地使用者之间的竞争会把土地的租值降至零，从而使劳力的平均产出与工资率（或另谋高就所得）相等。

假设像发展经济学家想当然的那样，经验性的证据的确证明了农业中劳力的边际产出要低于其他行业。那么，如果用他们的假说来解释过去二十年来亚洲的经验（其中许多人确实这么做了），他们仍然是错的。原因是，与自由市场相关的私人土地所有制，即他们假说中所含意着的先决条件，自1950年以来在亚洲就很少见了。……亚洲各种不同的土地改革实际上可能已经导致了"二元"经济的产生。特别是，如本章第二部分所分析的，约束分成率会造成租佃农场的劳力边际产出低于其他土地。这个结果完全是从标准经济理论中推导出来的。

但是，以上讨论并不能说明，在资源私有制下，同质劳力的边际产出在任何时候和地点都必然相等。信息费用和迁移费用，与不同工作相关的非货币收入以及生活费用的差别，足以使劳力的边际产出不相等。当然，可以把这些因素融入经济理论的架构中。与其说我是基于上述理由而反对他们所提出的隐性失业和二元经济假说，不如说我是因为他们对土地使用的灵活性和相关产权局限的忽视而持反对意见。

6　例如，参见 H. Scott Gordon，"The Economic Theory of a Common Property Resource：The Fishery"，*Journal of Political Economy*（1954 年 8 月　）；Anthony Bottomley，"The Effect of Common Ownership of Landupon Resource Allocation inTripolitania"，*Land Economics*（1963 年 2 月）。

附录B 中国的固定租金与分成合约租金的偿付

在这个附录中，我试图说明两件事情：一是租金百分率（分成率）随土地等级的不同而变化；二是分成租金通常略高于固定（实物）租金。从中国20世纪30年代出版的资料中所获得的数据来看，尚有许多问题有待研究。我无法确定这些数据是如何被收集整理的，甚至不清楚确切的样本个数。但是，由于不同资料中的观察数据总是呈现出相同的情形，使我对这些资料的可靠性信心大增。

表 9.1 1932年中国22个省份7种不同等级土地的平均租金百分率（％）

省份	A等	B等	C等	D等	E等	F等	G等
江苏	51	49	49	49	49	48	47
浙江	50	49	47	43	41	38	36
安徽	42	42	37	41	39	37	35
江西	50	51	47	44	43	39	36
湖北	54	44	41	38	35	32	33
湖南	54	52	48	46	44	39	37
四川	69	55	52	47	43	39	37
河北	56	53	51	50	48	46	44
山东	54	53	52	52	51	49	47
山西	57	54	54	52	49	47	44
河南	56	57	55	54	53	53	51
福建	51	50	47	46	40	39	35
广东	47	44	42	40	37	37	34
云南	52	48	46	42	39	36	32
贵州	57	53	50	47	42	39	35
辽宁	49	45	41	40	37	32	29
吉林	50	43	39	35	36	32	31
黑龙江	42	41	37	35	37	34	30
热河	49	46	46	44	43	40	33
察哈尔	54	51	50	49	45	40	31
绥远	51	46	42	45	36	37	32
新疆	54	52	45	42	39	35	34

资料来源：中国内政部，《内政公报》，第 2 期，第 1 和 2 卷，1932 年。

表9.1列出了1932年中国22个省份七种不同等级土地的租金率。这些专门从分成合约中获取的数据，代表着租金占主要农作物收成的百分比。以上除少数的个例外，等级较低的土地与较低的租金百分率相关联。根据另一次类似详尽的调查（1930年23个省六种不同等级土地的租金百分率），在总共124项观察数据中仅有两个出现例外。[1]

由于缺乏更为详尽的资料，我们无法解释这些例外的情况。例如，租金百分率不仅取决于土地的肥沃程度，还取决于每一个合约当事人所提供的非土地投入的数量。此外，一些土地可能比其他土地种植更多的非主要农作物，但它们的分成租金百分率似乎没有被恰当地包括在内。

表9.2　1934年中国按年作物价值（元）计算的每亩土地的
固定（实物）租金和分成租金

单位：元

省份	实物租金	分成租金	省份	实物租金	分成租金
总额平均值	4.2	4.6			
江苏	3.4	5.6	陕西	3.1	3.0
浙江	4.6	5.9	甘肃	2.1	2.4
安徽	3.1	5.4	青海	1.1	1.8
江西	3.3	6.7	福建	5.7	6.0
湖北	2.8	5.6	广东	7.5	6.1
湖南	4.4	7.2	广西	6.6	6.5
四川	7.1	8.3	云南	7.5	7.6
河北	3.1	3.3	贵州	5.0	4.5
山东	5.5	6.1	察哈尔	1.2	1.9
山西	1.7	1.8	绥远	1.8	1.5
河南	4.4	2.5	宁夏	6.1	4.2

资料来源：中国国土部，《中国经济年鉴》，1936年，第G62—83页。

1　参见中国立法院，《统计月刊》，2.5（1930年）。

在表9.2中，我想要表明的是，由于分成合约要分担风险，分成租金的百分率通常会高于实物租金（表中的数字表示的是固定的货币价值）。我们不仅发现了一些例外情况，还能发现他们之间有不少差距还显得过大。在1932年中国进行的另一次比较对象相似的调查中（在这次调查中固定租金和分成租金是用产出的百分比来表示的），[2]我们也同样发现了一些例外（即固定租金高于分成租金）的情况，但差距通常都很小。

由于数据信息方面的不完整，我们无法解释这些例外和"不稳定"（erratic）的差距。此外，自然因素也是无法做出解释的重要原因。如果要比较固定租金与分成租金的话，就必须用相同的尺度来表示，要么都用固定的货币价值，要么都用百分率。但用固定的货币价值计算和表示的分成租金（如表9.2），歉收时显示的绝对租金额较低，而在丰收时则刚好相反。另一方面，用百分比值表示固定（实物）租金，歉收时分成率较高，而在丰收时则相反。在其他因素不变的情况下，只有在正常年份，才能准确地显示出分成租金的风险回报。无论如何，税收等价法的含意，即分成合约下的租金收益必然低于固定租金合约下的收益，已经被相关证据推翻了。

我希望能进一步研究不同合约安排下的风险溢价。

参考文献***

Betham-Edwards, Miss(ed.). 1892. *Arthur Yong's Travels in France during the Years 1787, 1788, and 1789.* London: George Bell and Sons.

Bottomley, Anthony. 1963."The Effect of Common Ownership of Land upon Resource Allocation in Tripolitania." *Land Economics* 39(1): 91—95.

2　中国内务部《内务报告》，第1、2卷（1932年），参见中国立法院，《统计月刊》，2.5（1930年）。

***　参考文献中的星号表示该文献为中文，来自这些文献的引文由作者本人翻译。

Bray, J. O. 1963. "Farm Tenancy and Productivity in Agriculture: The Case of the United States." *Food Research Institute Studies* 4, no. 1.

Buck, John Lossing. 1930. *Chinese Farm Economy*. Chicago: University of Chicago Press.

——.1923. *An Economic and Social Survey of 102 Farms near Wuhu, Anwhei, China*. Nanking.

——.1926. *An Economic and Social Survey of 150 Farms, Yehshan County, Hopei, China*. Nanking.

——.1927. *Farm Ownership and Tenancy in China*. Shanghai: National Christian Council.

——.1938. *Land Utilization in China*. Chicago: University of Chicago Press.

——(ed.).1938. *Land Utilization in China-Statistics-A Study of 16,786 Farms in 168 Localities and 38,256 Farm Families in Twenty-Two Provinces in China, 1929—1933*. Nanking: University of Nanking.

*Chen, Ching-Moh. 1936. *Land Rents of Various Provinces in China*. Shanghai: Commercial Press.

*Chinese National Government. 1931. *Shengching Route Economic Report*.

Department of Agriculture and Forestry. *1948. Taiwan Agricultural Yearbook, 1948 Edition*. Taiwan: Provincial Government.

——.*Taiwan Agricultural Yearbook, 1949 Edition*. 1949. Taiwan: Provincial Government.

——.*Taiwan Agricultural Yearbook, 1950 Edition*. 1950. Taiwan: Provincial Government.

——.*Taiwan Agricultural Yearbook, 1951 Edition*. 1951. Taiwan: Provincial Government.

——.*Taiwan Agricultural Yearbook, 1952 Edition*. 1952. Taiwan: Provincial Government.

——.*Taiwan Agricultural Yearbook, 1953 Edition*. 1953. Taiwan: Provincial Government.

——.*Taiwan Agricultural Yearbook, 1958 Edition*. 1958. Taiwan: Provincial Government.

*Department of Internal Affairs. 1932. *Public Reports of Internal Affairs*, 2.1. China.

*——. 1932. *Public Reports of Internal Affairs*, 5.1 and 2. China

*Department of Real Estates.1935. *China Economic Yearbook*. Shanghai: Commercial Press.

Georgescu-Roegen, N. 1960. "Economic Theory and Agrarian Reforms." *Oxford Economic Papers* 12 (1).

Gittinger, J. P. 1957. "Vietnamese Land Transfer Program." *Land Economics* 33 (2): 173—177.

Gordon, H. Scott. 1954. "The Economic Theory of a Common-Property Resource: The Fishery." *Journal* of *Political Economy* 62: 124—142.

Grajdanzev, Andrew J. 1944. *Modern Korea*. New York: Institute of Pacific Relations.

——.1941."Statistics of Japanese Agriculture." mimeographed, New York: Institute of Pacific Relations.

Heady, Earl. 1947."Economics of Farm Leasing Systems." *Journal of Farm Economics* 29 (3): 659.

Heady, Earl, and Kehrberg, Earl. 1952."Relationships of Crop Share and Cash Leasing Systems of Farming Efficiency." *Research Bulletin* 386.

Higgins, Benjamin. 1959. *Economic Development*. New York: W. W. Norton.

Higgs, Henry. 1894."Metayage in Western France." *The Economic Journal* 4(13): 1—13.

Hsieh, S. C., and Lee, T. H. 1964."The Effects of Population Pressure and Seasonal Labor Surplus on the Pattern and Intensity of Agriculture in Taiwan." mimeographed.

Issawi, Charles. 1957."Farm Output under Fixed Rents and Share Tenancy." *Land Economics* 33 (1): 74.

Johnson, D. Gale. 1950."Resource Allocation under Share Contracts." *Journal of Political Economy* 58 (2): 111—123.

Jones, Richard. 1831. *An Essay on the Distribution of Wealth and on the Sources of Taxation*, Part 1: *Rent*. London: John Murray.

Kao, C. H. C. et al.1964."Disguised Unemployment in Agriculture." in *Agriculture in Economic Development*. ed. C. K. Eicher and L. Witt. New York: McGraw-Hill.

King, F. H. 1900. *Farmers of Forty Centuries*. Emmaus: Organic Gardening Press.

Klein, Sidney. 1958. *The Pattern of Land Tenure Reform in East Asia after World War II*. New York: Bookman.

*Legislative Yuan. 1930. *Statistical Monthly*, 2.5. China.

Lewis, W. A. 1954."Economic Development with Unlimited Supplies of Labor." *Manchester School of Economic and Social Studies* 22 (2): 139—191.

*Lu, Nien-Tsing. 1965. *An Analysis of Farm Family Economy of Owner-Operators under the Land-to-the Tiller Program in Taiwan*. Taipei: The Research Department of the Land Bank of Taiwan.

McCulloch, J. R. 1843. *Principles of Political Economy*. Edinburgh.

Marshall, Alfred. 1956. *Principles of Economics*, 8th edn. London: Macmillan.

Mill, John S. 1857. *Principles of Political Economy*, 4th edn. London: John W. Parker and Son.

Miller, Walter G., Chryst, Walter E., and Ottoson, Howard W. 1958. "Relative Efficiencies of Farm Tenure Classes in Intrafirm Resource Allocation." *Research Bulletin 461* (Iowa Agricultural and Home Economics Experiment Station).

Ministry of Agriculture and Forestry. 1949. *Agricultural Land Reform Legislation*. Tokyo.

Myint, H. 1964. *The Economics of the Underdeveloped Countries.* London: Hutchinson.

Schickele, Rainer. 1941. "Effect of Tenure Systems on Agricultural Efficiency." *Journal of Farm Economics* 23 (1): 185—207.

Sen, Amartya K. 1966. "Peasants and Dualism with or without Surplus Labor." *Journal of Political Economy* 74 (5): 425—450.

Shen, Tsung-han. 1964. *Agricultural Development on Taiwan since World War II*. New York: Comstock.

——.1951. *Agricultural Resources of China*. New York: Cornell University Press.

Sino-American Joint Commission on Rural Reconstruction. 1965. "JCRR Annual Reports on Land Reform in the Republic of China." Composite volume, mimeographed.

Sismondi, J. C. L. Simonde de, 1814. *Political Economy*; 1966. New York: Augustus M. Kelley.

Smith, Adam. 1937. *Wealth of Nations*. New York: Modern Library edition.

Young, Arthur. 1793. *Travels in France during the Years 1787, 1788, and 1789*, vol. 2. Dublin reprint.

——.1929. *Travels in France during the Years 1787, 1788, and 1789*, ed. Constania Maxwell. Cambridge: Cambridge University Press.

第十章　掠夺性削价：标准石油（新泽西）案[*]

约翰·S. 麦基（John S. McGee）

他（洛克菲勒）用削价销售摧毁对手，处心积虑，坚持不懈。长期而言，他总是赢家。

——艾达·塔贝尔（Ida Tarbell）

一、序言

本文旨在探查拆分前的标准石油公司是否真的运用了掠夺性削价（predatory price cutting），以达到或维持其垄断地位。研究这个问题，当然不只是为了满足考据或理论方面的兴趣。对于当前的反垄断政策而言，这个问题非常重要。而且，在有关垄断及控制垄断的讨论中，有些概念是含混不清的；澄清相关的事实至少有助于对这些概念进行界定。

1911年的标准石油案是反垄断法史上的一个坐标。[1]但它不只是一个著名的法律案件：它还创造了一个传说。而其所涉及的公司，则成了"掠夺性垄断"（predatory monopoly）的一个标本。

人们有时候说，标准石油案很有影响，因为它揭露了那些可怕、可鄙的技巧，借助它们，超大规模的垄断得以形成，并且——可能更重要的——得以持续。历史

---

[*]　本章由廖志敏翻译，杨雅婷校对。

[1]　*Standard Oil Co. of New Jersey v. United States*，221 U. S. 1，1911.

学家则说，很大程度上，正是标准石油案所揭示的事实，成就了反垄断法在对付不公平的、垄断性的商业行为中的重要地位。

也许，在所有据称曾为"标准石油"所使用的垄断伎俩中，最有名的是区域性削价（local price cutting）。由于垄断长期以来在（美国）官方场合声名狼藉，也由于掠夺性削价在标准石油案中的瞩目地位，这种活动受到法律的特别关注就毫不为奇。在1911年，垄断并非新鲜事物，但一个掠夺性的超级大公司貌似并不多见。一个超级大公司，运用无比科学、无比有效的伎俩，来达到和维持垄断，这样的景象，肯定激起了不寻常的关切。经济学家说，垄断是短暂的，不容易持久。但任何这类说法，在标准石油夺人的气势和成功——据称这阻止了对手的进入——面前，多半显得苍白无力，不切实际。

不管怎样，到了1914年，在克莱顿法案（Clayton Act）中，"掠夺性价格歧视"就被置入了一组仔细选出的商业实践中。这些活动的特点或后果，导致它们被要求明令禁止。1936年的罗宾森—帕特曼（Robinson–Patman）修正案，使这个名单加长了。但对区域性削价的敌视，丝毫没有减少。事实上，立法的历史，和其后的法律解释，都显示出了对它的持久戒备。

这样，在法律经济学中，掠夺性歧视就占据着特殊的，而且几乎是毋庸置疑的位置。这就带来某些难题，尤其是与罗宾森—帕特曼法案相关的那些。一些批评者称，该法律不必要地限制了对手，弱化了竞争。但是，即便是它的批评者，也显然在担心：如果容许有益的歧视，会不会助长有害的歧视呢？因而，人们大多只能以含糊的意图（intent）为依据，对两者勉强进行区分。

鉴于这种令人生畏的含糊性，标准石油案引发了明显的担忧。于是，一些人一直在主张，应该将罗宾森—帕特曼法案第二节（B）项中的"善意"（good faith），作为一种辩护理由。但这也没有多大用处。这种含糊也可能导致一种看法流行开来，即惩罚性削价（disciplinary price cutting）使卡特尔的建立更容易，也使其收益更加持久。毫无疑问，在思考小企业与其庞大竞争对手的关系问题上，这种含糊性也已经产生了影响。

因此，对标准石油案重新进行一次审视，可能是有价值的。

二、掠夺性削价：一些假说

根据通常的说法，新泽西标准石油公司能在美国成就其石油冶炼垄断，主要是仰仗其对掠夺性价格歧视的系统运用。标准石油在各个市场的竞争对手，被其逐一击破，直至其获得彻底的垄断地位。同样，每当有竞争者敢于进入时，它就通过选择性的削价，来保护自己的垄断地位。所以，在这个故事中，价格歧视，既是它赖以获得统治地位的手段，也是它维持这种地位的手段。

这段"史实"的主要问题，是它在逻辑上有问题，而且，我也找不到能支持它的证据。[2]

让我们先对掠夺性价格歧视的"逻辑"略作审视，这有助于我们正确地理解有关现象。最初，在美国，石油冶炼市场显然是个竞争性市场。石油冶炼所需要的资本较少，这是因为消费者偏好使得市场对产品质量的要求不高，且当时冶炼技术本身也较原始。冶炼商的数量显然很多，因为单是标准石油集团（Standard interests）就买下了一百多家。标准石油公司并不是一开始就具有垄断力量的：一直到1870年代，它在石油冶炼市场也只有10%的市场份额。

通常观点认为，能够实施区域性削价的前提，是掠食者（predator）有重要的垄断力量，这是它作战的"粮草"，用于支持它的亏钱的（unprofitable）阻击战。显然，如果标准石油公司没有积蓄起必要的垄断力量，它就没法使用这种策略。类

---

2 我从芝加哥大学法学院的亚伦·戴雷科特（Aaron Director）教授那里获益良多，他在1953年建议进行这个研究。戴雷科特教授在没有进行事实调查的情况下，构建了一个逻辑框架，并在此基础上预测，标准石油并没有通过使用掠夺性削价获得或维护其垄断地位。事实上，他预测，在纯粹的逻辑推断基础上，他们根本从来没有系统性地使用过这种手段。我被这些假说所震惊，并且怀疑它们的有效性。但是我仍然对它们赖以产生的逻辑留下了深刻印象。于是，我下决心对此事进行调查，尽管我得承认，自己直觉判断认为不必如此——因为和其他每一个人一样，我对标准石油的所作所为再清楚不过了。

似的，收购方在没有获得足够的地位之前，也不具备在谈判中的垄断性优势。[3]

其实，有一种更简单的策略，而且也确已为标准石油所用。如果没有法律限制，任何人都可以通过并购来垄断一个行业，只要他让原来的所有人（译者按：并购对象）分享预期的垄断收益就行。由于垄断使得利润增加了，即使在支付了该创意的发明者的酬劳之后，所有参与者的收益仍可以增加。

不管是在垄断还是竞争状态下，一个企业的价值，都是其未来收入流的现值。有竞争力的企业，可以用有竞争力的资产价值来购买，或者至多再多花费一点。即使对那些负隅顽抗的企业，只要其交易价格，不超过相关资产上产生的未来垄断利润的现值，对买家来说，仍然是划算的买卖，而对卖家来说，也是一笔飞来横财（bountiful windfall）。

不难想象，标准石油并没有通过收购扩张到自己想要的规模，但是，它确实已达到了使用掠夺性策略来继续扩张所需要的规模。然后，它将选择何种策略呢？假设标准石油在某些重要的市场上，已获得了绝对垄断地位，并在其中大肆获利。再假设，在另一个市场上，有几个竞争对手，标准石油想将它们都赶走。于是，它将价格降到成本以下。所有企业都将遭受亏损。毫无疑问，即使在其他市场上，标准石油赚到了钱，在这儿它也要亏损：它本来至少可以获得竞争性水平的回报（competitive returns），但它没有。战争将继续，直至平均可变成本难以回收，且在可预期的未来都难以回收；然后，竞争者退出。在此过程中，掠食者已经倾注了大量金钱来驱逐它们。但是，如果可能的垄断者选择直接购买其竞争对手，而不是选择战争，它能支付的最高出价，是竞争者灭绝后，它可获得的预期垄断利润的折现值。另一方面，任何高于这些企业在竞争环境下的价值的出价，都足以用来购买这些企业。如果用收购的策略，垄断利润马上就可以开始产生；而如果选择"掠夺"策略，则首先要承受巨额的亏损。这些亏损必须能够被预期的垄断利润所补偿，而

3　例如，铁路（运费）折扣。虽然这个问题不在本研究范围内，但我确信铁路运费折扣的普遍性也被错误理解了。

　　　　　　　　　　　　　　　　　　　　　　经济学的著名寓言

且是合理打折后的垄断利润。即使假设对手们不愿以竞争水平的价格出卖自己，我们也看不出，入侵者自身会有何理由不愿用钱来收买对手（反正这些钱也得用于价格战中）。

由于在掠夺价格战中获得的收入（revenues），总是将比收购对手所立即能获得的收入少，而且在战争结束后，也不会（比通过收购获得的收入）更多，因此收入现值在收购的情况下将会更高。一个掠夺性战役如要有意义，那么价格战的直接成本必须低于收购。因此有必要来细究，这是否是可能的。

假设垄断者的各种成本与其竞争对手相等。而市场是竞争性的，有足够多的独立卖家——否则，企图垄断的问题就不会困扰我们了。这意味着，垄断者此时的销售额还不够大，不足以控制市场。如果他意图将价格压至竞争水平之下，他必须做好准备，扩大销售，因为要实现压价策略，必须将顾客从对手处吸引过来，这样，对手要么只能跟着降价，要么失去顾客。要将顾客从别人处吸引开，他就得准备好自己去提供相应的服务。这样，垄断者就将发现自己处于比对手的销量更大——从而亏损也更大——的状态。标准石油的市场份额经常是75%或更多一点。在75%的情况下，垄断者的销量，需要比其他所有竞争对手的总销量还多三倍，从而，在单位成本相同的假设下，也要承受差不多三倍的损失。[4]

这种类型的损失，即使以竞争水平的回报为标准来看，也是损失。由于将竞争对手直接买下的替代办法能立刻产生垄断回报，考虑到这一点的话，则损失实际上可能非常巨大。[5]而且，在博弈的某些阶段，竞争者可以径自暂时地关闭营业，让垄断者获得所有的生意（从而承担所有的损失），然后当他提价时，又重新开业。当价格高于平均可变成本但低于总体单位成本时，"战争"可能绵延多年。

与掠夺性手段相比，收购还有另外一个明显的市场优势。一个工厂很少会一下

4　任何垄断者的规模会给他足够成本优势的假设，都会立即将我们从一个掠夺性削价的例子带入所谓自然垄断的范畴。

5　我们不可以假设，一个人如果在其他地方获得了利润，他就会蠢到认为将其（按：指利润）用于非最佳的替代选择是无成本的。

子就损耗掉。如果价格不能弥补平均可变成本，运营可以暂时停顿。通常情况下，这工厂可以得到完好保存。而从长远看，一些关键设备的损坏——要在当前市价条件下替换它们是不经济的——可能导致工厂关闭。无论上述哪种情况下，产能都保存了下来；一旦垄断者提高价格来享受其艰苦鏖战的胜利果实，一些投机分子就会让这些产能重新开动。

这样看，不论如何，直接收购的花费不会比价格战更高，而会更便宜，更持久。有人一开始可能会认为，通过压低目标资产的收购价格，就足以弥补实施掠夺性定价的亏损。实际上，这意味着较大的亏损所引起的资产减损，需要比小的亏损（引起的资产减损）更少。这显然不太可能。而且，假如这些资产是有经济竞争力的，[6]那么他们的长期市场价值，就不太可能被人为地、显然不会持久的低价格所显著减损。资产的所有者，可以暂时关停企业，让垄断者全盘接收明显无利可图的生意，或者干脆坐在一旁，等它出问题，然后把它买下。即使出现了大面积的企业破产，聪明人也能看出垄断者将资产霸占获利的图谋，于是可以（以低于垄断者的意愿出价）将资产抢先购入，再加价转卖给垄断者。由于垄断者意在图利，而且也懂得这些跳水资产的盈利前景，它可不敢永远等下去。（对旁观者来说）垄断者意图控制的资产，可是一项吸引人的投资。

所以，掠夺有利可图的必要条件，是它能将收购价格压至远低于资产的竞争性价格水平，以至于足以弥补为制造该价格而支付的巨额损失。如果对这一策略的逻辑抱有怀疑，可以做实证检验，考察所谓掠夺性定价案中资产的收购价格。

那些最具战略意义的、被试图垄断的生产要素，可能就包括竞争者一方的熟练管理和技术人员。对这类资源的重建，可能比重建实验设备困难很多，耗时也更长。但是除了谋杀之外——这显然也很花钱，不管你想杀几个——阻止他们令人头疼且造成重大损失的重新出现的唯一可行办法，就是雇用他们，让他们退休，或者与他们分享利益。如果这些人在此过程中被骚扰过头了，这些事情就难以顺利完

---

6 如果它们没有经济优势，我们就更不必费心了，因为它们会被竞争淘汰，也应该被淘汰。

　　　　　　　　　　　　　　　　　　　　　　经济学的著名寓言

成，或者永远解决。[7]

有另外两个关键问题也需要考虑。一个是，垄断到什么程度是有利可图的；另一个是，垄断成功的必要条件。垄断只会进行到能够使利润最大化的程度，因为它不可避免会产生一定的成本：计划，购买，优化（rationalization），等等。在行业纵向整合的情况中，可能的垄断者将选择将垄断扩展至能产生最大净利润的层次。这要求该层次的垄断，其控制成本最低廉，且其控制也较可能持续。比如，如果可以在冶炼环节达成垄断，那么试图在原油生产或者市场营销环节进行垄断就没什么意义。新泽西标准石油公司已经在冶炼环节实现了垄断；任何更进一步的垄断都会是多余的。[8]

我并不是说，垄断者对其他环节的情况并不在乎——他当然不会愿意看见其他环节被他人所垄断。比如，在营销环节，它会希望自己产品的分销成本尽可能地低，因为这样它就可以从自己所控制的环节获得全部垄断收入。这一点，对于理解标准石油案的相关事实非常重要。

市场进入的障碍，是（垄断）成功的必要条件。进入是垄断的克星。垄断一个很容易进入的领域或市场是愚蠢的。而且，如果进入可以在一个较长时期内发生，那么一个超过最优规模的企业的垄断，就更是自寻麻烦。一般而言，如果没有特别的进入限制，或者如果成功进入所需的设施没有一个相对较长的准备期，那么垄断是得不到回报的。

最后，有必要对一些常被视为掠夺性削价指标的数据进行检验。这些数据所反

7　"正如洛克菲勒先生和阿奇博尔德（Archbold）先生的证词所揭示的，大部分被整合的企业，都是由原来的所有者继续经营管理的。" Brief for the U.S.，vol. 1，p. 19.

　　而且，"在这个时期（1872—1880），只有在少数几个案例中，标准石油在收购目标企业的股权后，没有将原先的所有者变为标准石油的股东，或给他们在原来的企业里保留一小部分权益，让他们进入集团。"同前注，第32页。

8　这个结论是根据一体化所可能带来的成本减少所抽象出来的。这些跟此处要解决的问题无关。参见 Bork，"Vertical Integration and the Sherman Act"，U. of Chi. L. Rev. 22（1954），p. 157. 标准石油在1889年开始生产原油，而到了1898年，其生产了所有原油的33%。到1906年，他的份额降到11.11%。档案文本（Def. Exh. 226，vol. 19，p. 626）。

映的可能并非那么回事。设想一个垄断者在两个市场上出售其产品，这两个市场被交通费用或其他阻碍随意相互流通的因素有效地分割开来，而且在两个市场中都具有完全的垄断地位。假设这两个市场需求弹性相同，垄断价格也相同。再假设，由于某些未知的原因，一个市场有竞争者进入，而另一个没有。第一个市场的供给增加了，价格下跌；第二个市场的价格则不变。于是，现在两个市场就有两个不同价格，反映的是第一个市场中有替代的供给。主导企业理论（theory of dominant firm）看起来在这里是适用的，即企业在争取收益最大化时，会考虑其较小的对手在不同价格上的产量。一个客观的事实调查者，会发现垄断者在两个市场间搞价格歧视。而一个蹩脚的理论家，会断定他是在掠食某些人。但实际上，可以肯定的原理只是，较多的供应会带来较低的价格。

再比较一下另一个例子。假设我们有两个相互独立的市场，每个市场都处于短期竞争均衡状态，其中的企业都赚取着普通不过的回报。假设由于某些原因，一个市场中进入了一些新竞争者，而另一个市场没有。于是一个市场的供应增加，价格下跌，而另一个市场情况不变。从上述两个（既有垄断，也有竞争）例子中，价格变化的证据所能推导出的含意，仅仅是较多的供应会降低价格。从这些价格数据看，我们在哪个例子中都得不出存在掠夺性减价的看法。

总结一下：（1）掠夺性减价（理论）没有说明一个销售者在可以运用这种策略之前，是如何获得垄断力量的；（2）虽然可以想见有的人可能会使用掠夺性方法，但我看不出这种方法会让他得到什么好处，因为直接买断不但更便宜，而且更可靠；（3）因为不管用什么方法，垄断总会耗费一定的成本，在一个一体化的产业（integrated industry）中，一个企业作为垄断者，只会将其垄断扩展到最安全的环节，而不会将所有环节都垄断起来；（4）各个市场中价格的实际波动，可能是需求弹性的差异所致，而并不表明或证实有人在猎食其他人。

经济学的著名寓言

三、验证假说

新泽西标准石油公司分拆案汗牛充栋的档案，为检验前述命题提供了机会。[9]

档案显示：标准石油建立起了石油炼制的垄断。[10]100至200家销售商之间的共谋是不稳定的。标准石油通过兼并收购实现了其垄断地位。[11]尽管政府声称标准石油也使用了其他手段，但它总结道：

毫无疑问，被告为垄断和限制石油行业的贸易和商业而使用的主要手段，是将原本彼此独立的若干企业合并起来。[12]

标准石油收购了123家炼油厂（它们中有许多也在从事销售生意），11家润滑油工厂，24家管道公司，以及64家纯粹的销售公司，总共223家。

这些收购并不都是发生在早期。它们大约有一半——以企业数目计算——发生在1879年以后，许多重要的收购发生在1890年到1902年间。[13]

9　本案档案文本包括：11 000多页的打印证据和证词；900多页的上诉方陈述和口头辩论记录；1 300多页被上诉方的陈述和辩论档案。全部档案因此长达13 500多页。除非另外说明，下文中引用的卷数（volume reference）皆指本案档案文本。

10　1879年，标准石油和那些与其关系良好的企业，其炼制的石油明显据了整个美国总产量的90%到95%。参见第6卷，第3303页。这些数据意味着什么并不是那么清楚。阿奇博尔德先生的证词称：在1870年时，标准石油占据了全美石油冶炼行业大约10%的产量；1888年时，其份额很可能是75%。同前注，第3246—3268页。我认为，要确定标准石油的市场地位究竟是如何变化的，还需要做大量的研究。例如，参见第2卷，第783—784页。

　　　不论如何，标准石油在原油生产中的地位是相对低的；它几乎不做零售，也并不完全是自己做自己产品的批发；有几家主要的铁路公司和Pure、Tidewater、德克萨斯公司、Gulf等管道系统公司，以及其他一些公司在原油运输市场竞争。它最强的市场地位显然是在炼油环节。

11　"问：在你与标准石油联合起来赚钱之前，你的经营有困难吗？答：竞争一直是非常激烈的，总是有人想低于成本价销售，这使得所有产品都处于市场价水平。我们建立了一个联盟（association），并将所有炼油商都拉进来，直到他们中间有些人背叛了我们——这会使得我们的联盟崩溃。我们这样尝试了两三次。"第6卷，第3303页。也可参见洛克菲勒先生关于实现稳定同谋的困难的有趣证词。第16卷，特别是第3074—3075页。

12　美利坚合众国的陈述（Brief for the USA），第1卷，第169页。

13　对美利坚合众国的答复简报，第62页。参见附录，表1—11。

对于标准石油收购的炼油厂，标准石油将其中至少75家予以分拆，最终形成仅20家独立的工厂，其产量却有极大的增长。[14]

1. 针对竞争炼油商的减价

标准石油公司的垄断是在炼油环节。有什么证据能表明掠夺性减价帮助标准石油成就它的垄断吗？[15] 为了弄清在标准石油实施的炼油商并购中，区域性削价是否起到了一定作用，我查看了档案中所有与已知被收购的炼油商相关的证词。[16] 而且，我还试着查找了标准石油并未收购、但据说对其实施过区域性削价的炼油竞争对手的案例。我找不到几家炼油商与所谓"标准石油减价驱逐竞争对手"的指控有关。下面是几个主要的例子，其中包括一些案件，其中涉及与标准石油竞争的一些企业集团的市场营销部门或分公司。它们显然是些最具代表性的案件。

a. 涉及收购的"嫌疑"案件

克利夫兰收购

1871—1872年间，洛克菲勒集团（Rockefeller interests）购买了至少17家克利夫兰市的炼油厂。[17] 我没有发现任何确切的证据，能够表明在这些收购中存在掠夺性减价或其他任何方式的欺压（coercion）手段。按照洛克菲勒先生的说法，克利夫兰炼油厂的合并对所有利益相关方来说都是福音，并且其发生"是自然而然

14　同前注，第63—64页。

15　第一个问题是确定哪些企业是真正的炼油商。非常奇怪的是，记录中所提及的企业中，许多企业名字中有"炼油公司"的字样，但很明显，他们根本不是炼油商。一个例子是卡斯尔先生（Mr. Castle）的哥伦比亚炼油公司，它完全是个销售公司。这可能是因为，这些公司的老板认为，顾客会更加青睐那些销售自己生产的产品的销售商。

16　Brief for the United States，vol. 1，Appendices C and D；vol. 19，pp. 662—663；vol. 17，p. 3290.

17　Brief for the United States，Appendix C，Sheet 1.

的，……邻居，熟人，朋友，都一起分享了我们在行业黄金时期的繁荣，并普遍意识到正在来临的变化，以及炼油行业高回报机会的减少：那是由于炼制油产品的过度生产，或者炼油设备的过度生产”。[18]

然而，针对该问题，刘易斯·埃默里（Lewis Emery）先生，一位来自宾夕法尼亚州布拉德福德的资深原油生产和炼油商，提供了下列说法：“我事后同他们中的颇多人聊过。他们说，他们当时认为情势已无可挽回，因而他们已做好了合并的准备。”[19]

即便是按照埃默里先生的说法，掠夺性减价和这些合并也毫无关联。不论从什么角度看，埃默里先生的证词都有些问题：埃默里是在1908年的时候就36年前的事情作证。而且，他当时显然从未到过克利夫兰，没有关于此事的任何一手信息。[20]

有充足理由认为，克利夫兰收购案中不存在任何形式的压迫。股权档案和大量的证言证实，标准石油在这一时期的通常做法，是继续雇用其吸收的企业的经理和所有者，并经常让他们也成为股东：如果说这些前竞争对手是受害者，那么他们应该是变成底层员工、公开反对者或者被动股东（unwilling shareholder）才对。

埃默里先生本人的经历

刘易斯·埃默里在1865年入行，成为一位原油生产商。到1870年，他成为Octave原油及冶炼公司（Octave Oil Company and Refinery）股东。1875年，艾

18　第16卷，第3065页。

19　第6卷，第2625页。根据埃默里的说法，这些炼油商们被迫进行合并，是因为标准石油在南方进步公司计划（South Improvement Company Program）和其后的1874年联运协议（pool agreement）中得到了铁路运输费率方面的照顾。南方进步公司计划显然从未生效过；而1874年的协议——据埃默里的说法，它宣告了宾夕法尼亚的独立炼油商的灭亡——只是统一了从克利夫兰到宾夕法尼亚西部炼油厂的铁路运输费率而已。见前注，第2724、2732页。参见阿奇博尔德的证词，同前注，第3244—3245页。

20　尽管这不能真正证明什么，但有趣的一点是，埃默里首先是一个原油生产商，并且和所有原材料供应商一样，对自己打交道的垄断买家没什么好感。他也是个成功的政治家，在他的那个时期，正是反垄断大行其道的时期。同前注，第2642页。

默里关闭了Octave公司，并在1876年以4.5万美元将其出售给标准石油集团。[21]埃默里声称是1874年的铁路联运协议（railroad pool agreement）将他和其他宾夕法尼亚西部的小炼油商挤出了市场。显然，掠夺性减价跟这毫无关系。[22]

不管埃默里先生卖掉Octave公司的原因是什么，显然这对他而言并不是挫折。因为，在1879年，埃默里和两个合伙人成立了Logan, Emery & Weaver公司，并在费城开建一个新的炼油厂。[23]到1880年，炼油厂完工。[24]然而，他作证道，他的公司很快遇到困难，搞不到空车皮。[25]七年后，Logan, Emery & Weaver公司卖给了标准石油。[26]根据埃默里的说法，炼油设备、土地和锭盘（wharves）的最初成本是35万美元。标准石油用27.5万美元买下了炼油厂，并立即分拆了它，尽管埃默里声称该厂"从哪方面看都是第一流的"。[27]他确实承认，炼油设备的折旧率通常是每年10%到15%。[28]埃默里说他出售该厂的原因是得不到原油。问题在于，根据埃默里的说法，在1887年的原油过度生产之后，标准石油和原油生产商们达成了协

---

21 同前注，第2610、2640页。它规模小，而且其运营成本肯定比较高，因为标准石油立即解散了它。

22 见注19。显然，埃默里所宣称的成就了标准石油的铁路运费折扣，小炼油商也是可以获得的："在Octave石油公司的经营初期，当我们关闭时，我们去铁路咨询，他们说可以给我们……每桶石油25美分的折扣。"同前注，第2772—2773页。

　　也可参见阿奇博尔德的证词（同前注，第3244—3245页），以及Josiah Lombard，一个独立证人的证词："他们……给那条路上的所有承运人一个10%的折扣，我们和其他人都获得了这个折扣。"第一卷，第265页。也可参见下面的注37。

23 埃默里先生此时是宾夕法尼亚立法机关的一位成员，此后还作了十年之久。第6卷，第2642页。

24 非常有趣的是，埃默里先生偏偏还从标准石油公司借了2.5万美元。同上，第2643页。

25 同上。普遍性的车皮短缺在这个时期并不罕见。一些老人回忆说有些铁路中心因为能够提供充足的空车皮，因而能吸引到炼油商。

26 同上，第2645页。

27 同上，第2646页。埃默里就炼油厂开价75万美元，但接受了27.5万美元的还价。同上，第2768页。埃默里认为他的工厂值这个价，"因为我们有很大量的出口贸易，我们如果能用跟标准石油一样的价格得到石油的话，我们还有很好的机会从中获利"。（同上）

　　不清楚的是，标准石油支付的27.5万美元价格究竟是只包括了炼油厂呢，还是包括了炼油厂、锭盘以及土地。

28 同上，第2738页。

议，同意减少原油产量。[29]

埃默里先生还拥有Equitable公司的权益。该公司在1878年建造了一条原油管道，并在1879年以17.8万美元的价格将其卖给了Tidewater集团。1889年，埃默里先生花5 000美元购买了布拉德福德的一家小炼油厂，从250桶规格的蒸馏器（250-barrel stills）起步。[30]截至1908年，产量达到每天1 500桶。宾夕法尼亚州布拉德福德市的埃默里制造公司由此拥有了价值在25万到40万美元之间的大得多的炼油厂，以及价值20万美元的集输管道。销售额从大约每年2万美元增加到每年48万到60万美元之间。标准石油的"掠夺"手段——如果存在的话——显然既没有抑制，也没有摧毁埃默里先生本人的生意。[31]

不但如此，埃默里还成了美国管道公司（USA Pipelines Company）的总裁，该公司在1891年建设了一条输油管道。该公司之后出售给了纯粹石油公司（Pure Company），[32]埃默里拿到了纯粹石油公司大约10万美元的股票，并保留了在美国管道公司价值1.5万美元的股权。到了1893年，标准石油已经购买了美国管道公司十分之四的股权，但是埃默里先生和他的同事挫败了他们控股的企图。[33]1908年，埃默里的费城炼油厂拥有每天2 000桶的产能，并且其在石油行业的产业广泛分布。埃默里的事业显然是成功的，且其事业中的重要一部分，是出售企业给标准石油和其他公司。不管竞争的风暴是如何猛烈，埃默里毫无疑问是游刃有余的。

埃默里对于区域性削价唯一的控诉，是针对他在费城的销售生意。他最终将

---

29   同上，第2646页。奇怪的是，像标准石油这么大的原油净购买者，怎么会默许任何会增加他的主要原材料价格的计划呢！毕竟，那些失败的原油生产卡特尔，才会不时地企图垄断和关闭油井。参见洛克菲勒关于1872—1874年的油井关闭活动的证词。第16卷，第3073页及其后；也可参见Tarbell的证词，第3卷，第1 430页。

30   其日产量很可能有90到150桶。

31   第6卷，第2769—2770页。

32   埃默里对纯粹石油公司的业务情况的总结是："他们的钱主要来自原油生产。"（同上，第2718页）按埃默里的说法，纯粹石油公司的销售额从1900到1908年间至少增加了15%到20%；分红大概每年有8%。

33   同上，第2659—2660页。

自己的这盘产业租给了纯粹石油公司。他承认他不清楚究竟是谁在费城发起的价格战。[34]

Holdship & Irwin

这是个位于宾州阿勒格尼（Allegheny）的企业，拥有每天1000桶的产量。1878年，这个企业将其炼油厂租给标准石油，为期五年。[35]根据租约，该企业的合伙人将继续替标准石油运营该炼油厂并获得薪酬，直至1883年租约到期后Holdship & Irwin收回工厂自主运营。[36]1886年，他们将炼油厂出售给标准石油，并且不再打算重新回到炼油行业。Irwin先生的证词中，看不出标准石油使用过任何强迫手段。[37]

帝国石油厂和全球炼油公司

1875年或者1876年，戴维德·赖格哈德（David P. Reighard）在匹兹堡创办了帝国石油厂（Empire Oil Works）。当1886年Holdship & Irwin被出售的时候，赖格哈德也将公司出售给了标准石油。[38]赖格哈德停止了石油生意，直到1887年他在匹兹堡建立了全球炼油公司（Globe Refining Company）。[39]他运营该公司18到20个月，然后又将其出售给了标准石油。同时，赖格哈德先生也出售了一个位于费城的大型炼油厂，当时该厂正在建造中。[40]该次出售并不是一件悲伤的事，因为按

34　同上，第2668—2669页。埃默里承认，他也砍了一些标准石油的价格。第2785页及其后。

35　同上，第3013页。Lewis Irwin 的证词。

36　同上，第3014页。

37　同上。Irwin的证词从其他角度看也是有趣的：（1）他宣称标准石油实现了巨大的规模优势（同上，第3022页）；（2）在1872—1874年间，当铁路和石油产业都过度投资并"陷入低落"时，石油行业里每个人都得到了铁路运输费率折扣（"drawbacks"）。用Irwin的话说，"退费（drawbacks）一个接一个，接连不断。……那些日子里，每个人都得到退费"。（同上，第3026—3027页）

38　帝国石油厂和Holdship & Irwin公司共同拥有一个管道系统。（同上，第3131页）

39　它拥有12个原油蒸馏器——每个具备600桶的产能——以及一些管道。（同上，第3134页）

40　同上，第3136页。

　　　　　　　　　　　　　　　　　　　　　　经济学的著名寓言

照赖格哈德先生的话来说：

> 噢，我卖掉它的原因，是我发现我从那些人（标准石油）那里获得的利润，跟我今后15到20年能够挣到的利润一样多。[41]

赖格哈德的出售所得，是价值122.48万美元的信托凭证和5万美元现金。[42]赖格哈德出售给标准石油的最后两个炼油厂，每一家的成本在20万到25万美元之间。因此，实情是赖格哈德设法建造并全部以理想的条件出售了三个炼油厂给标准石油。

Woodland石油公司（C. J. Castle先生）

卡斯尔（Castle）先生是政府方面关于掠夺性减价和其他不公平竞争的一个重要证人。他曾经是一个炼油商，在作证时他是一个石油产品的销售商。此处我们只讨论卡斯尔先生作为一个炼油商的早期角色，他将自己的产业出售给了洛克菲勒集团。

1883年，卡斯尔先生和另一个合伙人设立了Woodland石油公司，一个位于克利夫兰的炼油厂。[43]他们从8 000美元到1万美元的资本金起步。到1886年时，账面资产达到了1.4万美元，然后Woodland以同样价格出售给洛克菲勒集团。卡斯尔暗示道，他出售企业的一个原因，是无法从标准石油管道公司获得原油。但是他并未提出掠夺性减价在这次出售中扮演过角色，也并没有因为标准石油支付给他的

41　同上，第3135页。

42　"是这样，他们根本不想让我们获得信托凭证。……我对他们提出强烈要求，并几次和他们谈判，直到让他们给了我一些凭证。"同上。这些信托凭证是根据其票面价值计价的。其市场价格比这更高。第17卷，第3332页。政府对Reighard的这两项资产的"竞争水平价值"（competitive value）的估价是82.3万美元。Reply Brief for the United States，Appendix C，sheet 8.

43　产能为每天200桶，第6卷，第3060页。到1908年，标准石油公司的印第安纳州怀廷的炼油厂的产能是每天25 000到30 000桶。

价格感到愤愤不平。[44]实际上，当卖掉炼油厂后，他进到标准石油公司工作，受其雇佣约14年。

卡斯尔讲述了几个标准石油实行掠夺性减价的故事，都是发生在他为标准石油工作期间。[44a]然而，我认为有一点甚为重要——当他1900年离开标准石油公司的时候他显然并没有害怕：他立即创立了一个石油销售公司与标准石油竞争。

落基山石油公司

E.M.威尔霍伊特（E. M. Wilhoit）先生关于这次事件简短尖锐的说法，清楚地暗示了（标准石油）有扼杀竞争的意图和能力。威尔霍伊特在这次事件期间受雇于标准石油，并声称对此事有所了解。按他的话说就是：

> 在炼油厂投入运营之前，标准石油让我们发动对落基山公司（Rocky Mountain Company）的战斗，联合太平洋公司（Union Pacific）落到了一个接收者手中，该炼油厂随即被拆分了——当然，也就是倒闭了。[45]

从表面上看，这是我在档案中发现的最为接近掠夺性减价的一个故事。但是有理由认为，这件事并不是像表面看起来那么简单。

首先，相关记录中看不到来自落基山公司的利益相关者的抱怨。其次，大陆公司（Continental）——标准石油公司在该领域的名称——已经与弗洛伦斯石油及冶炼公司（Florence Oil and Refinery Company）和联合石油公司（United Oil

---

44 同上，第3029页。

44a 与此相关的传说，在本文的"销售"一节会有所分析。

45 第3卷，第1216页。政府方面的立场更倾向于关注事件的过程（history of events），更较少关注目的和原因。这样说是因为，在《美利坚合众国简报》（Brief for the United States）第2卷第157页中，政府方面这么说："联合公司的关联方设法建立了一个叫作落基山的炼油厂，……标准石油的销售公司——大陆公司与这家公司爆发了一场激烈的削价竞争，……落基山公司失败了，退出了市场。"

Company）签署了协议，这两个公司都位于科罗拉多州的弗洛伦斯。[46] 根据协议，这两个炼油公司将他们出产的全部炼制油品都售予大陆公司。不过，销售价格对于这两个炼油商来说是有吸引力的，尽管——鉴于标准石油在该地区几乎完全垄断了销售市场——购买的数量肯定是有限的。[47]

联合公司大概是在1887或1888年开始炼油。[48] 弗洛伦斯公司和联合公司与大陆公司签署了排他性协议之后，过了一阵子，两公司的股东们又在科罗拉多的普韦布洛（Pueblo）创办了落基山公司。然后就发生了与大陆公司的价格战。大概在1894年，在两年的冲突过后，落基山公司将它的原油资产出售给西部石油公司（Western Oil Company），后者是联合公司和落基山公司的一个生产子公司。不清楚的是炼油厂的结局如何，只知道落基山公司再也没有运营它。[49]

上述这段插曲意味着什么？虽然相关事实没有我们期望的那么充分，但有一个假说是既符合逻辑，也与我们掌握的事实完全吻合的：标准石油在该区域拥有市场销售设施，但缺乏本地的货源供应。标准石油的炼制油必须从印第安纳州的怀廷运输过来。联合—弗洛伦斯公司（United–Florence interests）拥有原油生产和炼油能力。在该地区市场上可能还有其他竞争的炼油商。

标准石油公司同意以特定价格从联合—弗洛伦斯公司购买一定量的炼制油产品，作为回报，这两个炼油商同意不再销售给其他公司。一个受限制的炼油产量，对于所有各利益方来说可能都是更好的。但是为了获得这种好处，标准石油不得不与这些炼油商分享其垄断收益。通过这种方式，就可以避免进行重复的营销和冶炼设施建设。

在这种情况下，正如在其他此类销售安排下一样，生产商总会忍不住想违反协

46　标准石油此后获得了联合公司17%的股权。这可能会引发某些有关小股东利益保护的问题。

47　政府方面称，大约有1%多一点的市场是由独立供应商提供的，而"这个地区的石油销售是极其有利可图的"。同上。

48　第1卷，第155页。

49　同上，第181页。

议，悄悄增加一点产量，从而可以通过较大的产量获得更高的回报。这可能是所有可能性中最好的一种：标准石油可以通过限制产量实现垄断价格。此外，一个较大的产量可以悄悄通过高于竞争水平的价格卖掉。由于联合—弗洛伦斯公司与标准石油有约在先要限制产量，他们窃取更多一点卡特尔利润的一个办法就是开设一个新公司。这就是他们开设落基山公司的原因。韦斯利·蒂尔福德（Wesley H.Tilford）先生，新泽西州标准石油公司的财务主管，用这句话来解释落基山公司设立的目的：

> 他们不满足于在联合公司中取得的利益，于是他们建造了另一个炼油厂，来从事自己的一部分业务。[50]

亨利·蒂尔福德（Henry M. Tilford）先生，1893年后大陆公司的总裁，证实并详细说明了韦斯利·蒂尔福德对此事的回忆：

> 早自1891或1892年，丹尼尔·伊尔斯（Daniel Eells）先生来到我们的办公室，和我以及韦斯利·蒂尔福德先生有过一次交谈。他说，他和几个朋友想在科罗拉多建一个炼油厂，并问我们大陆石油公司是否能购买他们的产品。他被告知大陆石油公司从弗洛伦斯石油和冶炼公司、联合石油公司得到的石油，已经足够他们在那个地区销售了。此后，他很快又返回办公室，说那个炼油厂已经建起来了，并再次询问大陆石油公司是否能购买他们的产品，他们给他的答案是不能，情况还是和原来一样。……他们开始营业，并开始降价。[51]

落基山公司被重新合并（reabsorption）之后发生的故事，也是与"卡特尔"

---

50 同上，第156页。
51 第2卷，第730—731页。

假说相符合的：这两个炼油商提高了对大陆公司的成品油供应价格。不管他们的目的为何，反正最终结果是联合公司和弗洛伦斯公司显然是从冲突中解脱出来，并且从标准石油公司那儿得到了更有利的合约条件。[52]蒂尔福德并不认为落基山公司失败了，而是认为它只是被其创办者重新吸收了而已。[53]

随着时间的推移，落基地区建了更多的炼油厂。到1907年亨利·蒂尔福德先生作证时，建立了炼油厂的地区包括怀俄明州的舒格克里克（Sugar Creek）和埃文斯顿（Evanston）；科罗拉多的斯普林瓦利（Spring Valley）和博尔德（Boulder）。其中至少有两家，即在斯普林瓦利和博尔德的两家，是独立的，他们在1905年和1906年之间开办。[54]这暗示着，要么当事人的记忆有误，要么就是那些熟悉这段历史的人并没有将落基山事件看作一个掠夺性减价的事例。

1895年的系列收购

詹姆斯·李（James W. Lee），纯粹石油公司的副总裁和董事，作证说在1890年代，一群宾夕法尼亚州的炼油商派遣代表去和标准石油公司协商，以缓和困扰他们的"破坏性的竞争"。[55]标准石油提出以成本加12%的价格购买他们的管道和其他设备。不清楚是否是以这样的条件，反正一些人选择了出售，其中包括拉梅奇（Ramage）先生。[56]有趣的是，那些出售的人里面没有一个人站出来作证说他们被欺负了。

---

52 这可能是因为，这个卡特尔中除了联合公司和弗洛伦斯公司之外，还有其他炼油企业。蒂尔福德说过："在石油行业中还有其他人在向大陆公司销售石油，这当然间接地对他们造成了影响。"第1卷，第177页；也可另见第180页。

53 同上，第181页。

54 第2卷，第731—732页。

55 第6卷，第3169—3170页。李并没有将区域性削价当作一个因素。

56 拉梅奇显然拥有标准石油的一些股票，因为他出现在标准石油的股东名单中。Messrs. Fertig和Burwell也卖了。

大多数人没有选择出售，而是联合起来，于1895年成立了纯粹石油公司。[57]纯粹石油遂成为美国最大的独立石油公司。它也是一个赚钱的公司。[58]

虽然李没有控诉标准石油搞区域性削价，但他声称标准石油在1895年通过高价收购原油来挤压独立的炼油商。[59]但是，事实证明，由于标准石油的原油购买份额占到市场的90%，如果用这种操纵行为，那它给标准石油带来的成本将远远高于其试图惩罚的对手的成本。[60]

Argand 炼油公司

尽管"自始至终都面临着标准石油的严酷竞争"[61]，这家炼油企业仍然是赚钱的。它"每年能净赚3.5万美元出头"。它有600桶的蒸馏产能以及5万美元的创始资本。[62]分红是每季度固定分配（利润的）2.5%。

Argand的股东中包括几位铁路官员。[63]按照克拉姆（Cram）的说法就是：

> 如果我们拒绝将企业出售给标准石油，他们也拿我们没办法。我们来自铁路公司的股东相信，（如果出售企业）我们将失去我们的铁路运输生意，那占

57　合乎逻辑、但不吻合掠夺理论的是，标准石油始终在努力通过购买纯粹石油公司（Pure Oil Company）的附属企业的股票而得到控股权。第6卷，第3176—3179页。

58　同上，第3191页。

59　同上，第3192—3193页。

60　同上，第3192—3194页。除开这个基本事实之外，还有别的更容易接受且更合乎逻辑的解释。

61　克拉姆的证词，第3卷，第1349页。早些时候，他说过："只不过是他们生意过程中的普通的竞争，我应该讲……嗯，我不能说他们是在特别针对我们减价。他们是比我们更大的公司，我们是在跟随他们的价格。"第5卷，第2422页。

62　第3卷，第1351页。在那个时代，完成一次蒸馏至少需要两到三天。这对应着每天200桶的产量，或者每年73 000桶的产量——如果忽略（因安装、检修、原料短缺等原因工厂、机器等到的）"窝工时间"（down time）和"生产周转"（turnarounds）的话。实际产量很可能更低一些。参见第5卷，第2419—2420页。

63　第3卷，第1349页。

据了我们净利润的一半。[64]

　　这个炼油厂最后还是被处理了（给标准石油），转让方式是出租，以十年为期，每年租金2万美元。后来调整为一次性现金补偿，我们的股东，我们的公司，得到了18万美元。[65]

这次销售跟掠夺性减价显然扯不上什么关系。[66]

Scofield，Shurmer and Teagle

这家企业是标准石油在解体前收购的最后几家大型炼油商之一。SS&T在克利夫兰有一个炼油厂，[67]并在密歇根、伊利诺伊、印第安纳、艾奥瓦、内布拉斯加、堪萨斯和密苏里几个州每年销售约20万桶精制油。[68] SS&T和标准石油是老对手了，在过去多年里曾发生过好几次冲突。1876年，标准石油和SS&T通过签订一个市场分享协议，结束了一次竞争性冲突。根据该协议，标准石油保证给SS&T一个最低利润，以换取SS&T同意限缩产量；双方并按照某个协定的比例分享额外的利润。[69]但是在1880年，SS&T打破了协议，并且（当标准石油试图强制履行该协议时）指

64　同上，第1350页。20万美元的股权中，大约有一半是由B&OSW和Marietta& Columbus Northern铁路公司的股东持有的。这些铁路公司购买了Argand公司大约1/4或1/5的产量。

65　同上，第1352页。这个收购应该是在1897年完成的。和其他一些人一样，克拉姆同意不再插手石油生意。第5卷，第2424页。

66　奇怪的是，在早很多之前的作证中，克拉姆并未提及这次出售可能导致的对铁路运输生意的损失。虽然在之后的作证中，克拉姆对标准石油其实并没有敌意，而且肯定未声称后者实施过区域性削价，但他似乎对这次出售并不是很乐意。也许他后来后悔了。一种可能性是，克拉姆感到郁闷是因为最初的安排——标准石油支付给管理人员丰厚的"置身事外"薪水（"stand-by" salaries）——后来被给股东的一次性现金安排取代了。

67　蒂格尔的说法是："我们在克利夫兰有个炼油厂，但是这个炼油厂已经破旧过时了，它的产能与我们的销售目标相比是有差距的。在我们出售该厂之前的几年里，我想在我们所销售的成品油产品中，我们自己的产品占比不会超过35%到40%。克利夫兰已经不再是一个炼油中心了。"第3卷，第1467页。

68　同上，第1468页。

69　第16卷，第3204页。

责该协议是一个非法垄断的工具。[70]

但是，当SS&T出售其炼油厂时，沃尔特·蒂格尔（Walter Teagle）像他的旧职员一样，加入了标准石油。按照蒂格尔的说法（他是SS&T公司老总的儿子），标准石油在并购之后雇了除三个员工之外的所有SS&T员工。[71]标准石油以Republic石油公司的名头运营SS&T的设施直至1905年左右。[72]有人指控标准石油将SS&T作为一个"虚假的独立公司"来运营，但这种说法只是强化了这种假设，即该次销售中间并不存在强迫。因为如果要守住一个秘密所需要依靠的人，恰好是可以通过泄密而伤害他们的敌人的话，那么秘密是不可能守得住的。

不管如何，没有证据表明掠夺性减价跟SS&T收购有什么关系，或者跟标准石油收购SS&T的条件有什么关系。[73]

总结

从档案记录中看不出掠夺性减价导致了任何一个炼油商被迫出售自己。唯一有嫌疑的案例是落基山公司。但我个人认为，该事件也并没有成为例外。而且，也没有证据表明掠夺性减价曾被用来压低标准石油所收购的120多家竞争炼油商的资产价值。[74]在我看来，标准石油的收购条件通常来说是很好的，某些时候甚至可以说过分慷慨了。从这些收购案统计，当标准石油达到一个垄断性地位之后，炼油行业的死亡率明显是很低的。

70　同上，第3205页。

71　第3卷，第1150页。SS&T是在1901年出售的（同上，第1153页）。蒂格尔先生在该公司解散后成了标准石油新泽西公司的总裁。

72　同上，第1153页及其后。

73　一个独立的石油人对SS&T有如下的观察："他们有个工厂，他们持有它，直到他们成功地将它转手给标准石油。"第2卷，第987页。

74　参见Lombard先生关于标准石油支付给炼油商们的收购价格"非常公平"的证词。第1卷，第250页。

b. 未导致合并或收购的"可疑"案例

还有一种可能是，标准石油运用区域性削价来将其对手逼到穷途末路，而没有收购它们。也许标准石油就是简单地消灭它们，而用不着把它们买断。

以下这些炼油公司曾经与标准石油发生过局部，或全面的冲突。标准石油并没有收购或兼并其中任何一家企业。关于这些事情的证言经常是含含糊糊的，这并不是很奇怪，因为它们涉及的是非常长的一段时期。[75]其中有大量的描述纯属道听途说，而许多"事实"是富有争议的。

Fehsenfeld（Red C 股份公司）

费森费尔德（W.H. Fehsenfeld）先生是巴尔的摩 Red C 石油制造公司的总裁。[76]Red C 是一家销售公司，但是费森费尔德同时也是 Island Petroleum 公司的总裁，这是一家炼油企业。[77]

费森费尔德作证说一直到1897年前后，Red C 公司和标准石油在南部地区存在桶装炼制油销售竞争。1897年以后，标准石油越来越依靠油罐车来配送。Red C 则继续主要用桶装配送。[78]根据费森费尔德的证言，标准石油大规模地对经销商提供价格优惠，以阻止 Red C（的销量）满足货车的60桶最低装载量要求，而且有时候还诱使 Red C 的顾客取消他们的订单。[79]

Red C 不时面临着标准石油所掌控的五家"傀儡公司"的竞争。[80]按照费森费尔德的说法，"为了获得我们的生意，他们不计代价地销售"。[81]但是至少在某些场

75　这些证言涉及的时期是从1865年到1908年。

76　第5卷，第2302页。

77　同上，第2330页。费森费尔德还是哥伦比亚石油公司的总裁，以及 Georgia 石油公司、Richmond 石油公司的副总裁。这些公司除 Island 之外都是销售公司。Island 公司拥有各家销售公司的股份。

78　Red C 在巴尔的摩及附近地区则是用油罐车销售，并在该地区有各种不同的销售代理和零售商。

79　同上，第2303页。

80　同上，第2311页。

81　同上，第2319页。

合，首先开始削价的明显是Red C。实际上，只要符合自身利益，Red C就在搞削价。正如费森费尔德所解释的：

> 在有必要的情况下，……我的确为了获得生意而搞过减价。我是说，**为了进入某个区域，我们会不得不提供某些优惠。**……有时候我会以低于标准石油的价格销售，或者以比标准石油更高的价格销售——这完全取决于油品的质量。[82]

按照科林斯（C. T. Collings）的说法——他是标准石油肯塔基公司的第二副总裁——Red C经常是一个削价者。与此相反，标准石油发现减价并不是一个有吸引力的办法。用科林斯的话来说就是：

> Red C……有个办法，有时候会派出一两个人，在南卡罗莱纳地区到处跑，通过每加仑比我们减价0.5美分到1.5美分，来补足其货车装载订单。……这些年我们因为他们这种做法已经损失了蛮多的业务。……你可以看看这些提到过他们价格的每一封信件，他们比我们的价格低0.5美分到1.5美分。……我们没有跟着降到他们那么低的价格，除了一次，我相信只有一次，我们在南卡罗莱纳的尤宁（Union）。……我们不会主动发起降价。我们靠的是我们作为建立业务的先驱，向市场提供符合最先进标准的优质油，这样竞争对手想要进来争夺我们的业务，就必须降价，或者提供一些优惠，才可能将生意从我们这里

82　同上，第2341页（粗体由作者所加）。

抢走。所以，对我们来说，降价是没有必要的。[83]

尽管他说与标准石油的三十年竞争是艰难的，费森费尔德承认说Red C股份公司从他们1878年开业以来是在稳步发展壮大的。[84]在1903年前，标准石油曾两次试图购买Red C，但是失败了。[85]

Corplanter炼油公司

Cornplanter建立于1888年左右，是标准石油的老对手了。虽然有大量关于标准石油在多年里"攻击"Cornplanter的传闻，但很明显的是，标准石油和Cornplanter时不时会达成协议以避免竞争。[86]托德（Todd）先生，Cornplanter公司的经理，作证说标准石油曾威胁要消灭Cornplanter，但那威胁从未实施过。[87]Cornplanter是宾夕法尼亚州沃伦的一个炼油商，但是也在圣保罗地区及其他一些地方销售。[88]标准石油的怀廷炼油厂的经理告诉托德说，Cornplanter在圣保罗区域销售的煤油太多了，如果他们不同意减少产量和约束销售，标准石油将把他们逐出市场。托德先生对区域性削价的经济学原理掌握得很好。他作证说：

83　第12卷，第895—896页。也可参见第13卷，第1536—1537页。有大量证实的证言。比如，参见第13卷，第1306页及其后，第1322页及其后，第1362页及其后，第1364—1365页，第1440页。档案中到处散见着Red C和标准石油竞争的证据和逸事。比如，参见：第5卷，第2303、2307、2310、2313、2316、2406—2409、2476页；第10卷，第1747—1758页，第1760—1775页；第12卷，第913页；第13卷，第1110—1113、1139—1144页，第1158页及其后，第1167、1239、1250、1305—1307页；第15卷，第2443—2444页；第20卷，第100—101、146—148、152—153、156—168页，第212页及其后。事实上，第13卷和20卷中有相当篇幅与这家竞争对手有关。

84　第5卷，第2333页。Island是在1901年组建的，当时Red C正在"向后"整合进入炼油行业。同上，第2337页。Island公司拥有Richmond石油公司的控股权。

85　同上，第2329页。

86　例如，参见第6卷第3209页及其后。

87　同上，第3212页。

88　同上，第3213页。

哦，我说："莫菲特（Moffett）先生，我很高兴你这么说，因为如果这事由你做主，你要拿走它（生意）的唯一办法是降价竞销。如果你要降价竞销，我会让200英里给你，我会让你来卖。"然后我说："我并不想要比那更大的'肥肉'（picnic）。你想卖就卖吧！"然后我祝他好运，就走了。[89]

标准石油的威胁从未落实过。

托德还作证说，大概在1898年，标准石油的一个管理人员告诉他说，标准石油的政策是把所有的独立运营商逐出市场。[90]于是标准石油在纽约发起了一次针对Cornplanter的削价运动。托德说是标准石油发起了这次行动，但承认说Cornplanter在波士顿地区发动了一次减价行动。[91]这次"战争"对双方来说都是昂贵的，于是他们达成了在波士顿区域的市场分享协议。价格"在几天内从6美分提高到10美分，然后保持了很长一段时间"。[92]该协议一开始设定的周期为三年，后来又续约到五年，其效力一直持续至1906年。在那个时候，Cornplanter将它在波士顿的配送设备出售给了Gulf炼油公司，一家野心勃勃的独立企业。

托德还就与标准石油的其他冲突[93]以及其他协议[94]提供了证词。尽管他们与标准石油之间存在着艰难斗争，Cornplanter的资本也在其存续的20年间，从1万美

89　同上，第3214页，第3227页。

90　同上，第3215—3216页。

91　同上，第3216页。Cornplanter在波士顿的加仑数增加了两倍（同上，第3231页）。

92　同上，第3217页。Cornplanter在1897年左右买下了新英格兰石油公司后，就拥有了在波士顿地区的炼油设施（前注，第3228、3230页）。

93　同上，第3220—3221。还可参见Hopkins关于与标准石油进行削价竞争的证言，第3卷，第1030页。

94　第6卷，第3207—3208页，第3220、3223—3228页。

元增长到了45万美元。托德承认，他们仍然存活着，而且实际上活得很健康。[95]

Crew-Levick

Crew-Levick公司有几家炼油厂。[96]乔治·沃尔夫（George J. Wolff）是其在巴尔的摩区域的经理，他作证说标准石油的一个"傀偏公司"对他们发起过一次"战争"。沃尔夫承认他有时候在巴尔的摩将价格减到标准石油的价格之下，[97]而且承认标准石油——不管其是否有此想法——并未能够消灭Crew-Levick：

> 问：你不认为你需要任何保护来与标准石油公司进行商业竞争，是吗？
>
> 答：噢，当然！我不需要。[98]

Crew-Levick在巴尔的摩显然做得不错，因为正如沃尔夫所证实的那样：

> 问：从1904年直到最近，你们有非常稳定的增长，是吗？
>
> 答：是的，先生。当我上任的那天，我只销售了400加仑，那是我们的全部存货。
>
> 问：那大概是2 000加仑每星期？
>
> 答：是的。
>
> 问：现在，你们大约销售量是2 000加仑每周？

95　同上，第3221页。Cornplanter还有着无数其他的石油公司股权（同上，第3232页及其后）。他们在几个不同的公司名头下进行市场销售，其中包括Tiona石油公司。有众多的文献涉及Cornplanter与标准石油的竞争。比如，参见：第20卷，第45、61—62、114页；第6卷，第3213—3218页；第15卷，第2383—2387页；Pet. Exh.635。

96　参见第20卷，第105—106页。非常有趣的是，他们的运营用的是不同的名字：Crew-Levick，the Glade Oil Works, the Muir Works, the Seaboard Oil Works。

97　参见第20卷，第118页及其后，第122、126、131页。也可参见第16卷，第2612页及其后。

98　第20卷，第126页。

答：是的，先生。[99]

其他一些炼油企业

被告展示的277号证据揭示，在1908年，全美国有123家独立炼油商。[100]其中有一些毫无疑问非常小，另一些则比较大。这份名单中包括一些今天的大公司，它们即使在当时也是有影响力的。Pure（纯粹）石油公司、Tidewater、Gulf、Texas公司、Sun石油公司，以及Union石油也许是其中杰出的例子。到1908年，Texas公司的一家炼油厂产量达到每天12 000桶。Gulf则有两家：一家每天10 800桶，另一家每天41 600桶。[101]Pure、Tidewater、Gulf和Texas，每家都有大型的原油管道输送系统。

标准石油拥有Tidewater公司约31%的普通股，而且和该公司有若干协议。[102]它在Pure石油管道子公司还有相当一部分股权，但从未达到控股程度。

与之竞争的炼油商总是络绎不绝。[103]1890年之前成立的独立炼油商至少有10家，1908年的时候他们仍在运营；[104]到1895年时，参与竞争的炼油公司达到38

99　前注，第109页。

100　第19卷，第662—663页。

101　一家日产量达到40 000桶的炼油厂，即使在今天也算是可观的规模，而在当时，则是非常大了。见Emery的证言，第6卷，第2704、2710—2712页。

102　参见Archbold的证词，第17卷，第3321页。

103　第1卷，第243—244页；第3卷，第1467页；第5卷，第2542页；第6卷，第2626、2642、2705、3015、3131、3132页；第16卷，第3139页；第17卷，第3446页；第20卷，第31页。

104　第5卷，第2542页；第6卷，第2651、2705、2840、3015、3061、3207页；第20卷，第106—107页。

家。[105]到1906年的时候，这个数字已经增加到123家。[106]

成立于1895年的Pure石油公司，只是这些独立炼油企业成长壮大的一个例子而已。[107]

炼油：总结

我找不到哪怕一个例子来证明标准石油使用掠夺性减价手段，逼使某个竞争的炼油公司出售自己，减少购买时的资产价值，或者驱使某个竞争者离开市场。我不相信标准石油曾使用过它——如果它尝试过，那也没有奏过效。

标准石油购买了很多企业，并为此支付了不错的价格。它的收购活动一直持续到其解体。显然，这种收购对于保持其建构的垄断地位是必要的。此外，对于许多竞争对手而言，为了购买他们，标准石油和他们签订了市场分享协议，并和其他一些人签订了价格锁定协议。[108]

从标准石油开始崭露头角到其如日中天的整个时期，新的企业不断涌现和繁荣壮大；老的企业也存活了下来并有所成长。

2. 有批发商和零售商涉入的削价

值得注意的是，关于削价的证词中，最多的是来自批发商和零售商层次。大多

105　第6卷，第2690—2712页。

106　第2卷，第651页；第5卷，第2543—2545页；第6卷，第2591、2700、2704、2710、2711—2712页；第3卷，第1002页，上诉方第396号证据（Pet. Exh.396）；第17卷，第3290页；第19卷，第627页，被告方第269号证据（Def. Exh.269）、662页；上诉方陈述，第1卷，附录3，第266页。关于出口贸易的更加迅速增长的竞争状态，参见第8卷，第904页，上诉方第377号证据（Pet. Exh.377）。竞争对手的最快的增长是出现在煤油之外的其他产品。上诉方陈述，第2卷，第102—103页。

107　Pure公司的原油业务收入在1900和1906年间翻了不止一倍（第3卷，第1443、1451页）。另一个有意思的例子是New York Lubricating Co.（第2卷，第532—533、766—767、773页）。

108　关于其中一些协议，参见第1卷，第175—176、214—223页；第2卷，第734、738、946、950页；第3卷，第1130页；第17卷，第3321页；第12卷，第955页。

数声称卷入标准石油削价运动的企业是个体（non-integrated）销售者，它们的主体是零售商和小贩。竞争炼油商的市场分支机构前面已经讨论过了。

当时的石油营销，虽然与我们今天所知的不一样，也是经历了一些变化的。大约在1890年前，炼油商将它们大部分产品以桶装形式销售给批发商，后者再将其分销到他们当地的市场。[109]大概在那个时候，标准石油开始用"油罐车"（tank wagon）向杂货店和其他零售店送货。在那个系统下，标准石油建立了配油站（bulk station），用桶或油罐车向配油站送油，又从配油站用油罐车直接为零售店服务。一辆油罐车正像其名字所描述的那样：一辆马车，上面装载着巨大的木制或铁制油罐。每辆油罐车负责为30到50位特定的零售客户服务。油罐车司机将汽油、煤油倾注或者泵入零售店主的油罐，货到付款。到最后，标准石油大部分产品都通过油罐车渠道销售了。[110]标准石油肯塔基公司的科林斯作证说，他有多达90%的销售是通过那种方式进行的。[111]剩余的部分则继续由批发商和小商贩完成。

小商贩通常自己到储罐站充注他们自己的油罐。他们支付的价格通常比油罐车配送价格低0.5到1美分每加仑，这是因为配送费用的节省，以及较高的单位购买量。[112]零售商贩的售油马车每天会送到150个地点或者更多。

售油批发人于是就被标准石油首创的这种一体化的销售系统替代了，而其他竞争者也很快跟进效仿。同样，零售商也面临着席卷而来的变革。天然气和电力已经开始挑战零售商所依赖的零售家用煤油市场。汽车的崛起也来临了。这些力量最终将使煤油——那时候的主要能源产品——沦落为第四等的燃料。

在这些变化发生的同时，炼油商们也在寻找更有效的方式来推销他们的产品。尽管标准石油正在发展其油罐马车送货，它也在进行自己的零售业务试验。它试图

---

109 Archbold的证词，第17卷，第3467—3468页。

110 其比例在不同区域有所不同。油桶、批发商和佣金代理人渠道在非常小的社区，以及某些山区作用更加重要。比如，迟至1904年，标准石油仍在努力将油罐车服务向纽约的一些小社区拓展。在全部领域来看，油罐车日益成为主导型的配送方式。

111 第12卷，第896页。

112 标准石油的竞争者也提供这样的条件。

保守自己拥有这些零售业务的秘密。这些构成了我们经常听说的"傀儡"企业的大部分。其余的企业几乎都是批发公司，通常规模不大。从数量上说，他们从来不是那么重要。[113] 另外，不管怎么说，标准石油并不是唯一拥有"傀儡"零售油贩和批发商的公司。[114]

对于为何未公开自己同这些企业的关联，标准石油公司给出了几个理由：第一，对于自己的垄断地位和高利润的公开攻击，已经导致了一些抵制购买标准石油产品的偏见。[115] 第二，它所购买的一些销售企业具有足够良好的信用（good will）和更好的本地市场接受度，后者是标准石油无法经济地创造的。第三，为了打破当地零售店和商贩的卡特尔，以及为应对其他商贩的竞争，标准石油发现，时不时用零售商身份以有竞争力的价格进行销售是有用的。但是，要这么做而不致与自己的油罐车客户形成敌对之势，保密就是有用的。[116] 第四，这种方法可以使标准石油可以从容试用新的员工和营销方法，而不至于抛弃旧的，而且也可避免投入过多的资源。

随着油罐马车配送基本取代用油桶向批发商的配送，标准石油试图拓展其一体化程度。按照斯夸尔斯（Squires）先生的说法就是：

---

113 超过半数的"傀儡"企业（concerns）是严格意义上的零售商贩。大多数规模非常小。他们平均有两到三驾零售马车。此外，大多数商贩都不能延续很长时间。"他们在试验，尝试将油直接销售给顾客，但是，这种尝试证明是失败了，主要原因是无法避免赊销。"Brief for Appellants，第2卷，第192页。也可参见第13卷，第1523—1525页。大多数人随着设备的老化而逐渐退出了。少数留存下来的，后来变成了标准石油各个企业的"灌装"部门。

　　而且，有一些疑问的是，标准石油究竟想让这些企业有多"秘密"，以及它们实际上有多"秘密"。最后，政府以及政府的证人，错误地指控标准石油拥有并运营某些企业，而标准石油其实跟这些企业并无关系。有关的例子，参见第5卷，第2412页；第12卷，第779—780、790—791页；第13卷，第1218—1220、1279—1283、1307、1533—1535页。

114 有许多的例子。包括卡斯尔先生运营的企业，National Refining Co.、Red C、Crew-Levick等。

115 要得知这些偏见的影响有多大是不可能的，但是很明显，这种偏见是存在的。一个可能的表现是，一些竞争对手所偏爱使用的名字：反托拉斯石油公司（Antitrust Oil Co.）、自由石油公司（Freedom Oil）、山姆大叔石油公司（Uncle Sam Oil Co.）等。

116 Collings："我们非常愿意出售给经销商。这是我们重点从事的生意，我们会将它照管好。"第12卷，第887页。

我们达到了这么一个阶段，即我们感觉我们可以走得离消费者更近一步，来帮助他们省钱。我们得知，零售商的利润在50%到100%之间。我们相信可以为消费者节省一半成本。要实现这一步，需要非常小心谨慎。这样才不至于与我们为之供货的商家形成敌对，也才可以尝试某些难以实践的做法。这些到最后可能证明并不是值得追求的道路。因此，我们选了几个市镇来做试验，前面列举的几个市镇就是被用于这种目的的……

但是不久之后就出现了一个非常严重的障碍，那就是赊账的问题。小商店主通常会允许他的顾客赊账，但对我们，他们是要付现金的。这个因素使得我们基本不可能通过这种途径来做大宗销售。我们尝试了各种方法，看能否克服这个问题，比如让送奶员来售票，但是问题无法得到解决。然后我们也开始（接受）赊账，但是我们因为坏账而导致的损失非常巨大，以至于会令我们的企业破产。除此之外，我们发现，相关设备的损耗成本非常大。由于将油罐借给顾客，这些油罐是我们的而不是他们的财产，他们不会小心爱护。粗心大意导致或多或少的损坏，有些则彻底丢失了。因此，经过对不同市镇的试验情况的认真梳理，我们决定放弃这个办法。然后我们逐渐回收了设备，只有两个地方例外，即扬斯敦和克利夫兰——这两个地方作为销售点为炼油商所熟知。因为那里多年来已经聚集了大量的商贩，所以顾客们对这种递送方式已经很熟悉。[117]

无论上述说法是不是标准石油的真实动机，或者仅仅是狡黠的借口，都无法确知，也并不要紧。能够说的是，考虑到该行业的演化情况，这种做法是可以理解的。在1911年的解体之后，随着竞争加剧，这种演化过程实际上是加速了。它并

---

117 第13卷，第1523—1524页。斯夸尔斯先生并没有夸大零售的利润，因为档案中有大量的证据可兹证实。

不是垄断的产物。毕竟，今天哪儿还有什么煤油贩子呢？替代性的解释，即标准石油在寻求垄断石油的批发和零售环节，确实逻辑性要差一些，而且与我们掌握的各种事实也不相符。

在零售环节，商家的数量经常是非常庞大的，而行业的进入也非常便宜和快速。标准石油从来没能，或者看来也没有试图垄断零售环节。做这样的尝试是没有意义的，而且几乎不可能成功。有了对炼油环节的垄断，标准石油在销售环节的利益所在，逻辑上应该是让它（销售）保持高效和高度的竞争。[118]

在石油生意的所有"层次"中，零售可能是标准石油最难以垄断的，而且其垄断也将会是最为短暂的。原因很简单。煤油零售商包括两种：杂货店主和其他零售商店，他们拥有油罐或油桶，并用之灌充顾客的油壶；以及叫卖者（peddlers），他们运营一辆或多辆马车，它们循着固定的路线挨家挨户地兜售，非常类似今天的送奶员，以及旧时的卖冰人。

精炼油兜售所需要的技能或资源，既不昂贵，也不稀缺或特别。一辆马车，一匹马，一个车夫，以及一些油壶或油罐，就可以成为一个叫卖者。[119]一个大的叫卖组织可能有两到三辆马车。相关的资源可以——而且也的确——快速撤离或重新回到石油叫卖行业，一切取决于预期利润的多少。

同样，杂货店零售和一般销售行当的准入，从来也是没有什么难度。在博弈的

118　一个在生产环节的垄断者，其愿望应该是销售成本为零，以及在销售环节有激烈竞争。这样，就可以从生产环节攫取最大的垄断回报。

119　Shea作证说，他1892年开始进行叫卖时，只有25美元自有资金，25美元借款，以及一只借来的马。他很快发展起来，开始同时从事批发和零售。"我想我们的生意比1892年刚入行时已经大了30倍。"第5卷，第2493页。

初期，洛克菲勒先生意识到，私人要对原油生意进行垄断是不可能的。[120]他肯定也意识到了，要实现零售环节的垄断更加没有希望。只有政府才能实现对那种类型的长时间的垄断。而且，标准石油明确定下结论说，对它自己的利益最有利的做法，是让其他人来从事零售工作。

因此，实际情况是在解体前，批发商人和零售商人总体上遭遇了行业内的一次进化力量的洗礼。这些变化在解体后仍然在持续，甚至很可能是不断加速的。[121]此外，批发商和零售商还承受着为小生意行业——规模小、从业者数量大——所特有的困难和争吵。因此，毫不奇怪地，大部分关于削价的抱怨都来自于个体化的（non-integrated）市场人员。[122]

要在这里考察所有与批发商和零售商有关的事件，显然是不可能的。记录中充斥着大量非常相似的事例，要对它们逐一进行评论，是既无必要也不经济的。[123]就我们此处的目的而言，对一些更加重要和有代表性的案例进行考察，就足够了。这些案例可以容易地分为三种类型：(a)据称的削价案例，有竞争的销售对手涉及，

---

120 洛克菲勒对1872年原油生产商的短命（ill-fated）协议的形容，是非常经典的：

"我不好说它存在或运转了多久，但是原油的高价格——就像它以前总是会导致的那样，而且只要地底下还能有石油出来，它还会是那样——导致了产量的增加，他们生产了太多石油。我们都不能为它找到市场。

"很显然，那些不在这个联盟之中的人，会尽己所能地生产；而对于那些联盟之中的人——他们中许多人是有尊严、有地位的——来说，(比对自己的盟友和我们所承诺的)多生产一点儿的诱惑，是很大的。在那个价格下，要阻止石油被生产出来看起来是非常困难的。……我们作为炼油商和销售商，有不能够逾越的限制。我们是他们的服务者，帮他们把精炼油传递到顾客手里。我们在当时可以销售多少，是有限制的。"第16卷，第3074页。

121 1911年，汽油销量第一次超过了煤油。

122 标准石油声称，它的油罐马车服务着全美国37 000个市镇。批发商和油贩的数量必定比这个还要大。

123 在很大程度上，这些记录里充斥着随意的传言，小贸易商琐细的抱怨，以及数不清的、不重要的指控和反诉。这很可能是听证会所采用的程序本身的特点所导致的。证人们是对检察官（examiner）作证，而不是对法官作证，而检察官认为他自己没有权力来决定证据的可接受性。政府证言的相当大一部分来自于标准石油的前雇员，这些人大部分已经被辞退或在压力下辞职了。有几个人承认了自己对标准石油管理层的怨恨。这些证人中，有一些人是在就自己并不直接了解的标准石油的那部分运营情况作证。比如：第5卷，第2347、2364、2381页；第15卷，第2472页。

但没有特定的结果；（b）据称的削价案例，伴随着对竞争对手的收购；（c）据称的削价案例，伴随着竞争对手的消失。据称的第一类案例数量非常多，但是这些并不支持掠夺性垄断的理论。第二类和第三类例子对于该理论（的证实）来说更加有用，但是却非常稀少。[124]

以下将只讨论少量的几个代表性案例；其他的案例会被列举一下。

a. 没有特定结果的削价

大量的证据以及指控只能证明标准石油在同一区域或不同区域之间用不同的价格进行销售；并且较低的价格经常是更激烈的竞争所致。[125]

Hisgen Brothers

销售企业抱怨（标准石油）区域性削价的一个典型案例，是 Hisgen Brothers 案。该案件中所呈递的证据类型，正是在所有这类案例中具有代表性的。

Hisgen 开始销售车轴润滑脂是在1889年。[126]在1900年，他们开始零售和批发煤油。他们从一些独立炼油商那里购买煤油。他们抱怨说，在1901年，当他们开始在哈得孙河沿岸的各个小城镇销售煤油时，标准石油曾通过削价来赶走他们。其他地方的价格据说保持了较高水平。标准石油的档案显示着，在 Hisgen 所宣称的标准石油在六个城市对他们发动价格战的期间，标准石油的煤油价格实际上是在上升

124　由于许多企业既是批发商又从事零售，关于他们的证词经常是很简略，所以没法将这些案例划分为涉及批发商或涉及零售商两类。这种区分不管如何都没有什么价值。

125　比如，参见：第8卷，第905—1011（上诉人的证据，第379—396号）；第10卷，第1624—1659页，上诉方证据第628—635号（Pet. Exh.628—635）。但是请比较一下：第8卷，第664页；第10卷，第1624页；第21卷，第133页，上诉方证据第962号（Pet. Exh.962）。也可参见：第2卷，第937页；第3卷，第1046页；第5卷，第2484页，第2490—2491页；第17卷，第3620—3622、3628页；第20卷，第229—231、233页。

126　第4卷，第1795页。到第二年，生意扩大了三倍，并且保持着增长。到1900年，销售额达到8万到10万美元之间。Hisgen 依凭其反托拉斯纲领（antitrust platform）参与了两次马萨诸塞州州长竞选。第4卷，第1800、1841、1848—1849、1852页。

的。[127]有六个杂货店主作证说，是Hisgen，而不是标准石油发起的降价。[128]不管如何，Hisgen承认，他有时的确也会针对标准石油进行削价竞争，[129]而就标准石油针对他的削价问题则态度含混。[130]在此后的岁月里，在马萨诸塞州的斯普林菲尔德地区，Hisgen至少在其中一部分时期内是对标准石油发动过削价运动的。[131]

除了谁发动了价格战的问题外，Hisgen的经营看起来是风生水起的。比如，在1904年间，Hisgen Brothers在斯普林菲尔德地区的石油生意就占到了市场份额的21%，并且他们的市场份额在1905年增加到30%。[132]在1900年之后，他们急剧扩

---

127 第12卷，第713、813—815页。有一次价格确实下跌过，据说是因为Tiona公司发起了价格战，该公司是Cornplanter炼油公司的市场销售子公司（同上，第716页）。

128 第12卷，　第780—782、812—813、818—819、822—824、826—827、830—831、833—835页；第4卷，第1894—1895、1963—1966页。

129 第4卷，第1813—1815、1856页及其后，第1888—1889、1898、1977—1978页。也可参见前注，　第1932—1937、1952、1964—1972页；第12卷，　第729—737、782—788、810—817、822—837页。

130 第4卷，第1861、1874页。

131 在1904年，Hisgen开始以每加仑10.5美分的价格进行销售，比标准石油的价格低出半美分。此后其价格还有进一步的下降，其部分原因是周边广大区域价格的普遍下降，部分原因是Hisgen针对标准石油的继续削价行动。在1905年时，Hisgen停止了削价，然后标准石油的价格上升了。第10卷，第1636页。

132 Brief for Appellants，第2卷，第177页。也可参见：第12卷，第782—785、809—810页；第10卷，第1636页。

张他们的地盘和生意，并且在此过程中显然繁荣壮大了。[133]

b. 削价和收购

有几宗指控称标准石油使用区域性削价来迫使独立销售公司出售自己。在大部分场合，有关证据只是说明存在着削价行为，而其而一些受此影响的企业将自己出售给标准石油。有几个案例的有关证词更加尖锐。以下是其中最重要、最相关的几个案例。

---

[133] 第4卷，第1836—1844页。有无数有关这一类的其他事例。比如，可以参见H.C.Boardman案：

在1904年，当标准石油解雇他的时候，博德曼（Boardman）在奥古斯塔（Augusta）创办了一家销售公司。（第5卷，第2189页）价格下跌了。（同上，第2169—2171页）博德曼拿到了市场份额的三分之一。用他的话来说："如果能得到三分之一的份额，我就满意了。我意识到，标准石油也要生存，也需要钱，于是我想我会让他们也有得活。于是我将价格保持在11美分。"（同上，第2171页）

1906年，博德曼在南卡罗来纳州的登马克开设了一家油站。在他开建油库的时候，标准石油削减了价格。（同上，第2175页）但是，博德曼还是得到了大约40%的市场份额。虽然他的营业很大程度上局限在一个区域，因而——也正如我们了解到的——特别容易受到"针对性射击"的伤害，博德曼还是繁荣兴旺了。他的生意从一开始就是赚钱的。到1908年时，他就占有了奥古斯塔地区75%的润滑油业务，以及三分之一的精炼油业务。（同上，第2171、2181页）博德曼开始业务时的启动资本为3000美元，包括一些油罐和一辆马车。第一年他的销售额达到4万美元，第二年是5万美元，第三年是6万美元。"我从未有哪一个月不是大赚其钱的，即使从第一个月开始。"（同上，第2181页）

C. J. Castle：第6卷，第3040、3044—3046、3055—3057、3067—3068、3088页；第13卷，第1483、1517—1518页。

St. Louis Oil Co：第2卷，第891、894、896、899、900页。另一个类似的案例，参见第15卷，第2411—2415、2425页；第20卷，第229—233页。

E. M. Wilhoit：第3卷，第1037—1038、1269—1270页。"当进入一个新的区域时，我通常要把价格减到标准石油的价格之下"。（同上，第1227页）

Cooper Brothers：第5卷，第2358—2359、2392—2400页；第15卷，第2434、2453、2472—2473、2542—2546页。

Maxon和Kercher的证词：第5卷，第2459—2470页；第6卷，第2811—2813、2815—2833页。但是参见第12卷，第922—923、969页。

沃福德（G. T. Wofford）

从1898年到1902年，沃福德先生任职于肯塔基州标准石油公司伯明翰总部，担任公司首席文员及经理助理。[134] 他作证说，标准石油通过给予回扣的办法，来诱使（生意伙伴）撤销（对其竞争对手的）订单，或者诱使其与其签订独家供货合同（requirements contracts）。科林斯否认了这些指控。[135] 大约在1902年年末，沃福德和一些同事在伯明翰创立了东南（Southeastern）石油公司——一个销售公司。根据沃福德的说法，煤油价格从每加仑14美分逐步下跌到11美分。东南公司亏损了，并于1904年左右出售给了标准石油。有几个令人信服的理由，让我们相信这不是一个"成功的掠夺案例"：第一，沃福德承认，并不是标准石油对煤油的削价导致了生意的亏蚀："我们在那种特定等级的石油上赚到了不错的利润，但是我们的整盘生意是亏蚀的。"[136] 第二，标准石油声称——而且也有一些证据支持——是东南公司主动向标准石油发出的出售邀约。[137] 第三，甚至有一些证词声称，在东南公司出售之前，标准石油其实并没有削减过价格。[138] 第四，政府方面声称，1903年间标准石油在伯明翰的生意是赚钱的。[139]

人民石油公司（People's Oil Company）

伍滕（E. N. Wooten），一位前标准石油员工，作证说从1892年到1898年间，标准石油在亚特兰大大幅削减其价格，以消灭人民石油公司和商业石油公司（the Commercial），然后这两家公司都被迫出售给了标准石油。[140] 科林斯否认标准石油

134　第5卷，第2150页。

135　同上，第2155—2156页；第12卷，第908页。

136　第5卷，第2156页。

137　第12卷，第848页。

138　同上，第847—848、908页。

139　Brief for the United States，第2卷，第486页。在此次出售之后，沃福德又成立了另一家成功的石油销售公司。

140　第5卷，第2096—2103页。商业公司的所有者是Peerless Refining Company of Cleveland。标准石油声称，其解雇伍滕是因为他有"吸毒"习惯。（第12卷，第906页）

发动过价格战，或者曾试图将他们逼走。[141]有直接和间接的证据说明他们并不是被逼走的。第一，伍滕说这两笔出售是秘密进行的，然而如果相关方（对于交易）愤愤不平，秘密通常是守不住的。第二，人民公司是标准石油的一个客户。第三，人民公司的上一个东家明确否认了她是被迫出售，或者贱价出售的。[142]第四，伍滕承认，人民公司和商业石油公司的价值从来没有高于过它们出售的价格。[143]

卡斯尔先生的证词

卡斯尔（Castle）作证说，在受雇于标准石油期间，他迫使密歇根州休伦港的一个独立贸易商——坎普菲尔德（Campfield）先生将自己的企业出售给标准石油。这是在1889年之后的某个时间。[144]当事人的通信显示出，卡斯尔准备给经销商折扣，以将休伦港地区的煤油价格压低到每加仑6美分，以打击坎普菲尔德。[145]不清楚的是谁发起的价格战，而我也找不到关于此事的进一步证据。毫无疑问的是，卡斯尔在俄亥俄州广泛使用了回扣；[146]这是标准石油声称的解雇他的理由。卡斯尔还作证说，他曾迫使凯霍加福尔斯（Cuyahoga Falls）的一个叫布莱克本

---

141 前注，第897—901页。

142 第18卷，第253页，被告方证据第92 1/2号（Def. Exh. 92 1/2）。

143 第5卷，第2149页。另一个例子，是对Joseph先生创办的两家批发公司的收购。根据政府方面的一个证人Cooke的证词："标准石油很想得到一个位置，……他们认识到没有足够的空间供两家公司存活（他并不是一个很大的市镇），于是他们找到Joseph，提出买下他的公司；我必须为标准石油说句话，他们对他是非常公正、平等的，因为他们给他的价钱是超过它的所值。"（同上，第2531页）

　　Joseph同意离开石油行业，但是很快又卷土重来，成立了另一家大油厂，并开始减价。
　　问：然后标准石油跟着他也减价了？
　　答：噢，你不会认为他们会一直忍让，对吧？（同上）
　　Joseph后来又把企业卖掉了。

144 第6卷，第3059—3060页。

145 第10卷，第1894—1895页，上诉方证据第836、837号。

146 第3卷，第1362—1363页；第6卷，第3030、3037—3038、3039—3045、3071页；第10卷，第1886页，上诉方证据第829号；第13卷，第1511—1515、1576页。

（Blackburn）的零售商出售了自己。[147]即使是这样一个声称发起过如此长期而广泛的战争的人，他所宣称的这些战果也显得有点不足。[148]

c.削价和业务的结束

还有一种可能是，销售商歇业而不是被卖掉了。这样的证据非常少，而且缺乏说服力。

克利夫兰贩运商的衰落

根据卡斯尔的说法，1903年时，当标准石油开始在克利夫兰地区派驻售卖马车（peddling wagon）时，独立贩运商们的厄运到来了。[149]虽然此前独立的贩运商很兴旺，但此后他们的数量急剧减少：

> 在那时候，贩运商可以得到很不错的折扣，零售价格也还没有被拉低。他们一开始时生意很不错。……当他们把这些售卖马车引进来之后，……利润就被搞得非常薄了。结果是，到这个时候，行业里的贩运商就非常少了。那时候很可能有250家，如今我想你能找到的不会超过50家。[150]

---

[147] 第6卷，第3044页。在3041页，他说在俄亥俄州哥伦比亚纳的一家不知其名称的零售商也被迫出售了。和俄亥俄州发生的许多起事件一样（第6卷，第3040、3044页），哥伦比亚纳事件肇始于自由石油公司发起的价格战。（第13卷，第1511—1515页）

[148] Mahle，一个前标准石油的速记员，声称Blaustein公司曾试图将Fivel，一家零售商，逐出Norfolk。（第5卷，第2211—2212、2360—2362页）Blaustein对此予以否认，但是承认购买了Fivel的马车和供货。（第15卷，第2434—2439页）Farquaharson说，Blaustein最终用比他原先的出价多50美元的价钱买断了Fivel。（第5卷，第2211页。也可参见第2卷，第725—727页；第5卷，第2100—2102、2017、2279页；第12卷，第902—905页；第15卷，第2445—2447、2549—2552、2544页）

[149] 第6卷，第3054—3056、3108—3119页；第3124、320、3206页；也可参见第3卷，第1507—1510页。

[150] 第6卷，第3056页。

标准石油公司的斯夸尔（Squire），提供了一种不同且更具体的解释：

> 1902年，有115家贩运商，那时还没有人用天然气表。在1903年，有90
> 家贩运商，有16 194个天然气表在使用。1904年有80个贩运商，在用天然气
> 表有30 165个。1905年贩运商有78家，在用的天然气表有46 819个。1906年，
> 贩运商有61家，有66 743个天然气表在使用。1907年，贩运商43个，77 646
> 个在用的天然气表。1908年时，贩运商有40家，在用天然气表有83 976个。[151]

当然，天然气是既用于取暖，也用于照明的。

马勒的证词

马勒（Mahle）做了很多道听途说的证词。比如，他说，巴尔的摩地区有三个
石油经销商被标准石油逐出了市场：Tough–Rutherford、麦克尼尔（McNeil）和
位于特拉华州锡福德的珀斯家族（Purse Family）。我找不到关于前两者的证据，
但是关于 Purse 的指控是错误的。那个锡福德公司（Seaford Company）是一家
Crew–Levick 的关联企业，并不是标准石油的"傀儡"企业，[152] 而珀斯家族称把他
们逐出市场的是 Red C 公司发起的价格战。

其他事例

1886—1904年，博德曼（H. C. Boardman）在佐治亚州奥古斯塔为标准石油
工作。他作证说，在那段时间，标准石油削价来驱逐竞争对手。[153] 博德曼说，有一
个叫桑希尔（J. T. Thornhill）的销售商"最终放弃了生意"，而其他集团性竞争对

---

151 第13卷，第1532页。
152 第13卷，第1218、1278—1279、1281、1283、1307页。Cf. 第5卷，第2412页；第13卷，第
　　1219—1220页。
153 第5卷，第2163—2167页。

手则从该地区撤离了。这些指控受到了异议。[154] 即使博德曼自己也承认，标准石油只是在不得已时才使用削价手段。[155]

标准石油前员工梅伍德·马克森（Maywood Maxon）作证说，在1899年，伊利诺伊州帕里斯的一位不知名的独立石油经销商，在经过一年的回扣和价格战之后，被迫退出了市场。[156] 科林斯对整个事情都予以否认。[157] 在另一个案例中，克尔彻（Kercher）宣称，一位叫作瓦格纳（Wagner）的贩运商离开了这个行业。[158]

莱恩斯（C. M. Lines）作证说，他在1900年和1903年间曾为标准石油运营过一些"傀儡"贩卖马车。[159] 他说，他认为这些关联生意是亏了钱。[160] 曾为莱恩斯工作过的乔治·莱恩（George Lane）说，莱恩斯曾在扬斯敦发起了针对另一个贩卖商的"驱逐"运动，最后将所有人赶走了，除了他最初的目标对象以外。[161] 但另一方面，据称是莱恩打击的目标的瓦伊（Vahey），作证说当标准石油对他发起进攻的时候，他的生意做得非常大。[162] 莱恩显然是生意兴隆，而远不是要被逼歇业关门的样子。

154　比如，参见：第12卷，第910页；第5卷，第2163页。博德曼自己的说法也是有些含糊的："我不知道他们是否把自己卖掉了，但是我的印象是他们把自己卖给了标准石油。"（第5卷，第2166页）博德曼宣称，Tidewater、Crew-Levick以及Blodgett、Moore & Co.这几个公司都撤离了。

155　同上，第2164页。

156　第3卷，第1291、1293、1294、1313页。Maxon显然希望对标准石油有所报复（前注，第1294页）。

157　第12卷，第890页。也可参见第5卷，第2466—2469页。

158　第6卷，第2832—2833页。但是参见第10卷第1846页，上诉方证据第798号（Pet. Exh.798）。Kercher已经自己承认做了伪证。他对标准石油怀有怨恨，而且看来是试图敲诈过他们（第6卷，第2949页以下，2969页以下，2990页）

159　第6卷，第3201页及其后。

160　同上，第3205页。

161　第3卷，第1356—1361页。

162　第3卷，第1366—1367页。虽然只是个贩卖商，Vahey并不是傻瓜。他宣称，当标准石油员工威胁要将他的生意打垮时，他回答说："我相信他需要花费至少两年，才能逼我关门，而到那个时候他也许做不到这一点。"（同上，第1367页）另一个据称的类似事例，参见Nicolai Brothers案。（第13卷，第1196页）

销售：总结

这方面的证词数量大，争议多，含混之处也多。许多出示的证据是含混不清的，一些证据的真实性存疑。但是还是能得出几个结论：

（1）如果标准石油的目标是垄断销售——如果要这么做，那是不理智的——那么，他们是失败的。因为，考虑到在克利夫兰，煤油贩运商的衰落是在天然气业务的增长之后发生的，那么，关于这些小石油经销商的销售或消失，我可以发现的与区域性减价有关的事例，不会多于十个。而这还是个"宽松的"估计。有一些企业，不知姓甚名谁；相关的指控经常含含糊糊；大部分说法被证伪了；有一些尽管没有引起争议，却从未真正得到过证实。在许多事例中——基本上可以说大部分事例——确然是独立企业发起的价格战。

因此，"可能的"案例其实是未能解释的案例。这些案例大部分涉及贩运商。在他们中间，我可以说，在不存在掠夺性行动的情况下，经营失败的事情也不在少数。

"死亡率"（fatalities）——包括所有原因——在石油零售和批发行业中似乎并不是很高。考虑到小微企业的通常情况，这是令人惊讶的。收购的案例是有不少，但是比我们通常估计的还是要少。

（2）标准石油公司对销售员的通信和指令显示出，他们想要得到能赚钱的业务，但并不想为此不惜代价。[163]销售员被告诫"在争取生意时要尽量争取多赚

---

163 标准石油的销售员和代理商必须填一张"表格29"来申请减价的许可。比如，可参见：第3卷，第1021—2022页；第12卷，第962页。这种许可申请经常被搁置。（第10卷，第1758—1759页；上诉方证据，第690号：Pet. Exh.690）（参见第12卷，第688、845、907页）标准石油的员工总体而言似乎是知悉上头的决定的。就像一个Waters–Pierce（公司）员工所言，"我们的货品质量与我们的竞争对手一样好，或者比他们还略好一些，所以我想我们应该卖到尽可能多的价钱。（减价）可能增加加仑数，但我估计我们会亏钱"。（第3卷，第1170页）

　　Wilmer还作证说，标准石油希望它的销售们用能赚钱的价格出货，因为"任何人都能把货'送'完"。（第13卷，第1250页）Metzell，一位竞争对手的销售员，同意"他们在尽可能把价格开得高一点"的说法。（第5卷，第2418页）Wilhoit知道标准石油的盈利能力靠的是高价格，而不是低价格。正如他说的，"如果我的货可以卖到标准石油的那个常规价格，并且能够得到25%的市场份额的话，那我啥也不要，只要有一年生意能达到他们的常规价格。在他们的常规价格上，我只要赚一年，就够我退休了。我们是卖不到他们的常规价格的"。（第3卷，第1038页）

钱"，[164] 会因为在不必要的情况下减价而受到责备，[165] 或者因为以优惠价格卖掉太多油而被问责。[166]

（3）有趣的是，那些为标准石油的致命性掠食技巧作证的标准石油前雇员，大部分在离开标准石油后进入了石油行业。他们也发展得很好。

（4）标准石油显然拥有一个敏锐有力的营销系统。它很想将其分销成本控制得越低越好，而且努力达到这一结果。[167]

四、结论

从档案的记载判断，标准石油没有使用掠夺性价格歧视来驱逐与之竞争的炼油商，而且它的定价策略也无此效果。虽然也许存在着那么几个零售煤油贩运商或经销商在削价之后或期间破产的案例，但从没有确凿的证据能证明标准石油的定价政策应当为此负责。我坚信标准石油（即使有也）没有大规模地使用区域性削价来减

164　第10卷，第1840页：Pet.Exh.790。

165　"我同我们南卡罗莱纳州的代理商们有通信，他们完全明白我们希望保有我们的业务，并且愿意每加仑减少0.5美分，而不愿意让生意落到其他石油公司手里，但是我已经让他们知道，我们不会真的降价，除非到了万不得已的时候。"（第10卷，第1758—1759页：Pet.Exh.690）

166　第12卷，第1019页。

167　科林斯说，在肯塔基区域标准石油公司发生的事件很大程度上是由过分高昂的经销商价格所引发，它导致标准石油处于被击溃的过程中。（第5卷，第2462页；第12卷，第886—889、923—927页）根据科林斯的说法，一个贩卖商如果能得到每加仑4美分的利润，就可以活得很好。正如他所言：

　　　每加仑4美分，如果每天150加仑的话，那就是6美元每天。一个人，一匹马加一辆马车，每天可以挣6美元，那是很不错的。……我们估计对贩运商来说，高出油罐马车2到3美分，是合理的价格。他们可以借此生活得很好。……每当他们想从消费者那里弄到比那还高的利润时，我们就尽力用这样那样的办法，来让他将价格降下来，这样做的目的，当然是为了增加石油的消费。毫无疑问，我们感到如果他们将石油价格抬高到每加仑15到20美分，人们会在使用石油时更加节省。（同上，第890页。也可见前注，第917—918页）

　　　库克（Cooke），是政府方面的一个证人，他作证说，标准石油下属的Capital City Wagons公司的作用是迫使贩卖商对顾客收取合理的价钱。

少竞争，不管是在零售领域，还是在其他任何领域。如果它这么做了，那会是愚蠢的行为。而且，不管他们在其他方面受到了什么样的诟病，原来的标准石油公司很少因为本可以挣更多却选择少赚而挨批评。

从某种意义上说，标准石油没有使用掠夺性削价来谋求垄断，是件非常糟糕的事。如果它这么做了，它能获得的垄断力量肯定比通过其他途径能得到的要更少，而在此过程中，消费者也可以用低得多的价格买到石油产品。标准石油如此不但会让渡出自己的一部分"资本"，也会迫使其他竞争对手"捐赠"出一些"资本"（比标准石油少一些）。[168]

没错，标准石油是实行了价格歧视，但是它这么做是为了利润最大化，因为它的不同市场具有不同的需求弹性。它并没有利用价格歧视来改变这些不同的需求弹性。那些在用价格歧视解释标准石油的统治地位的人，如果开始考察其他因素，他们会做得更好。[169]可以开始探讨的地方，是合并（merger）。

很显然，本文并不是对标准石油的一纸无罪裁决，垄断的问题仍然存在。本研究想说的是，标准石油没有通过价格歧视来达到或维持某种垄断地位。而垄断企业是否应该被解散，则完全是另一个问题。

我还想进一步提出一个不成熟的看法：如果说对于标准石油案的流行理解，导致了反垄断政策对"不公平"和"垄断"的商业行为的高度重视，那么这重点是放错了。[170]这项有限的研究提示我们，对于垄断而言，商人之间的互相攻击行为，可能远不如他们维护共同利益的协同行为那么要紧。

168　当然，这里没有考虑某些道德问题。在处理这些问题上，经济学不是特别有用的工具。

169　在就被告准备过程中的延期申请提出反驳时，政府方面的律师或许已经承认了我前述的结论："这个案子有什么好准备的呢？不就是不公平竞争的问题吗。检察官可以从已经做出的证词里看出，这不是艰难的任务。这不需要他们特地拿时间准备以完成作证。"（第6卷，第3333页）

170　"标准石油的神话"还可能导致了人们拿商业和战争进行牵强的类比。下棋这个比喻也让我觉得同样软弱。下棋是一种竞争性游戏，一方选手赢，另一方输。成功的准垄断（quasi-monopoly）寻求的是避免进入竞争性游戏，因为参与者一旦开始这个游戏，就都是输家。

第十一章　美国铝业公司案的再考察：
提高竞争对手成本的分析方法并不能为判决提供合理解释[*]

约翰·E. 洛帕特卡（John E. Lopatka）

保罗·E. 戈德克（Paul E. Godek）[**]

一、引言

大约五十年前（1937年）政府起诉美国铝业公司（Aluminum Company of America，Alcoa，简称美铝）涉嫌垄断的案件对于反垄断拥护者而言是耳熟能详的。勒恩德·汉德（Learned Hand）法官宣判，美铝由于不断扩张规模而对美国原生铝市场占有压倒性的份额，从而犯有垄断罪。多年来汉德法官的反垄断法律责任标准受到责难，广泛的共识是美铝并没有犯什么经济错误。

然而，最近这个案件被着重引用来阐明一种分析（据称是）掠夺行为的不同方法——提高竞争对手成本（raising rivals' costs，RRC）的分析方法。该方法的支持者认为，大多数反垄断分析（实际上包括所有的排他分析）都应重新界定，应明确重点在于企业的交易行为是否提高了竞争对手的成本并因此导致产品价格上升。尽管他们也不认可汉德法官的推理逻辑，但他们认为美铝案能够用来说明一系列的"排他性"行为，包括单纯排他性权利购买（naked purchase of exclusionary

[*] 本章由陆雪琴翻译，张铸刚校对。

[**] 我们感谢Don Boudreaux、Frank Easterbrook、Joe Kattan、Andrew Kleit、John Peterman、Rick Warren-Boulton，以及匿名评审对此文之前版本的富含思想性的建议，当然文责自负。

rights）。

我们认为RRC方法作为一种解决反垄断问题的方法存在严重缺陷。然而，假设反垄断法能提高生产效率，无论用什么方法来分析美铝案都不能表明美铝存在违反反垄断法的行为。我们试图说明美铝案应得其恶名。

二、美国铝业公司

美国铝业公司成立于1888年，一直到1909年，其铝生产都受到专利保护。[1]专利到期之后，美铝仍旧保有一个很大的市场份额，它的产出随需求的增长而增长。多年来他一直是美国唯一的铝生产商。从1912年到1934年，美铝的国内产量从大约4 200万磅铝锭增长到3.27亿磅铝锭。[2]1912年美铝的销量占美国原生铝锭市场的近91%，在1912和1938之间的任意三年中，销售份额均超过80%。这段时期的最后五年，销售份额超过90%。

1937年美国政府起诉美国铝业公司。法庭审讯持续了两年零两个月，于1940年结束举证。总计有58 000页文件记录在案，155名证人出庭作证，1803件物证

1　关于美铝公司历史的描述，可参看地方法庭和上诉法庭在美铝垄断案中的观点，也可参看：Charles C. Carr，*Alcoa：An American Enterprise*（1952）；Donald H. Wallace，*Market Control in the Aluminum Industry*（1937）；Merton J. Peck，*Competition in the Aluminum Industry：1945—58*（1961），pp. 5—21；George D. Smith，*From Monopoly to Competition：The Transformation of Alcoa：1888—1986*（1988）。

2　1912年，政府指控美铝违反了反垄断法，因为美铝根一家国外生产商签订了一项国际市场分割协定，并且与国内的供应商签订了若干项包含限制性条款的协定。参见刊印于*Decrees & Judgments in Federal Antitrust Cases：July 2，1890—January 1，1918*（Roger Shale ed. 1918）的*United States v. Aluminum Co. of America，June 7，1912*（W. D. Pa.）。纵向限制问题似乎没有太大的商业意义，并且与本文关注的问题相关性也不大。但不管怎样，在政府提出指控之后的不到一个月，美铝接受了法院判决，废止了受到质疑的协定，并保证今后不再进行类似的交易行为。上诉法庭在之后的美铝垄断案中认为不应考虑美铝在同意判决之前的行为，因此仅提供了从1912年开始的市场份额统计数据。关于在1912年的诉讼中受到质疑的制度安排的深入讨论，可参看Carr，op.cit.，pp. 78—80。

呈上法庭，这预示着未来反垄断案件卷帙浩繁的特征。1941年地方法院法官弗兰西斯·卡菲（Francis G. Caffey）驳回了起诉。[3]

由于最高法院无法召集法定人数来审理上诉，国会通过了一项法令，指定第二巡回上诉法院为此案的终审法院。[4] 勒恩德·汉德法官在1945年发表了终审法庭意见，推翻了地方法院对美铝的判决。[5] 在判决词中他承认美铝可能没有违反谢尔曼法案第二部分："美铝的行为可能还不构成垄断；垄断的罪名或许是强加于他的。"他还说："已经成功的竞争者处于被迫竞争的状态，他必须巩固其胜利地位。"然而汉德法官的结论却是，美铝并不是这样的情况，因此美铝需要承担"不寻求但也没有避免去控制市场"的责任。汉德法官写道：

> 美铝预期到铝锭需求的增加并随时准备增加供应，这种情况并不是不可避免的。在其他企业进入该领域之前没有什么能强迫美铝持续扩张他的生产能力。美铝坚持认为他对竞争者从来没有排他性行为，但我们可以想象没有什么比以下这些行为具有更有效的排他性：抓住每一个新出现的机会，以融入规模化组织中的新生产能力来面对每一个新进入者，而且规模化组织拥有经验、贸易关系和精英人才方面的优势。[6]

因此汉德法官认为，仅凭美铝占有着美国原生铝市场足够大的份额，它就已经有非法垄断行为了。

3　United States v. Aluminum Co. of America，44 F. Supp. 97（S.D.N.Y. 1941）.

4　在那时，由美国政府提起且地方法庭已作出最终判决的国内反垄断诉讼，其上诉只能由最高法庭受理。参见15 U.S.C.A. § 29（1973）。这项规定在1974年被废止。参见15 U.S.C.A. § 29（Supp. 1990）.

5　United States v. Aluminum Co. of America，148 F.2d 416（2d Cir. 1945）.

6　同上，pp. 429—31.

汉德法官的判断标准是违背经济学常理的，[7]这已被充分理解。一种有价值的新产品的初始供应商必然会拥有较大的市场份额。按照汉德法官的逻辑，如果该供应商扩大产出以维持市场份额，那么他就违反了反垄断法。按此逻辑，供应商必须限制产出并提高价格以诱致新进入者才是不违法的行为。

如果不能合理地宣判美铝因扩大规模而存在违法行为，那么有什么其他原因可以宣判他有罪吗？ RRC分析的拥护者［其中最著名的是托马斯·克拉特梅克（Thomas Krattenmaker）和史蒂文·萨洛普（Steven Salop）］认为，美铝通过排除其竞争者获得铝生产的两种必须投入品（电力和铝土）的机会而成功地获得了定价能力。RRC分析方法依赖于如下命题，一家企业通过较大幅度地提高其大部分竞争者的生产成本，从而能提高产品价格并从中赚取经济利润，产生的后果是降低了整体的经济效率。[8]假设一种特定投入品的成本构成了产品成本的重要部分并且投入品的供给不是完全弹性的。如果一家企业能够有利可图地通过某些手段使得该投入品供给市场减少一个数量可观的供给，但该企业的生产并不需要使用它们，那么投入品和产出品的市场价格都会提高。产品市场的价格仍然由边际成本决定，但是与之前相比边际成本更高了，产出更低了，而且掠夺者获得了一部分由此产生的超过边际回报的租金。

RRC分析方法与过去时代中不足信的圈定理论（foreclosure theory）十分相

7　参见：Richard A. Posner，*Antitrust Law: An Economic Perspective*（1976），p.214；Robert H. Bork，*The Antitrust Paradox: A Policy at War with Itself*（1978），p.170.

8　关于RRC方法的描述以及它在特定问题上的应用，可参见:Thomas G. Krattenmaker & Steven C. Salop，"Anticompetitive Exclusion: Raising Rivals' Costs to Achieve Power over Price"，*Yale L. J.* 96（1986），p. 209；Thomas G. Krattenmaker & Steven C. Salop，"Exclusion and Antitrust"，*Regulation* 11（1987），p. 29；Thomas G. Krattenmaker & Steven C. Salop，"Competition and Cooperation in the Market for Exclusionary Rights"，*Am. Econ. Rev.* 76（1986），p. 109；Thomas G. Krattenmaker & Steven C. Salop，"Analyzing Anticompetitive Exclusion"，*Antitrust L. J.* 56（1987），p.71；Steven C. Salop & David T. Scheffman，"Raising Rivals' Costs"，*Am. Econ. Rev.* 73（1983），p.267；Steven C. Salop & David T. Scheffman，"Cost Raising Strategies"，*J. Indus. Econ.* 36（1987），P.19；Janusz A. Ordover，Garth Saloner& Steven C. Salop，"Equilibrium Vertical Foreclosure"，*Am. Econ. Rev.* 80（1990），p.127.

似。根据该理论，一家企业与其供应商签订某种投入品需求的合约时，就部分排除了其竞争者购买该投入品的机会。由于供给缩小，得到的推论就是价格必然会提高。当然现实中价格并没有提高，因为可得供给的减少正好与来自合同购买的需求减少相抵消了。克拉特梅克和萨洛普意识到了传统圈定理论的缺陷，但坚持认为RRC能够避免这一谬误。[9]掠夺者并不仅仅排除其竞争者获得掠夺者自身也需要使用的投入品的机会，而是排除竞争者获得掠夺者不需要的投入品的机会。这是"直接的圈定"，掠夺者通过以下两种方法来实现直接的圈定：直接向供应商付款令其不销售给竞争者，称为"单纯的排他性权利购买"；或者购买多于自身需要的数量从而使竞争对手无法获得，称为"过度购买"。[10]

RRC分析者可能在理论上识别出了一些没有被传统反垄断分析注意到的反竞争危害。一家企业如果没有足够大的产品市场份额，则他不能将产品价格提高到边际成本之上，但是理论上该企业也能够通过垂直交易行为来增加竞争者的投入品成本，从而导致产品市场上的价格上涨，企业获得利润但有损社会福利。然而仅凭理论上的可能性不足以验证一种分析方法在实践中的有效性。作为一种解决反垄断问题的方法，如果RRC方法与传统反垄断分析方法利弊相较，前者并没有更多的净收益，那么RRC方法就是失败的。[11]我们的观点是，由于以下几个原因，RRC方法

9　参见Krattenmaker & Salop，"Anticompetitive Exclusion"，op. cit.，pp.231—34.

10　RRC分析方法的第一个分支——直接圈定方法，假定由于掠夺者在投入品市场上购买排他性权利，从而使得竞争对手的成本提高。RRC分析方法的第二个分支方法则假定投入品供应商之间的串谋会导致投入品成本提高。参看Krattenmaker & Salop，"Anticompetitive Exclusionp"，pp.238—41。他们只是猜测美铝可能通过与供应商串谋而提高竞争对手的成本：这个观点有反驳的余地。参看Krattenmaker & Salop，"Anticompetitive Exclusionp"，pp. 241 n.106.

11　参见Frank H. Easterbrook，"Allocating Antitrust Decisionmaking Tasks"，*Geo. L. J.*76（1987），p.305.

不能通过这个测试，所以它是失败的。[12]它夸大了假定的策略能带给掠夺者的可能盈利；它低估了传统反垄断分析所能达到的效果；它没有充分考虑效率；它需要定量评估竞争效应，而这超出了法院和执法机构的正常能力；而且它忽略了自身潜在的对反竞争目的的策略性使用。

如果RRC分析方法想要反驳这些批评，就不应该选择美铝案来阐明其主张。据他们所说美铝通过提高电力和铝土的价格从而提高了竞争对手的成本。[13]电力和铝土是铝生产仅有的两种投入品，美铝对电力和铝土的战略收购可能会影响到铝的价格。下面分别讨论美铝在电力和铝土市场中的行为以及这些行为可能带来的影响。

电力

毫无疑问，铝生产需要大量的电力。以当时的技术，铝生产要求电力和铝土以

12　参见Wesley J. Liebeler, "Exclusion and Efficiency", *Regulation* 11（1987），p.34；Timothy J. Brennan, "Understanding 'Raising Rivals' Costs'", *Antitrust Bull.* 33（1988），p. 95；Easterbrook, op. cit., pp. 314—16；Malcolm B. Coate and Andrew N. Kleit, "Exclusion, Collusion, and Confusion：The Limits of Raising Rivals'Costs"（Working Paper No. 179, Federal Trade Common, Bur. of Economics 1990）；Donald J. Boudreaux, "Turning Back the Antitrust Clock：Nonprice Predation in Theory and Practice", *Regulation* 13（Fall 1990），p. 45；Donald J. Boudreaux and Thomas J. DiLorenzo, "Raising Rivals'Costs：Competition or Predation?"（unpublished manuscript, George Mason Univ., Dep't Economics, 1989）；New Zealand Business Roundtable, "Antitrust in New Zealand：The Case for Reform"（September 1988），p. 36；Charles F. Rule, "Claims of Predation in a Competitive Marketplace：When is an Antitrust Response Appropriate?" Remarks of the Assistant Attorney General, Antitrust Division, before the 1988 annual meeting of the American Bar Assn（August, 1988）.

13　Krattenmaker & Salop, "Anticompetitive Exclusion", op. cit., pp. 236—37. 作者暗示，美铝可能也通过提高电力和铝土之外的其他投入品的成本来排除竞争者。他们评论道，除了电力，"美铝对稀缺投入品尤其是铝土的过度积累"，抬高了剩余的可得投入品的价格。这样的推理似乎表示美铝过度购买了其他稀缺投入品，但是作者并没有观察到，而且也不存在其他稀缺的投入品。正如地方法院指出的，"生产铝，只有铝土和水电是必要的。"参见44 F. Supp. at 144.

相当稳定的比例相结合：4吨铝土加上22 400千瓦时电力生产1吨铝。[14]在1940年，铝产业是美国使用电能最多的产业。[15]但美铝仅控制了电力的一个很小的百分比。这个百分比具体有多小则取决于如何界定电力投入品市场。

1938年底，美国共有4 088家发电厂，由1 632家企业所拥有。[16]这些工厂在1938年生产了1 170亿千瓦时电力，其中450亿千瓦时（或者说其中的38.5%）是由水力发电。[17]到1938年底，既有的水电厂拥有1 100万千瓦的生产能力。同一时段国内尚未开发的水力发电站大约有1 883处。它们的年平均潜在产出估计值为2 760亿千瓦时，预计生产能力为530亿千瓦。既有大坝中适合于铝生产且与美铝的水电站相似的未开发水电站，预计其生产能力在742.5万千瓦到825万千瓦之间。1937年底美铝控制了30.6万千瓦已开发电能生产能力和少量未开发的水电。1940年美铝拥有36万千瓦已开发水电生产能力。[18]

铝生产需要电力，但不要求电力必须以某种特定的方法来生产。美铝也经常使用以煤和天然气为燃料的蒸汽电力，那时德国生产商仅使用蒸汽来发电，其铝产量比美铝更多。[19]如果将美铝控制的电力与美国生产的全部电力相比较，美铝占有的份额是微不足道的，美铝对电力的购买显然不会对竞争对手的电力成本产生不利

14　参见44 F. Supp. at 116，123.地方法院的意见中详述了生产一磅铝需要10千瓦时电，2 240磅等于1英吨。

15　Carr，op. cit.，p. 88，citing Nathaniel H. Engle，Homer E. Gregory，and Robert Mossé，*Aluminum–an Industrial Marketing Appraisal*（1945）.

16　参见44 F. Supp. at 123.

17　千瓦时是电力消耗数量的度量。千瓦是电能传输速度或消耗速度的度量，也可以称为"千瓦时每小时"。因此一台电力设备的能力可以用千瓦来度量，也就是它传输电力的最大速度。参见Edwin Vennard，*The Electric Power Business*（2d ed. 1970），pp. 14—21.

18　参见44 F. Supp. at 123. Wallace在1937年宣称："从经济节约的角度看，适合铝生产的水电站选址的数量是非常有限的。"（Wallace，op. cit.，pp.141）但他没有提供任何参考或经验支持。当然，后来美国铝产业的发展证明他是错的。

19　44 F. Supp. at 124. Carr，op. cit.，p. 88.20世纪之前美铝使用煤和天然气来运行蒸汽机，虽然燃料成本很低，但是"蒸汽发电似乎不是最佳的选择。早在1893年，对廉价电力的搜寻就已经明确指明了最适合铝生产的电能来源——水力发电"。

影响。

不过水电通常比其他方式发的电要便宜得多。那么就让我们假设，电力投入品市场就是水电市场。当时的电力传输技术无疑限制了生产商销售电力的区域范围，不过很多诸如铝制造商这样的电力需求大户，通常是可移动的，会将其厂址设于最廉价的电能来源附近。[20]因此水力发电站的所有者会互相竞争以争取对廉价电力有需求的机动客户，而生产成本最低的水力发电站所有者能够获得经济租。

低成本自然资源的所有者能赚取经济租，无论其所有者是何人。美铝拥有几处低成本水电站因此它应该会赚到租金。但是美铝是低成本水电站所有者这一事实不会对电力价格或铝生产成本产生任何反竞争效应。举个例子，假设美铝通过搜寻获得了一处特别适合铝生产所需电力的水电站，美铝因而排除了竞争对手获得这一资源的机会。竞争者不得不寻找次优的水电资源。竞争者成本提高的程度与美铝成本下降的程度相同。这显然不是反竞争的结果。事实上，由于使用了成本更低的投入品，不管是谁开发和使用了它，结果都是生产效率提高了，虽然产出品价格保持不变。

可以从以上给出的数据中算出美铝在各类水电市场中所占的份额。如果比较1940年美铝的水电生产能力与美国全部已开发的水电生产能力，美铝的份额是3.27%。如果分母包含已开发水电厂和适合于铝生产且与美铝的水电站相似的未开发水电站的生产能力，美铝的份额大概是2%。如果分母包含已开发的水电生产能力和所有未开发的水电站的估计发电能力，美铝的份额是0.000 7%。

不过，也许已开发的水电站应该排除在市场外。铝生产对电力的新需求是如此之大以至于没有已开发的水电站能够供应足够的电力使得铝生产顺利进行。如果分母只包含适合铝生产且与美铝的水电站相似的未开发水电站的估计发电能力，美铝的份额在4.4%到4.8%之间。因此在这个较为合理的能源投入品市场中美铝所占的

---

20 比如，Carr写道："通过将铝电解厂设在了尼亚加拉瀑布，美铝实施了一项由自然条件决定的策略，即把他的铝电解厂尽可能靠近水力能源。这个惯例已经盛行了半个世纪。"（Carr，op. cit., p.90）

最大可能份额是4.8%。美铝的电力购买对于竞争对手的电力成本不可能有显著的影响，因为电力的总供给实在太大了。而且由于以下两个原因，这些市场份额统计数据具有迷惑性，它们只是看起来比较大。

第一，在RRC方法下，问题不在于一种投入品被某家企业购买和使用的数量。该企业购买和使用投入品的数量会推动投入品供给曲线向上和向左移动，并同时推动需求曲线向下和向左移动，无论这个数量有多大，供给曲线和需求曲线的移动程度正好抵消。所以剩余的投入品供给的市场价格不受影响。[21]企业只有购买自身并不使用的投入品或者使供应商做出不销售给竞争对手的严格承诺，才可能会对投入品成本产生反竞争效应。而事实是，美铝显然使用了所有它开发的水力电能。[22]即使美铝获得了一些它不打算自己使用的水电，那也只占它本已十分微小的投入品市场份额中的一个很小的百分比。[23]

第二，这些市场份额的计算是以美国的可得水电为基准的。而企业可以在加拿大生产铝然后运到美国，正如美铝所做的。美铝在加拿大的确控制了一些水电，但是它所拥有的占加拿大适合铝生产的水电站的生产能力的份额，大概比它在美国的份额更小。[24]

克拉特梅克和萨洛普认为，美铝从电力公司购买了单纯排他性权利协定，使电力公司承诺不销售电力给其他铝生产者，从而推高了竞争对手面临的电力价格。

21　参见 Krattenmaker & Salop, "Anticompetitive Exclusion", op. cit., pp.231—34.

22　地区法院发现，美铝已开发的所有水力生产能力"要么由美铝自己使用，要么以经济的方式出售或交易以避免浪费"。参见44 F. Supp., p.124. 也可参看 Krattenmaker & Salop, "Anticompetitive Exclusion", p.126.

23　比如说地方法院没有说明美铝如何"出售或交易"它不使用的那部分水力能源。此外，市场份额的计算是基于美铝所控制的已开发水电生产能力，但最迟到1937年，美铝也已经拥有了"少量未开发水电生产能力"。（ibid., p.123）因此可能存在美铝不打算使用的新增加的电能，而在计算市场份额时这部分电能没有被包括进来。在RRC范式中，这部分电能增量和美铝没有消费而出售的水力电能，是美铝实施"直接圈定"策略可依赖的最大投入品数量。

24　地方法院指出了美铝在加拿大掌握多少水力发电权利，但没有引证任何加拿大所有已开发和未开发的水力数量的证据（参见 Krattenmaker & Salop, "Anticompetitive Exclusion", p.124）。

他们将单纯排他权利协定为这样一种交易行为：在交易中买方仅仅获得卖方的一个承诺，即卖方不会向买方的竞争对手销售的承诺；"没有交易任何商品或其他货物"。[25] "在这个协定中买方仅仅得到了排除竞争对手获得投入品的单纯权利，买方不需要购买一定数量的投入品。"[26] 他们认为美铝与电力公司的协定是"单纯的"（naked），因为美铝没有从电力公司得到电力，得到的只有电力公司不向竞争对手销售电力的承诺。[27]

美铝的确签过合约阻止两家公司提供电力给美铝之外的其他铝生产企业，一共有11个合约。[28] 然而，这些交易行为并没有只涉及他们所说的"不销售电力给其他铝生产商的承诺"。

1893年，美铝努力寻找廉价电力来源，以在其附近建造铝电解厂。[29] 那年美铝与尼亚加拉瀑布电力公司在纽约签订了购买直流电的合约，此后不久就开始在那里经营铝电解厂。1896年，它停止从电力公司购买直流电，取而代之开始购买"机械动力"；美铝自己安装了发电机，将机械动力转化为电能。1895到1905年期间，美铝和尼亚加拉瀑布公司共签订了5个包含限制性条款的能源购买合同。[30]

1899年，美铝找到了一处廉价电力来源，位于魁北克荒原中的沙威尼根瀑布。[31] 它与沙威尼根水电公司（Shawinigan Water & Power Company，SWPC）签订合约，以前池（forebay，引水渠道末端和压力水管进口之间的连接建筑物。——译者）水的形式购买能源。美铝在这个地方建造了自己的水力转换工厂和铝生产

25　Krattenmaker & Salop，"Anticompetitive Exclusion"，op. cit.，p. 227.

26　Krattenmaker & Salop，"Anticompetitive Exclusion"，p. 235.

27　"据说美铝从电力公司购买了排他性条款但没有购买任何电力。该合约只涉及电力公司不出售电力给其他铝生产商的承诺，而不涉及向美铝销售电力。……换句话说，美铝只购买了市场力量而没有购买电力。这样的合约是'单纯的'排他权利协定"（ibid.，p. 227）。也可参见 Krattenmaker and Salop，"Exclusion and Antitrust"，op. cit.，pp. 29—30.

28　44 F. Supp.，pp.136—38.

29　Carr，op. cit.，pp. 88—91.

30　44 F. Supp.，pp.136—7.

31　Carr，op. cit.，pp. 91—92.

设施。1907年，美铝购买了额外的水能源，并立即建造了第二个发电厂。美铝和SWPC总共签订了6个包含限制性条款的合约；第一个合约从1899年开始生效，最后一个合约根据条款在1940年终止。[32]

因此，美铝从来没有从电力公司购买过不销售电力给竞争对手或新进入者的承诺。事实上政府也没有指控美铝有"单纯的"排他行为。在描述这两处涉及排他性合约的电力来源时，司法部门的指控陈述是，美铝从第一处电力来源（尼亚加拉瀑布电力公司）"购买了相当大数量的机械动力"，从第二处电力来源（沙威尼根水电公司）为"子公司的新工厂"购买电力。[33]没有任何地方显示出美铝仅仅是为了取得排他性权利而对电力公司进行支付。实际上这个观点经不起推敲。如果美铝真的这样做了，我们能够想象它很快就会收到大量其他电力公司提供的类似合约，因为承诺不出售水电给竞争对手这样的交易，进入壁垒很低。至于美铝的铝土交易，反竞争排他性的指控也没有什么依据。

铝土

铝是通过一系列化学过程从自然物质中提取（或分解）出来的。[34]在美国铝业公司那个时代，铝被认为是最丰富的金属元素之一，地表至十英里深的土壤的固体成分中铝大约占到1/12。[35]铝可以从各种矿石中提取，包括铝土矿、明矾石和白榴石，以及常见的黏土。[36]在铝产业界流行着这样一种说法，"每一条黏土堤岸都是一座铝矿"。[37]不过，用铝土作为原料来生产铝，生产成本明显是最低的。铝土是一种

---

32   44 F. Supp., p. 138.

33   Bill in Equity of the United States, no. 85—73, paragraphs 84，85（April 23，1937）.

34   关于铝生产过程的简单清晰的描述，参见Rhea Berk et al, *Aluminum: Profile of the Industry*（1982），pp.6—15.

35   参见Carr，op. cit., p. 62. 也可参见Ferdinand E. Banks, *Bauxite and Aluminum: An Introduction to the Economics of Nonfuel Minerals*（1979），p. 3.

36   参见44 F. Supp. pp. 109—10. 也可参看Banks, op. cit., pp. 3—5；Berk et al, op. cit., pp. 20—30.

37   Carr，op. cit., pp. 63.

具有多种颜色和结构的黏土状材料，于1821年在法国莱博镇附近被发现。[38]铝土有不同的品质等级，从被称为铝等级的铝土中提炼铝是最经济有效的。[39]

让我们作一个保守而合理的假设，即铝土市场仅包含铝等级的铝土市场。不过地理意义上的铝土市场仍需要讨论。当时美国的七个州已经发现了铝等级的铝土矿，尽管几乎所有已知的储量都在阿肯色州。在美国之外矿石的供应被认为是"几乎取之不尽的"。[40]特别是在这些主要的铝土生产地区：法国、匈牙利、意大利、苏里南（荷属圭亚那）、英属圭亚那、南斯拉夫、俄罗斯、荷兰东印度群岛以及希腊。到1949年，又有额外的大量储备在牙买加、非洲和法属圭亚那的离岸岛屿被发现。[41]

美国的铝土开采始于1889年，也就是美铝开始生产铝的第二年。[42]但是第一个14年中，美铝并没有自己开采铝土，他只是购买初步精炼过的铝土并从中提炼铝。美铝从宾夕法尼亚盐业制造公司购买他的绝大部分需求，也从法国进口一部分。梅里麦克化学公司（Merrimac Chemical Company）在1888年从爱尔兰进口铝土矿石，然后通过硫酸处理从矿石中提炼铝盐。后来该公司也在国内购买铝土矿石但仍然主要从法国进口，因为那里的矿石价格更便宜。即使在美国开始商业铝土开采之后，美铝仍然从南美洲进口铝土，1924年之后的一段时间，美铝还从意大利和南斯拉夫进口铝土矿石。[43]在20世纪20年代，作为美铝潜在竞争对手的一家国内铝生

---

38 同上，pp. 65，73.

39 参见44 F. Supp. pp. 116—17；Carr，op. cit.，pp. 71—73.

40 44 F. Supp. p.117.

41 参见Carr，op. cit.，pp. 65—67. 从那时起，美国的铝土产量只占世界总量的一个微不足道的百分比。美国矿业局估计，1989年国内产量为世界总量的0.6%，那年美国对所有等级的铝土的净进口依赖度为97%。参见U.S. Department of the Interior，Bureau of Mines，*Mineral Commodity Summaries*（1990），pp.28—9. 1990年，官方已停止发布国内产量统计数据，不过估计的净进口依赖度为98%。参见U.S. Department of the Interior，Bureau of Mines，*Mineral Commodity Summaries*（1991），pp. 22—23。

42 参见Carr，op. cit.，pp. 66.

43 同上，pp. 61，65；Wallace，op. cit.，p. 139.

产商正准备从南美洲进口铝土。[44]而且，至少到1949美铝的竞争对手在牙买仍然加拥有数量可观的铝土矿石储备。[45]

在美铝被指控垄断的相关时期，即1909—1941，美国进口了大量铝土矿石：美国的铝土大约60%由国内生产，40%依赖进口。从1909到1923年，每年进口份额的范围在0到22%之间，而1915年到1919年只进口了十分微小的数量。1924年进口份额显著增长，达到37%，并且从1925年到1941年，进口份额经常超过50%，1932年达到了68%。[46]

因此，国内铝土市场不太可能形成一个有重要影响力的经济市场。在有着"几乎取之不尽的"供给的国际市场中，美铝对铝土矿石的所有积累，既不能赋予他垄断力量，也不会对竞争对手的成本有任何反竞争效应。[47]

据说在1940年美铝拥有美国现有估计储备约一半的铝等级铝土。一位庭审证人估计，国内约有1 030万吨铝土，其中美铝大约拥有490万吨，而"相当多数量"的其他企业拥有540万吨；另一位证人估计，总量是1 150万吨，其中美铝拥有600吨。[48]法官驳回了政府关于美铝拥有"超过90%"的国内铝等级铝土矿藏的指

---

44   参见44 F. Supp. p. 121（1924年，一位叫Moore先生的人试图从Uihlein先生那里购买位于南美洲的铝土矿地，Uihlein先生拥有一个铝业康采恩）；Wallace, op. cit., p.137（在南美洲Uihlein家族有能力得到合意的铝土矿）。大约在同一时期，美铝的另一个潜在竞争对手认为采购铝土没有任何困难，但不清楚指的是国外还是国内资源。参看*Perkins v. Haskell*，31 F.2d 53，60（3d Cir. 1929）.

45   参见Carr, op. cit., pp. 66—67.

46   数据来源是U.S. Bureau of the Census, *Historical Statistics of the United States*, *Colonial Times to 1970*（1975），p.605.

47   Wallace的结论是模凌两可的。"毫无疑问，现在（1936年）世界各地存在着大量不属于铝公司和氧化铝生产者的优质铝土矿。这些储量中的一部分可以低价运输。"参见Wallace, op. cit., p.140. 他指出，"Uihlein家族的成员在南美洲有能力取得合意的铝土矿"，（同上，p. 137）Uihlein家族的成员想要生产铝并且他们后来是美铝案中的证人（44 F. Supp. at 121）。他评论道，"位于热带地区中相当容易接近的位置的优质铝土矿仍然有待开发。勘探成本不会很高，因为矿石通常出现在地表"。（同上，p. 141）然而他的结论却是，第一次世界大战以来，已建立的企业对矿石储备的收购"大大强化了潜在进入者面临的问题的难度"。（同上）

48   同上，pp. 118—19.

控，法官发现政府的估计方法是有缺陷的，两个证人的证词是不可信的。[49]

如果美国可以代表一个有重要影响力的铝土投入品市场（虽然这不太可能），那么大约50%的份额可能足以满足他们所指控的反竞争圈定的必要条件。但是，企业如何通过"过度购买"一种投入品而有利可图地提高竞争对手的成本，这是完全不清楚的。没有详细的阐述，克拉特梅克和萨洛普就断言，只要满足以下条件之一，过度购买策略就能达到其目的：（1）如果该企业比他的竞争对手更节约地使用投入品；（2）如果该企业与其部分投入品需求的供应商纵向一体化了；（3）如果它面临的投入品价格比竞争对手更低，这可能是由于它签订了长期的和固定价格的合约，或者有更高的谈判技巧；或者（4）如果边际成本比平均成本提高得更快。[50]

认为过度购买是一种有利可图的掠夺方法这一论点是反直觉的，克拉特梅克和萨洛普提供的简单说明不能消除这个怀疑。[51]最起码，过度购买有利可图的必要技术条件可能是极其严格的。作者提到的四个条件中唯一看似可信的是第一个条件，即投入品使用集约程度上的优势，比如因使用不同生产技术而产生的集约优势。但是，竞争者能自由采用与美铝相同的技术，因为美铝的专利已经到期，而且生产工序是众所周知的。

在缺乏理论证明的情况下我们假设过度购买策略可以是有利可图的，但这种情况只可能发生于（正如它的名字所暗示的那样）企业购买它自己不需要使用的投入品的时候。企业通常想要保证必须投入品的充足供应，这就要求企业获得超过需要使用量的投入品数量。因此，企业是否"过度购买"投入品，取决于当前的使用率

---

49 同上，pp. 116—18.

50 参见 Krattenmaker & Salop，"Anticompetitive Exclusion"，op. cit.，p. 238.

51 Krattenmaker 和 Salop 在解释他们的过度购买理论时没有提及任何先前的研究工作。也许他们默认过度购买理论是从尼尔森的洞见中推演而来的，尼尔森的看法是竞争性产业中边际成本的提高会导致租金提高，这个观点出现在他们作为普遍支撑的引用文献中的其中一篇。参见 Richard R. Nelson，"Increased Rents from Increased Costs: A Paradox of Value Theory"，*J. Pol. Econ.* 65（1957），p.387.但是尼尔森没有讨论过度购买，而且 Krattenmaker 和 Salop 也没有解释他们的观察如何导致他们的结论。

和对未来的判断。[52]一般来说，过度购买从来不会成为反垄断审查的有用指标，除非它在实践中能与"刚好足够的"购买区分开来，但我们怀疑这项任务是否能有效完成，特别是因为这个理论本身就是不清楚的。就美铝而言，以它1939年的消耗率计算（这个比率预期肯定会提高），它能够获得可维持8年的国内铝土数量的权利。[53]从这些数据中可得出的有效信息就是，美铝对铝土的购买在任何相关的经济意义上都没有过度。[54]

总结一下，理论上RRC分析方法的变种——直接圈定，能令人信服地应用于分析美铝的铝土购买行为，虽然只能通过过度购买这条机制（因为没有人指控美铝购买了对铝土的单纯排他性权利）。然而证据却表明投入品市场包含国外矿石，因此美铝的购买不能显著提高铝土价格，而且美铝在任何情况下都没有过量购买。

三、供给合约中的从属限制

虽然美铝从来没有从电力公司那里得到不销售给竞争对手的单纯承诺，然而事实却向我们提出了一个有趣的问题：为什么美铝从供应商那里获得了不销售给其他铝业公司的条款？当然，美铝的考虑可能是，在对发电设施及铝生产设施进行场地专用化投资（cite-specific investments）之前，它必须要确保能够以较低的价格得

52　参见 Krattenmaker & Salop，"Anticompetitive Exclusion"，op. cit.，pp. 282 n.228.

53　44 F. Supp. p. 120. 铝生产中这个比率必然会上升。（参见：Berk et al，op. cit.，p. 32；Peck，op. cit.，p. 8.）

54　卡菲法官驳回了政府对美铝过度购买铝土矿石的指控。（参见44 F. Supp.，p. 121.）上诉法院的汉德法官指出，卡菲法官在做出美铝仅购买了合意的铝土数量这一判决时，过度依赖于某些证人的证词。他还说："很难想象，在一场辩论中证人的可信性更多地依赖于他们的在场印象。"（参见148 F.2d p. 433.）他总结说："这显然已足够清晰以至于我们不必再宣布。"卡菲法官关于证人可信性的发现明显是错误的。（参见148 F.2d p. 433.）当然，卡菲法官判定美铝没有过度购买铝土是基于客观的证据，但同时也是出于意向的表达。

到足够的电力。换句话说，它可能想要保护自己免于签约后的机会主义。[55]然而，获得安全的更加可能的方法似乎是以明确指定的价格保证合意数量供给的合同条款。也许只有另一家铝厂对铝土的需求能够对美铝需要的铝土数量产生严重威胁。美铝可能签订了作为保证形式的限制性条款，这是因为限制性条款的交易成本低于传统保证形式的交易成本。

可能的情况是，美铝在某个水电站建造工厂的决定会产生正外部性的预期。美铝选择有利的水能地址建造水电站，并投资建造生产铝所必需的基础设施，其他企业可能会搭美铝的便车。美铝有内化自己投资收益的激励，他通过购买水电公司差不多可以达成他的目的。但是当它选择了不完全纵向一体化的制度安排时，它仍然会有激励去防止竞争对手侵吞它的投资的任何价值，因为只有那些企业可以通过在铝市场上销售铝从而损害美铝的利益。美铝可能是试图通过限制性条款来阻止这种侵蚀。[56]

我们只能推测限制性条款可能产生的效果。企业与它的供应商之间不销售给竞争对手的协定，其效应往往难以证明。但可以肯定的是，当企业与供应商之间的承诺与生产性交易无关时，该承诺具有反竞争效应的推理是最令人信服的，但即便如此，这个推理也是可以反驳的。举个例子，假设企业决定寻找某种投入品的最佳来源地。在经过耗费巨大的搜寻之后找到了两处优质来源地并且选择了其中一处。如果竞争者能搭搜寻者的便车，签订下另一处来源地，那么搜寻的价值就下降了，搜寻的激励也会随之下降。搜寻者与另一处未被选择的来源地供给商签订不与其竞争对手交易的协定能够防止竞争者搭便车。当然，这样的制度安排也可能会有反竞争

55　参见 Benjamin Klein，Robert G. Crawford，and Armen A. Alchian，"Vertical Integration，Appropriable Rents，and the Competitive Contracting Process"，*J. Law and Econ.* 21（1978），p.297.

56　可以排除一种可能的反竞争解释。美铝没有通过拒绝向竞争对手销售其已建工厂附近的水力这一方式，使之发生沉没成本，从而强加成本于那些与之竞争的铝业公司。即使承认强加沉没成本给竞争对手的确有反竞争效应，但没有任何一家竞争对手公司的工厂位于美铝为其工厂所选择的地址。

效应，某些没有此类条款的交易可能也足以保护投资收益。最后，即便是单纯的与生产性交易无关的不销售给竞争对手的承诺，其福利效应也是模糊不清的。

此外，单纯排他性行为从被提出的100年后还未在任何反垄断案件中出现过。克拉特梅克和萨洛普只能将美铝的条款作为例子，而且那些协定并不是单纯的。[57] 真正的挑战是，如何评估与其他交易行为相关的条款（这样的协定曾出现过）的竞争性意义。

单纯购买排他性权利的概念衍生于（虽然不等同于）从属限制的反垄断原则。巡回法庭的威廉·霍华德·塔夫脱（William Howard Taft）法官在90多年前的阿第斯顿管道公司（Addyston Pipe）案件中发表了这一原则的经典陈述，[58] 并且最高法院在81年后的BMI案件中使用了他的定义。[59] 一般来说这个原则规定，如果限制竞争的协定从属于某些其他合法交易，那么这个协定是合法的。因此，单纯购买排他性权利很可能是非法的，尽管还没有发现任何一个单纯购买排他性权利的案例。如果限制条款不能增进主要交易这个目的，或者整个交易的主要目的就是非法的（比如为了获得垄断力量），那么在更宽泛的交易情景下供应商同意的某个限制性条款就可能通不过从属限制测试。问题应该是，这些限制是否服务于某些生产性的经济功能。

有时证据表明，限制条款是为了获得市场力量，虽然该限制条款通常与另一

57　作者注意到了，除了美铝案和指控滥用政府程序的案件，"据我们所知，在其他任何反垄断案件中都没有提到单纯排他性权利合约"（参见 "Krattenmaker and Salop，Anticompetitive Exclusion"，op. cit.，pp. 228）。

58　*United States v. Addyston Pipe & Steel Co.*，85 F. 271（6th Cir. 1898），modified and aff'd.175 U.S. 211（1899）. Bork 评论道，阿第斯顿管道公司案是到那时为止"美国法律历史上最大的反垄断案件之一"（Bork，op. cit.，p. 26）。

59　*Broadcast Music，Inc. v. Columbia Broadcasting System，Inc.*，441 U.S. 1（1979）.

　　　　　　　　　　　　　　　　　　　　　　　　　　　经济学的著名寓言

个合法的交易相联系。美国制罐公司（American Can）[60]案件涉及这种类型的限制。在世纪之交，一群创办人为了达到垄断包装用罐头市场（包装用罐头是用来装食品的密封容器）的目的而组建了美国制罐公司。两年间，美国制罐公司收购了95家包装用罐头行业内的领军生产商，收购价为被收购企业有形资产的2到25倍，他们代表了至少90%的国内罐头生产能力（除去单独为内部消费所生产的）。除了少数例外，出售方同意十五年内在芝加哥周围3 000英里内不从事罐头制造。[61]

美国制罐公司还试图阻止任何现存的或新的竞争者获得制罐机器，使他们无法制造罐头。那时只有少数几家商业意义的制罐机器厂得以存续。美国制罐公司与其中三家签订了排他性供应协定。它同意向最大的制罐机器制造商布利斯公司（E. W. Bliss Company）支付每季度2.5万美元来换取一个承诺——布利斯公司在6年内不为美国制罐公司之外的任何其他公司生产特定的罐头制造机器。[62]美国制罐公司也同意6年内以每年7.5万美元的价格购买阿德里安斯机器公司（Adriance Machine Company）生产的所有机器。它同样对费拉库特机器公司（Ferracute Machine Company）保证6年内每年有1万美元的利润，而后者以排他性的供应关系作为回报。[63]

毫无疑问，美国制罐公司试图垄断罐头市场。不互相竞争的条款包含在美国

60　*United States v. American Can Co.*，230 F. 859（D. Md. 1916），上诉被无条件驳回，256 U.S. 706（1921）。我们感谢推荐人将我们的注意力直接导向这个案件。关于这个案件的讨论和这个产业的历史，参见Simon N. Whitney，*Antitrust Policies：American Experience in Twenty Industries*（1958），pp. 196—226；Charles H. Hession，"The Tin Can Industry"，in *The Structure of American Industry*，ed. Walter Adams，rev. edn.1954，pp. 403—42.

61　230 F. pp. 865，868—69.

62　在合约期限内，虽然美国制罐公司不从布利斯公司购买任何机器也是有可能的，但更加可能的情况是它确实购买了布利斯公司的机器。美国制罐公司对罐头制造机器有着巨大需求，而布利斯公司是罐头制造机器的最大制造商。另外，美国制罐公司还从其他两家同意限制性条款的制造商那里购买机器。因此，布利斯公司的供应交易几乎肯定与对其销售的限制有关。

63　同上，pp. 874—75. 美国制罐公司声称布利斯公司侵犯了其专利，但布利斯公司否认这一指控。美国制罐公司还诱导布利斯公司违反合同向其他罐头制造商销售制罐机器，并支付由此产生的官司中的诉讼和判决成本（同上）。

制罐公司与被收购的罐头生产商之间的购买协定中（该条款的目的当然就是垄断市场），正如不销售给竞争对手的限制，包含在美国制罐公司与制罐机器生产者的供应协定中。当然有人会预测，在没有进入壁垒的情况下这个计划注定会失败。的确，当这个产业中的人们开始认识到垄断计划正在进行中，就会出现新的罐头制造者，但他们所希望的只是被高价收购，或者在垄断者的保护伞下兴旺繁荣。[64]现实情况是，有可能成为强大竞争者的大陆制罐公司（Continental Can Company）在1904年进入这个行业。美国制罐公司不能有利可图地收购该产业中所有迅速成长的企业。同样，制罐机器企业也找到了方法来规避不销售给竞争对手的限制，而且出现了更新更好的制罐机器厂。[65]然而，无论垄断利润在多大程度上受到限制，美国制罐公司的行为仍然违反了某些合情理的垄断标准，而且限制性合约条款不能通过从属限制测试。法庭宣判其存在违反反垄断法的行为，但却断定，在此期间竞争局面会出现，这会使任何直接措施变得不恰当。[66]

然而在大多数案例中，很难得出与供应交易相关的限制条款没有任何生产功能的结论。的确，在没有经验证据的情况下，我们预测大多数限制条款能够通过合理的从属限制测试。不管怎样，关于美铝的证据强烈表明与电力公司签订的条款具有生产功能，因为它具有反竞争性的可能性是微乎其微的。

四、结论

作为评估排他性行为的经典案件，美铝案由于没有区分效率行为和反竞争行为而声名狼藉。然而最近有人试图为该案判决辩护。他们援引美铝案来支持分析排他性的新方法：提高竞争对手成本的分析方法（RRC）。该分析方法的要点在于排他性权利协定这一概念，而这个概念的核心是单纯排他性承诺。根据RRC方法，企

64　同上，pp. 868，879—80.

65　同上，p. 875.

66　同上，p. 904.

业能够通过排他性权利协定来提高竞争对手的投入成本，并获得产品定价能力。美铝案是牵涉到单纯排他性协定的唯一判决，但事实上，美铝并没有涉及单纯排他性协定，而且单纯排他这一概念还只存在于想象中。有附加条件的排他性肯定存在，但确定它的福利效应通常很困难。RRC方法在理论上可能识别到了传统垄断分析没有注意到的某些反竞争行为。但是这一点并不足以使它作为分析反竞争行为的更合意的方法。还存在一个令人担心的问题，该方法在实践中可能会弊大于利。RRC方法的拥护者从美铝案中得不到任何支持，因为该案件中美铝并不存在反竞争行为。美铝案的判决仍然是有悖常理的。

参考文献

Banks, Ferdinand E. 1979. *Bauxite and Aluminum: An Introduction to the Economics of Nonfuel Minerals*. Lexington, Mass.: Lexington Books.

Berk, Rhea, Lax, Howard, Prast, William, and Scott, Jack. 1982. *Aluminum: Profile of the Industry.* New York: McGraw-Hill.

Bork, Robert H. 1978. *The Antitrust Paradox: A Policy at War with Itself.* New York: Basic Books.

Boudreaux, Donald J. 1990. "Turning Back the Antitrust Clock: Nonprice Predation in Theory and Practice." *Regulation* 13: 45—52.

Boudreaux, Donald J. and DiLorenzo, Thomas J. 1989. "Raising Rivals' Costs: Competition or Predation?" Unpublished manuscript. Arlington, Va: George Mason University, Department of Economics.

Brennan, Timothy J. 1988. "Understanding 'Raising Rivals' Costs'." *Antitrust Bulletin* 33: 95—113.

Carr, Charles C. 1952. *Alcoa: An American Enterprise*. New York: Rinehart.

Coate, Malcolm B., and Kleit, Andrew N. 1990. "Exclusion, Collusion and Confusion: The Limits of Raising Rivals' Costs." Working Paper No. 179, Washington, D.C.: Federal Trade Commission, Bureau of Economics.

Easterbrook, Frank H. 1987. "Allocating Antitrust Decisionmaking Tasks," *Georgetown Law Review* 76: 305—320.

Hession, Charles H. 1954. "The Tin Can Industry." In *The Structure of American Industry*, edited by Walter Adams, rev. edn. New York: Macmillan.

Klein, Benjamin, Crawford, Robert G., and Alchian, Armen A. 1978. "Vertical Integration, Appropriable Rents, and the Competitive Contracting Process." *Journal of Law and Economics* 21: 297—326.

Krattenmaker, Thomas G., and Salop, Steven C. 1986. "Anticompetitive Exclusion: Raising Rivals' Costs to Achieve Power over Price." *Yale Law Journal* 96: 209—93.

Krattenmaker, Thomas G., and Salop, Steven C. 1986. "Competition and Cooperation in the Market for Exclusionary Rights." *American Economic Review* 76: 109—13.

Krattenmaker, Thomas G., and Salop, Steven C. 1987. "Analyzing Anticompetitive Exclusion." *Antitrust Law Journal* 56: 71—89.

Krattenmaker, Thomas G., and Salop, Steven C. 1987. "Exclusion and Antitrust." *Regulation* 11: 29—33.

Liebeler, Wesley J. 1987. "Exclusion and Efficiency." *Regulation* 11: 34—40.

Nelson, Richard R. 1957. "Increased Rents from Increased Costs: A Paradox of Value Theory." *Journal of Political Economy* 65: 387—393.

New Zealand Business Roundtable. 1988. "Antitrust in New Zealand: The Case for Reform."

Ordover, Janusz A., Saloner, Garth, and Salop, Steven C. 1990. "Equilibrium Vertical Foreclosure." *American Economic Review* 80: 127—42.

Peck, Merton J. 1961. *Competition in the Aluminum Industry, 1945—1958*. Cambridge, Mass.: Harvard University Press.

Posner, Richard A. 1976. *Antitrust Law: An Economic Perspective*. Chicago: University of Chicago Press.

Rule, Charles F. 1988. "Claims of Predation in a Competitive Marketplace: When is an Antitrust Response Appropriate?" Remarks of the Assistant Attorney General, Antitrust Division, before the 1988 Annual Meeting of the American Bar Association.

Salop, Steven C., and Scheffman, David T. 1983. "Raising Rivals' Costs." *American Economic Review* 73:

267—271.

Salop, Steven C., and Scheffman, David T. 1987. "Cost-raising Strategies." *Journal of Industrial Economics* 36: 19—34.

Smith, George D. 1988. *From Monopoly to Competition: The Transformation of Alcoa: 1888—1986*. New York: Cambridge Publishers.

U.S. Bureau of the Census. 1975. *Historical Statistics of the United States, Colonial Times to 1970*. Washington, D.C.: Government Printing Office.

U.S. Department of the Interior, Bureau of Mines. 1990. *Mineral Commodity Summaries 1990*. Washington, D.C.: Government Printing Office.

U.S. Department of the Interior, Bureau of Mines. 1991. *Mineral Commodity Summaries 1991*. Washington, D.C.: Government Printing Office.

Vennard, Edwin. 1970. *The Electric Power Business*, 2nd edn. New York: McGraw-Hill.

Wallace, Donald H. 1937. *Market Control in the Aluminum Industry.* Cambridge, Mass.: Harvard University Press.

Whitney, Simon N. 1958. *Antitrust Policies: American Experience in Twenty Industries*. New York: Twentieth Century Fund.

第十二章 自由轮造船商学到了多少？
——旧案例的新证据[*]

彼得·汤普森（Peter Thompson）[**]

一、引言

众多的实证研究表明，生产率会随着累计产量的增加而提高，这在生产活动的初始阶段尤其明显（例子参见Dutton and Thomas，1984；Jovanovic and Nyarko，1995）。对工程师和管理人员而言，上述现象就是所谓的"初始曲线"，不过，经济学家常称之为"学习曲线"或"干中学"。经济学家选择的术语隐含了他们对因果关系的如下判断，即生产者可以从经验中不断学习，而累计产量则可以较好地测量经验。不过，对生产率提高的源泉进行量化测定会面临许多困难，这提高了实证分析中将许多生产力提升归因于"干中学"的概率，而这些提升很可能仅仅是测量误差干扰的结果。

有不少文献仔细研究了看似学习曲线的现象，结果证明上述担心不无道理。拉

* 本章由吴意云翻译，吴晓露校对。自由轮（Liberty Ship）是美国在第二次世界大战时期为战时运输需要以EC2船型为基础设计制造的同型号运输船的统称。——译者

** 本项研究获得了休斯敦大学研究启动资金的资助。感谢华盛顿特区国家档案馆的Richard Peuser和Becky Livingstone在寻找未分类档案时给予了宝贵的协助；收集数据时Anna Hickman给予了无私帮助；感谢Jim Bessen、Margaret Byrne、Boyan Jovanovic、Steven Klepper、Sam Kortum和Christian Murray对本文极为有益的讨论。Peter Pumphrey就船舶开裂提供了大量工程方面的必要建议。我还要感谢Lars Hansen和匿名评审人给予的修改建议。

让尼克和布拉什（Lazonick and Brush，1985）考察了19世纪棉纺厂的生产率，认为戴维（David，1973）把生产效率的提高归因于学习是错误的结论。贝尔和斯科特—凯米斯（Bell and Scott-Kemmis，1990）收集了多种定性证据，表明飞机和轮船制造业战时生产力的提高是除在职学习之外的众多因素共同影响的结果。米希纳（Mishina，1999）提供了战时波音第二生产工厂的生产率提升得益于资本投资的定量证据。最近，辛克莱、克莱珀和科恩（Sinclair，Klepper and Cohen，1999）在分析了一家《财富》500强的当代化工企业其数以千计的特种化学品生产活动后发现，不同产品生产率增速的差异主要源于研发过程中的差异，而不是源于"干中学"速度的差异。

本文为研究干中学效应的经典案例——二战中美国的自由轮制造计划提供了新的研究证据。本文的主要贡献是，利用美国国家档案馆收藏的美国海事委员会（USMC）的进度登记表、研究报告、通讯纪要以及美国海岸警卫队的相关纪要，构建了一个全新的分类数据集。其中，在船只层面搜集的各种数据包括了对船体质量的量化测定，而关于造船厂的数据还涵盖了全新的实物资本投资信息。

本文的实证分析部分着重考察被已有文献忽视的两个变量——实物资本投资和产品质量差别的影响。首先，我证明了资本深化程度远比之前设想的深远。在造船厂竣工之前船舶的建造就已经开始了；在整个船舶制造计划中，额外的资本投资约占最终资本存量近三分之二强。其次，在已测算的生产率增幅中，部分是以牺牲质量为代价实现的。为干得快提供的激励性报酬导致了质量监理薄弱和焊接缺陷多发。结果，有超过13%的自由轮船体出现了裂缝，某些情况下甚至导致受影响船只的沉没。我发现自由轮的生产率与其出现裂缝的可能性相关，说明确实存在"以质换量"现象。

资本投资对已测得的生产率的影响程度，明显大于由于质量降低造成生产率出现虚假提高的影响。前者大约解释了50%实测生产率的提升，而因质量降低带来的生产率虚增仅能解释观察到的生产率提高的5%左右。由于资本发挥了更重要的作用，引入资本投资这一变量就会削弱干中学的重要性。如果撇开资本这一变量，在其他条件不变情况下，累计产量翻一倍预计可以使月度产量提高41%；而引入资本变量后，该预测值就降为22%。上述研究发现有两点值得说明。其一，资本与按标准方法测量的经验值呈同向变化，导致人们很难区分两者对生产率的影响。其二，我的实证分析仍然没有探讨导致生产率提升的其他源泉，比如员工培训、研发和新技术等，这些可能也是重要的影响因素。罗森堡（Rosenberg，1976）认为传统方法测量的经验值与遗漏变量相关，进而导致其参数估计值有偏。若存在上述问题，那么引入资本投资可以减少但无法消除估计偏误。

二、自由轮奇迹

1941年，在紧急造船计划（Emergency Shipbuilding Program）支持下美国海事委员开始大规模扩张商用船的生产规模。这项计划的核心目标是生产标准规格的自由轮，即排水量7 000吨的全焊接型货轮。在四年时间里，16家美国造船厂总共建造了2 699艘自由轮，是当时同一型号产量最高的船只。其中，有119艘（油轮、运煤船、飞机与坦克运输船等）是对标准规格的自由轮设计方案进行改良后生产的。此外，还有少量的标准规格的自由轮被改造成医疗船、运兵船和训练船。有时，应急造船厂直接承担了改装任务，其他情况下这些轮船以半成品形式交付给海军。

自由轮建造计划的革新之处在于，大部分的船舶建造工序是在船坞（安装龙骨和船舶最终下水的泊位）之外完成的。大多数造船厂都有一套线形的"传送带"方案。钢板和型材运至船坞前先放置在造船厂的仓储处，大部分船体就在宽敞的预制车间区内由原材料预制加工而成。随后，预制构件通过轨道或大型的可移动起重机运至船坞进行最后安装，而最后阶段的主要工作就是焊接。一艘自由轮的焊接接头的长度为60万英尺左右，焊接工的劳动投入约占整个造船过程所耗费的直接劳动投入的三分之一。[1]一旦船体安装完毕，船舶立即下水驶向附近的舾装码头。这样，24小时之内船坞就能腾出来安装新的龙骨。在舾装码头上船舶完成最后的油漆、细木工和电工作业，装配好索具和救生船等。船舶在舾装完工当日即刻交付给美国海事委员的代表，随后由他们派遣的船员驾驶着轮船，加入数以百计穿梭在大西洋或太平洋上的护航队。

造船厂的产量主要受船坞数量以及船舶下水前在船坞停留时间长短的限制。主要部件的预制化生产大幅减少了船舶在船坞的停留时间，因而极大提高了造船厂的生产能力。曾经有一条船在龙骨安装好后仅用4天又15小时就下水了。[2]由于新的预制技术使大部分工作可以方便地在船坞之外的场地完成，所以生产率较战前标准出现了显著提高。比如，金属板可以固定在方便自动焊接或者使人工焊接更顺手的位置。

经济学家对自由轮计划感兴趣的主要原因是，造船业的生产率在非常短的时间内出现了极大的提高。这一众所周知的现象最早由瑟尔（Searle，1945）介绍给学术界的。在长达三年的时间里，建造自由轮的生产率其年均增幅达到40%，从而大幅缩短了造船需要的时间。第一批自由轮从龙骨铺设到下水需要花费6个多月时间，到1943年底其建造所需的时间已经缩短为3个月（参见图12.1和图12.2）。在过去50多年中，经济学家用"干中学"解释了这些引人瞩目的进步。

---

1 参见Statistics and Reports Unit（1944）。Bunker（1972）描述了加利福尼亚州里士满市Kaiser Permanente造船厂的生产过程。在这家造船厂里，大约61%的船体是预制完成的，预制部分的焊接长度超过15.2万英尺。总数多达97个、单个重量可达250吨的各种预制构件已完成内饰（甚至连镜子、扶梯，电线孔、盥洗池和暖气片等都已安装好），它们由预制车间运至船坞进行最后安装。

2 这条船的名字是Robert E. Peary，于1942年11月由加利福尼亚州里士满市Kaiser Permanente造船厂第2号船坞建造完成。当时，该船厂的平均建造时间为50天左右。为表明美国海事委员会能够以"比自由轮被击沉速度更快的"速度造船，Robert E. Peary被当作宣传样板。实际上，由于既没有足够的钢铁，也没有足够的发动机生产能力，美国海事委员会不可能按照这一速度生产自由轮。关于自由轮Robert E. Peary号诞生的特殊环境条件，参见Bunker（1972）。

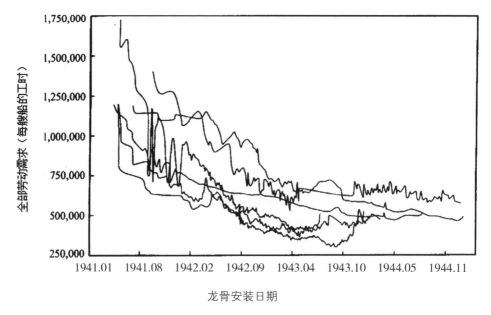

图 12.1　六家造船厂标准型自由轮的劳动生产率

注：这是可以获取本章关心的资本数据的六家造船厂。参见 Searle（1945），Lane（1951），或者 Lucas（1993）为其他造船厂绘制的图表。本图没有包括半成品船舶或改建的船舶。

在用"干中学"解释自由轮建造计划实施过程中出现的生产率提高的文献中，最为相关的是拉宾（Rapping，1965）的工作。他定义了如下造船厂生产函数：

$$y_{it} = Ae^{\lambda t} W_{it}{}^{\alpha} L_{it}{}^{\beta} Y_{it}{}^{\gamma} \tag{1}$$

其中，y_{it} 表示造船厂 i 的年产量，A 是常量，W_{it} 表示 t 时正在作业的船坞数（表示资本存量），L_{it} 是年均劳动投入量（按小时计），而 $Y_{it} = Y_{it-1} + y_{it-1}$ 是造船厂的累计产量。拉宾利用费希尔（Fischer，1948）中15家造船厂的混合年度数据估计了上述生产函数的参数值。他的分析结果与瑟尔早前的研究发现基本一致。即，造船厂的累计产量每增加一倍，其年产量将提高7%—27%（ γ 的点估计值范围为0.11—0.34）。考虑参数取值不同，年产量的平均增长率为17%。与此同时，即便引入对生产率没有显著影响的时间变量，学习效应存在显著影响这一结论仍然是稳健的。

　　　　　　　　　　　　　　　　　　　　　　　　　经济学的著名寓言

阿戈特、贝克曼和埃普尔（Argote，Beckman and Epple，1990）利用费希尔的数据构造了月度数据并据此进行分析，得出的学习的影响比前述研究得出的更显著。通过估计方程（1），其 γ 值为0.44。这意味着造船厂的累计产量每增加一倍，月度产量将提高36%。

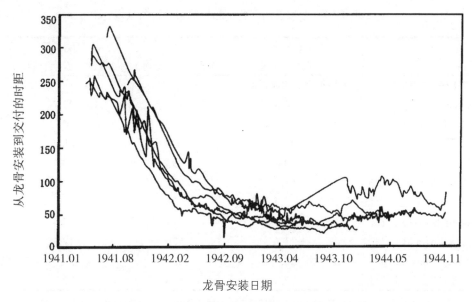

图 12.2　六家造船厂标准型自由轮的生产速度

三、缺失的数据：资本投资

资本数据的缺失导致人们认为造船厂的生产率提高与耳熟能详的资本深化机制毫无关系。拉宾（1965）和阿戈特、贝克曼和埃普尔（1990）等用每一家造船厂获得授权的船坞数作为其资本存量的代理变量。但是，对造船厂而言，用这种测量方法得到的资本其取值大小在时间上几乎没有变化。我有实质性的证据可以证明，船坞数量只是资本存量的粗略的代理度量。表12.1描述了三种测量七家大型造船厂船坞设备的方法。（1）起重机的吊装容量是制约预制构件大小的主要因素，上述造船厂船坞的吊装容量均在22吨到46吨之间;(2)各个船坞的机器和设备支出为286 000美元到811 000美元不等;(3)各个船坞的预制车间小至17 200平方英尺,大至66 400平方英尺。显然,四家生产效率在平均水平之上的造船厂的设备多于生产效率较低的另外三家造船厂。

表 12.1　七家造船厂各个船坞的部分设备情况

	起重机 (吨位/船坞)	设备 (千美元/船坞)	预制工厂 (千平方英尺/船坞)
第12轮次的生产率超过平均水平的四家造船厂			
Calship	34.3	679	27.7
North Carolina	44.7	765	30.2
Oregon	46.5	689	66.4
Permanente	40.0	593	53.7
四家造船厂的平均值	41.4	682	44.5
第12轮次的生产率低于平均水平的三家造船厂			
Bethlehem–Fairfield	34.0	811	33.4
New England	22.4	579	17.2
Todd–Houston	24.7	286	32.7
三家造船厂的平均值	27.0	558	27.7

注:生产率是按各个船坞第12轮次的表现进行比较的。美国海事委员会的官员构造出"船坞轮次"这一术语。某个船坞建造的第一艘船舶属于第1轮次,建造的第二艘船属于第2轮次,以此类推。长久以来人们比较造船厂生产率的普遍做法是比较其同一轮次船舶的平均生产率,尽管各个造船厂同一轮次的日期不尽相同。

数据来源:Fischer,1948,表1。

1. 批准增资

当然,造船厂之间的区别并不意味着资本可以解释生产率随时间提升。如果资本存量在时间上不变,那么用造船厂的虚拟变量就可以控制资本的影响。但是,投资行为并未在造船厂竣工时就结束了。比如,美国海事委员会(USMC,1945)发现,在1943年7月到1944年6月的财政年度里,尽管没有新建造船厂,但已有造船厂却增置了价值达31 142 277美元的设备。更重要的是,这些设备并没用来建造新的船坞。

图12.3显示了有充足数据的6家造船厂得到美国海事委员会的批准后进行资本投资的情况。其中，图（b）所示的Calship造船厂获得新增资本的批准方式很有代表性。1941年1月10日，美国海事委员会批准了该造船厂480万美元的投资支出，用于新建6个船坞以及购买相关设备。1941年3月10日，该船厂获得430万美元追加投资，用于新建8个船坞及购买相关设备。不过，上述投资额仅占紧急造船计划实施期间该造船厂获批的资本投资总额的三分之一而已。1942年1月16日，美国海事委员会又批准了280万美元的追加投资，用于建设预制车间以及购置更多电子设备和自动焊接设备。这些投资支出是在该造船厂已安装完9套龙骨以及有5艘船舶下水之后才获批的。1942年6月16日，美国海事委员会再度为其批准了190万美元，用于购买和安装新的起重机以便吊装更大的预制构件，以及为船坞和预制车间购买和安装新的焊接设备。在这项投资获得批准之前，该造船厂已经完成了50套龙骨的安装。此外，在1941年5月至1943年1月期间，美国海事委员会批准的新增资本投资高达820万美元。最后，在1943年4月，造船厂又获批了470万美元，用于改建造船厂从而生产更先进的胜利型货轮（下简称胜利轮），这笔追加投资也可以用于生产自由轮。

要提醒读者注意的是，图12.3可能会引起一些误解。首先，跟看上去相反，这些图没有表达出的是，资本批准和生产率之间的相关性实际上要强于累计产量和生产率之间的相关性。其实，资本和经验均能在样本空间里较好地预测生产率变化。第二，考虑到从投资批准到新资本品实际安装之间存在时滞，图12.3高估了资本扩张的速度。第三，图12.3表明生产率受到的冲击频繁、剧烈而又短暂。利用船只层面的全新数据可以较好地解释生产率受到剧烈冲击的原因，这些原因包括设计方案改良（大部分负面冲击）以及将半成品交由海军进行后续改建（大部分正向冲击）。1943年4月Oregon造船厂生产率所遭受的剧烈负面冲击是一个有趣的例外，究其原因，是由于8艘在温哥华另一家造船厂开工的半成品船舶后来被拖到了波特兰，并最终在那里完成建造。

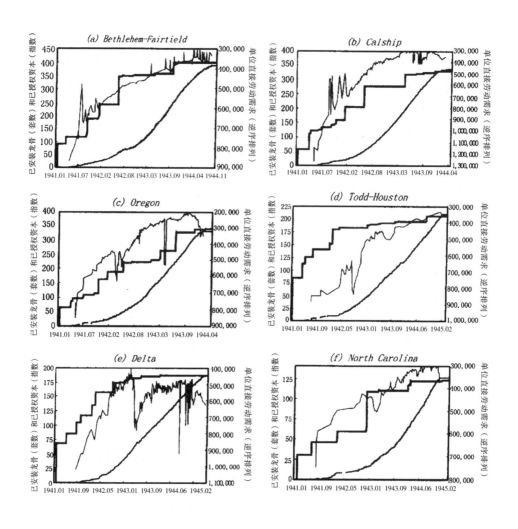

图 12.3　六家造船厂的资本、经验和单位劳动需求

2. 建造的时滞

建造的时滞会明显影响劳动生产率。每家造船厂第一轮次的自由轮开建时，造船厂自身还在施工。由于造船厂刚开始造船时预制车间和起重机通常还没有就位，因此前两个轮次的船舶基本上是在船坞完成建造的。所以，造船厂早期生产的船舶

在船坞上停留的时间会更长些。与造船厂竣工后建成的船舶相比，早期生产的船舶使用了更多的劳动密集型技术，从而其劳动生产率会更低一些。

没有直接数据能够表明建成一家造船厂需要多长时间，也没有数据表明建造引起的时滞影响了多少艘船。例如，1942年8月，美国海事委员会副主席维克里（Vickery）将军在杜鲁门委员会作证时说，"从已投产的造船厂的经验看，建成一个造船厂并使其投入正常生产需要1年的时间"（Senate，1942，p. 251）。如果这是普遍的情况，那么每家造船厂就有多达10艘最早建造的船舶的生产率受到了建造时滞的负面影响。

同样，没有直接数据能够表明生产率会在多大程度上受到影响。不过，南波特兰造船公司的建设进度报告可以提供一些线索。该公司从1941年9月24日起开始装配第一艘自由轮的龙骨，但直到1942年1月7日，预制车间总共7台起重机中只有5台已送达，而其中仅3台能正常作业。当时有4艘船分别在1号至4号船坞上建造，其中2号和3号船坞基本上靠手工焊接龙骨。虽然对劳动生产率的影响并不清楚，[3] 我们确切地知道1号和4号船坞上的船舶分别是在装配龙骨后的第233天和第221天下水的，而2号和3号船坞的相应时间分别是第256天和第272天。[4] 显然，在第一轮次中各个船坞使用的生产技术并不相同，因此，不能把第一轮次和第二轮次之间生产率的变化完全看作是"干中学"的结果。事实上，莱恩（Lane，1951，p. 232）早就注意到第一轮次的船舶"通常在造船厂还没竣工的时候就开始建造了"，他在生产率的比较分析中舍弃了这些类样本。

3. 投资决策：经验重要吗？

在整个自由轮计划的实施过程中，资本深化非常广泛并与累计产量之间存在清

3　南波特兰公司的建设过程十分混乱，以致管理层被迅速更换并更名为新英格兰造船公司。可能由于管理混乱，使我们无法收集到这家造船厂最早建造的8艘船舶的生产率数据。

4　资料来源于Allen（1942）的附录，他在给维克里的信件中评论道："我们尽可能预制组件，然而由于很多预制或是使用起重机，或是其他设备尚未安装好，我们的预制能力极其受限。"

晰的相关性。鉴于此，我们对方程（1）进行对数线性化处理后作OLS回归，那么累计产量这一变量的参数点估计值就约等于产出对资本的弹性。然而，有人可能会反对，认为部分甚至所有增加的投资正是管理者通过自身的生产经验识别出资本约束的直接结果。也就是说，干中学的效应是通过资本投资体现出来的。事实上，美国海事委员会副主席维克里将军在杜鲁门委员会作证时说，追加的资本投资通常是因为"大家都想要新的东西，就像年轻人都想要更多的糖果一样"（Senate，1943，p. 912）。莱恩（Lane，1951，p. 473）发现造船厂的投资决策可能存在着相互影响，他指出，很多追加的投资支出是由维克里本人提议的，因为他"经常在造船厂之间转转，向他们介绍其他造船厂在哪些方面做得更出色"。

但是，通过深入分析数据可以发现，所有重要的增加投资行为都是对国会批准的紧急造船计划实施范围扩大的直接和迅速的反应。莱恩（1951，pp. 40—71）记录了1941和1942年间自由轮建造计划不断扩大的过程。Calship造船厂的经历很有代表性。1941年1月3日，美国政府宣布根据租借约定向英国提供200艘船舶的计划。数周后，Calship第一次获得了建造31艘船舶的合同。1941年3月27日，国会批准了《国防援助补充拨款法案》，为英国再建200艘船舶提供基金。于是，在1941年4月17日Calship得到了再生产24艘船舶的新合同。1941年12月7日，日本袭击了珍珠港，新一轮船舶建造热潮随着美国参战而兴起。1942年1月16日，Calship再次获得生产109艘船舶的新合同。最后，美军于1942年春天在大西洋意外遭受鱼雷重创。这再度掀起了一轮船舶建造热潮，而Calship获得了生产其中60艘船舶的合同。这些合同的签订日期恰好与美国海事委员会分别于1941年4月10日、1942年1月16日和1942年6月16日扩张资本批准同时发生。而且，书面证据表明恰是合同的签订刺激了资本扩张批准。比如，美国海事委员会技术部高级干事施梅尔策（J. E. Schmeltzer）认为，Calship于1942年1月增加资本投资的行为是必要的，目的是"加快船舶建造进度，增加造船厂设备以方便船体装配；所有这些都关系到造船计划的扩张与加速"。1942年6月，美国海岸警卫队西部地区建筑施工总监弗莱舍（Flesher）评论说，Calship造船厂于1942年6月扩张资本是必要的，

"目的是在物质资本可承受限度内尽可能增加船舶的交货量"。[5]

四、增长的源泉：资本还是经验

这一部分试图将生产率的提高分解为资本投资和"干中学"这两个最主要的源泉。我按众所周知的方法来估计生产函数，其函数形式设定如下：

$$\ln y_{it}=A_i+\alpha \ln K_{it}+\beta \ln L_{it}+\gamma \ln E_{it}+\varepsilon_{it} \tag{2}$$

其中，y_{it}是造船厂i的月度产量，K_{it}是物质资本存量，L_{it}是体力劳动的月度投入，E_{it}度量下文要讨论的经验（即干中学）。方程（1）与方程（2）的显著区别在于，后者定义了对物质资本（包括结构性的和非结构性的）的度量，而前者仅包含部分结构性资本。方程（2）设定的模型可以控制造船厂的固定效应。与阿戈特等（Argote et al., 1990）一样，这里假定扰动项具有三阶自相关性。造船厂的月度产量是船只层面数据的加总，附录提供了详细解释。

1. 测量误差问题

劳动力

在二战的绝大部分时期，很多造船厂在生产自由轮的同时也建造其他船型。比如，1943年11月以来，超过一半的造船厂开始建造胜利轮。但是，可获得的就业数据并没有区分生产自由轮和生产胜利轮的雇工人数。为了避免这类测量误差问题，有必要把样本时期限制在造船厂没有积极参与胜利轮建造的月份。

5　两段论述均引自美国海事委员会的未命名备忘录，记录时间分别是1942年1月18日〔Schmeltzer的发言〕和1942年6月11日〔Flesher的发言〕。备忘录收藏美国国家档案馆RG178区美国海事委员会档案室第23号文件箱。此外，相同理由也见诸Todd–Houston〔Vickery 1943a〕，Jones–Brunswich〔Vickery 1943b〕以及Oregon〔Oregon Shipbuilding Corporation 1942，p.1〕等造船厂申请和获批增加设备的文件。

战争期间，不同班次的雇工人数变化很大。按照美国劳工统计局的统计，大多数造船厂在1941年是按每天两班、每周六天的生产制度来造船的。到了1942年，每周21个班次逐渐成为常态。此后，由于造船厂的产能过剩，迫使美国海事委员会在1944年12月取消了周日的工作班次，[6]同时也不鼓励工人上夜班（夜班工人的效率通常较低）。到了1944年7月，只有基干人员仍在上夜班。在各个班次上的劳动投入分布的变化显然会影响产能利用程度，进而影响月度资本提供的服务流的正确测量。

本文将资本投资和劳动投入均看作外生变量。由于美国海事委员会拥有资本投资的最终选择权，上文所述造船厂增加投资的情况就是资本投资外生的例子。不过，造船厂有权雇用和解雇工人。在这种情况下，人们通常认为，以利润最大化为目标的企业会在生产率受到正向冲击时雇用更多工人，同时在生产率受到负面冲击时解雇工人。由于生产率受到的外生冲击同时影响产量和就业，这会导致参数估计存在偏误。这个问题的严重性取决于造船厂的劳动需求对生产率所受冲击的敏感性。常用的解决办法是把工资率作为工时的工具变量。但是，造船厂往往是劳动力市场的区域性垄断需求者，所以工资率不是有效的工具变量。幸好，可以用有一个强有力的案例来证明，劳动需求实际上对生产率受到的外生冲击并不敏感。

首先，企业调整劳动投入的积极性是有限的。在商定造船合同时，每家造船厂和美国海事委员都会就合同约定的每一条船的平均建造速度和平均用工量（称为"logie hours"）达成一致。如果造船厂能满足这些事先商定的目标，美国海事委员会支付船舶所有的建造成本，再加上一笔固定的基本费用作为利润。为了鼓励造船厂加速生产船舶，造船厂每提前一天完工就能得到400美元的奖励，而推迟1天完工则要从基本费用中扣除400美元。为了鼓励提高劳动效率，造船厂花费的工时每缩短1小时，就能得到50美分；如果比约定的平均工时超出1小时，就要扣除33

6　北卡罗来纳造船厂获得了永久的例外授权，可以继续在周日雇佣建造工人。其他造船厂只有偶尔才会获得临时性的例外授权。

美分。但是，这些激励措施因为对利润总额存在的限制而无甚效果。战争伊始，造船厂建造一艘船舶赚取的费用就不准超过12万美元，也不能少于6万美元。利润区间在战争期间不断被降低并收窄，以至于很多原来是成本加可变费用的合同，直接变成了成本加固定费用合同。在这种情况下，造船厂没有积极性在生产率降低时解雇工人。图12.4显示了美国海事委员会在36份合同中支付的最高、最低和实际费用。虽然支付的费用并不总受上限条件约束（尤其在最早的生产阶段），但在所有签订的合同中，大约有三分之二（占36份合同中约定生产的1987艘船舶的68%）得到的补偿费用既非最高也非最低值。因此，关于平均劳动投入量的规定未能激励效率的提高。

关于平均劳动投入量的约定（logie contract）没有激励造船厂解雇工人。[7]相反，造船厂有很强的激励储备劳动力。在战时大多数情况下，劳动力的流动受美国战时人力资源委员会控制。如果造船工人想更换工作地点，必须得到战时人力资源委员会签署的有效证明。获得这一证明最容易的方式是工人向人力资源委员会证明自己在当时并没有全职工作。造船厂如果要阻止有经验但又想搬迁的熟练工人离职，最简单的办法就是全职雇用这名工人。另一方面，如果造船厂要雇用更多工人，也必须得到该委员会的批准并由其按照紧急程度分配空缺职位。因此，如果一家造船厂最近曾解雇过工人，就不可能再紧急要求招募工人。对用工的限制构成了一种实质性威胁：如果一家造船厂无法表明自己拥有充足的劳工，就很难获取新的合同。因此，造船厂存在闲置工人成了不可避免的普遍现象。这一情况在1942年尤为明显。由于钢板和发动机短缺，当时许多造船厂被迫放缓生产进度。1942年春，美国海事委员会主席兰德（Land）将军公开反对怠工。借由大众媒介的传播，这在当时迅速掀起了一场兰德与工会领导人之间的激烈辩论。为平息争论，罗斯福总统公开表态说钢板短缺是造成劳动力闲置的主要原因（*New York Times*，1942

7　在1944年5月致罗斯福总统的信件中，Henry J. Kaiser（他的公司拥有6家美国海事委员会指定的造船厂）敦促政府用竞争性投标替代在合同中约定平均的劳动投入量。他认为，该政策可以避免造船厂留储备用劳动力。该新的原件是国会展览馆（1946）的展品。

合同顺序

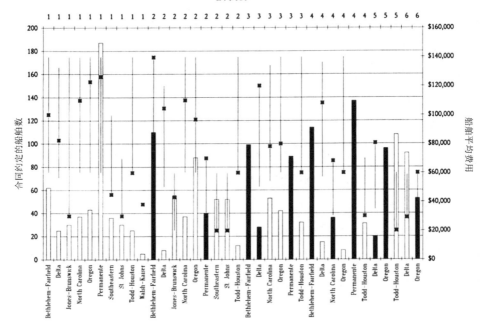

图 12.4　规定劳动投入量的合同中10家造船厂的船舶平均费用

注：图中的竖条表示修正后的每份合同订购的船舶数（按左边的标量）。竖线表示得到美国海事委员会许可的费用变化范围（按右边的标量），其中每条竖线上的黑色标记代表实际支付的费用。深黑色竖条表示支付的费用至少为最高费用的90%；白色竖条表示支付的是最小费用；灰色竖条表示的费用居于前两种情况之间。下方的横轴显示了签订合同的造船厂名称。上方的横轴表示与造船厂签订合同的时间顺序，即第一份合同，第二份合同，等等。由于总有些费用支出无法得到美国海事委员会的批准，因此当支付费用已经达到最高费用的90%时，生产率或生产速度再提高也无法再提高费用支付额。1942年4月当再谈判法案得到通过之后，造船厂也知道赚取的费用有可能被进一步缩减。在1943年11月和1947年5月期间，上图显示的费用支付平均削减了40%。对"超额"费用征收高达80%的边际税率。费用支付的平均税率大约为65%。

数据来源：作者根据国会听证记录计算得到。

　　　　　　　　　　　　　　　　　　　　　　　　　　经济学的著名寓言

年4月25日第1页）。之后，罗斯福在1942年5月2日致兰德将军的私人信件中说，"所谓造船厂的生产进度放缓，大部分不是由于工会组织造成的，而是因为工头和管理人员的严令限制所致。他们认为放缓生产进度是好事，否则在型材和钢板短缺情况下会导致工人被解雇。"兰德将军赞同罗斯福总统的意见。他在5月20日的回信中说："效率低下是（生产进度放缓）一个原因；原料缺乏是另一个原因；害怕优秀员工离职是第三个原因。"（Admiral Land's correspondence files，RG178，国家档案馆）

经验

累计产量是度量经验最常用的指标，拉宾（1965）和阿戈特等（1994）也都采用了这一方法。累计产量也是本文度量经验的主要指标。但是，这一指标在估计生产函数时可能存在有限样本偏差。$\ln(Y_{it})$ 可以写作 $\ln(Y_{it-1}+y_{it-1})$，当存在序列相关时，$\ln(y_{it-1})$ 与扰动项相关。请注意，由于 $\lim_{Y\to\infty} d(\ln Y+y)/d(\ln y)=0$，因此相关性将渐进为零。度量经验的另一个指标是累计工时，它可以避免使用累计产量这一指标时存在的上述问题，因此下文也将报告用累计工时替代累计产量的估计结果。这两个指标的区别在于，累计产量度量了完成任务的次数，而累计工时度量了完成同样任务所需要的时间。我认为，不存在令人信服的理由可以说明哪个指标更加合适。

资本

我没有资本存量数据。上文谈到的资本授权数仅代表了合意的资本存量水平，也即资本批准记录了对资本的需求，而建造时滞的影响是需要考虑的。鉴于建造时滞的存在，我通过平滑资本授权数据构建了资本存量的代理变量。构建方法是，用时间一元多项式函数拟合批准的资本数据，批准的资本数据的取值即图12.3中每条水平线最右端对应的资本数据。图12.5演示了一条平滑化的代表性资本曲线。

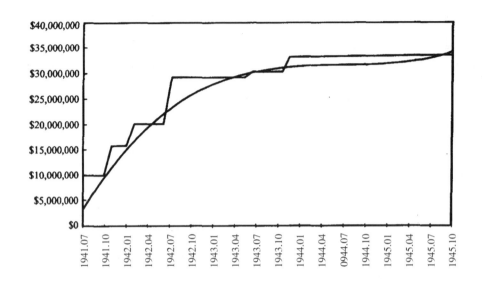

图 12.5　Bethlehem–Fairfield造船厂的授权资本与平滑化资本

最后一个难题是缺少造船厂层面的价格数据，由于资本成本显然因造船厂而异，这就会影响所有估计方程中资本的取值。因此，尽管本文第三部分的讨论支持合意的资本存量由外生决定的假说，本文对资本的度量仍有偏误。两种可行的解决方法都有缺陷。首先，人们可以尽量寻找资本的工具变量。但是，选取有效工具变量存在的困难又会使人们趋向于采用忽视测量误差这一方法。当然，第二种方法可能会削弱资本的重要性。不过，现在已有足够的理由证明潜在测量误差带来的扭曲非常小。例如，至少部分测量误差是由造船厂之间已投资资本成本的系统性的比例差异造成的（比如，由于地区间名义工资存在持续差别）。本文采用的对数线性函数形式可以很方便利用造船厂的固定效应将这种差异分离出来。

经济学的著名寓言

估计

表12.2的第3列至第6列汇报了方程（2）的估计结果，其中，累计产量是经验的代理变量。考虑到不同造船厂之间受到的扰动存在同期相关性，本文采用SURE估计。为了便于比较，拉宾（1965）和阿戈特等（1990）中用相似模型的估计结果也列在表中。当本文的样本缩至6家造船厂时，它们获得授权的船坞数没有随时间变化，从而无法将造船厂的固定效应区分开来。因此，省略资本代理变量的第3列回归结果就是我试图重复已有文献研究结论的结果。正如上文所述，已有研究对累计产量重要性的估计结果不尽相同。具体而言，拉宾估计的经验变量的参数值始终要小于阿戈特等的估计结果。不难发现，这种差别至少部分源于拉宾使用的是年度数据，而阿戈特等使用的是月度数据。[8]第3列显示本文的估计结果与阿戈特等的估计结果非常接近。

第4列利用造船厂拥有的船坞数构造了资本的代理变量。我认为，之前的研究者正是用船坞数来得度量资本的。但是，即使实际使用的船坞数随时间发生了变化，在回归中引入这一变量后并没有使经验的参数估计值发生显著变化。此外，阿戈特等估计的船坞数的参数值相当大，而劳动投入的参数估计值很小，我没能重复出上述结果。这可能是因为他们利用费希尔的数据推算了月度产量，即造船厂的月度产量是由各个船坞的平均生产速度乘以造船厂获得批准的船坞数得到的。在这种情况下，方程（2）等式左右两边实际上使用了相同的数据，这显然会对船坞数的参数估计值产生影响。

8　前文已提及，累计产量可写成 $\ln(Y_{it-1}+y_{it-1})$，因此它是滞后因变量的非线性函数。在这种情况下，时间上加总会对参数估计值造成严重影响。我们可以用定性的线性函数更清楚地说明这一观点，假定 $y_t = \rho y_{t-1} + \beta x_t$，下标表示的是月度观察值。假设数据每隔两个月可以获得，那么计量经济学家就必须把 $y_{t+1}+y_t$ 对 $y_{t-1}+y_{t-2}$ 和 $x_{t-1}+x_{t-2}$ 进行回归。通过简单的计算可以得到，$y_t+y_{t1}=\rho^2(y_{t-1}+y_{t-2})+\beta(x_{t+1}+x_t)+\rho\beta(x_{t-1}+x_{t-2})$。如果 $\rho<1$，滞后因变量会被低估，正如我们现在的情况一样。如果 $\rho=0$，那么时间上加总就不会产生估计误差了。

第 5 列引入了通过平滑授权的投资数据所得到的资本的代理变量。结果，我们最关心的经验变量的参数估计值变小了，从第 4 列的约 0.50 下降为 0.29。Wald 检验证实参数估计值的下降在统计上是显著的。最后，在第 6 列我试图用不同班次的雇工人数，部分地解释产能利用情况变化带来的影响。为此，月度资本数据按权数 $w_{it}=(6+S_{it})/7$ 进行调整，其中 S_{it} 是周日与非周日工人数的比值。由于本文采用线性对数形式，从而权数和资本变量具有加性可分性。因此，可以用受限最小二乘法来估计参数值，同时再检验加权与非加权情况下资本的参数是否满足估计值相等这一线性约束条件。[9] 尽管劳动的参数估计值显著变小，但主要结论与第 5 列的估计结果基本相同：引入资本降低了经验的参数估计值，而 Wald 检验再次证实这种下降趋势在统计上是显著的。

在回归方程中引入资本后，已有经验对生产率影响的估计值就显著下降了。比如，在表 12.2 中比较第 5 列和为重复前人研究结论而在第 3 列报告的估计结果。第 3 列的估计结果说明其他情况不变条件下，已有经验增加 1 倍会导致月度产量增加 41%，而在第 5 列的估计结果中这一预测值降为 22%。与此同时，在第 5 列中造船厂的资本存量增加 1 倍将会导致月度产量增加 67%。这些参数的取值大小对模型识别具有一定敏感性。在调整了造船厂产能利用的变动情况后，资本的重要性会上升，比如在第 6 列中资本增加 1 倍，月度产量就会增加 72%；与此同时，已有经验的重要性会相应下降，比如在第 6 列中累计产量增加 1 倍，月度产量仅增加 20%。

9　样本量由于数据缺失而有所减少。Wald 检验（ρ 值为 0.504）无法拒绝满足线性约束假设。无约束情况下非加权的资本的参数估计值为 0.84（0.18，括号内为标准误），考虑产能利用情况后加权的资本的参数估计值为 0.54（0.39）。

　　　　　　　　　　　　　　　　　　　经济学的著名寓言

表 12.2　生产函数的SURE估计：累计产量作为经验的代理变量

	拉宾	阿戈特等	因变量：月度产量（按船计）的对数			
			（3）	（4）	（5）	（6）
经验的对数（累积产量）	0.110 (0.013)	0.44 (0.03)	0.493 (0.025)	0.481 (0.027)	0.291 (0.045)	0.263 (0.037)
授权造船数的对数	0.293 (0.096)	1.15 (0.05)	…	…	…	…
作业船坞数的对数	…	…	…	0.274 (0.236)	…	…
资本 K_{it} 的对数	…	…	…	…	0.743 (0.180)	0.780 (0.154)
产能利用权数 $w_{it}=(6+S_{it})/7$	…	…	…	…	…	0.780 (0.154)
工时的对数	1.11 (0.032)	0.18 (0.04)	0.414 (0.061)	0.422 (0.061)	0.414 (0.057)	0.253 (0.088)
Wald检验（ ρ 的值）（3）	…	…	…	0.656	0.000	0.000
Wald检验（ ρ 的值）（4）	…	…	…	…	0.000	0.000
调整后的 R^2	0.967	0.990	0.925	0.922	0.919	0.711
观察值	48	337	182	182	182	149

注：括号内是标准误。第 1 列是拉宾（1965，表 1）第 6 个回归方程的参数估计值，这在他的所有回归方程中经验的参数点估计值最小，但最接近本表其余各列使用的回归模型。第 2 列报告了阿戈特等（1990）中表 1 第 2 列的参数估计值。本表第 3 列至第 6 列的回归结果控制了造船厂固定效应和造船厂三阶自相关误差项。Wald 检验（3）或者（4）是为了检测该列的经验的参数点估计值与第 3（或者 4）列经验的参数点估计值是否相同。在第 6 列中，资本的参数估计值和产能利用权数的估计值受制于两者相等这一约束条件。由于在混合数据中全样本 R^2 的计算值可能存在误导，所以第 3 列和第 6 列是六家造船厂各自判定系数的最小值。总样本的判定系数都超过了 0.92。

最后，表12.3报告了用累计工时作为经验的代理变量的分析结果。尽管资本的参数点估计值看似没有用累计产量作为经验的代理变量时那么令人信服，其总体结果与表12.2的回归结果基本一致：引入资本变量导致经验的参数估计值降低三分之一以上，Wald检验再次表明参数估计值的降低确实是显著的。

表 12.3　生产函数的SURE估计：累计工时作为经验的代理变量

	因变量：月度产量（按船计）的对数			
	（3）	（4）	（5）	（6）
经验的对数（累计工时）	0.359 （0.040）	0.355 （0.038）	0.228 （0.038）	0.208 （0.050）
作业船坞数的对数	…	—0.278 （0.299）	…	…
资本 K_{it} 的对数	…	…	1.040 （0.127）	1.117 （0.165）
产能利用权重 $w_{it}=(6+S_{it})/7$	…	…	…	1.117 （0.165）
工时的对数	0.542 （0.074）	0.566 （0.072）	0.462 （0.065）	0.343 （0.086）
Wald检验（ ρ 的值）（3）	…	0.902	0.001	0.003
Wald检验（ ρ 的值）（4）	…	…	0.001	0.004
调整后 R^2 的最低值	0.905	0.901	0.98	0.716
样本量	177	177	177	149

注：参见表 12.2 的注。

五、所有自由轮都是同质的吗？

　　未观察到的质量变化必然会带来测量误差，导致基于已有经验估计的生产率提升存在估计偏误。与生产决策无关的质量的随机波动当然不需要测量。但是，以牺牲质量为代价换来的生产率提升必须在计算效率增长时予以扣除。然而，对质量变化的系统性构成因素加以调整往往是一项具有挑战性的任务。首先，需要对质量加以测定。其次，需要表明生产率的变化至少可以预测质量的部分变化。再次，需要对可预测的质量变化进行量化。在这一部分我用包括每一艘自由轮最终结局的全新数据，证明了部分已测得的生产率的提升是以质量下降为代价的。人们还可以看到，根据工人的平均产量做出的质量调整与已测得的劳动生产率快速增长的关系不算太强。但是，由于长期以来人们一直宣扬质量均等化是自由轮的生产过程中最引人瞩目的特点，这一部分值得单独研究。

1. 自由轮的断裂情况

正当生产率在1942年到1943年的冬季达到峰值时，自由轮出现了一系列不同寻常的船壳故障。1943年1月16日，停泊在俄勒冈州天鹅岛风平浪静的水面上的Schenectady号油轮忽然断为两截。美国海岸警卫队的报告（1944）对这次事故记录如下：

> 靠近船尾舰桥处的甲板和船体两侧突然毫无征兆地裂开了，有人报告说在1英里外都听到了响声。裂缝几乎瞬间就延伸到舱底的左右两舷。甲板两舷，纵舱壁和底部大梁也都裂开了。只有船底板没什么事。船身弯折，由于中间部分向上突起而没有进水。船首和船尾则深深地陷入了河底的淤泥之中。

这艘船的寿命只有24小时。

尽管这起事故的发生很不寻常，Schenectady号油轮却不是第一艘开裂的商船。在此之前，隶属于美国海事委员会的船舶中有10艘（其中8艘为标准自由轮）都出现过非常严重的裂缝。但是，Schenectady号是第一艘在大城市居民眼皮底下发生折断的商船，因而最先引起了公众的广泛关注。1943年1月17日的波特兰报纸报道了这一事件，而之后数月发生的几起更严重的事件也没法继续秘而不宣了。[10]1943年2月2日，《纽约商业日报》的社论指出：

> 在过去一年里，美国海事委员会利用Kaiser造船厂创造的造船纪录，鞭策

10　其中的好几起事故同样发生在风平浪静的水面。1943年2月12日，半载的Belle Isle号货轮正行驶在平静的海面上，突然甲板和部分船舷裂开，幸好船舷上的铆钉使其避免了完全裂开。4天之后，一艘全新的名为Henry Wynkoop的自由轮正在纽约港装货时，甲板忽然裂开。1943年3月29日，Esso Manhattan号邮轮刚驶离纽约港入口就断为两截。

其他造船厂加快造船速度。没有人会否认速度对建造和交付船舶的重要性。但是，如果一艘船的船壳板龟裂，或者船在一两趟航行之后就要花上几十天时间进行大修的话，那么无论造船速度有多快都是毫无价值的。

莱恩（Lane，1951，p.545）报告说："在1943年的头几个月，也发生过几起不那么轰动的船舶开裂事件。"实际上，在整个战争持续期间发生了大量类似事件。截至1946年2月，总共有362艘船舶（占自由轮总数的13%以上）至少发生过一次严重开裂。其中，有103艘船舶的开裂程度达到了I级，直接威胁到船舶的整体结构安全。[11]

在Schenectady油轮断裂事件发生之后，美国海事委员会成立调查小组探查折断原因并寻找解决办法。该小组立即在全国各大实验室和大学中资助了30多个不同的研究项目。调查小组的中期报告（1944，1945）对船舶某些特定部位的"内应力"（locked in stresses）展开了深入讨论，认为在恶劣天气或者气温和水温骤降情况下将会出现恶化，而开裂正是这种内应力得到释放的表现。但是，正如莱恩（1951，p. 572）所指出的，上述说法不过是"用来描述未知事物的措辞，就像精神病医生用释放内心的需要来描述人性之谜一样"。尽管船舶开裂的原因难以确定，但在1943年2月到5月期间，调查小组资助的研究项目对船舶的设计方案提出了若干重要的改良措施。莱恩（1951，pp. 548—550）详细记录了这一次以及在1944年1月到2月期间对船舶设计方案提出的其他改良措施。设计方案的改良大幅降低了船舶的开裂比例。1943年2月完成龙骨安装的船舶，其开裂比例大约为30%；4个月后这一比率已降至5%。图12.6显示了开裂比例的明显下降。

11　有些船舶曾裂开多达5次，大约有362艘船舶发生过多次开裂，总的开裂次数达到1 000次以上。1949年出版的 *Welding Journal* 记录了984次不同的船舶开裂事件，其中裂缝数累计达到了2 504条。

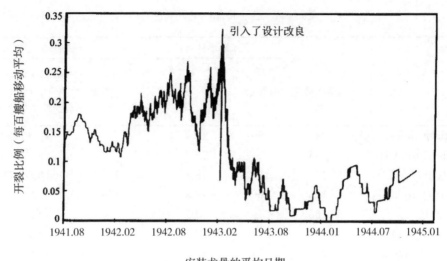

图 12.6　观察到的开裂比例

注：本图是对各大造船厂生产所有的船舶按龙骨安装日期排序后绘制的。开裂比例是按每百艘船舶中开裂船舶数的移动平均值计算的。

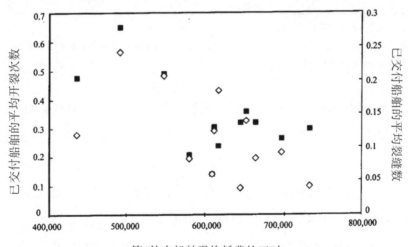

第8轮次船舶平均耗费的工时

　■Welding Journal的数据　　◇调查委员会的数据

图 12.7　开裂比例与生产率

表 12.4　各个造船厂的开裂事件

		开裂事件		开裂船舶	
	造船数量	事故数量	开裂事件数与交付的船舶数量之比（%）	开裂数量	开裂船舶数与交付的总船舶数之比（%）
Bethlehem–Fairfield	384	90	23.4	71	18.5
Jones–Brunswick	85	27	23.7	7	8.2
Calship	336	164	48.8	70	20.8
North Carolina	126	60	47.6	15	11.9
Delta	188	57	30.3	23	12.2
New England	244	72	29.5	10	4.1
Todd–Houston	208	74	35.5	29	13.9
Oregon	330	215	65.2	80	24.2
Jones–Panama	102	14	13.7	6	5.9
Permanente #1 & #2	489	100	20.4	40	8.2
Southeastern	88	23	26.1	8	9.1
St. Jones	82	26	31.7	3	3.7
总计	2 692	922	34.6	362	13.6

注：本表没有包括自由轮建造数量少于 20 艘的造船厂。

数据来源：开裂事件数据来源于 *Welding Journal*（1947，p.588）。船舶开裂数据来自 Bates（1946）和 Board of Investigation（1945）。

如果原材料足够结实并且加工技艺足够精湛，内应力不会造成船舶开裂。同时，设计缺陷带来的内应力也无法完全解释船舶开裂数据的统计特征。各个造船厂生产的船舶开裂比例差别很大（参见表12.4）。造船厂之间的质量差异确实可以用钢材质量差异来解释。炼钢厂向造船厂供应的钢材其质量存在着系统性差别，这个问题在1943—1944年期间曾经引起过广泛的关注。但是，钢材质量并不能解释所有问题，因为造船厂船舶开裂比例的差异明显与其生产率的差异相关。图12.7显示了用两种方法测算的船舶开裂比例（纵轴）与第8轮次第1艘完工的船舶所需劳动投入进行比较的结果（横轴），数据来源于表12.4。在图中生产率与船舶的开裂比例明显相关，并且相关程度按照惯用的统计标准来判断是高度显著的。不仅如此，在实施造船计划的头两年，船舶的开裂比例出现了大幅上升。实际上，由于图 12.6 显示的是造船厂混合数据，没能突显出大型造船厂开裂比例的上升程度。上述数据特征已经能清楚地表明，尽管设计方案和钢材质量也是重要的影响因素，开裂问题与造船厂的生产操作不无关系。[12]

2. 以数量换质量

技术专家在探讨内应力问题的同时也注意到了船舶的焊接质量问题。实际上，在海岸警卫队关于 Schenectady 号油轮事件官方报告中，开裂原因就已归结为船体关键部位的焊缝存在缺陷。到了泰勒（Tyler，1947）研究船舶开裂问题时，焊接质量已经成为中心议题。[13] 同年出版的《焊接》杂志（*Welding Journal*，1947，p.591）总结说，在大约一半的船舶开裂事件中，工艺缺陷可以被认定是导致开裂的原因：

> 人们对按 EC2-S-C1 设计方案生产的船舶所出现的裂缝事件进行了分组研究，以期确定设计方案和工艺水平在导致船舶开裂方面的影响比例。分组是一件非常困难的事，因为设计不良和工艺不精往往共同导致了裂缝的出现，没有办法划出一条清晰的界线，确定一艘船出现的裂缝属于何种原因造成。有时候，蹩脚的设计还直接造成了焊接缺陷，因为在这种设计方案下进行焊接操作

---

12 焊接缺陷是否会导致开裂，取决于缺陷程度、内应力以及原材料强度。假定内应力不变，钢材质量越好的话抗开裂能力越强。现代断裂力学方法可以用这些参数计算导致开裂的临界缺陷值。绝大多数记录表明自由轮开裂时往往伴有巨响，这是脆性断裂的主要特征，也即是由于钢板强度不够引起的。

13 泰勒的报告有一半篇幅是在讨论焊接培训、监理和焊接实习。参议院（1944，pp. 9943—9948）记录了 Kaiser 造船厂管理员 Rober P. Day 的相关证词，他陈述了自己之前发现的一些焊接问题并没有得到补救。

极为困难。不过，基于1945年8月之前按EC2-S-C1设计方案生产的1 800艘船舶出现的2 504次开裂情况，对工艺水平的影响做出一个令人信服的合理判断是完全可行的。人们发现，在25%的案例中只要工艺水平跟得上，船舶就不会开裂；在20%的案例中，虽然仍存在一些疑问，但只要工艺水平良好，船舶就有可能不会开裂。

焊接缺陷的增加与1942年底以后逐渐使用自动焊接机有关。根据《焊接》杂志（p. 588）的报道，尽管自动焊接机极大地提高了生产率，[14]但是在已知的开裂事件中，有超过半数的裂缝最早从装卸舱门处开始出现的：

> 在一些造船厂里，因为自动焊接机无法在距离货舱围板几英寸的位置作业，人们普遍使用埋弧焊机来进行焊接。而剩下的焊缝就只能通过纯手工焊接完成，由于焊接剂无法渗入方橼端口，结果形成了马鞍形焊缝。

1943年2月之后，船体关键的联结部位不再允许使用自动焊接。

但是，战时生产委员会生产部副主席威尔逊（C. E. Wilson）坚信，粗劣的焊接工作不完全是由使用自动焊接造成的。他在Schenectady油轮事件后的数周里考察了绝大多数造船厂，记录了大量焊接工管理松懈、工艺粗糙甚至存在欺诈不端行为（Lane，1951，pp. 544—573；Tyler，1947）。为"干得快"提供的奖励工资，有时会导致人为的焊接缺陷和其他欺诈行为的发生。在1943年4月，威尔逊以专家证人身份出现在巴尔的摩的某次民事审判案中，被告是九名焊接工中的一个未成

---

14 *Marine Engineering and Shipping Review*（1942）报道说，自由轮的造船厂正在引进的自动焊接机使生产率提高了超过100%。根据Kaiser造船厂1943年的厂志记录，一个熟练焊接工利用焊接机在8小时内可以完成长达500英尺的焊接工作，而同样时间内全凭手工焊接仅能完成100英尺的长度。

年人。这九人被指控将未融化的电焊条和小铁块塞入板槽，然后用表层焊接进行掩饰。这种在焊接圈子里称为"干压"的做法极大提高了焊接速度，但也严重损害了焊接的牢固程度。被告被控以"用瑕疵方式生产战争物资，目的是阻止、妨碍和干扰美国政府的备战行动以及展开战事"（Wilson，引自Tyler，1947，p. 72）。由于尚未成年，他被判在少年管教所收容18个月。威尔逊发现，巴尔的摩Bethlethm-Fairfield造船厂的某些焊接工曾经试图在设计容量为单个焊接条的机器中使用两根焊接条。而在Calship造船厂，有些技术粗糙的电焊工是借用他人代焊的检验样板而受雇的，还有些不熟练的焊接工的技术证书是由他们的熟练工亲友代考的。

需要指出的是，这不能完全责怪造船厂的员工。实际上，从美国海事委员会开始实施造船计划时，制定计划的管理高层在悉知了船舶质量可能会受影响的情况下，仍然鼓励造船厂加快生产速度。美国船级社（American Bureau of Shipping，ABS）是负责协调各个造船厂安全检查的机构。但早在1942年初，它就向检查员和造船厂发布声明，明确指导他们可以不惜用安全为代价追求生产速度：

> 在阅读了这封信之后，无论检查员还是造船厂都必须认识到，在当前情况下尽早造好可服役的船舶，远比确保船只耐久性的高标准具备更重要的国家意义。[15]

工人、管理员甚至安全检查员都愿意牺牲质量换取数量。为了评估其影响程度，我把2662艘自由轮发生开裂的日期、被敌方行动击沉的日期以及当时造船厂的生产率水平匹配起来。然后，我利用Probit模型和久期模型（duration model）

15　泰勒（Tyler，1947，p. 18）标注说，这封信在美国海事委员会生产部会议的讨论中没有遭到反对。美国船级社审查员首席助理John Wilson在杜鲁门委员会作证时，（Senate，1944，pp. 9955—9982）船级社的安全检查程序遭到了严厉批评。

估计了劳动生产率和生产速度对船舶开裂比例的影响效应。

Probit模型设置如下：

$$\begin{cases} y_{ij}^* = x_{ij}\beta + \mu_{ij} \\ y_{ij} = \begin{cases} 0, if\ y_{ij}^* < 0 \\ 1, if\ y_{ij}^* \geq 0 \end{cases} \end{cases} \quad (3)$$

其中，如果造船厂 i 生产的船舶 j 在1946年2月2日之前发生过至少一次开裂，那么 y_{ij}=1，否则 y_{ij}=0。回归变量包括耗费在生产船舶 ij 上的劳动时间或当时的生产速度；服役时间用来控制每一艘船取样中断的原因，这一变量或取值1946年2月2日（即样本整体截止期），或取值实际服役时间（如果船只因敌军行动导致在样本截止期前沉没）。如果船舶是在1943年4月至5月设计方案改良前就安装好龙骨了，那么（设计方案改良）虚拟变量取值为1；否则为0。船舶安装龙骨的日期和船只生产顺序用来控制由生产率变化趋势带来的伪结果。此外，还引入了造船厂虚拟变量来控制钢材质量的系统性差异，以及与生产率无关的造船厂运行差别。

久期模型基于韦伯（Weibull）分布估计了风险概率，

$$\lambda_{ij}(t) = e^{x_{ij}\beta} \upsilon (e^{x_{ij}} t)^{\upsilon-1}, \quad (4)$$

其中，t 代表自交付起的时距，υ 代表有待估计的参数。其对数似然函数是：

$$\ln L = \sum_i \sum_j \left[\delta_{ij} (\upsilon (\ln s_{ij} + x_{ij}\beta) + \ln \upsilon) - \exp(\upsilon (\ln s_{ij} + x_{ij}\beta)) \right] \quad (5)$$

其中，若船舶发生裂缝，那么 δ_{ij}=1，否则 δ_{ij}=0。s_{ij} 代表自交付至发生第一次开裂，或在战时被击沉、样本期结束的时距。除了增加服役时间这一变量，本模型使用的其他回归变量与上文的probit模型完全相同。

表 12.5　自由轮开裂概率的决定因素和风险概率

	Probit模型[*]		韦伯分布的久期模型	
	（1）	（2）	（3）	（4）
常数	−0.70	−0.78	−2.07	−2.95
	（0.37）	（0.27）	（0.96）	（0.62）
每艘船耗费的工时（百万小时）	−0.63	…	−1.83	…
	（0.29）		（0.77）	
生产速度（百天）	…	−1.28	…	−2.43
		（0.41）		（0.97）
服役期（年）	0.06	0.05	…	…
	（0.02）	（0.02）		
设计方案改良	−0.62	−0.55	−1.48	−1.38
	（0.12）	（0.12）	（0.27）	（0.28）
龙骨安装日期（第1根龙骨安装以来的时间，年）	−0.21	−0.27	−0.43	0.35
	（0.15）	（0.14）	（0.42）	（0.36）
龙骨安装的顺序	−0.00	−0.00	−0.00	−0.00
	（0.00）	（0.00）	（0.00）	（0.00）
v 值	…	…	0.82	0.81
			（0.06）	（0.06）
样本量	2662	2654	2662	2654
对数似然函数值	−819.2	−816.4	−1174.2	−1174.4

注：所有回归均包括了造船厂虚拟变量。括号内是标准误。服役期是指从交付至样本期末（或1946 年 2 月 2 日）所经历的年数。如果龙骨安装日期早于 1943 年 5 月 1 日，那么设计方案改良虚拟变量为 0，否则为 1。由 Oregon 造船厂交付的自由轮中有 8 艘船由 Kaiser–Vancouver 建造了一部分，这 8 艘船的生产速度数据无法获取。

*1946 年 2 月 2 日前有裂缝的报道，则 y=1，其他情况则 y=0。

表 12.5 报告了方程（3）和方程（4）的估计结果。累计工时、生产速度、服役时间以及设计方案改良的参数值均在统计上显著，其符号也与预期完全一致。具体而言，累计工时或者建造一艘船所耗费的时间减少，将导致船舶之后发生开裂的似然率上升。在 1943 年春季船舶设计方案得到改良之前，两者的相关性更强。举例来说，当其他变量取样本均值时，如果建造一艘船的总工时由 125 万小时缩短为

35万小时，其开裂比例将由6%上升为20%。船舶的设计方案在1943年春季得到了改良以后，由于工时缩短所导致的预期船舶开裂比例的上升幅度就急剧缩小了。若服役时间和工时不变，设计方案改良使得船舶发生开裂的预期比例从18%下降为4%。

造船厂虚拟变量的参数值（未报告）表明存在着明显的固定效应，统计检验拒绝了造船厂固定效应不显著的假设。同时，引入日历时间以及船舶生产顺序等并不改变生产率与开裂比例之间相关关系的稳健性。如果引入日期对数值，或者用直接工时替代累计工时，或者用船舶的下水时距替代船舶的交付时距，在或者用logit模型，这些改变得到的回归结果几乎与之前完全相同（这组结果没有报告）。另外，久期模型中参数的估计值显著小于1，说明船舶的故障率随服役时间增加而下降。故障率的下降趋势说明，焊接缺陷而非服役强度是导致船舶开裂的重要原因。

3. 按质量调整生产率增长

为了估计官方统计数据对生产率的高估程度，首先用上文久期模型的参数估计值（表12.5中第3列）计算每一艘船舶发生开裂的预期概率。通过预测未来2.2年里船舶发生开裂的概率可以把每家造船厂生产的船舶进行标准化。把预期开率概率与开裂的成本估算（用工时计价）相关联，就可以基于船舶质量对生产率进行调整。来自美国经济统计局（Economics and Statistics Division，1946）的数据表明，绝大多数发生开裂的船舶都在之后的2—4个月内被修好。因此，不管船舶实际的裂缝等级如何，可以假定在全部的开裂成本中有一类成本相当于船舶在所研究的2.2年里损失了3个月服役时间。一艘开裂的船舶其服役时间缩短的劳动成本，可以用造船厂的平均劳动需求来估计。将这些附加成本与直接修理成本相加后得到总成本，人们就可以根据质量对测得的劳动生产率水平进行调整。具体办法是，以所有开裂事件中报道的I级和II级裂缝的比例计算每一类裂缝的劳动成本，然后用各个造船厂每条船舶的开裂概率乘以劳动成本的加权总和就可以调整质量对劳动生产率的影响。

由于缺乏修理开裂船舶所需工时的数据，上述调整链的关联比较薄弱。但是下述假设是合理的，即修理I级裂缝无须超过15万单位工时，修理II级裂缝无须超过5万单位工时。它们分别相当于建造一整艘船所需工时的50%和17%。即使按上限来算，根据质量调整后生产率的变化幅度并不大。比如，一艘在1941年用100万单位工时生产的船舶其预计的开裂比例大概是7%，而在1943年3月用45万单位工时生产的船舶其预测的开裂比例大概是20%。调整前生产率的增幅是122%，而调整后的增幅是113%。这说明，原始数据所包括的测量误差约等于已测得的生产率增幅的6%左右。同时，按质量调整前后生产率增幅的变动比例因1943年早期船舶设计方案的改良而大幅缩小。无论如何，1943年3月之后经质量调整的生产率增幅应该是调查委员会资助的那些研究项目的功劳。

六、结论

在存在干中学的情况下进行增长核算是一项充满风险的工作。如果研究者忽略了可能与时间或累计产量相关的影响因素，就会把这些影响因素的贡献归功于学习效应。本文利用第二次世界大战期间美国紧急造船计划的全新数据，表明这一研究干中学的经典案例因遗漏变量问题而存在估计偏误。已有研究没有考虑战争期间密集的资本投资行为，以致传统观点把自由轮建造计划中出现的生产率水平的提高，完全归因于学习效应。当引入资本重新估计生产与劳动需求函数后干中学的影响效应缩减了50%左右。本文的分析也表明，自由轮的质量（用开裂比例度量）随着劳动生产率和生产速度的提高而系统性下降。因此，与传统观点恰好相反，自由轮并非完全同质。只不过，由遗漏质量变化引起的测量误差，其程度似乎比较有限。

本文所估计的学习效应大小仍要小心看待。首先，累计资本投资和经验高度相关，因而很难把它们各自的效应区分出来。更重要的是，本文仍然忽略了其他遗漏变量，引入这些变量有可能进一步降低经验对生产率提升的影响。莱恩（1951）记录了美国海事委员会如何引进和扩大职工培训计划，如何维持一个既有活力又有相当规模的研究部门，如何把研究项目外包给工程公司和高校，以及如何着手对船舶设计方案进行了无数小改良。造船厂同样拥有活跃的研究项目，还经常自主进行工艺创新。参议院（Senate，1945）记述了1942年至1943年间开发的48项造船业的新产品和新工艺。这些改进都很重要，足以引起大众传媒的关注。其中，有一些是由造船工人发明的，这当可以归功于工人的在职学习；其他一些发明是由造船厂之外的机器和原材料供货商开发的；还有一些是由造船工人设计出原型，然后由独立的工具公司开发并市场化的。参议院（1945）还记录了同期由大众媒体报道的自动焊接产品及其相关技术的35项创新。类似的，有一些是工人通过干中学发明的。不过，绝大多数的重要创新都是由造船业之外的行业开发的，其中包括使焊接工的劳动生产率提高100%以上的技术创新。

几乎没有可能找到数据来度量这些遗漏变量的影响。即便如此，毫无疑问的是，其中一些变量对生产率提升的影响，最终可以追溯到经验带来生产率提升这一结论，而其影响程度大概永远没办法知道。人们还需要谨慎对待由个案引申出来的一般性结论。不过，有理由从自由轮案例中总结出这样的结论：对这个公认为已发表的研究干中学最清晰的案例，其生产率提高的真实原因远比经济学家们长久以来相信的原因更为复杂和多样。

附录：数据来源

除非另有说明，文件箱编号是指位于华盛顿特区的美国国家档案馆美国海事委员会档案室文件箱编号，位于档案集RG 178。

船舶识别码

船体的编号和美国海事委员会的识别码（MCE码）来自邦克（Bunker，1971，pp. 207—258）。其他资料，尤其是战争期间船舶频繁更名的资料来自索耶和米切尔（Sawyer and Mitchell，1985）。造船厂的船体编号收录于美国海事委员会生产部的手抄件中，现收藏于美国国家档案馆RG 178档案集的文件箱内。

生产数据

建造船舶花费的时间可分为两段：从安装龙骨到船舶下水所花费的天数，以及从船舶下水到最终交付所花费的天数。这些数据均来自美国海事委员会首席统计学家G. J.费希尔的手抄件，现收藏于美国国家档案馆第30号和第31号文件箱。对每一艘船而言，其安装龙骨日期或交付日期的信息均来自于未归类的打印稿（可能是在G. J.费希尔指导下完成的，因为不少复印件上有他的手写注），现收藏于美国国家档案馆第35号和第37号文件箱。记录显示，船舶总是在具备交付条件的当天就交付给美国海事委员会了。因此，缺失数据可以通过建造所花费的天数、龙骨安装日期或交付日期等信息进行推算。

月度产量

生产速度这一指标是用安装龙骨直至交付所花费的天数来构建的。对每一艘船而言，假设生产速度是线性的。因此，要将船舶的建造进度匹配到某个既定月份，相当于是按比例将船舶建造的时间进度分配到那个月。

生产率

建造每一艘船花费的直接、间接和累计工时均来自于收藏在美国国家档案馆第35号和第37号文件箱的未归档打印稿。这些数据非常准确。美国海事委员会在每家造船厂都派驻了审计员按日记录每艘船舶所花费的直接工时。间接劳动是把每周的工资支付数据分配到每一艘船后得到的。间接工时的计算方法大致等于生产时间与工时的加权之和，这样处理因为缺乏每一艘船实际上花费了多少间接工时的信息。每隔两周，这些数据要汇总并报送美国海事委员会金融部进行报销。

船只质量

关于船舶开裂日期及其严重程度的数据，来自调查委员会（Board of Investigation，1945）和詹姆斯·贝茨（James L. Bates，1946）。船舶开裂的严重程度按等级划分。I级是指导致船体沉没或者导致甲板或船体受损进而威胁船舶安全的开裂程度。II级是指裂缝没有立即威胁船舶安全，但可以逐渐发展到I级的开裂程度。对于裂缝类型的描述来自调查委员会（1945）。船舶战损（按原因分）数据有一部分来自于美国海事委员会经济与统计部（Economics and Statistics Division，1946），本文还用索耶和米切尔（1985）补充了战损的数据资料。

就业

月度就业数据是按美国劳工统计局BLS 1761统计的直接和间接工人数、平均工作时间等数据计算的，现收藏于美国国家档案馆第36号文件箱（Plant Operations）。这些数据指的是每个月十五号那天的就业情况，与费希尔（1949）的数据有所不同。费希尔的就业数据由月末和月中两种就业数据组合而成。周日的班次数据同样来自于美国劳工局BLS 1761。

资本授权

每家造船厂得到海事委员会授权购买设备的日期、数量以及目的等资料，来自于下述三类文件："Statement of Facilities Contracts, Vouchers Passed for Payment, as of March 31 1946", box 56; "Facilities Allotments from Minutes Cards", handwritten tabulations, box 32; "Major, Minor and Military Types of Vessels Constructed in 1936—1945", undated typescript, box 42。上述收藏在国家档案馆的资料其数据来源已损毁，一些大型造船厂的部分表格缺失。只有6家大型造船厂的资本授权数据非常完整：即Bethlehem–Fairfield（384），Calship（336），Delta（188），North Carolina（126），Oregon（330）以及Todd–Houston（208）。其中，括号内的数目是该船厂建造的自由轮数目，这六家的数目之和超过自由轮总建造量的50%。

参考文献

Allen, T. R. 1942."Report on Construction Progress at South Portland." Form OPM—251, Records of the Office of the Historian, Box 17, Records of the USMC, National Archives RG178, January 7, 1942.

Argote, Linda, Beckman, Sara L., and Epple, Dennis. 1990."The Persistence and Transfer of Learning in Industrial Settings." *Management Science* 36: 140—54.

Bates, James L. 1946."Report on Crack-Up of Ships, Either in the Shipyard, at the Docks, or at Sea." Technical Division, USMC, Attachments A and B, Records of the Office of the Historian, Box 47, Records of the USMC, National Archives RG178, February 12, 1946.

Bell, R. M., and Scott-Kemmis, D. 1990."The Mythology of Learning-by-Doing in World War II Airframe and Ship Production." Manuscript.

Board of Investigation. 1944."Interim Report of a Board of Investigation to Inquire into the Design and Methods of Construction of Welded Steel Merchant Ships." Typescript, Records of the U.S. Coast

Guard, Boxes 1—3, National Archives RG26, 1944.

Board of Investigation. 1945. "2nd Interim Report of a Board of Investigation to Inquire into the Design and Methods of Construction of Welded Steel Merchant Ships." Typescript, Records of the U.S. Coast Guard, Boxes 1—3, National Archives RG26, 1945.

Bunker, J. G. 1972. *Liberty Ships: The Ugly Ducklings of World War* II. Annapolis, Md.: Naval Institute Press.

David, P. A. 1973. "The 'Horndal Effect' in Lowell, 1834—56: A Short-Run Learning Curve for Integrated Cotton Mills." *Explorations in Economic History* 10: 131—50.

Dutton, J. and Thomas, A. 1984. "The History of Progress Functions as a Managerial Technology." *Business History Review* 58 : 204—33.

Economics and Statistics Division. 1946. "United States-Flag Merchant Ships Sunk from War Causes." Typescript (undated response to a Congressional request for information dated July 17, 1946), Records of the Office of the Historian, Box 57, Records of the USMC, National Archives RG178, 1946.

Fischer, Gerald J. 1948. "Labor Productivity in Shipbuilding under the U.S. Maritime Commission During WWII." Typescript, Records of the Office of the Historian, Box 55, Records of the USMC, National Archives RG178, May 20, 1948.

Fischer, Gerald J. 1949. *A Statistical Summary of Shipbuilding Under the U.S. Maritime Commission During World War II*. Washington, D.C.: Historical Reports of the War Administration, United States Maritime Commission, 1949.

House of Representatives. 1946. *Investigation of Shipyard Profits*. Washington, D.C.: Government Printing Office.

Jovanovic, Boyan, and Nyarko, Yaw. 1995. "A Bayesian Learning Model Fitted to a Variety of Empirical Learning Curves." *Brookings Papers on Economic Activity, Microeconomics 1995*: 247—99.

Kaiser Co. 1943. *Richmond Shipyard Number Three*. Richmond, Calif., public relations pamphlet.

Lane, Frederic C. 1951. *Ships for Victory*. Baltimore, Md.: Johns Hopkins Press.

Lazonick, W., and Brush, T. 1985. "The 'Horndal Effect' in Early U.S. Manufacturing" *Explorations in Economic History* 22: 5396.

Marine Engineering and Shipping Review. 1942. "New Welding Technique Increases Production." *Marine Engineering and Shipping Review* 48: 112—14.

Mishina, Kazuhiro. 1999. "Learning by New Experiences: Revisiting the Flying Fortress Learning Curve." in *Learning By Doing in Markets, Firms, and Countries*, edited by Naomi Lamoreaux et al. Chicago: University of Chicago Press.

New York Times. 1942. "President Calls War Output So Big Goal Can Be Raised," *New York Times*, April 25, 1942: 1, 6.

Oregon Shipbuilding Corporation. 1942. "Estimate of Additional Facilities Required to Maintain a Production Schedule of Two Ships per Week." Typescript, Shipyards Facilities File, Oregon Shipbuilding Corporation Box 440. Records of the USMC, National Archives RG178, April 21, 1942.

Rapping, Leonard. 1965. "Learning and World War II Production Functions." *Review of Economic Statistics* 47: 81—86.

Rosenberg, Nathan. 1976. *Perspectives on Technology*. Cambridge: Cambridge University Press.

Sawyer, L. A. and Mitchell, W. H. 1985. *The Liberty Ship*, 2nd edn. London: Lloyds of London Press, 2nd edn.

Searle, Allen D. 1945. "Productivity Changes in Selected Wartime Shipbuilding Programs." *Monthly Labor Review*: 1132—47.

Senate.1942. *Cancellation of Higgins Contract, Hearings*. Washington, D.C.: Government Printing Office.

Senate.1943. *Hearings Before a Special Committee Investigating the National Defense Program. Part 3: Production in Shipbuilding Plants, Hearings*. Washington, D.C.: Government Printing Office.

Senate.1944. *Hearings Before a Special Committee Investigating the National Defense Program*. Part 23: Merchant Shipping. Washington, D.C.: Government Printing Office.

Senate.1945. *Wartime Technological Development*. A Study Made for the Subcommittee on War

Mobilization. Washington, D.C.: Government Printing Office.

Sinclair, Gavin, Klepper, Steven, and Cohen, Wesley.1999."What's Experience Got to Do With It? Souces of Cost Reduction in a large Specialty Chemical Producer." Manuscript. Carnegie-Mellon University, Department of Social and Decision Sciences.

Statistics and Reports Unit. 1944."Cost Distributions for Various Vessel Designs." Typescript. Records of the Office of the Historian, Box 36, Records of the USMC, National Archives RG178.

Tyler, David B.1947."A Study of the Commission's Experience with Welding during World War II." Typescript, U.S. Maritime Commission.

U.S. Coast Guard. 1944."Report of Structural Failure of Inspected Vessel Schenectady." Form CG796, April 1, 1944. Reproduced in H.C. Campbell. 1967."Brittle Fracture and Structural Failure of the Liberty Ships During WW-II(A)." Manuscript. Engineering Case Library, Leland Stanford Junior University.

US. Maritime Commission. 1945. *Report to Congress for Period Ending June 30, 1944.* Washington, D.C.: Government Printing Office.

Vickery, H. L. 1943."Letter from Vickery to J. N. Franklin." Commissioner Vickery's Reading File Box 2, Records of the USMC. National Archives RG178, January 13, 1943a.

Vickery, H. L. 1943."Untitled Memorandum." Commissioner Vickery's Reading File Box 2, Records of the USMC, National Archives RG178, March 11, 1943b.

Welding Journal. 1947."Welded Steel Merchant Ships." *Welding Journal*: 588.

第十三章　郁金香狂潮

彼得·加伯（Peter M. Garber）[**]

在众所周知的狂热事件名单之中，尽管郁金香狂潮总是被最先提及，但推动郁金香投机的市场基本面却可能未曾被深入探讨过。本文汇编了单颗郁金香球茎价格的时间序列，并调查了可能推动其价格的市场基本面。大多数的"郁金香狂潮"（tulipmania），并非是显而易见的疯狂行为。天价的珍稀球茎出现快速贬值，是花卉球茎市场中一种特有的模式。在普通球茎价格出现暴涨和暴跌的期间，只有投机行为的最后一个月才算得上是一个潜在的泡沫。

一、引言

初出茅庐的经济学者在他们专业学习生涯之初，围坐在篝火旁，聆听前辈们讲述荷兰郁金香投机的传说，由此引发了他们对投机性市场的怀疑态度。这种"本质

---

[*]　本章由应俊耀翻译，邱蔚怡校对。

[**]　感谢 Herschel Grossman、Robert Hodrick、Susan Gentleman、Salih Neftci、David Ribar、Rudiger Dornbusch 以及 James Peck 与我进行的有价值的讨论；感谢 Guido Imbens 在研究资料上的协助；感谢 Marina van Dongen 的翻译。哈佛的 Houghton、Kress、Arnold 植物园和 Grey 植物标本馆及其管理员与马萨诸塞州园艺协会，同样给我提供了富有价值的指导。我还从三位匿名审稿人和布朗大学、联邦储备委员会理事会、纽约大学、哥伦比亚大学、皇后大学、加州大学洛杉矶分校、麻省理工学院和西北大学研讨会参与者的评论中获益良多。我还得到了国家科学基金会对于本项研究的资助（SES-8606425）。

上无用的"球茎，其价格可以攀升到如此之高，然后又暴跌得如此之快，似乎提供了一个决定性的案例来证明"不稳定性和非理性在资本市场上都有可能成为现实"的论述。作为一个过度投机的热门案例，1634年至1637年的荷兰郁金香狂潮总是受到人们的偏爱。以至于在我们的行话之中，"郁金香事件"已经成了投机狂热的代名词。[1]尽管作为一种非基本的农产品郁金香能够快速而且不加限制地重复栽培，使其相对价格应当是上涨了的。既然在任何合理解释的情况下市场的基本价格都无法达到创纪录的水平，那么郁金香狂潮现象就使得相当多的经济学家在争论经济泡沫是否会出现在其他事件中时，采用了一种理性或非理性的"泡沫假设"（bubble hypothesis）。[2]

本文将会描述投机期间的郁金香现货和期货市场，并为几种球茎编制价格数据。我所能得出结论是：在郁金香狂潮中，最广为人知的一个现象，即稀有球茎在市场中极为高额的报价及其价格的快速回落，反映了球茎市场中正常的定价行为，并不能作为解释市场非理性的证据。然而，在狂潮中一个较少强调的方面却推翻了有关解释，那就是对普通球茎的投机行为。

1　另外两个出现在每个人候选名单上的案例是密西西比泡沫和南海泡沫，它们也成了投机狂潮的代名词。萨缪尔森（Samuelson，1957）将"郁金香狂潮"与"庞氏骗局"、"连锁信（chain letter）"、"泡沫"交替使用。

2　经济学家把大量历史上的和同时期的事件归入"泡沫"之列。例如，金德尔伯格（Kindleberger，1978）按先后顺序编制了一份长长的关于金融恐慌和狂热事件的名单，并描述了这些恐慌和狂热的动态异常现象。布兰查德和沃森（Blanchard and Watson，1982）发现了可以用以解释黄金市场泡沫征兆的证据。最近，韦斯特（West，1984）和席勒（Shiller，1987）已经对作为潜在泡沫和短暂狂热的金融市场行为进行了解释，同时，曼昆、罗默和夏皮罗（Mankiw，Romer，Shapiro，1985）以及萨默斯（Summers，1986）也已经对反映基本面价值的资产价格或市场有效定价资产的假设提出了质疑。席勒和庞德（Shiller and Pound，1986）提出了一个决定资产价格的心理力量传导模型。诸如多恩布什（1982）、吴（Woo，1984）、克鲁格曼（Krugman，1985）、埃文斯（Evans，1986）、弗兰克尔与弗露特（Frankel and Froot，1986）、米斯（Meese，1986）等研究汇率决定的经济学家主张，最近的美元市场价值可能已经被投机性泡沫所驱动。大部分的研讨会和期刊出版物如今致力于研究从众心理如何影响资产价格。然而，其他研究者并没有在多种资产市场中发现任何有关泡沫的证据。参见卡默勒（Camerer，1987），以获取更多关于此类日益增多的文献评论。

经济学的著名寓言

本文共七节：第二节介绍了郁金香狂潮的传统版本；第三节追溯传统版本的起源，并研究其对近现代的经济学和金融文献的影响；第四节描述了郁金香市场的本质，重点关注郁金香自身的培植周期是如何决定市场行为的；第五节包含了对17世纪郁金香价格的分析。由于数据非常有限，无法构建"市场基本面"，仅能描述狂潮期间以及之后各种球茎的价格变动。我分别比较了18世纪和17世纪时，最初几种较为稀有球茎价格的下跌模式；在第六节中，我运用证据来解答有关"17世纪郁金香投机是否明确表现为投机狂潮"的问题；第七节是结束语。

二、郁金香狂潮的传统印象

人们总是抱着这样一种怀疑的心态来描述郁金香投机事件——即通常在投机买卖中如此精明的荷兰人，怎么可能会陷入这样一个显而易见的错误之中呢！这一事件的现代参考文献均依赖于麦凯（Mackay，1852）的简要性描述。[3]郁金香原产于土耳其，直到16世纪中叶才传入西欧，最初是由一位郁金香爱好者带到奥地利的。郁金香很快就被富人们看作是一种美丽而又珍稀的花卉，很适合种植在最时髦的花园里。市场需求的是耐用性的郁金香球茎，而不是花朵。就像在许多其他的商品市场中一样，荷兰人在郁金香市场中也占据了主导地位，创造性地开发出了培育郁金香新品种的方法。能够开出独一无二的具有美丽图案的郁金香球茎售价不菲，而普通品种的郁金香球茎的售价则要低得多。

从1634年起，大量非专业的种花者开始参与郁金香交易。根据麦凯的记载，有些球茎的价格达到了令人难以置信的水平。例如，单独一颗"永远的奥古斯都"（Semper Augustus）球茎在这次投机的高峰时售价就高达5 500荷兰盾，如果以每

3　麦凯的初版出现在1841年。沃思（Wirth，1858）对麦凯没有提出来的观点作了少许补充。巴纳姆（P. T. Barnum，1865）剽窃了麦凯对该事件的描述，没有说明其来源。

盎司黄金为450美元的价格计算，这颗球茎的价格相当于50 000美元的黄金价格。[4]
然而，麦凯既没有提供这些球茎价格的出处，也没有提供看到这种价格时的日期。

麦凯通过两件轶事强调了这次事件有多疯狂。一则是一位水手不慎吞食了一颗
价值连城的郁金香球茎；另一则是一名毫不知情的英国旅行者一层一层地剥开郁金
香球茎表皮来做实验。[5]他还对那些为获得珍稀球茎的实物交易进行了描述，把货
币支出转换成单位货物，以便于现代读者能更具体地理解这一事件。

之后，麦凯转而描述了最后的投机狂潮。他陈述说，大量的外国资金涌入荷
兰，加剧了这次投机，而来自各个阶层的人们也都迫不及待地将手中的其他资产变
卖掉，然后加入到郁金香市场之中。[6]最后，这次投机狂潮莫名其妙地就终结了。而
且一夜之间，珍稀品种的球茎即便要价仅为之前的十分之一，也难以找到买家。麦
凯认为，这次投机疯狂在经济上造成了长期灾难。然而，他没有提供这次投机崩溃
后珍稀球茎的交易价格证据。相反，麦凯援引60年后、130年后和200年以后球茎
交易的价格来作为这次崩溃之巨大的指标，同时也作为在这次投机事件高峰时价格
明显偏离的指标。同样，他也没有对这次投机产生的基本经济条件提供任何证据。

---

4   荷兰盾（guilder）是记账单位，由符号florin,（简写作fl）表示，1荷兰盾分为20斯托伊弗
     （stuiver）。斯托伊弗又进一步分为16便尼（penning）。荷兰盾是一种复本位单位，在1610年
     至1614年之间相当于10.75克纯银，在1620年至1659年之间相当于10.28克纯银，之后相当于
     9.74克纯银（见：Posthumus，1964，p. 119；Rich and Wilson，1975，p. 458）。在1612年荷
     兰盾的含金量相当于0.867克纯金，在1622年相当于0.856克纯金，在1645年相当于0.73克纯金
     （Posthumus，1964，p. 119）。自1600年至1750年，食物、金属、纤维的价格并在很长一段时间
     里并没有表现出重大的变动。所以给定我们将会观察到的球茎价格变化的大小顺序，我们可以设
     定价格水平基本保持不变，以解释这一百五十年间的名义价格。
5   注意，一位荷兰商人将一颗价值连城的球茎落在某个地方，结果让一个粗鲁的水手当作午餐吃掉，
     或者让一位自以为是的英国实验者对那个郁金香球茎进行剥皮解剖试验，这种事情实在令人难以
     置信。
6   他没有提供这些原始资料的任何证据，或者这些外国资金的数量。

三、若干思想上的起源

撰写郁金香投机的编年史家和现代作家在引用这个事件时，理所当然地认为这是一次狂潮，他们选用这一事件中的种种迹象来强调当时市场结果的非理性。虽然麦凯只用了七页纸的篇幅来描述郁金香狂热事件，但是他的版本却对20世纪金融市场的参与者和观察家产生了重大的思想影响。[7]在20世纪50年代之前，大部分专业经济学家撰写的学术著作几乎都没有直接提及这次郁金香狂潮事件。[8]随着20世纪50年代资本理论的发展以及可能存在的多重动态不稳定的资产价格路径的发现，

7　伯纳德·巴鲁克（Bernard Baruch）给麦凯的这本书写了一篇导论。在导论中，他不仅对重印此书表示支持，还强调了在所有经济活动中从众心理的重要性。德雷曼（Dreman，1977）也强调了决定资产价格时心理因素，并把郁金香狂潮当成是市场狂热的蓝本。德雷曼也谈到了麦凯所提及的相同轶事，在讨论接下来发生的巨大投机崩溃时，他把郁金香狂热看作是一种恒久不变的比喻。他叙述道："假如我的邻居试图以5 000美元的价格卖给我一朵郁金香，我只会取笑他……"（p. 52）每当资产价格的波动又大又快时，大众媒体都会忆及这场郁金香狂潮。例如，1979年，当黄金价格飙升时，《华尔街日报》（1979年9月26日）有篇文章就这样论述道："黄金市场中正在发生的疯狂可能仅仅只是大众的一种幻觉，它是郁金香狂潮或者南海泡沫的现代翻版。"1987年10月19日，股票市场发生大崩溃，《华尔街日报》（1987年12月11日）作了类似的比较。《经济学人》（1987年10月24日）是这样来解释这次事件的："1841年麦凯出版的《非同寻常的集体妄想与群众疯狂》（*Extraordinary Popular Delusions and the Madness of Crowds*）描述了荷兰郁金香球茎投机和南海泡沫中大众的癫狂，这次世界股票市场的大崩溃给麦凯的这本著作提供了新的篇章。……就是这种大众的疯狂将股票市场的价格不断推至前所未有的高度。……如今，正是这种大众心理如此迅速地造成了投资者的巨大损失。"（p. 75）马尔基尔（Malkiel，1985）在其"大众的疯狂"一章中大量援引了麦凯的观点，包括那位水手的轶事和那次崩溃导致荷兰长期经济灾难的观点。在谈到其他的投机事件时，他问："为什么这类投机疯狂似乎与历史上的教训相孤立呢？我没有合适的答案，但是，我坚信伯纳德·巴鲁克的观点是正确的，他提出研究这些现象有助于帮助投资者在股票市场上生存下来。以我个人经验来看，那些在股市中一直投资失败的人，往往就是那些不能抵御此类郁金香球茎投机热诱惑的人。"（pp. 44—45）

8　《帕尔格雷夫政治经济词典》（1926）在关于泡沫一节中包括了一段关于郁金香的论述，援引了麦凯的观点。金德尔伯格（1978）在其早期有关狂潮研究的著作中，并没有把郁金香狂潮事件包含在内，因为"诸如……1634年的郁金香狂潮太孤立了，缺乏伴随着银行货币的大量扩张而具有的典型金融特征"。（p. 6）然而，在《新帕尔格雷夫经济学词典》（1987）关于"泡沫"的文章中，金德尔伯格却把郁金香狂潮事件作为两大最著名的狂潮之一。

郁金香狂潮事件第一次出现在严肃的经济学期刊上。[9]在这一方面的理论研究中，由于"太阳黑子"文献的出现，一些将郁金香事件作为动机因素的观点再度流行起来。[10]在金融文献中，当经验出现异常时，郁金香狂潮就被看作是泡沫，并且曾一度流行的解释也已经重新赢得了尊重。[11]

鉴于投机在当前有关郁金香狂潮的观点中所处的战略地位，对麦凯是基于何种资料来构建他的投机版本进行调查就至关重要。麦凯引用贝克曼（Beckmann，1846）的叙述其实并不多，但他却通过一点文学加工抄袭了贝克曼的大部分描

9　萨缪尔森（Samuelson，1957，1967）描述了这次郁金香狂热的隐喻，并把它与"不确定的群体自我实现纯粹金融梦想世界"相提并论（1967，p. 230）。萨缪尔森的学生在关于"哈恩问题"（Hahn problem）的一系列研究中，把郁金香狂潮看成是一种经验性的诱因。谢尔和施蒂格利茨（Shell and Stiglitz，1967）声称："哈恩模型的不稳定性使人联想到'投机热潮'期间（比如郁金香球茎狂潮）从事投机的经济力量。"伯迈斯特（Burmeister，1980，pp. 264—286）对这些模型做了总结。

10　例如，阿扎瑞迪斯（Azariadis，1981，p. 380）认为："关于主观因素的影响的证据很充足，它可以追溯到几个世纪以前。荷兰的'郁金香狂热'、英国的南海泡沫和法国的密西西比公司的崩溃就是历史上三个有案可查的投机性价格波动的经典案例，历史学家认为崩溃源于'客观'条件的不允许。"最近，阿扎瑞迪斯和格斯奈里（Guesnerie）（1986，p. 725）声称："经济史学家的作品可能会建议，这些因素（太阳黑子）在解释诸如17世纪荷兰郁金香狂潮和我们这个时代的大萧条这样的现象时有一定的相关性。"在《新帕尔格雷夫经济学词典》（1987）"郁金香狂热"条目下，卡尔沃（Calvo）根本就没有提及17世纪荷兰的投机事件。相反，他把郁金香狂潮定义为一种状态，在这种状态下，资产价格没有以经济基本面能够解释的方式表现出来。他解释了理性泡沫的案例，这些案例既有爆炸式的也有"太阳黑子"式的。

11　在其致美国金融协会的总裁演讲中，范·霍伦（Van Horne，1985）就谈到了泡沫和狂潮的可能性，并且他明确地把郁金香狂潮作为一个案例，认为在这一事件中"单单一个球茎售价就值几年的薪水"（p. 627）。在一系列文章中，席勒（1984，1987）、席勒和庞德（1986）推进了关于资产价格是由大众行为或短暂狂热所驱动的假设。席勒（1987）主张，直到过去的几十年里，标准和准确的看法是，资产市场是由反复无常的投资者行为所驱动，这些行为建立在短暂的狂热和泡沫之上。他引用麦凯对那次狂潮期间其中一段高价购买郁金香的描述作为一个案例。

述。[12]贝克曼仔细记录了他有关市场和球茎售价运作的资料来源，他使用的是有名的《真心话与贪婪鬼的对话录》（*Gaergoedt and Waermondt*，匿名，1637，1643a，1643b）和蒙廷（Munting，1672，1696）对该事件的讨论。《真心话与贪婪鬼的对话录》是一本利用对话形式编辑而成的系列图书，它由三本小册子组成。这三本小册子提供了郁金香球茎市场上大量不同种类的球茎价格的详细资料。这些资料大部分来自于这次投机最后一天的记录。[13]蒙廷是一位植物学家，他撰写了一卷长达一千多页的作品来谈论各种不同的花卉。虽然麦凯声称这本书写的全是关于郁金香狂潮的，但事实上，这部作品中只有其中的六页讲到了郁金香。[14]在《真心话与贪婪鬼的对话录》中，我们可以找到蒙廷描述过的所有的价格数据。因此，我们可以肯定，这就是蒙廷书中数据的初始来源。某种程度上，现行的郁金香狂潮版本与其说是基于学术研究，不如说是从《真心话与贪婪鬼的对话录》扩散开来的道听途说。

此外还有一种更为谨慎的研究，但这对我们目前关于这次郁金香狂潮的解释却毫无影响。索尔姆斯—劳巴赫（Solms-Laubach，1899）对现有研究郁金香的著作做了广泛性的描述，其中也包括了《真心话与贪婪鬼的对话录》。他所提供的大部分郁金香价格的数据均源自这本对话录。除此之外，他还考察了狂潮期间由公证人

12　贝克曼的书最初用德文写于18世纪末，我仅仅能看懂其英文第四版（1846）。贝克曼是前面一章中提到的关于那位水手和那个英国解剖学家的轶事的原始来源。他引用的是布兰维尔（Blainville，1743）的陈述，布兰维尔的陈述正是关于那个英国人的故事的源头。然而，仔细阅读布兰维尔的作品就可以发现，里面只有一句话提到，从1634年至1637年发生了一次郁金香投机事件，其余的均是关于在哈勒姆（Haarlem）的一次怪异的旅行日记。事实上，布兰维尔关于他在整个荷兰的旅行描述的是他在1705年所做的一次旅行日记，是在投机发生后的70年。至于水手故事，贝克曼提到，这个事件发生于约翰·巴瑟萨·舒佩（John Balthasar Schuppe，1610—1661）在荷兰的时候，此外再没其他文献提到该事件。然而，讲述该故事的上下文似乎表明，这件轶事发生在郁金香投机事件之后。麦凯却将这两个故事描述得极富戏剧性，他引用布兰维尔的描述，并把它作为这两个故事的依据。显然，麦凯并没有对贝克曼以外的资料进行研究。

13　就像此次事件发生后很快就出现的大量小册子一样，这些小册子是由政府当局为了从道义上抨击投机而编撰的。关于这些小册子的名录，见克勒拉格（Krelage，1942，1946）。

14　麦凯必定已经查阅过贝克曼涉及蒙廷的资料，但他一点也没有考查过蒙廷的这部长篇大论。

书写的郁金香合约中所留存的数据记录。

范·达默（Van Damme）还通过一系列写自1899年至1903年的短文，为这次郁金香狂潮提供了证明。[15]这个系列由《真心话与贪婪鬼的对话录》的再版、一些崩溃前的定价合约的复印件以及这次崩溃前不久和郁金香投机结束后的六年中球茎拍卖价格的详细资料所组成。[16]

波斯蒂默斯（Posthumus，1926，1927，1929，1934）作为此类著作编撰者中唯一的一名经济学家，搜集并重印了更多由公证人所书写的合约，从而丰富了现有的数据。然而，他的大部分讨论仍然是依赖于《真心话与贪婪鬼的对话录》中的价格信息，以及范·达默所编辑的其他资料。

最后，克勒拉格（Krelage，1942，1946）广泛地描述了这些市场，但是他提到的这次投机事件期间的郁金香价格似乎也是源自《真心话与贪婪鬼的对话录》。克勒拉格（1946）确实提供了1708年和1709年郁金香的售价清单以及一份1739年的郁金香球茎的目录。此外，他还根据时间序列，编制了一份18世纪和19世纪期间各种风信子鳞茎的价格列表。

这些研究除了收集到更多的价格数据（这些数据并没有按时间顺序排列好）之外，并没有取得什么新的成果。波斯蒂默斯确实尝试分析期货市场发挥的作用，而这种作用在这次投机的后期已经具体化了。尽管他做了尝试，我们还是继承了郁金香狂潮是最出名的经济泡沫这个概念，但我们并没有认真研究并阐述构成这个泡沫市场的基本面。

---

15 这些文字发表在《球茎种植者文化周刊》（*Weekblad voor Bloembollencultuur*），并重印于范·达默的书中（1976）。

16 由于《真心话与贪婪鬼的对话录》中的许多价格还出现在这个更早的拍卖清单上，因而它为《真心话与贪婪鬼的对话录》中所记载的价格确定性提供了关键证明。

四、郁金香和郁金香市场

想要了解郁金香市场，就需要知道郁金香特性的一些相关知识。作为球茎类花卉，郁金香可以通过播种，或者通过分离母球茎上形成的子球进行繁殖。通过适当的栽培，子球就能直接再生出另一颗球茎。每一颗球茎经过种植，最终将会在成长的季节里消失。到该季节结束时，那颗原始的球茎就被一枚无性种子和几个次生子球所取代，最初的那个子球现在就变成了一颗功能球茎。作为一种最主要的培植方法，子球的无性再生，使普通球茎年产量增长率最高可达100%到150%（Mather，1961，p. 44）。

一颗直接由种子培育而成的球茎，需要7—12年才会开花。郁金香一般在4、5月份盛开，花期持续的时间约为一个星期。次生子球开花之前所需的时间要看产自子球的球茎的大小而定。[17]6月份时，可以将球茎从花坛中移出，但是必须在9月份时重新栽种。如果要确保某种郁金香花品的交割，就得在郁金香开花后立即进行球茎的现货交易，这段时间通常是在6月份。

郁金香会遭到花叶病毒的侵袭，这种病毒会使郁金香花朵呈现出不同寻常的纹路，产生"碎色"（breaking）的效果，其中有些变种华美异常，艳压群芳。这种通过对特定花朵施加影响而产生的品种，不能够通过种子繁殖进行复制。因为种子不会受到病毒感染的影响，所以用种子繁殖种出来的球茎只能开出普通花朵。当然，通过种子培育出来的普通球茎可能会在某天产生"碎色"的效果，但它产生的花纹并不会出类拔萃。然而，特殊花纹品种的郁金香，可以通过将子球栽培成新的球茎来进行复制。

花叶病毒的另一个影响，是使得染上病毒的球茎变得很脆弱，降低它的再生

17　哈特曼和凯斯特（Hartmann and Kester，1983，p. 499）指出，直径小于5厘米的球茎需要3年才开花，直径介于5到7厘米的球茎需要2年才开花，而直径大于8厘米的球茎则需要1年时间。

率。[18]史密斯（1937，p. 413）陈述说，碎色的球茎不会像未染病的植物那样"自由地繁殖"，但这种日益增强的虚弱也不一定会导致碎色的球茎死亡。例如，自1620年以来，人们一直积极地栽培碎色的佐默松（Zomerschoon）。[19]范·斯罗戈特热（Van Slogteren，1960）声称，花叶病毒会导致植物总产量下降，或者会使繁殖率减少10%—20%。

从目前提及的关于这次郁金香狂潮的版本来看，郁金香市场中的天价是指那些特别美丽的染有病毒的球茎。除了它们可能会染上病毒外，单色的繁殖球茎并不值钱，而在欧洲栽种郁金香的头两个世纪里，所有重要的郁金香品种都染上了病毒。碎色的球茎直到19世纪时才不再流行（Doorenbos，1954）。确实，由于碎色效果无法预测，因而种花者中有些人就把郁金香狂潮的特征概括为一种赌博行为——因为种花者互相竞争，所以想"要种出更好且更奇异的彩斑和叶斑的郁金香"的行为就是一种冒险（Mather，1961，pp. 100—101）。[20]

---

18 虽然17世纪的种花者认为，在繁殖球茎（那些易受到病毒感染的球茎品种）成熟的过程中"碎色"是一个正常的阶段，但是还是产生了一些认为"碎色的郁金香就是患了病"的理论。例如，拉·切斯尼·蒙斯特热尔（La Chesnee Monstereul，1654）在把"碎色"看作是"自我保护"的理论与看作是疾病的理论做了一番比较之后指出，碎色的球茎和花柄更小，而且它们长出的蓓蕾永远不会超过三个。

19 几乎在这次郁金香狂潮中交易的所有球茎品种到今天为止已经完全消失了。例如，皇家球茎种植者总会（Royal General Bulbgrowers Society，1969）在对成千上万种被人们积极栽培的郁金香进行的分类中提到：郁金香投机中那些重要的球茎，诸如"里芙肯上将"（Admirael Liefkens）、"范·德·艾克上将"、"完美的里芙肯"（Paragon Liefkens）、"永远的奥古斯都"、"总督"（Viceroy）这些品种，现在仅仅只是历史上一些重要的名字而已。现今还在种植的球茎就只有黄色王冠（Gheele Croonen）和莱克·范·莱茵（Lack van Rijn），除了在这次投机的高峰期外，这些品种在1630年代因为是普通花品而被人们看不起。如今，即便是此类球茎也只有那些收藏家才会种植。

20 尽管如今人们已经知道花叶病毒是通过蚜虫传播的，但在17世纪，人们并不了解如何促使球茎染病。《真心话与贪婪鬼的对话录》建议过将半颗染病的郁金香球茎与半颗未染病的郁金香球茎嫁接到一起来引发碎色效果（van Slogteren，1960，p. 27）。拉·切斯尼·蒙斯特热尔（1654，p.163）声称"加速蜕变"技术在种花者中还存在争议。德·阿蒂（D'Ardene，1760，pp. 198—217）专门用了一章的篇幅来讨论郁金香的碎色问题，但对促进碎色的方法也是轻描淡写。

1634 至 1637 年的球茎市场

在 1634 年之前，球茎的买卖还仅限于专业种植者。但是，到了 1634 年末，参与球茎买卖的人中却包含了大量的投机分子。[21] 很显然，是法国人对球茎日渐增长的需求驱动了这次投机。[22]

市场参与者可以进行各种类型的交易。珍稀花品被称作"以'颗'交易的商品"；特定种类的球茎则根据它们的重量来进行买卖。球茎越重，说明它会长出更多的子球茎，从而表明未来会获得更多的母球茎。这种重量的计量以"分"（aas）为单位，大约相当于二十分之一克。例如，一颗重量为 57 分的"高达"（Gouda）按约定的价格售出，在销售合约中将会注明的是在指定的地方种植的某颗特定球茎。倘若市场交易的是普通球茎，那么这些球茎就按标准单位 1 000 分或 1 磅（在哈勒姆 1 磅相当于 9 728 分，在阿姆斯特丹 1 磅相当于 10 240 分）来买卖。在以"磅"为交易单位的商品中，其购买合约中将不会注明具体的球茎。

在当年 9 月和次年 6 月间的购买合约必定是以期货方式进行交割的。对于那些稀有球茎分离出来子球的而言，市场也使得交易成为现实。分离出来的子球茎无法立即进行交割，因为子球在与这颗母球茎分离之前，必须保证子球达到某一尺寸，以确保子球茎能存活。因此，买卖分离出来的子球茎的合约也是通过远期交割的。

正式的期货市场发展于 1636 年，它是 1637 年 2 月郁金香球茎市场崩溃前主要的交易方式。在公证人出现之前，早期的交易中就已经使用了书写的合约。1636 年夏天起，交易开始变得如此广泛，以至于交易者开始结帮成派，以"学会"（colleges）的形式在各种酒馆中集会。在这些"学会"里，通过一些规范竞价方式和手续费的条例来管理交易。在每一笔交易中，根据所签合约的金额，买方需要按

21　本节剩余的主要部分由波斯蒂默斯（1929）和克勒拉格（1942，1946）对此的讨论重构而来。

22　在法国，妇女在她们的礼服上用大量新鲜郁金香作为装饰的风潮曾流行一时。有钱的男人竞相给自己爱慕的女人赠送最奇异的鲜花，从而进一步推动了对稀有花卉的需求。蒙廷（1696，p. 911）声称，在这次投机期间，单独一朵特殊的碎色郁金香花在巴黎的售价为 1 000 荷兰盾。

每一个荷兰盾支付1/2个斯托伊弗（1个斯托伊弗等于1/20荷兰盾），一次交易中最多支付不超过3个荷兰盾的价钱，给卖方当"酒钱"（wine money）。[23]如果交易者结账时超出了所约定的时间，那么这些费用就会被取消。任何一方都不需要支付保证金（margin），因此个人的持仓数量（the magnitude of an individual's position）并不受破产风险的约束。

一般来说，买方当前并不拥有在结算日期交割的现金，而卖方当前也并不拥有买卖合约中的球茎。双方都没打算在约定的结算日期交割，双方期望的是合约价格与结算价格之间的差价部分。因此，由于赌的是结算（交割）时球茎的价格，因此从功能上看，这个市场与我们目前运行的期货市场并无二样。[24]它们操作上的区别在于：这些合约没有连续地给市场标价（即根据每天价格的波动重新定价）；不需要保证金来确保合约中的条款；而且这些合约是由个人的承诺而不是由交易组成的，因此一旦发生崩盘，需要清算的是毛头寸（gross position）而不是净头寸（net position）。

目前尚不清楚，在那些"学会"的合约中，指定的结算日期是哪一天。在崩盘前1636年至1637年新的期货市场中，互相商定的交易不用交割球茎，因为必须要等到来年6月份时才能挖出球茎。目前也不清楚，当时人们是如何确定结算价格的。贝克曼（1846，p. 29）指出，结算价格是"由达成大多数交易的价格所确定的"，大概是在某份特定的合约到期之后。当然，这也是当前期货市场中的标准行为。

那些狂热而又富有的郁金香爱好者会定期买卖珍稀郁金香品种，但他们并没有参与到这种新的投机市场中去。即使在这次投机崩溃之后，他们仍然在持续"大

---

23 波斯蒂默斯（1929）将斯托伊弗（stuiver）译作"便尼"（penny），但显然从文中可以看出，他的意思是斯托伊弗，而非便尼（等于1/16斯托伊弗）。

24 见蒙廷（1672，p. 636）对他父亲承担的投注类型的描述。所有对此次郁金香狂潮的公开讨论，都是批评那些在目前没有拥有所售商品的情况下或没有交割意向的期货买卖活动。他们谴责把期货市场作为造成人为的风险的工具，而不去考虑在市场存在的风险中它们的作用。

量"地交易珍稀球茎（Posthumus，1929，p. 442）。由于珍稀球茎也达到了在期货市场交易的程度，这意味着没有谁在现货和期货市场中套利。在现货球茎市场进行做多，需要有大量的资本资源，或者能便捷地进入金融信贷市场。在期货市场中，通过空头交易来套利将需要远期的买家得到大量的资本或者获得健全的信用来支持；期货市场上的重大违约风险将会削弱这种套利的基础。既然期货市场的参与者无须满足资本的需求，那么就不存在套利的基础。

在这次郁金香投机的大部分时间里，仅仅在稀有球茎的买卖中产生过极高的价格和破纪录的交易的情况。普通郁金香球茎价格在1636年11月之前并没有出现什么波动。

波斯蒂默斯（Posthumus，1929）认为这些事件发展的时间顺序是这样的：

> 我认为，事件发生的次序可以看成这样。1634年底，那些新的非职业买主开始投身于球茎投机交易。到1635年中期，郁金香球茎的价格一路暴涨，而人们能够靠信贷来进行购买，通常会以一些贵重物品作为抵押。同时，市场开始引入以"分"为单位进行交易。大约到1636年中期，"学会"开始出现。不久之后，就开始出现远期的稀有球茎交易。在同年的11月份，这类交易扩展到了普通郁金香品种上；同时，球茎开始以"千分"（thousand azen）和"磅"为单位出售。

五、数据的某些特征

在图13.1至图13.8中，我把我现在能够收集到的各种郁金香球茎的价格按"时间顺序"排列，并按"荷兰盾每颗球茎"或"荷兰盾每分"为价格单位进行描述。[25]除了斯维策（Switsers）球茎外，每个序列中人们最后看到的资料是在1637年2月5日记录下来的。很显然，这正是郁金香狂潮的高峰期。在这个日子，对于每一种郁金香花卉，人们一般都能看到好几种价格，但是它们在图中出现的顺序却没有什么意义。特别是，这些图没有表明在2月5日这天郁金香的价格以无限的速度飙升。在图中，我已将2月5日这天价格的加权平均数用线段连起来。

一个自然的分类方法是，将按"颗"计算的品种与按"磅"计算的品种分门别类。波斯蒂默斯断言，在按"颗"交易的球茎和按"磅"交易的球茎商人之间，存在着社会等级的差别，即使在学会中也不例外。中产阶级和资本雄厚的工人，比如纺织工人，就不屑于做按磅计算的球茎交易，他们只进行更为珍稀的球茎买卖。

以"颗"为单位交易的球茎品种有永远的奥古斯都、里芙肯上将、范·德·艾克上将（Admirael van der Eyck）和高达。在这些球茎品种之中，高达可以看作是一种标准，因为我们得到的该球茎的价格序列最多，而且价格数据从这次投机一开始就有了。以"磅"为单位交易的球茎品种（即以1 000分或1磅为批次单位的球茎）包括莱顿的红与黄（Gheele ende Roote van Leyden）、格鲁特·格普马塞尔德（Groote Geplumiceerde）、奥登尔登（Oudenaerden）、斯维策和白色王冠（Witte Croonen）。[26]磅品种的售价，要比那些颗品种的售价低得多。然而，在投机的最后一个月里，这些磅品种，其价格上涨的速度要比那些颗品种的快得多，几乎上涨了二十倍。而颗品种球茎则需要花上更长的时间，才能涨到它原价的两三倍。

25　按作者的要求，大量所观察到的多种品类的球茎价格数据以及数据的说明，被编撰成数据附录。这些图由从拍卖品、公证人书写的合约以及《真心话与贪婪鬼的对话录》这些资料中收集到的数据组成的。图13.5到图13.8的数据是针对以磅为标准计重单位的球茎，根据荷兰盾每分为单位算出的；但图13.2到图13.4的数据是对单个的球茎而言的，其重量从三分到几百分不等。图13.4包含了花蕾和成熟球茎的价格。

26　其他的球茎很难分类，包括那些不同的或者根据奇怪的重量单位或者标准重量单位交易的品种。

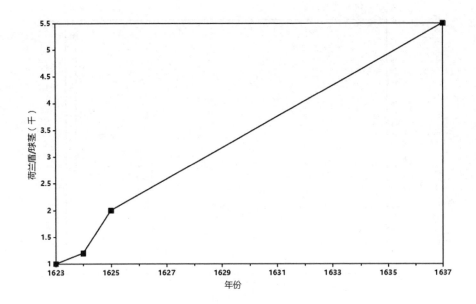

图 13.1 永远的奥古斯都

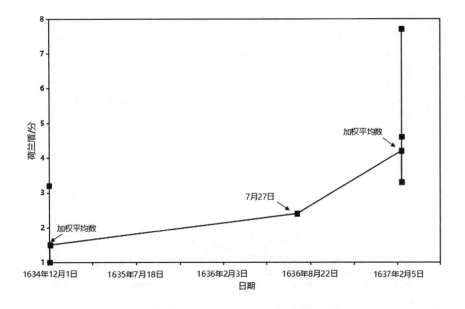

图 13.2 范·德·艾克上将

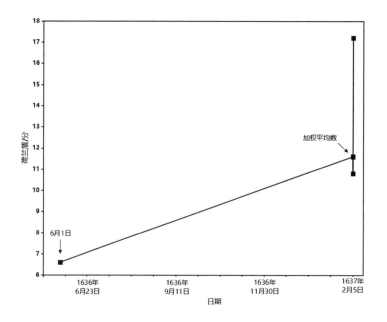

图 13.3　里芙肯上将

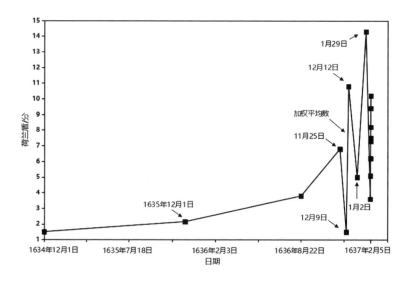

图 13.4　高达

经济学的著名寓言

市场崩溃后的郁金香价格

1637年2月的第一个星期后，郁金香投机市场崩溃了。显然，大部分合约在即将到期前都未进行结算。1637年2月24日，花商代表在阿姆斯特丹召开会议。他们提议：在1636年11月30日或在此之前签订的郁金香销售合约必须执行；而对于在这一事件之后签订的销售合约，买方有权毁约，但需支付10%的价款给卖方。但政府当局并没有采纳这一建议。1637年4月27日，荷兰议会决定暂停所有的合约，允许手头拥有球茎的卖方在此期间按市场价格出售被拖欠付款合约中的球茎；合约的买方有义务承担市场价格与政府确定的合约结算价格之间的差额。这个决定使得种花者可以把即将在六月份上市的郁金香球茎拿到市场上去出售。后来，进一步结算处理的计划开始变得暧昧起来。波斯蒂默斯（1929）陈述说，许多城市开始步哈勒姆的后尘，即1638年5月，哈勒姆市议会通过了一条法令，允许买方按合约价格的3.5%支持款项解除合约。[27]

27　即便是在崩溃之前，期货合约的合法地位也是不明确的。由于早期的价格操纵和东印度公司股票的空头袭击，政府于1610年颁布禁令，禁止在阿姆斯特丹证券交易所做卖空交易。仅允许已经持有股票准备交割的个人进行期货交易。在1621年、1630年和1636年的法令中，禁令被重申，卖空合约的购买者可以合法地拒不履行协议。我们并不清楚，这条禁令是否应用到了这种新的郁金香期货市场。最后，法院没有批准与郁金香相关的任何合约，但是，地方却试图做出清偿。见彭索·德·拉·维嘉（Penso de la Vega，1688）关于该禁令对期货卖空影响的论述。

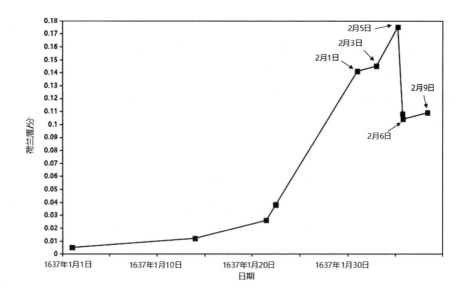

图 13.5　斯维策

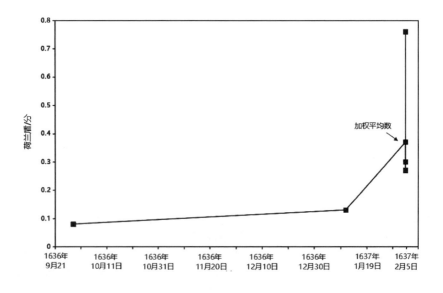

图 13.6　格鲁特·格普马塞尔德

经济学的著名寓言

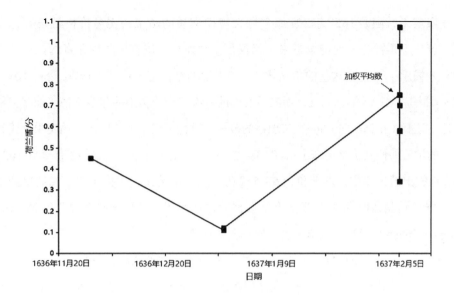

图 13.7　莱顿的红与黄

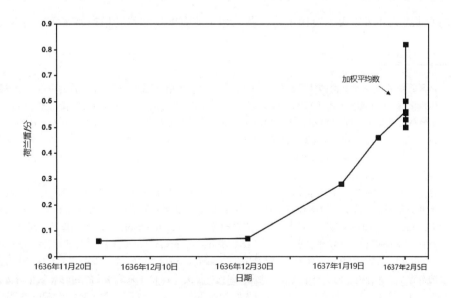

图 13.8　奥登尔登

事实上，随着1637年2月郁金香大规模交易的结束，交易价格就没有记录了。价格不再被公开地记录下来，仅仅是偶然地在一位有名的种花者的家产拍卖中，才揭示了郁金香球茎的价格水平。[28] 幸运的是，范·达默（1976，pp. 109—113）报道了1643年，也就是崩溃后发生的一次房产拍卖中的球茎价格。球茎交易商范·达默（J. van Damme，与现在的范·达默毫不相干）的房产在拍卖中，因为球茎的销售而使其价格上涨了42 013荷兰盾。[29] 这给了球茎一个价格参照，在1637年2月的土地拍卖中，球茎价值68 553荷兰盾。正是在这次拍卖中，我们得到了郁金香狂潮鼎盛时期的大部分价格数据。之后出版的"郁金香名录"（Liste van eenige tulpaen，1926）报道了这一次拍卖的细节。

在郁金香市场崩溃6年之后，按颗交易的球茎品种依然能够以高价卖出。有4种价格被单独列出来的球茎，也出现在1636年至1637年的球茎交易中，它们是白色王冠、英国上将（English Admiral）、范·德·艾克上将和罗特根斯将军（General Rotgans或General Rotgansen）。白色王冠是磅品种，其他的球茎都是颗品种。表13.1对比了1637年与1642年或1643年球茎的售价。即使在1637年2月的高峰期之后的6年里，英国上将、范·德·艾克上将和罗特根斯将军等珍稀球茎

28　这又回到了1634年之前的情况。在1634年之前，我们只能从记录下来的销售合约中得到少量的价格资料：由波斯蒂默斯（1929）在其3号和4号合约中报道的1612年出售的两颗球茎，1625年出售的三颗球茎，以及1633年出售的两颗球茎，后两次交易的球茎均由波斯蒂默斯（1934）报道。即便在图13.1中，永远的奥古斯都系列也是基于没有文献记载的传说得到的。正如索尔姆斯—劳巴赫（Solms–Laubach，1899，p. 77）报道的那样，这些传说源自17世纪20年代的历史权威瓦森纳尔（Wassenaer）。

29　这个总价并没有被分解成单个球茎的价格。然而，对那些种植园占其中一部分利益的少数出售的球茎而言，其交易价格却有过报道（p. 111）。其价格如下所示：一颗人鱼郁金香（Tulpa Meerman），430荷兰盾；一颗弗鲁格·布拉班森（Vrouge Brantson），25荷兰盾；一颗凡斯帕累特（Verspreijt）、一颗弗鲁格·布拉班森（Vrouge Brantson）和四分之一颗英国上将（English Admiral），582荷兰盾；一颗罗特根斯将军（General Rotgans），138荷兰盾。另外，这些记录详细描述了这处种植园的账目中的清算情况，包括一份关于1642年采购球茎的1643年现金消费清单。其价格如下：1/2磅白色王冠，37荷兰盾10斯图弗（st）；一颗范·德·艾克上将和一颗英国上将的子球，225荷兰盾；一颗英国上将，210荷兰盾。

　　　　　　　　　　　　　　　　　　　　　　　　　经济学的著名寓言

的价格并没有出现异乎寻常的暴跌。在下表中，我们也能看到，这些球茎的价格下滑走势与值得珍藏的品种的价格下滑走势是一致的。

表 13.1　崩溃后的球茎价格（以荷兰盾计价）

球茎	1637年1月	1637年2月5日	1642年或1643年	年贬值率（%）*
白色王冠（1/2磅）	64	1 668（平均）	37.5	76
英国上将（球茎）	…	700（25分球茎）	210	24
范·德·艾克上将（球茎）	…	1 345（加权平均数）	220**	36
罗特根斯将军（罗特根森）	…	805（千分）	138	35

* 来自 1637 年 2 月高峰时的数据。

** 假如是英国上将的子球，价格则要下调 5 荷兰盾。

18世纪的郁金香价格

虽然人们可以得到这次崩溃后接下来的几年里几种球茎的价格资料，但是，中间大概有 70 年左右的时间没有任何详尽而完整的郁金香价格资料。[30] 只有在此之后很久的时期，人们才提及天价的郁金香，而且这些时期的价格比在那次投机期间交

30　虽然有多年的价格资料不见了，但至少这次投机中一些重要的郁金香的名称却在崩溃后留存了 32 年。范·德尔·格龙（Van der Groen, 1669）提到过某个时尚的花园中栽种的一些重要的郁金香，其中有弗罗杰·布勒恩伯格（Vroege Bleyenberger）、完美的格热伯（Parragon Grebber）、莱顿的红与黄、范·恩纯森上将（Admirael van Enchuysen）、布拉本森（Brabansen）、塞纳克斯（Senecours）、德·曼上将（Admirael de Man）、科若纳兹（Coorenaerts）、简·杰里兹（Jan Gerritz）、高达、塞布罗姆（Saeyblom）、斯维策、完美的里芙肯和永远的奥古斯都。

易的价格要低得多。[31]

表 13.2　1637年、1722年和1739年广泛交易的郁金香价格清单（以荷兰盾为单位）

球茎	1637年1月2日	1637年2月5日	1722年	1739年
德·曼上将	18	209	…	0.1
黄色王冠	0.41	20.5	…	0.25*
白色王冠	2.2	57	…	0.02*
莱顿的红与黄	17.5	136.5	0.1	0.2
斯维策	1	30	0.05	…
永远的奥古斯都	2 000**	6 290	…	0.1
佐默松	…	480	0.15	0.15
范·恩纯森上将	…	4 900	0.2	…
法玛	…	776	0.03*	…
范·霍伦上将	…	65.5	0.1	…
里芙肯上将	…	2 968	0.2	…

　　注：为了制作这张表，我假定一颗标准球茎大小为175分。假定所有的球茎都按标准重量交易，因而得到的价格就是对已经发表的价格数据进行相应的调整的结果。如果在确定的某一天一颗球茎的价格不止一个，那么我发布的价格就是调整价格的平均价格。

　　*　按 100 颗球茎售出。

　　**　这是永远的奥古斯都球茎在 1625 年 7 月 1 日的价格。

在表13.2中，我提及了1637年1月2日、1637年2月5日、1722年和1739年

31　范·达默（1976）重新制作了无数关于郁金香球茎交易和拍卖的通告，这些拍卖均刊登在诸如17世纪后半叶出版的 *Haarlemscher courant* 这类杂志上，但是没有那些拍卖的价格记录。

的球茎价格。[32]即便从1637年1月开始（即在这次投机的高峰之前），球茎价格的下跌也极为惊人。在一个世纪里，球茎价格分别下跌到1637年1月份价格的1%、0.5%、0.1%和0.005%的水平。特别值得注意的是，不管球茎最初的价格有多高，所有按颗出售的球茎的价格都渐渐趋同于普通球茎的价格。

在表13.3中，我编制了1707年那次普通球茎的拍卖价格，以及1722年或1739年的球茎的价格清单。虽然这个时期并不像郁金香投机或崩盘时那么有名，但是这时的球茎价格已显示出同样下跌的走势。从拍卖清单上出现的球茎中，新近开发出的珍稀品种相对来说能卖出很高的价钱。[33]等到它们出现在一般球茎的目录中时，它们已经相当普及，以至于变得相对普通。在32年的时间里，球茎价格两次下跌至其最初价格的3%、0.25%、0.35%或0.04%，实际上是重现了郁金香狂潮后球茎下跌的走势。而事实上，1707年的名贵球茎也渐渐接近于1637年的名贵球茎的价格。

在新开发的时髦的郁金香球茎价格的演化中，我们现在已经得到了它的一种发

---

32 这些价格源自几个不同的渠道。克勒拉格（Krelage，1946）重新制作了郁金香清单，其数据资料分别取自1707年5月17日在海牙（p. 542）和1708年5月16日在鹿特丹（p. 541）的拍卖清单。在鹿特丹的那次拍卖中，有一位参加者偶然加注了最后的交易价格。虽然1707年的拍卖清单中包括了84种不同球茎的名称，1708年的拍卖清单中包括了12种球茎的名称，但是，1637年期间被人们广泛交易的上百种球茎的名称却都没有出现在这些清单上。克勒拉格只是重新制作了1708年的价格清单的第一页。随着克勒拉格图书馆的解散，整份清单卖给了某位英国的买家，因而本人迄今无缘研究这份清单。布拉德利（Bradley，1728）为哈勒姆的一位种花者重新制作了一份1722年的球茎目录。在这份目录的上百种球茎中，其中大部分球茎的价格都低于1荷兰盾，或者只卖1荷兰盾，"罗马执行官"（Superintendant Roman）的售价为100荷兰盾。然而，这份清单确确实实包括了1637年郁金香投机期间出现的25种球茎的价格。克勒拉格（1946）还重新制作了一份关于1739年哈勒姆的风信子和郁金香球茎的价格目录。在这份目录里提到的几百种不同的球茎中，只有6种球茎的名称与1637年交易的球茎的名称相吻合。有趣的是，这份目录中提到的永远的奥古斯都球茎售价为0.1荷兰盾。

33 1739年清单上的球茎售价没有一个超过8荷兰盾，而大多数球茎的售价更是低得多。普通交易商的清单上不会出现珍稀而又昂贵的球茎，相反，拍卖清单上也不屑提及那些普通而又便宜的球茎。因为1637年的珍稀球茎到1707年已经变成了普通球茎，所以，它们的名称从拍卖清单上消失也就不足为奇了。

展模式：最初独一无二或者数量极少的球茎，往往售价奇高；随着时间的流逝，或者由于这一品种的快速繁殖，或者由于不断引进新品种的缘故，先前的高价就会迅速下跌。至少到18世纪，之前任何获得过珍稀球茎的人都会理解这种预料之中的标准资产贬值模式。

表13.3　1707年、1722年和1739年郁金香球茎的价格（以荷兰盾为单位）

球茎	1707年	1722年	1739年	每年贬值率（%）1707—1722年	1722—1739年
凯旋的欧洲	6.75	0.3	0.2		
诺贝尔首相	409		1.0	19*	
艾格尔·诺尔	110	0.75	0.3	33	
罗依·德·弗罗斯	251	10.0	0.1	22	27
钻石	71	2.5	2.0	22	
执行官		100	0.12		40
凯瑟尔·卡泽尔六世		40	0.5		26
古德		15	10.0		2
罗伊·德·穆瑞台		15	2.0		12
凯旋皇家		10	1.0		14

资料来源：Krelage（1946）；Bradley（1728）。

* 1707—1739年。

为了将这种模式运用到崩盘后的时期，我们设定，18世纪所有的珍稀球茎，如诺贝尔首相（Premier Noble）、艾格·诺尔（Aigle Noir）、罗伊·德·弗罗斯（Roi de Fleurs）和执行官（Superintenden），售价至少为100荷兰盾。[34]这些球茎的价格平均以每年28.5%的比率下跌。从表13.1中可以看到，1637年2月，三

34　例如，罗伊·德·弗罗斯可以算作是珍稀球茎，1707年，它的价格是251荷兰盾。到了1722年，它的价格是10荷兰盾，因此，这时它已经不再是珍稀球茎了。在1707年和1722年之间，这种球茎的价格下跌了96%，平均每年下跌21.5%。把这个平均每年下跌21.5%的数字与用同样方法计算出来的其他珍稀球茎的下跌数字平均后，就可以得出一个总平均数。

种昂贵的球茎（英国上将、范·德·艾克上将和罗特根斯将军）从投机高峰期到1642年，其价格平均以每年32%的速度下跌。利用18世纪这一价格贬值比率作为基准（这次郁金香狂潮后高价球茎也遵循了这一基准），我们可以推断出，1637年2月，任何珍稀种类球茎暴跌后的价格均不会超过其高峰时价格的16%。因此，对珍稀球茎来说，1637年2月崩盘中价格的差距并非大得离谱，也没有严重地影响稀有球茎价格的正常时间序列模式。

18世纪风信子的价格

为了给这种球茎价格的标准走势提供更进一步的证据，现在我将目光转向风信子交易市场。克勒拉格（1946）提供了18、19纪期间的风信子的价格。18世纪初，风信子作为一种流行的花卉取代了郁金香的主导地位，而且人们又一次投入更多的精力来开发新的漂亮品种。[35]

克勒拉格提供了一长串引进后的条目繁多的风信子品种的价格列表。在表13.4中，我主要挑选了引进时价格特别昂贵的球茎的价格走势。注意，这种走势与17、18世纪那些价格昂贵的郁金香价格走势极其相似。在30年的时间里，即便是售价最高的风信子球茎价格，一般也跌到了其最初价格的1%至2%。最初售价昂贵的和廉价的风信子球茎价格，后来都渐渐集中在0.5到1荷兰盾之间。售价超过100荷兰盾（源自8次观察的数据）的风信子球茎平均每年的价格贬值率是38%，比郁金香球茎的贬值率要稍微高一些。售价介于10至80荷兰盾之间的风信子球茎，平均每年的价格贬值率为20%。

35　从1734年至1739年，类似于郁金香狂潮的投机再次发生，结果导致政府重新印刷出版《真心话与贪婪鬼的对话录》，以此来警告签订无约束力的合约的行为。表18.4中说明了在这次风信子狂潮中售价昂贵的球茎价格下跌的幅度。在某些品种中，风信子价格下跌至1735年价格的10%，与1637年崩溃时普通郁金香球茎下跌的幅度相似。

表 13.4　风信子的价格走势（荷兰盾）

球茎	1716年	1735年	1739年	1788年	1802年	1808年
克拉林*	100	12.75	2	0.6	…	…
令人钦佩的拉	100	…	1	1	…	…
斯塔热容	200	…	1	0.3	…	0.3
凡热登瑞克	…	80	16	1.5	…	
辛努塞尔特国王	…	100	8	1	1	
国之将领	…	210	20	1.5	2	
罗宾	…	12	4	1	1	0.5
斯翠佛格尔	…	161	20	…	…	…
镜子	…	141	10	…	…	…

球茎	1788年	1802年	1815年	1830年	1845年	1875年
康·德·拉·科斯塔	200	50	1	0.75	0.5	0.15
亨利四世	50	30	1	3	5	1
范·多维兰	50		1	2	1.2	0.75
尼日尔金银花	60	20	10		0.25**	
雷克斯·儒布儒姆	3	1.5	0.3	1	0.35	0.24

资料来源：Krelage（1946），pp. 645—55。

*　克勒拉格表示，克拉林球茎最初售价是 1000 荷兰盾，但是他没有指出这是哪一年的售价。

**　1860 年。

现代的球茎价格

在现代，新的花卉球茎品种依旧价值连城。然而，一般来说，球茎开发商会大规模地培育新品种。当人们培育出大量该品种的球茎时，市场中的售价就会相对低廉。因此，人们就得不到原始球茎的价格。在极少数几个原始球茎转手的案例中，也并没有公布交易价格。然而，由位于哈勒姆的布鲁姆波伦中心（Bloembollencentrum）官方提供的信息表明，"非常特别的"郁金香球茎的新品种售价大约为每公斤5 000荷兰盾（按1987年汇率计算，相当于2 400美元）。少量的原始百合花球茎售价为100万荷兰盾（按1987年汇率计算，相当于48万美元）。目前，利用组织生长技术，这类球茎已经能够大量繁殖，因此它们在市场上的售价也相对低廉了。

六、此次事件是"郁金香狂潮"吗？

现在，本人来研究郁金香价格波动的现象是否需要用狂潮来做解释。首先，我将处理两个挥之不去的议题：（1）缺乏对那段没有反投机道德说教时期的经济灾难的描述；[36]（2）主张享有盛誉的球茎消失或其极端价格在很长一段时间内下跌的现象，是这一事件疯狂性的标志。然后，我将单纯拎出那些证据没法给出令人信服的解释的投机方面，也就是1637年1月2日到1637年2月5日期间普通球茎的交易方面。

不难理解为什么对这一时期的一般性经济研究，会忽视由此次投机所引发的"经济灾难"。由于长时间的价格上涨只在珍稀球茎中发生，可见并没有大量农业资源用于扩大这些球茎的种植规模。[37]同样，由于普通球茎价格的惊人上涨仅仅发生在1636年9月——是这些球茎还种在地里的时候，因而价格的上涨也没能对1636年至1637年期间的资源配置产生任何影响。如果要说这次投机产生了什么影响的话，也可能仅仅是通过财富的分配产生的。然而，而事实上，财富几乎并没有发生任何转移；在学会中，由买方支付的手续费肯定已在许多交易过程中被扯平了。另

36　经济史著作对荷兰这一时期的重要事件和制度都记录得很详尽，但是，它们几乎都没有提到这次郁金香投机事件。例如，《剑桥欧洲经济史》（*The Cambridge Economic History of Europe*，Rich and Wilson，1977）的第四卷和第五卷虽然在其叙述中阐明了荷兰在17世纪在欧洲所占据的领先地位，但是它并没有提及郁金香事件。这个时期是以荷兰在商业和金融业取得辉煌胜利为特征的时期，而且直到1648年"三十年战争"结束后，经济灾难似乎也没有在荷兰产生什么影响。库柏（Cooper，1970）确实提及过这次郁金香投机，但只有一句话，他是把它作为荷兰在这个时期的投机倾向的例子。沙玛（Schama，1987）主要在波斯蒂默斯和克勒拉格研究的基础上详细讨论了这一事件，但他并没有偏离对这次狂潮的标准解释。

37　克勒拉格（1946，p. 498）讲述到，一直到18世纪下半叶，哈勒姆所有的种花者都将他们的花园建造在这个城市的城墙之内。花园可能很小，因为与如今的时尚不同，大规模集中种植同一种花卉的做法并不被重视。

外，这次崩盘之后，只有少数交易需要结算（交割），而在这少数交易中，完成交割的也寥寥无几。即便是在需要结算的比例不确定的时期，影响也是微乎其微：那些本来就信用不佳的人，在合约得到解决之前，不太可能会受到毁约的影响。

1634年至1637年期间的名贵郁金香品种，要么在后来消失不见了，要么变成了普通的品种。对新开发的球茎品种来说，就像18世纪郁金香和风信子以及当代球茎的价格走势所表明的那样，是市场动态的典型特征。种植球茎时，其价格自然会随着这种球茎的大规模供应而下跌；但是，原始球茎拥有者的存货却增加了。对于某一新品种的独特球茎来说，球茎交易不断下跌的价格可以很容易地证明其绝对高价是有道理的。甚至名贵球茎令人咂舌的价格及其下跌走势与珍稀球茎新品种相比，也几乎是一致的。18世纪按颗交易的球茎售价高达1 000荷兰盾。在这前后，从1623年到1625年，永远的奥古斯都售价为1 000—2 000荷兰盾，在1637年甚至高达5 500荷兰盾，这些价格似乎并没有高得离谱。

对于这次投机，从当时的迹象中唯一得不到解释的方面就是，1637年1月普通球茎的价格在一个月内突然暴涨，当时的价格几乎上涨了20倍。在1637年2月9日之后，第一批价格资料是一种名为白色王冠的普通球茎的价格，但也是到1642年了。[38] 表13.1包含了半磅重的白色王冠球茎的价格数据。从1637年2月到1642年，这种球茎的价格平均每年的贬值率为76%。我把贬值率17%作为18世纪的一种基准比率，在表13.3中，所有价格在10—71荷兰盾的球茎都是这个贬值率。假定1637年2月后白色王冠以这一基准比率贬值，那么崩溃时它的价格必定暴跌至其峰值时的5%，这样它在1642年的价格才会是37.5荷兰盾。因此，白色王冠的价格在1637年1月大约上涨了25倍，而在1637年2月的头一个星期里，它的价格跌到只有其峰值时的二十分之一。不过，18世纪这个价格贬值的基准走势可以证明，

---

38 认为崩溃后价格跌至高峰价格时的10%以下的观点必定是在官方提议3.5%的合约交割费时首次提出的。这未必反映出任何真实价格的下跌，而只是政府为免除买方巨额损失所提供的一种方法罢了。因为他们从未引用过任何一个具体的交易价格（因为不存在任何崩溃后的交易资料）。我猜测，作者们是从买断合约的百分比中推断出他们所引用的价格的下跌幅度的。

经济学的著名寓言

84荷兰盾的峰值价格是合理的，因此，这个一月份的价格并没有偏离太多。

普通球茎价格急转直下的状况可以从图13.5关于斯维策的数据变化中得到确认。1637年2月5日，这种球茎的最高价格达到每分0.17荷兰盾，显然这时正是市场的高峰期。经公证的合约的数据表明，从2月6日和2月9日斯维策的价格突然跌至每分0.11荷兰盾，与1637年2月前五天的价格相比，是一种实质上的价格下跌，但是它实际上还是超出了1637年1月23日的价格，而且跟上面分析的白色王冠的崩溃不是一个数量级的。

由于名贵球茎在一个相当长时期内的涨幅都不超过200%—300%，因而普通球茎相对价格的上涨或暴跌就是这次投机期间的最显著特征。即使我们可以得到这个时期市场中每日的详尽信息，我们也很难找到对这些相对价格波动的市场基本面的解释。很明显，虽然这些价格也在某些书面合约中反映出来了，但是它们是从"学会"中产生的。前面提到过，学会期货市场对合约的本质缺乏内部管控，它可能会鼓励此类投机。这些市场是由一群没有净资产的人组成的，他们知道国家不会强制执行这些合约，于是就彼此哄抬，不断推高"百万美元赌注"（million-dollar bets）。

七、结论

有一种观点认为，郁金香狂潮是促成经济学家提出资产定价泡沫理论的基础。如果特殊事件的少数阶层支持"泡沫可能存在"这一信念，那么人们就会希望对这些事件进行细致的研究，以便确信没有忽视其他合理的解释。在大部分此类事件中，人们至今还没有从资产定价的市场基本理论的角度对它们进行考察。

由于现有数据和多种理论的压倒性混乱，经济学家也许永远不会达成共识，即泡沫已经影响了某一现代市场的价格。弗勒德和加伯（Flood and Garber，1980），汉密尔顿和惠特曼（Hamilton and Whiteman，1985）和汉密尔顿（1986）已经证明，从经验上对以下假设进行区分是不可能的，即假设资产价格变动是由理性的投机性泡沫所驱动的，和假设研究者尚未充分衡量由市场参与者所预期的期货市场基本面。更一般地说，数据不会区分这两种主张：（1）市场参与者陷入某些狂潮——因为行为不符合一些研究者的理论预测；（2）该理论有缺陷或是错误的。由于这种观察等价性，在对泡沫存在的辩论中表明立场的经济学家正在作出不能基于经验分析的承诺。

我的目的在于，调查郁金香狂潮期间市场和环境的本质。尽管数据缺乏妨碍了得出可靠的结论，但是研究结果表明，至少对于大多数1634—1637年的"狂潮"而言，球茎投机并不是明显的疯狂。只有最后一个月对普通球茎的投机仍然是一个潜在的泡沫，虽然市场的性质、合约的承诺和周围的事件仍不够清楚，以至于人们可以在市场基本面与泡沫的争议中只需要基于先前强有力的信念（strong prior beliefs）就选择站在某一方。

我怀疑，仔细研究其他传闻的泡沫也将得出类似的结论。而颇为讽刺的是，理性资产定价理论通常并不排除泡沫。存在理性泡沫的前提条件是，认为泡沫有可能存在（a bubble can exist）。通常被援引的古代案例，本身可能并不是泡沫。然而，如果市场参与者现在相信这些历史事件证明了泡沫的存在，那么在资产市场中就会出现理性的泡沫。

参考文献

Anonymous.1926. *Samen-spraeck tusschen Waermondt ende Gaergoedt: Flora*. Haarlem, 1637.Reprinted in Economisch-historisch jaarboek 12: 20—43.

——.1926. *Tweede samen-spraeck tusschen Waermondt ende Gaergoedt*. Amsterdam, 1643.(a) Reprinted in Economisch-historisch jaarboek 12: 44—69.

——.1926. *Register den de prijsen der bloemen... derde samen-spraeck*....Amsterdam, 1643.(b) Reprinted in Economisch-historisch jaarboek 12: 70—95.

Azariadis, Costas. 1981."Self-fulfilling Prophecies." *J. Econ. Theory* 25: 380—96.

Azariadis, Costas, and Guesnerie, Roger. 1986."Sunspots and Cycles." *Rev. Econ. Studies* 53: 725—37.

Barnum, P. T. 1970. *The Humbugs of the World.* New York: Carleton, 1865. Reprint. Detroit: Singing Tree Press.

Beckmann, Johann. 1846. *A History of Inventions, Discoveries, and Origins.*4th ed. 2 vols. London: Bohn.

Blainville, J. de. 1743. *Travels through Holland, Germany, Switzerland, and Other Parts of Europe, but Especially Italy.* London: Straham.

Blanchard, Olivier J., and Watson, Mark W. 1982."Bubbles, Rational Expectations, and Financial Markets." In *Crises in the Economic and Financial Structure*, edited by Paul Wachtel. Lexington, Mass.: Lexington.

Bradley, Richard R. 1728. *Dictionarium Botanicum; or, a Botanical Dictionary for the Use of the Curious in Husbandry and Gardening.* London: Woodward and Peele.

Burmeister, Edwin. 1980. *Capital Theory and Dynamics.* Cambridge: Cambridge Univ. Press.

Camerer, Colin. 1987."Bubbles and Fads in Asset Prices: A Review of Theory and Evidence." Manuscript. Philadelphia: Univ. Pennsylvania, Wharton School.

La Chesnee Monstereul. 1654. *Le Floriste Francois*. Caen: Mangeant.

Cooper, J. P. 1970. *New Cambridge Modern History.*Vol. 4. The Decline of Spain and the Thirty Years War, 1609—48/59. Cambridge: Cambridge Univ.Press.

d'Ardène, Jean-Paul. 1759. *Traité des tulipes.* Avignon: Chambeau.

Doorenbos, J. 1954."Notes on the History of Bulb Breeding in the Netherlands."*Euphytica* 3: 1—11.

Dornbusch, Rudiger. 1982."Equilibrium and Disequilibrium Exchange Rates." *Zeitschrift für Wirtschafts- und Sozialwissenschaften* 102: 573—99.

Dreman, David N. 1977. *Psychology and the Stock Market: Investment Strategy beyond Random Walk.* New York: AMACOM.

Evans, George W. 1986."A Test for Speculative Bubbles in the Sterling-Dollar Exchange Rate: 1981—84." *A.E.R.* 76: 621—36.

Flood, Robert P., and Garber, Peter M. 1980. "Market Fundamentals versus Price-Level Bubbles: The First Tests." *J.P.E.* 88: 745—70.

Frankel, Jeffrey A., and Froot, Kenneth A. 1986. "The Dollar as a Speculative Bubble: A Tale of Fundamentalists and Chartists." Working Paper no. 1854. Cambridge, Mass.: NBER.

Hamilton, James D. 1986. "On Testing for Self-fulfilling Speculative Price Bubbles." *Internat. Econ. Rev.* 27: 545—52.

Hamilton, James D., and Whiteman, Charles H. 1985. "The Observable Implications of Self-fulfilling Expectations." *J. Monetary Econ.* 16: 353—73.

Hartmann, H. T., and Kester, Dale E. 1983. *Plant Propagation: Principles and Practices.* 4th ed. Englewood Cliffs, N. J.: Prentice-Hall.

Kindleberger, Charles P. 1978. *Manias, Panics, and Crashes: A History of Financial Crises.* New York: Basic Books.

Krelage, Ernst H. 1942. *Bloemenspeculatie in Nederland.* Amsterdam: van Kampen.

——. 1946. *Drie eeuwen bloembollenexport.* The Hague: Rijksuitgeverij.

Krugman, Paul R. 1985. "Is the Strong Dollar Sustainable?" Working Paper no. 1644. Cambridge, Mass.: NBER.

"Liste van einige tulpaen." 1926. *Economisch-historisch jaarboek* 12: 96—99.

Mackay, Charles. 1852. *Memoirs of Extraordinary Popular Delusions and the Madness of Crowds.* 2d ed. 2 vols. London: Office Nat. Illustrated Library.

Malkiel, Burton G. 1985. *A Random Walk down Wall Street.* 4th ed. New York: Norton.

Mankiw, N. Gregory; Romer, David; and Shapiro, Matthew D. 1985. "An Unbiased Reexamination of Stock Market Volatility." *J. Finance* 40: 677—87.

Mather, John C. 1961. *Commercial Production of Tulips and Daffodils.* London: Collingridge.

Meese, Richard A. 1986. "Testing for Bubbles in Exchange Markets: The Case of Sparkling Rates?" *J.P.E.* 94: 345—73.

Munting, Abraham. 1672. *Waare oeffening der planten.* Amsterdam: Rieuwertsz.

——.1696. *Naauwkeurige beschryving der aardgewassen*.Leiden: Vander Aa.

The New Palgrave: A Dictionary of Economics, edited by John Eatwell, Murray Milgate, and Peter Newman. 1987. 4 vols. London: Macmillan.

Palgrave's Dictionary of Political Economy, edited by Henry Higgs.1926. 3 vols. London: Macmillan.

Penso de la Vega, Josef. 1688. *Confusion de confusiones*. Amsterdam.

Posthumus, Nicolaas W. 1926."Die speculatie in tulpen in de jaren 1636 en 1637." Parts 1—3. *Economisch-historisch jaarboek* 12: 3—19; 1927. 13: 1—85; 1934. 18: 229—240.

——.1929."The Tulip Mania in Holland in the Years 1636 and 1637." *J. Econ. and Bus. Hist*.1: 434—455.

——.1964. *Inquiry into the History of Prices in Holland*. Leiden: Brill.

Rich, E. E., and Wilson, C. H., eds. 1975, 1977. *The Cambridge Economic History of Europe*. Vol. 4.*The Economy of Expanding Europe in the Sixteenth and Seventeenth Centuries*.Vol.5.*The Economic Organization of Early Modern Europe*. Cambridge: Cambridge Univ. Press.

The Royal General Bulbgrowers Society.1969.*Classified List and International Register of Tulip Names*. Haarlem: Royal General Bulbgrowers Soc..

Samuelson, Paul A. 1957."Intertemporal Price Equilibrium: A Prologue to the Theory of Speculation." *Weltwirtschaftliches Archiv* 79, no. 2: 181—219. Reprinted in *The Collected Scientific Papers of Paul A. Samuelson*, vol. 2, edited by Joseph E. Stiglitz. Cambridge, Mass.: MIT Press, 1966.

——.1967."Indeterminacy of Development in a Heterogeneous-Capital Model with Constant Saving Propensity." In *Essays on the Theory of Optimal Economic Growth*, edited by Karl Shell. Cambridge, Mass.: MIT Press.

Schama, Simon. 1987. *The Embarrassment of Riches: An Interpretation of Dutch Culture in the Golden Age*. New York: Knopf.

Shell, Karl, and Stiglitz, Joseph E. 1967."The Allocation of Investment in a Dynamic Economy." *Q.J.E.* 81: 592—609.

Shiller, Robert J. 1984."Stock Prices and Social Dynamics." *Brookings Papers Econ*. Activity (2): 457—498.

——.1987."Fashions, Fads and Bubbles in Financial Markets." In *Knights, Raiders and Targets*: *The Impact of Hostile Takeover*, edited by Jack Coffee. Oxford: Oxford Univ. Press.

Shiller, Robert J., and Pound, John. 1986."Survey Evidence on Diffusion of Interest among Institutional Investors." Discussion Paper no. 794. New Haven, Conn.: Yale Univ., Cowles Found..

Smith, Kenneth M. 1937. *Textbook of Plant Virus Diseases*. London: Churchill.

Solms-Laubach, Hermann.1899. *Weizen und Tulpe und deren Geschichte*.Leipzig: Felix.

Summers, Lawrence H. 1986."Do We Really Know That Financial Markets Are Efficient?" Discussion Paper no. 1237. Cambridge, Mass.: Harvard Univ., Inst. Econ.Res.

van Damme, A. 1976. *Aanteekeningen betreffende de geschiedenis der bloembollen, Haarlem 1899—1903*. Leiden: Boerhaave.

van der Groen, J. 1669. *Le jardinier Hollandais*. Amsterdam: Doornick.

Van Horne, J. C. 1985."Of Financial Innovations and Excesses." *J. Finance* 40: 621—31.

van Slogteren, E. 1960."Broken Tulips." in *The Daffodil and Tulip Yearbook*. London: Royal Horticultural Soc..

West, Kenneth D. 1984."Speculative Bubbles and Stock Price Volatility." Financial Research Memorandum no. 54. Princeton, N.J.: Princeton Univ..

Wirth, Max. 1858. *Geschichte des Handelskrisen*. Frankfurt.

Woo, W. 1984."Speculative Bubbles in the Foreign Exchange Markets." Discussion Paper in International Economics no. 13. Washington: Brookings Inst..

第十四章　经济学的研究操守：费雪车体—通用汽车例子[*]

罗纳德·H. 科斯（Ronald H. Coase）[**]

一、问题

按照本杰明·克莱因的说法，通用汽车公司收购费雪车体公司的事件，"可能是经济学文献中，有关专用性投资导致套牢问题（hold-up），被讨论得最为充分的例子"（Klein，1998，p. 241）。1997年，乔尔·特拉赫特曼在讨论机会主义行为时，引用了这个"费雪车体—通用汽车的经典例子"（Trachtman，1997，p. 521）；2003年，道格拉斯·贝尔德注意到，费雪车体和通用汽车合并已成为"纵向一体化的范例"（Baird，2003，p. 24）；伊藤和莫里塔（Hideshi Itoh and Hodaka Morita）在2004年的文章中提到了"著名的通用汽车—费雪车体例子"（p. 2）。还有其他许多类似的引用，正如奥利弗·威廉姆森所正确指出的：这个例子已被"广泛使用"（Williamson，2002，p. 182）。然而，问题是这个被广泛使用的例子所讲述的故事，虽被详细描述，却从未发生过。所以，我将在本文中探究这样一个问题：什么样的经济学研究操守，竟会让如此众多能干的经济学家们宁可选择错误也不愿深入了解事情的真相？

———————————

*　　本章由罗君丽、陈春良翻译。

**　　我非常感谢王宁博士，没有他的协助，这篇文章就不会完成。原文发表于 *Journal of Economics & Management Strategy*，Volume 15，Number 2，Summer 2006，pp. 255—278。

二、传说

就我看到的文献而言，第一个把费雪车体—通用汽车与机会主义联系起来的是本杰明·克莱因、罗伯特·克劳福德和阿门·阿尔钦的《纵向一体化、可占用性租金与竞争性合约过程》（Klein et al，1978）。正如作者们所说，这篇文章很大程度上是在讨论"合约后的机会主义行为的可能性"（p. 297）。他们告诉我们，通用汽车公司1919年与费雪车体公司达成10年期合约，其中对费雪车体公司的支付条款是"基于成本加成17.6%（这里的成本不包括投入资本的利息）"（p.309），但通用汽车公司开始对这个支付条款感到不满。这个断言，即便是事实，也与"合约后的机会主义行为"没有多大关系。然而，他们接着说，"通用汽车公司要求费雪车体公司将其车体工厂建在毗邻通用汽车公司装配厂的地方，通用汽车公司声称这样做是生产效率所需（但是，对费雪车体公司而言，这样做就需要进行非常特殊从而可能会成为专用性的投资）"（p. 309—310）。他们心里想的是：如果费雪车体公司按照通用汽车公司的要求建造了车体工厂，通用汽车公司就会把支付给费雪车体公司的车体价格降到只够偿付费雪车体公司运营工厂的成本，而不包括它在工厂和设备方面专门为通用汽车公司生产车体所做的投资。考虑到这种可能性，费雪车体公司不愿意把工厂建在毗邻通用汽车公司装配厂的地方，而是倾向于建在其他地方，以便为其他汽车制造商提供车体。从而，克莱因等（1978）得出结论："到1924年，通用汽车公司发现自己与费雪车体公司之间的合约关系已经变得无法容忍，于是就开始与之谈判收购它的其余股份，最后在1926年达成并购协议"（p. 310）。

尽管克莱因等（1978）的文章在发表后的十年间被引用多达226次，但费雪车体—通用汽车例子却并未引起多大关注。这一时期，该例子只被引用了5次，其中3篇文章虽然引用了这个例子，却未对之进行讨论（Crocker，1983；Anderson，1985；Joskow，1985）。有1篇文章对这个例子表示出一些真正的兴趣，但也只是简要介绍了一下。它是这样说的："一个企业的投资越专业化，它就会使自己越深地陷入……纵容客户实施机会主义行为的危险之中。例如，在20世纪20年代，费雪车体公司——当时的一个独立企业——大量投资于只被用于生产通用汽车车体的冲压件。一旦它投资于如此专用的设备，通用汽车就会机会主义地与之重新谈判，以达成一个更有利于自己的合约"（Pennings et al，1984，p. 308）。这篇文章正确地阐述了克莱因等（1978）的观点，那就是如果一个供应商为通用汽车公司装备了这样的专用性设备，就等于为通用汽车公司打开了后续采取机会主义行为的方便大门。但这篇文章也错误地认为通用汽车公司确实机会主义地行事了。克莱因等（1978）的观点是，费雪车体公司通过不把工厂建在毗邻通用汽车公司装配厂的附近，是能够避免这个后果的，至少在某种程度上。

然而，确实有1篇文章对费雪车体—通用汽车例子进行了充分讨论，不过，作者是那篇关于合约后机会主义行为的原创文章的作者之一——本杰明·克莱因。克莱因（1984）的主题为"工资为什么是刚性的？"他用费雪车体—通用汽车例子阐述其观点，"因为费雪车体公司不得不在冲压设备和模具方面进行高度专门化的投资，……双方达成了一个长期（10年）的价格设定合约，即成本加成17.6%"。（pp. 334—335）但是，"即便价格条款被有效执行，买方还是有可能通过威胁对方——除非做出一些价格调整或单方面支付（side payment），否则就改变需求数量，包括终止合同——从而套牢进行专用性投资的卖方。为阻止发生这类事情，……合约就要包括一个专卖条款。据此，通用汽车同意在合约期内从费雪车体公司购买它所需要的全部封闭型车体。这种安排大大减少了费雪车体公司在生产中进行专用性投资之后通用汽车实施机会主义行动的可能性"（p. 335）。然而，在"通用汽车—费雪车体例子中，合约的疏漏很明显，很快就带来了一系列问题。首先，尽管规定了价格设定是以成本加成为基础，但成本的计算不包括投资资本的利息。由于合约没有考虑资本成本，费雪车体公司为了向通用汽车公司索要高价，倾向于使用低资本密集型的生产方式。另外，由于运输成本被算作价格计算公式的一部分加以补偿，因此，费雪车体公司就拒绝将其车体工厂建在毗邻通用汽车公司装配厂的地方，……为了阻止这类问题的发生，合约中有一个条款：费雪车体公司向通用汽车公司索要的价格，不得高于向其他汽车制造商索要的相似车体价格。然而，……事实证明，这个条款没什么效力，因为很明显很难界定什么是'相似'。"（id）在一个脚注中，克莱因说，"合约中有对价格争议的强制性仲裁条款"，但"那些条款同样被证明没什么效力"（id）。

让我感到意外的是，克莱因的这个说法与克莱因等在1978年的文章中的说法有一个重要差异：在1978年那篇文章中，费雪车体公司之所以把工厂选址远离通用汽车公司装配厂，是因为他们不愿意把工厂建在可能遭受对方机会主义行为的地方；而在克莱因1984年的文章论述中，通用汽车公司进行机会主义行为的激励是下降了，因为它同意在10年合约期内从费雪车体公司购买它所需要的全部车体。然而，"合约中的疏漏很明显，很快就带来了一系列问题"（Klein，1984，p. 335）。通用汽车公司允许费雪车体公司把工厂建在远离其装配厂的地方，结果是，在成本加成17.6%的定价公式下，费雪车体公司有机会采取机会主义行为——提高成本，从而提高其利润。克莱因讲述了在那篇合写的文章中没有提及的费雪车体公司采取的机会主义行为：通过使用劳动密集型生产方式提高成本，并通过公式定价提高其利润（id）。克莱因的结论是，正是这些存在于费雪车体公司和通用汽车公司关系中的合约性问题，"导致1926年他们之间的合并"（id，p. 336）。在这个故事中，令人迷惑的一点是：在整个合约期内，费雪车体公司都被认为是采取了有损于通用汽车公司的行动，而后者拥有前者60%股份。虽然直到1924年，通用汽车公司所拥有的费雪车体公司的这个股份还被放在一个表决权信托中——这个细节我已经在其他地方（Coase，2000）详细讨论过，但这个信托在1924年已不复存在。克莱因等（1978）在注说明通用汽车公司1919年购买了60%的费雪车体公司股份后，接着说："然而，正像后来一系列事情所表明的，尽管通用汽车公司购买了费雪车体公司60%的股份，但很明显，费雪兄弟维持着对费雪车体公司的完全控制"（Klein et al，1978，p. 308）。费雪兄弟之所以能保有他们对公司的控制权，当然是因为他们根本没有采取有害于通用汽车公司的行动。

截至1988年，克莱因这篇关于"刚性工资"的文章被引用6次，但这些引用文章没有一篇提到费雪车体—通用汽车的例子。

三、耶鲁研讨会

诚如上述，在克莱因等（1978）关于合约后机会主义行为的文章发表后的十年间，费雪车体—通用汽车的例子并未激起学者的兴趣。最终促使它被广泛引用的，似乎是我在1987年耶鲁大学举办"纪念《企业的性质》发表50周年研讨会"上的一番讲话。

在那次研讨会上，我解释说，《企业的性质》的思想，在我1931—1932年旅美期间就已经形成。[1] 当时我在伦敦政治经济学院（LSE）攻读商科学士学位，因为中学阶段（在美国称为高中）就通过了大学一年级的学业考试，所以在伦敦经济学院完成课程学习之后，我有一年空余时间等着毕业。恰此时机，我交了好运，被伦敦大学授予1931—1932年卡塞尔旅行奖学金。我决定用这笔奖学金到美国研究产业纵向和横向一体化问题。在美国期间，我访问了一些大学，但大部分时间都在参观工商企业和工厂。与本文有关的一个事实是，我在那时候所想到的一个有关纵向一体化的观点，其实质与46年后克莱因等（1978）的观点是相同的，尽管我当时的观点不像他们所表达的那么复杂。不过这也可以理解，因为我在伦敦政治经济学院并未修过经济学课程，只是通过与同修商学位的罗纳德·福勒（Ronald Fowler）和其他主修经济学的同学的讨论，以及参加商学教授阿诺德·普兰特（Arnold Plant）的研讨会，零星了解到一些经济学知识。然而，尽管我已经想到资产专用性会使一个企业面临机会主义行为的风险，从而导致企业之间进行纵向一体化以规避之，但我最后还是认为这并非影响产业结构的重要因素。

幸运的是，罗纳德·福勒保留了我在1932年寄给他的一些信件。在这些信件中，我讨论了自己对所考察问题的想法。由于福勒难以理解我关于资产专用性会导

---

1   以下论述主要依据科斯（1991）。

致机会主义行为的观点，我就在不同时间使用不同说法对此进行了阐述。在标注日期为1932年3月24日的信中，我说："我所考虑的情况是这样的：假设生产一种特定产品必需一台大型资本设备，而这个设备只能用于生产特定产品，或者说，若进行改装则需要巨大代价。于是，生产那种只为一个客户所需产品的企业就会发现自己面临一个巨大风险——那个客户很可能把自己的需求转移到其他地方，或者运用自己的垄断权力强迫生产企业降价，而生产设备并不能作价出售（the machinery has no supply price）。这个风险必然意味着投入机器设备的资本利率会高得多。但是，如果客户企业决定自己生产这种产品，就不存在这个风险，而且资本成本的下降完全可能抵消实际运营的相对低效。"（Coase，1991，p. 43）然而，在与工商人士讨论之后，我最终还是拒绝把这种风险作为解释纵向一体化的重要理由。因为这些工商人士对我的这个观点不以为然，他们指出，如果设备是单为某一特定客户而装备，那么，在正常情况下，设备成本就会由那个客户进行偿付。他们告诉我，存在一些可被用于解决这类问题的其他合约安排。尽管很不幸，在与福勒的通信中，我没有提及这些合约安排是什么。但不管怎么说，在正常情况下，与资产专用性有关的机会主义不会造成任何问题，当然也不需要进行纵向一体化。因此，我在《企业的性质》那篇文章中没有提及这个观点，就不足为奇了。

在为耶鲁研讨会准备演讲稿时，我并未对克莱因等（1978）所讲的费雪车体—通用汽车例子的真实性产生怀疑，但我认为那只是刚好发生的一个例外情况。让我越发觉得这个故事可能可信的一个理由是：我想起来在1932年，好像有一名通用汽车公司的主管告诉我，他们之所以与费雪车体公司合并，是为了保证费雪车体公司把生产工厂建在毗邻通用汽车公司装配厂的地方。不过，尽管我承认那位工商人士所说的情况是正常的，但我的结论仍然是：克莱因等（1978）所引用的费雪车体—通用汽车的例子尽管正确，但没有任何一般性意义。

我在芝加哥对密尔沃基（Milwaukee）的A.O.史密斯（A. O. Smith）工厂参观进一步强化了上述观点。我看到，通过一个完全自动化的生产线，钢条变成汽车车体框架，而这些车体框架大部分都是为通用汽车而生产，很多设备是专门用于生产通用汽车公司车体框架的。[2]但是，A. O.史密斯工厂与通用汽车公司保持着和谐关系，并没有进行任何有关通用汽车公司与A. O.史密斯工厂合并的谈判。

从美国返回英国后，我继续思考生产结构的决定因素。在我所做的一些笔记（可能是1934年我在邓迪商业学校时所做）中，可以发现我当时的一个想法再次强化了我的信念：机会主义不是影响产业组织的重要因素。在关于欺诈（fraud）的讨论中，我说，一个进行欺诈的企业需要将未来由此失去一些顾客的因素考虑在内；机会主义类似于欺诈（而且的确牵涉到欺诈）。我的结论是：机会主义行为的激励通常要接受一道检验，那就是必须考虑它对未来生意的影响。很明显，在A.O.史密斯工厂和通用汽车公司的例子中，既没有企业想通过这样的行为来危害他们之间的关系，也没有企业实际这样做。所以，费雪车体公司实施这样的机会主义行为并不具有代表性。

在耶鲁研讨会的演讲中，我还提到了自己在1945年对长期供给合约所做的调查。我当时的一个惊奇发现是：合约是多么的不完备。很显然，明确独立的企业之间的关系，一定程度上是通过正式合约之外的非正式关系加以治理的。没人对我所讲的这一段话发表过任何评论，我现在提到它，是因为我认为，我从长期供给合约中得到的信息是非常可靠的，它所揭示的事实在我看来极其重要：除非机会主义很罕见，否则在那些合约中所发现的这种不完备性，就不会那么普遍地存在。我当时没有解释促使我开展这些调查的情况，现在我就来说明一下。

1945年，我受雇于（英国）战时内阁的中央统计办公室。当时，战时内阁经济处正在考虑如何贯彻实施《1944年就业政策白皮书》（White Paper on Employment Policy of 1944）。经济处的詹姆斯·米德（James Meade）认为，长期供应合约中的信息可能有助于估测未来的劳动需求。于是，我们就获得了这类合约的一个样本。可以想象，1945年由温斯顿·丘吉尔所领导的办公室，可以不费

2　关于A.O.史密斯工厂，可参见"Making Automobile FramesAutomatically"，*Iron Trade Review*，August 23，1928。有关评论和更多细节，可参见Chase（1930）。

吹灰之力，就能得到企业的通力配合。我的任务是查阅这些合约，看看它们是否有助于米德的目的。我很快发现，它们的不完备性意味着对预测未来的劳动需求没有多大用处。于是，我向米德做了汇报，并重返自己的常规工作岗位——处理枪支、坦克、弹药诸如此类的统计数据。我当时只是认识到这种合约的不完备性会给企业理论提出难题，但现在我确信，这种不完备性与评估机会主义行为的重要性是有关联的，只是我以前从未意识到这一点。然而，在准备耶鲁研讨会演讲时，我想起了这段战时插曲，它使我对自己的观点更有信心，那就是：机会主义不是决定产业组织的主要因素。

会议论文集初版于1988年的期刊[3]，后来编辑成册，于1991年出版。[4]当我拿到书时，惊讶地发现：克莱因（1991）有篇文章被加入其中，而这篇文章并未提交给研讨会。这篇文章以费雪车体—通用汽车为例，对我关于机会主义的观点进行了批驳。它并没有引用除费雪车体—通用汽车之外的其他例子，而是坚持把这个例子一用到底。这篇文章共有13页，其中12页都是对费雪车体和通用汽车公司之间关系的各方面讨论，唯一没有对这些关系做任何引用的那一页，就是给出文章结论的那页。

克莱因（1991）并未讨论我在耶鲁演讲中所表达的观点，就开始对我加以批驳："……科斯拒绝机会主义分析是基于过于简化的关于市场缔约过程的观点，以及太过狭隘的与那个缔约过程有关的交易成本观点。而关于纵向一体化解决费雪车体—通用汽车例子中机会主义行为问题的更完备的分析，提供了有关市场缔约过程中交易成本的性质以及纵向一体化如何降低这些成本的洞见。由纵向一体化所节约的最主要交易成本不是与签署和执行的合约数量有关的'订约成本（ink costs）'，而是与由合约诱发的套牢有关的成本。这个分析表明：套牢的可能性不仅与企业的专用性投资（firm-specific investments）有关，还与针对专用性投资所签订的严格

3   *Journal of Law，Economics，and Organization*（1988）.

4   Oliver Williamson and Sidney Winter（eds.），*The Nature of the Firm：Origins，Evolution and Development*（1991）.

442   经济学的著名寓言

长期合约条款有关。"（Klein，1991，pp. 213—214）接着，克莱因说："费雪车体公司是可以利用合约性安排的很多不完善条款的，比如有关交货时间或产品质量等的规定，不过，它实际上是采用相对低效的、高劳动密集型的技术，并拒绝把车体生产工厂建在毗邻通用汽车公司装配厂的地方，从而套牢了通用汽车公司。"（p. 215—216）

直到拿到该书，我才看到克莱因的这篇文章，因此，我没有任何机会矫正它的错误或评论它的研究进路。例如，克莱因（1991）说："科斯1937年文章所界定的使用市场机制的成本，是指发现价格和实施合约的狭义交易成本，现在他仍然采用这种不正确的界定方法。"（p. 221）然而，我从未如此限定交易成本的范围。例如，在我1932年3月24日写给福勒的信中——这封信在克莱因所评论的那个演讲中被我引用过，我讨论了一个供应商的例子：由于投资于设备而使自己陷入随之而来的机会主义（尽管我当时没有使用这一术语）风险之中。我认为，如果这样的风险确实存在，那企业就会通过提高资本成本来应对这个风险。我还不知道这是否是看待这个问题的最佳方式，但无论如何，我并没有忽视它。

克莱因与我之间的重要分歧，要归咎于我们对事实的理解不同。克莱因（1991）认为："纵向一体化所节省的最主要的交易成本，不是与签署和执行的合约数量有关的'订约成本'，而是与合约诱发的套牢有关的成本。"（p. 213—214）克莱因所举的例子是，费雪车体公司选择远离通用汽车装配厂的地方建厂和使用高成本的劳动密集型生产方式。而我的观点所依据的事实是我与工商实业人士的探讨，即A. O. 史密斯和通用汽车公司之间的融洽关系以及我在1945年对长期供应合约的调查。克莱因反驳了我所举的史密斯—通用汽车的例子，说那"看起来是因为生产汽车框架比生产汽车车体具有更为显著的规模经济"（id，p. 224）。但是，克莱因并没有说他的这个结论所依据的信息是什么或者为什么是这样。如果克莱因等（1978）所说的是事实，那么，我所能说的就是：我所看到的工厂是它能采取机会主义行为却没有那么做。克莱因文章所带来的麻烦还在后面，接下来发生的事情大大出乎我的意料。

四、经典例子崭露头角

在耶鲁研讨会之后的几年里，几乎没人关注我关于费雪车体—通用汽车例子的意义有限的评论。截至2000年，有大约22篇文章部分重复或完全重复了克莱因等（1978）原创文章的有关论述。[5] 很多专著和教材重复了这个原创性故事，其中最具影响力的，可能要算威廉姆森的《资本主义经济制度：企业、市场和合约性关系》（1985）。这本书早于耶鲁研讨会两年前出版，在"一个案例研究"这个标题下，威廉姆森（1985，pp. 114—115）毫无保留地重复了克莱因等（1978）的文章。还有梯若尔（Tirole，1988，p. 33）、卡尔顿和佩洛夫（Carlton and Perloff，1990，p. 15—16）、米尔格罗姆和罗伯茨（Milgrom and Roberts，1992，p. 37）、里克茨（Ricketts，1987，pp. 221—222）和萨拉尼耶（Salanié，2000，p. 181）等，他们在教科书中使用了这个有关费雪车体—通用汽车的故事。

最重要的文章可能是克莱因（1998）为《新帕尔格雷夫法与经济学辞典》撰写的词条"套牢问题"，这大概是之后几十年里学生查询此问题的一个原始资料，而费雪车体—通用汽车例子正是这个词条的核心。在这篇文章中，读者被再次告知，费雪车体公司通过把它的生产工厂建在"远离"通用汽车公司装配厂的地方，并使用低效的生产方法而套牢了通用汽车公司。到20世纪90年代末，因为被广泛使用，这个例子开始被称为"经典例子"（Edlin and Reichelstein，1996，p. 478；Davis，1998，p. 263；Holmstrom and Roberts，1998，p. 74）、"权威案例"（Rajan and Zingales，1998，p. 419）和"著名例子"（Che and Hausch，1996，p. 126；Zingales，2000，p. 1637）。它的真实性似乎已被牢牢树立。正如拉蒙·卡萨德苏斯—马萨内尔和丹尼尔·施普尔伯在2000年的文章中所说，费雪车体例子"已经成为合约理论、产业组织、组织经济学和管理策略等课程不可或缺的组成部

5　这22篇文章中的详细引用信息可以提供给有兴趣的读者。

分"（2000，p. 72）。

五、对经典例子的检验

我一向非常钦佩阿门·阿尔钦作为一名经济学家所做的研究工作；本杰明·克莱因是我所知道的一名非常有才华的学者；另外，我不认识罗伯特·克劳福德。我从未想过这些经济学家会错述（misstate）事实。因此，正如我之前所解释的，我接受他们对费雪车体—通用汽车例子的描述，但在耶鲁演讲中，我把这个例子当作一种例外情况。然而，诚如上述，被我视为例外情况的一个例子却被视为经常发生的重要例子。学者们并没有重视我在耶鲁演讲中所讲的观点，而被广为接受的观点是：资产专用性通常会导致机会主义行为的发生；为了避免发生这种情况，就要进行纵向一体化。说明这个理论的"经典例子"就是费雪车体—通用汽车并购案。

很多年过去了，这个"经典例子"被视为正确而被广为接受的情况，使我越来越不安。于是，在理查德·布鲁克斯（Richard Brooks）的协助下，我于1996年下定决心要把这个例子搞清楚。很快，我们的调查显示：被广为接受的描述所给出的是一个"完全错误的图景"（Coase，2000，p.21）。我在1997年的国际新制度经济学学会年会上，我宣布自己正在进行这样的调查。同时，我获悉斯坦福大学的罗伯特·弗里兰已经展开了一个相似调查，而且得出了这样的结论：标准描述很不准确且具有误导性（Freeland，2000，p.34）。弗里兰（2001）对通用汽车公司的行政管理做了详细的历史研究，他对情况也摸得很透，因此观点很有分量。我向《法与经济学期刊》投了一篇文章，弗里兰也投了一篇文章。在这两篇文章的刊阅阶段，我们还了解到，西北大学的拉蒙·卡萨德苏斯－马萨内尔和丹尼尔·施普尔伯也写了一篇文章，说明这个资产专用性导致机会主义行为的经典例子，即有关费雪车体和通用汽车之间关系的大部分说法都是不准确的（2000，p. 68）。特别巧的是，它们都发表在同一期的《法与经济学期刊》上，都得出了相同结论：被普遍认为费雪车体公司所实施的机会主义行为，实际上从未发生过。

克莱因等1978年那篇文章的主要目的是探究"使用市场制度的一种特殊成本——合约后机会主义行为的可能性"（p. 297）。他们是按照自己的理解来解释费雪车体和通用汽车在1919年所签订的合约条款的，局限于处理可能出现的由一方或另一方所采取的机会主义行为问题。在指出"通用汽车公司同意从费雪车体公司购买它所使用的全部封闭型车体"时，他们说："这种排他性交易安排显著降低了通用公司实施机会主义行为——即在费雪公司进行专用性投资之后，要求它降低车体价格——的风险。"（p. 309）然而，"这个排他性交易安排条款使费雪公司得到一个从通用公司那里捞取好处的更大机会，换句话说，就是向通用公司索要车体垄断价格。不过，这个合约试图规定费雪公司所能索要的价格。"（p. 309）之后他们说道："这些复杂的合约定价条款实际上并没有发挥作用。"（p. 309）没有必要讨论他们所说的是否为真，因为没有证据表明，那些合约谈判者的脑海中曾经出现过机会主义的想法。主要谈判者杜兰特——通用汽车公司董事会主席所考虑的因素，看起来正如钱德勒和萨尔斯伯瑞（Chandler and Salsbury，1971）所描述的："杜兰特和通用汽车公司财务委员会深信，要想实施战后扩张计划，绝对必须对通用汽车公司的最大也最关键的供应商实施有保证的控制。他们根本无法承受费雪车体公司不根据双方已经接受的条款来续签（1917年）合约。当他们知道，克利夫兰的汽车生产商……已经启动与费雪兄弟缔结伙伴关系的谈判；在这种伙伴关系中，费雪兄弟将掌握主导权，这使他们打消了所有疑虑。"（p. 465）弗里兰（2000）与卡萨德苏斯–马萨内尔和施普尔伯（2000）的说法不谋而合，那就是，对通用汽车公司来说，合约的主要目的是保障车体供应，确保得到费雪兄弟的服务。克莱因等（1978）关于机会主义的先入之见使之没有发现合约之所以采取那种形式的真实原因。

据说，费雪车体公司的机会主义行为是通过将其工厂设在"远离"通用汽车公司装配厂的地方（Klein et al，1978），并使用劳动密集型的低效生产方法（Klein，1984）来套牢通用汽车公司的。于是，我决定调查费雪车体公司是否采取了这样的行动。理查德·布鲁克斯发现，所有建于1921—1925年间的车体生产工厂都建在靠近通用汽车公司装配厂的地方（Coase，2000，p. 27—28）。而且，根据有关1922年通用汽车公司高管讨论会的备忘录，弗雷德·费雪——费雪兄弟中的老大，建议把车体工厂建在雪佛兰装配厂附近（Coase，2000，p. 29）。就费雪车体使用"低效的高劳动密集型生产程序"（Klein，1991，p. 215）的说法而言，考虑到弗雷德·费雪在1921年被任命为通用汽车公司主管、1922年被任命为执行委员会成员，查尔斯·费雪和劳伦斯·费雪1924年双双进入通用汽车公司董事会和执行委员会，那就很难相信费雪车体公司会如此行事了。这三篇文章发表之后，曝光出来的信息强化了我的上述结论。在此之前，我们都未见过本杰明·克莱因从通用公司所得到的通用汽车—费雪车体的1919年合约副本：弗里兰没得到，我的研究助理——理查德·布鲁克斯在通用汽车公司的档案室中也找不到，施普尔伯也没得到。然而现在，我们看到了这个合约的条款，它们明确显示，克莱因等（1978）的说法和随后克莱因（1984，1991，1998）的几篇文章的说法都是极其不正确的。例如，他们说费雪车体公司使用低效的生产方法，这显然不是事实。合约规定：费雪车体公司"要使用最现代、最效率、最经济的方法，机器和设备要与优良的工人技艺相协调……"[6] 考虑到费雪兄弟的老大在通用公司组织中的地位，我们完全可以肯定，合约条款是经过反复斟酌的。更何况，使用最有效率的方法，实际上正是费雪车体公司的利益所在，因为最有效率的生产方法会降低提供给通用汽车公司之外的主顾的产品成本。而且，如果费雪车体公司采用了低效的生产方法，通用汽车公司的工程师们是能检测到的，他们的法律部门是会采取行动，以强迫费雪车体公司执行合约条款。毫无疑问，费雪车体公司从未这样干过。

掌管费雪车体公司的费雪兄弟和通用汽车公司管理层之间的关系是密切的，所以，克莱因等（1978）所说的，到1924年，通用汽车公司发现他们与费雪车体公司之间的合约关系变得"无法容忍"（p. 310），这根本就是无稽之谈。进一步证明他们之间的关系并非"无法容忍"的证据还有：劳伦斯·费雪在1925年被任命为

---

6   The General Motors–Fisher Body 1919 Contract，Article III.

凯迪拉克——通用汽车公司最重要分部的领导（Chandler and Salsbury，1971，p. 577）。事实上，弗雷德·费雪是雪佛兰分部领导威廉·克努森（William Knudsen）最好的朋友（Beasley，1947，p. 141）。通用汽车公司对费雪兄弟所做贡献赞赏有加，这是有目共睹的，正如拉蒙特·杜邦所说，当通用汽车公司董事会主席斯隆在1956年退休时，他把劳伦斯·费雪和威廉·克努森同列为接替自己的候选人，虽然最终被选上的是后者（Freeland，2001，p. 78）。

我们现在所得到的这份合约副本还表明，克莱因等（1978）对合约关系其他方面的描述是多么不准确。他们说："车体价格的设定是基于成本加成17.6%（此处的成本不包括投资资本的利息）。"（p. 309）所以，克莱因（1984，p. 335）认为："由于合约没有考虑资本成本，费雪车体公司就转向采用低资本密集型生产方式，从而导致对通用汽车的供给价格更高。"然而，我们现在知道，合约是这样规定的："借入资本的利息，按照对通用汽车总销售额占费雪车体公司总销售额的比例进行分摊。"[7]关于生产方式的合约条款，应该会阻止使用低资本密集型生产方式，成本包括投入资本利息的事实也会消除那么做的动机。

克莱因等（1978）还说，费雪车体公司不得不"对生产能力进行专用性投资"（p. 309）；克莱因（1991）也说，费雪车体公司不得不"在冲压机和模具方面就通用汽车的需要而进行高度专用性投资"，（p. 214）导致费雪车体公司面临通用汽车公司可能实施机会主义行为的风险。因此，费雪车体公司不愿意把它的车体工厂设在毗邻通用汽车公司装配厂的地方（Klein et al，1978，pp. 309—310）。然而，1919年合约中的条款是这样规定的："为通用汽车公司提供车体而使用的模具和特殊器械，应以其成本加成17.6%作为通用汽车车体成本的一部分。"合约很清楚，通用汽车公司会支付费雪车体公司所投入的专用性投资成本，因此，费雪车体公司不需要为避免通用汽车公司的机会主义行为而采取任何行动。很显然，克莱因对1919年合约中的这个条款是不知道的。这就让我想不通了：他既然不知道有此条

---

7   The General Motors–Fisher Body 1919 Contract，Article VI A（e）.

款，那么，克莱因等（1978，p. 308）的一个脚注以及克莱因截至2000年与些主题相关的所有文章（1984，1991，1998，2000）所给出的说法——通用汽车公司与费雪车体公司之间的"生产协议［在2000年文章中叫合约性协议（contractual agreement）］可以在费雪车体公司1919年11月7日的董事会备忘录中找到"——是怎么回事呢？

弗里兰（2000）挖掘出大量细节，证实费雪车体公司没有套牢通用汽车公司。而且，他的贡献不止于此。理查德·布鲁克斯已经表明：在1921—1925年，费雪车体公司工厂的选址并没有远离通用汽车公司装配厂，而是与它们毗邻。这令我困扰，因为我记得，在1932年，仿佛是通用汽车公司的一名主管告诉我，通用汽车公司与费雪车体公司的合并，就是为了确保车体工厂能建在毗邻通用汽车公司装配厂的地方。但我在读过弗里兰的文章后，由此问题而产生的疑虑就烟消云散了。弗里兰说，通用汽车公司和费雪车体公司曾在1925年就车体工厂的选址问题发生过严重争议。当时，为了应对别克汽车销售量的不断增长，通用汽车公司意图在密歇根的弗林特建一个新的车体加工厂，而费雪车体公司却想扩大它在底特律工厂的生产规模。在1926年合并之后，弗林特工厂得以建立，底特律工厂被关闭。毋庸置疑，在1932年，当那名主管告诉我：合并是为了保证车体工厂被建在毗邻装配厂的地方（Coase，1991，p. 71），他所指的就是发生在几年前的上述事件。

弗里兰（2000）还有其他贡献。他调查了1926年合并之后所发生的事情。他所描述的一个事件非常有趣（pp. 57—60）：通用汽车公司收购费雪车体公司之后，费雪兄弟变得非常富有；他们利用手中的通用汽车股份进行股票投机，结果变得更为富有。然而，经济大萧条让他们负债累累，只能出售所拥有的通用汽车股份来清偿债务。1931年，通用汽车公司和德国欧宝（Opel）公司（通用在德国的子公司）对他们施以援手，购买了他们的通用汽车股份。当股票市场走出低迷，费雪兄弟试图重获财富，要求通用汽车公司给他们一个购买通用汽车股份的期权。谈判达成后，费雪兄弟并不满意；在1934年3月，他们"发布最后通牒：如果通用汽车公司方面不做出妥协，他们将立即集体离开"（id，p. 58）。他们的这种行为，被通用汽车公司及其股份的最大持有者杜邦公司的官方视为"几乎就是套牢"（id）。经过艰难谈判，双方达成妥协，费雪兄弟继续留在通用汽车公司。这个事件提醒我们：不要假设在企业的行政结构内部就不会发生套牢行为。另一方面，经济大萧条下的特殊生活环境——我在1931—1932年美国游学期间对此了解很多——意味着人们会那么行事，但这可能并不具备一般意义。

拉蒙·卡萨德苏斯-马萨内尔和丹尼尔·施普尔伯（2000）对费雪车体与通用汽车的关系进行了极为详细的考察，得出了本质上与其他两篇文章相似的结论。他们指出："1926年合并之前的合约性安排和工作关系，表明它们之间的关系是信任而不是机会主义"（p. 67）。他们认为，合并"是用于改善生产与库存之间的协调，以保证通用汽车公司有充足的汽车车体供应，并得到费雪兄弟的管理才能"（id）。在20世纪20年代斯隆发起的组织改革中，"费雪兄弟的管理才能"特别重要。"斯隆要求经理人员能够协调复杂的运营，能够在分权型组织中进行决策，并有效使用共有资源"（id, p. 100）。因为"费雪兄弟与通用汽车公司的工作关系密切，他们可能是斯隆所需职位的最佳人选。另外，费雪兄弟还给通用汽车公司带来了关键的运营和生产经验"（id）。卡萨德苏斯-马萨内尔和施普尔伯还调查了费雪车体工厂的厂址，其结论与理查德·布鲁克斯所得出的结论相似：与克莱因等（1978）所讲的刚好相反，在1926年合并之前，费雪车体公司就已经把厂址选在毗邻通用汽车公司装配厂的地方。他们还描述了很多关于费雪车体公司的管理层与通用汽车公司的管理层之间关系的其他细节，有些细节是克莱因等（1978）认为没必要调查的。但是，倘若他们对这些细节进行了调查，恐怕就会得出截然不同的结论。

有一点很清楚，这个关于资产专用性会导致机会主义行为的"经典例子"所讲述故事的所有构成部分都是错误的。初始合约条款的设立并不是为了应对潜在的机会主义行为，克莱因等（1978）所陈述的合约条款都不准确。费雪车体公司所实施的那些机会主义行为——如把厂址设在远离通用汽车公司装配厂的地方、采用低效的生产方法等——都是出自猜想，实际上从未真正发生过。费雪车体公司与通用汽车公司的关系从来都没有变得"无法容忍"。一个无可回避的结论是：这个所谓的

"经典例子"只是想象的产物。

六、对回应的考察

克莱因（2000）的回应文章《费雪车体—通用汽车例子和企业的性质》，与上述三篇批评性文章刊发在同一期《法与经济学期刊》。在这篇文章中，克莱因所描述的事实，完全不同于克莱因等在1978年的那篇文章及克莱因随后的（1984，1991，1998）文章，包括两年前才出版的《新帕尔格雷夫法与经济学辞典》中的词条。为什么他在1998年信以为真的东西，到2000年就成错误了呢?

在克莱因等（1978）的文章中，我们被告知，费雪车体公司拒绝把厂址设在毗邻通用汽车公司装配厂的地方，从而套牢了通用汽车公司："到1924年，通用汽车公司发现与费雪车体公司的合约性关系已经变得无法容忍……"（p. 310）而在之后的一篇文章中，克莱因（1984）告诉我们："1919年合约中的疏漏很明显，很快就带来了一系列问题。"（p. 335）他补充说，费雪车体公司不仅不适当选址，而且还使用一种低效的"低资本密集型生产方式"，从而套牢了通用汽车公司（id）。这个1924年所发生事件的故事（或者其他版本）在数不清的文章和著作中被重复，以致演变成了关于资产专用性导致机会主义行为的"经典例子"。

然而，在2000年，克莱因却讲了一个完全不同的故事。他说："证据清楚地表明，尽管合约的最初执行很有效，很好地规制了费雪车体公司和通用汽车公司之间的关系，但在1925年，合约关系崩溃了……"（Klein，2000，p. 106）。接着，他重申："……关键是要区分合约运行良好的早期阶段（1919—1924）和费雪车体公司利用合约套牢通用汽车公司的后期阶段（1925—1926）。"（p. 110）在这篇文章的引言中，克莱因说："费雪车体—通用汽车例子的事实与克莱因、克劳福德和阿尔钦关于套牢的描述完全一致。"（p. 106）尽管正如上述，他关于事实的陈述已完全改变。之前，他告知我们，通用汽车公司在1924年发现与费雪车体公司的合约关系变得"无法容忍"；而现在，他说，直到1924年"合约运行正常"。

我很难明白，克莱因怎么会就一件事情说出两套话来。事实（facts）不是陶艺者手中的泥巴，可以被任意塑造成想要的样子，它们是由那些我们必须接受的不可改变的材料所构成。很显然，克莱因关于事实的新版本，完全瓦解了资产专用性导致机会主义行为的"经典例子"。这个原创性故事所剩下的，就只有关于费雪车体公司套牢通用汽车公司的断言。这让我想起刘易斯·卡罗尔的《爱丽丝漫游仙境》中的那只柴郡猫：身体已无影无踪，仅留下咧嘴的笑。

前面已经解释过，弗里兰（2000）揭示了一个克莱因从未提及并且我也不知道的事实：在1925年，费雪车体公司和通用汽车公司就车体工厂选址问题发生过严重争议。通用汽车公司想在密歇根的弗林特建一个新厂，而费雪车体公司想要扩大底特律工厂的生产规模。[8] 在弗林特建一个新厂，这是一个将提高通用汽车公司利润而削减费雪车体公司利润的提议，它会改变已经运行了6年［或8年，如果钱德勒和萨尔斯伯瑞（1971）所引用的1917年合约为真的话］的安排。如果法律上有可能，费雪车体公司显然会抵制这个提议，除非它以某种方式得到了补偿。尤其是，费雪车体公司也有大股东，他们不同于费雪兄弟，与通用汽车公司的命运无关，费雪车体公司有法律义务保护他们的利益。克莱因的观点是，费雪车体公司对通用汽车公司提议的反应，构成了套牢行为——在我看来，这似乎是对套牢这一术语的一种奇特使用：反抗路劫难道是在套牢劫匪吗？

克莱因试图指出他认为我所犯的很多错误，以此来支撑他所描述的这个案例。看一下如下引文："只要考察有关记录，就可以得出结论：在通用汽车公司看来，到1925—1926年，已经无法执行与费雪车体公司之间的合约，这促使它们之间达成了纵向一体化。科斯把1925年的情况描述为，通用汽车公司对'1919年协议的不满'，从而对这个证据一笔带过。事实上，通用汽车公司不只是'不满'。而且，科

8　克莱因（2000，p. 137）说，卡萨德苏斯-马萨内尔和施普尔伯没有提及1925年事件，这是"不可思议的"。但是，由于克莱因从未在他之前的著述中提到这个事件，卡萨德苏斯-马萨内尔和施普尔伯也没有看到弗里兰的文章（虽然我通过弗里兰的文章了解到了这一事件），所以，这根本就没有什么不可思议的地方。

斯没有解释为什么通用汽车公司会对'1919年的协议不满'，仅仅是含糊其辞地提到费雪公司'对通用汽车公司的需要的关注要低于通用汽车公司想要的'。科斯并没有告诉我们费雪公司是怎么没有考虑通用公司的需要的，也没有确切告诉我们合约性安排在这些方面是如何失败的。"（Klein，2000，p. 115）这完全是对我的文章内容的歪曲。在克莱因所引那段的上一段，我是这样开头的："1920年11月"。（Coase，2000，p. 24）在他所引用那段的下一段，我是这样开头的："1921年"（id）。很明显，在克莱因所引用的那一段里，我所说的，根本就不是1925年的情况，而是指20世纪20年代早期的情况。克莱因抱怨我对通用公司的不满含糊其辞。实际上，我在下一段谈及弗雷德·费雪1922年被任命为通用汽车公司执行委员会委员的时候，引用了钱德勒和萨尔斯伯瑞（1971）的陈述，认为这样做是为了"使他进一步参与到有关生产、产品设计、产量和通用汽车产品的定价等问题上的广泛决策，这些决策必然会影响到他本人所在组织的工作"。（p. 576）我认为，我已经在此指出了这种不满的具体内容是什么。

克莱因（2000）说："科斯还把弗林特工厂事件仅仅看作融资争议问题。"（p. 117）这不是事实。我说，很可能有其他原因使费雪车体公司不愿意把别克车体生产从底特律工厂转移到弗林特新厂，我认为促使它这么做的主要原因是，这样会造成对其他客户供货的高成本。我还指出，费雪车体公司不得不考虑到少数股东的利益（Coase，2000，p. 25）。我并没说什么融资问题。克莱因所引用的那些我所说的话，和1925年争议没有丝毫关系。克莱因根据斯隆在杜邦反垄断案中的证词，宣称费雪车体把它的工厂建在"远离"通用公司装配厂。而我指出，斯隆仅仅是说，费雪车体公司不愿意为工厂建设进行融资（id，p. 28）。克莱因（2000）还在一个脚注中说："弗里兰感谢科斯为他指出了斯隆'有关1924年之后成本加成的规定是否还发挥作用的证词是模棱两可的'。"（p. 120）这也是不对的。我很难理解，克莱因怎么会犯这样一个错误呢？弗里兰（2000）之所以向我致谢，是因为我为他指出，要参考1926年费雪车体公司股东公告中的成本加成合约（p. 48），而这和斯隆证词毫不相干。更何况，事实上我根本就没有参考斯隆证词。克莱因的这些说法，造成人们对我所持立场的不正确印象。我相信，成本加成合约在1924年是有效的，1926年的股东公告印证了这一点。

费雪车体公司套牢通用汽车公司了吗？我的回答是：没有。克莱因等（1978）的最初断言不足为信。被克莱因拿来替代当初断言的1925年争议，在我看来，只是一场正常的商务纠纷，这场纠纷在大约几个月后就得以和平解决。真实情况是，在当时通用汽车公司还未拥有费雪车体公司另40%的股份，但那场纠纷的解决方案成为收购这40%股份的谈判内容。不过，在1925年之前的很长一段时间里，通用汽车公司也是想要收购那40%股份的，正如皮埃尔·杜邦1924年7月写给弗雷德·费雪的一封信中所说，"我希望您和您的兄弟们会感到费雪车体公司和通用汽车公司真的是一个整体。……这样，你就有机会使你们与通用汽车公司的发展永久保持联系。我认为，通过两个公司之间的合约调整来决定股份相对价值，这不会有任何麻烦……"[9]即使没有1925年的纠纷，我相信，收购也会发生，只是这场纠纷加速了收购的进程。

那三篇批评性文章表明：被广为接受的费雪车体公司套牢通用汽车公司的故事并不真实。然而，克莱因对这个发现的回应，是抛弃最初故事而替换一个新故事。在这个新故事中，费雪车体公司1925年想要扩大底特律工厂的生产规模，而不是在密歇根的弗林特建一个新厂。克莱因讲述这个新故事的目的，是通过把这场纠纷看作是套牢问题，从而维护他最初所提出的理论。而我认为，这是一场正常的商务纠纷，费雪车体公司不愿意建立那样一个工厂是合理合法的。然而，它的这种行为却被描述为是要套牢通用汽车公司。这当然不应该成为套牢的"经典例子"。

---

9 参见皮埃尔·杜邦写给弗雷德·费雪的信件（日期为1924年7月28日）（Longwood Manuscripts，Group 10，Series A，Papers of Pierre S. du Pont，Hagley Museum & Library，Greenville，Del.）

七、非凡的2000年

三篇独立写成的被刊登在《法与经济学期刊》同一期的文章，都旨在批驳被广为接受的克莱因等（1978）有关费雪车体公司行为的描述的准确性。我把这一现象称为"非凡的巧合"。[10]但这种巧合还有更为不同寻常之处：同一年，也就是2000年，其他两个期刊也分别刊载了两篇独立写成的文章，并得出了相同的结论。

其中一篇发表于《密歇根法律评论》，由三轮义郎和马克·拉姆齐（Yoshiro Miwa& J. Mark Ramseyer，2000）所写。他们以日本汽车产业为例，考察了关系专用性投资（relationship-specific investments，简称RSI）在影响生产组织结构方面所发挥的作用。他们指出，RSI理论认为："如果生产技术是标准化的，缔约过程是顺畅的"，企业就会"通过合约解决任何问题"（p. 2667），日本汽车产业的情况是符合这个理论的。但他们的结论还是很谨慎："或许RSI理论所能解释的现象比我们原来所认为的要少。"（p. 2667）

三轮义郎和拉姆齐（2000，p. 2638）注意到，克莱因等（1978）和威廉姆森对RSI理论的形成发挥着主要影响力，这促使他们考察费雪车体—通用汽车的例子。克莱因等（1978）描述的情况是：1919年以后，"汽车制造商开始使用钢铁来生产标准化车厢。这些钢铁车厢的精加工需要模具，进而需要投入只被用于生产特定型号的模具的大笔资金。这样，装配者和车厢生产者面临的前景就不容乐观，即所投资的这项资产只有在这个关系中才能得以偿付。因此，这种资产便产生了可专用性准租金：如果车厢生产者购买了模具，装配者就会以结束关系来威胁，以达到使交易条款向有利于它的方向转变之目的。为了不冒这种机会主义的风险，克莱因等（1978）认为，装配者和车厢生产者应该实行纵向一体化"（pp. 2639—2640）。

三轮义郎和拉姆齐（2000）指出，这个论述存在问题："如果关系专用模具

10　参见上文。

成为问题，通用汽车公司是能够通过合约使自己拥有模具，从而使问题得以化解的——这一策略正是现代汽车公司的常规做法。"（p. 2642）事实上，正如我1932年所了解的，这是所有产业的惯常做法（Coase，2000，p. 18）。正如我们所知，通用汽车公司的确自己拥有模具。三轮义郎和拉姆齐（2000）还指出，通用汽车公司拥有费雪车体公司的60%股份，有能力阻止费雪车体公司采取损害性行动。他们还指出："通用汽车公司似乎很完善地处理了与其他专项产品独立供应者之间的关系。"（p. 2642）在这里，他们引用了我对A.O.史密斯—通用汽车的论述（p. 2643）。因此，克莱因等（1978）的说法是不可信的。

第二篇发表于2000年的文章，也拒绝了广为接受的有关费雪车体与通用汽车的故事，作者是黑尔珀、麦克达菲和扎贝尔（Helper，MacDuffie and Sabel，2000）。他们证明，这个故事的缺点在于它与美国汽车产业所发生的普遍情况不相符。

他们是这样开头的："观察显示，企业越来越多地致力于与他们的供应商保持合作，同时降低了与供应商之间的纵向一体化程度。"（Helper et al，2000，p. 443）他们指出，这与"企业的标准理论不符，标准的企业理论认为，纵向一体化是避免这种由进行不可回收的投资导致潜在套牢问题的必然选择"（id）。他们所指的"标准理论"，就是克莱因等（1978）所提出的理论，它在经济学文献中已经占据了支配性地位。正如黑尔珀等（2000，p.452）所说，"1926年通用汽车公司对费雪车体公司的接管已经成为标准论证逻辑的权威范例"。

他们指出，这个故事不符合美国汽车产业的真实情况，或者说与费雪车体公司在美国汽车产业中所扮演的角色不相吻合。在"主要汽车制造商……与供应商建立合作关系方面，费雪车体公司是先行者和精通者"。（p. 448）他们举例说明，费雪车体公司与哈德逊（Hudson）公司在一战期间就合作生产了"第一台经济适用的封闭型汽车车体"。（p. 457）后来，"在1923年，费雪车体公司与克莱斯勒设计团队合作生产弯曲防撞垫和缓冲器，这种设计最终与流线型汽车理念联系了起来"（id）。他们还指出，费雪车体公司甚至与竞争对手之一的布里格斯车体公司

（Briggs Body）进行过合作。（p. 457—458）

费雪兄弟之所以对通用汽车公司有那么大的价值，除了因为他们拥有设计和制造方面的专门技术，还有就是"他们有助于通用汽车公司在公司内部采用合作模式，而克莱斯勒采用的是与外部供应商之间的合作模式。……阿尔弗雷德•斯隆着力推广以多事业部合作结构和协调委员会制度来管理通用汽车，而费雪兄弟对此做出了很大贡献……"这个分析把标准解释的因果关系颠倒了过来："接管（takeover）不能被看作是对机会主义威胁的反应，而只是表明这是一种重组，是一种构建适合于通用汽车条件的合作供给者制度的变体。"（id，p. 459）他们的结论是："我们的解释迥异于机会主义故事：通用汽车公司购买费雪车体公司，并不是因为他们不信任费雪兄弟，而是因为他们太信任费雪兄弟了，以至于想使他们更密切地参与到通用汽车公司的所有资产管理中来。"（id）这些考察结果彻底摧毁了这个"经典例子"。

八、解释

令我百思不得其解的是：为什么这么多才华出众的经济学家在文章、书籍、课堂讨论费雪车体公司与通用汽车公司之间关系的时候，会鼓吹这个有着内在逻辑缺陷、明显虚假的陈述呢？仿佛它真的发生过一样。一个简单的答案是，把这视为科学欺诈，类似于贾德森（Judson，2004）的《大背叛：科学中的欺诈》（*The Great Betrayal: Fraud in Science*）所说的情况：数据被虚构或篡改以支持某一特定理论。评论家艾伦•普赖斯（Alan Price，2005）认为，贾德森的描述毫不奇怪："结论是显然的：有些科学家可能并不比普通人群中的少数骗子和江湖术士更好或更坏。"（p. 198）但是，普赖斯的评论并没有回答我所提出的问题。在贾德森所讨论的例子中，那些由于欺诈而犯错的科学家，知道他们自己在做什么。他们知道，被他们当作真的一样提供出来的数据，事实上都是假的。而我这里所考察的情况显然与此截然不同：那些讨论费雪车体和通用汽车公司关系的经济学家们，不是骗子或江湖术士，他们自以为所做的那些虚假陈述是真的。然而，这就使问题更加令人困扰，也更为严重：到底是什么样的经济学研究操守，竟然使得那些有才华且诚实的经济学家选择了信奉错误？

当然，诚实的错误（honest error）是存在的。我们中的大部分人，都不可避免地会在数据采集或对这些数据进行推断时，偶尔犯错。正如霍华德·沙赫曼（Howard Schachman）所说，"'科学中的行为不端（misconduct in science）'不包括科学过程中固有的诸如误差、数据冲突或不同人对数据解读、判断或者实验设计等方面的差异等因素。"（Judson，2004，p. 147）然而，正如贾德森（2004）所指出的，"在诚实错误和不诚实错误之间，还存在着马虎（sloppiness）"。（p.147）经济学家对费雪车体公司与通用汽车公司之间关系所做的讨论，无疑存在着许多这样的马虎。为什么会是这样呢？

我认为，这个问题的答案在于：经济学已经变成了一门理论驱动型学科。正如施蒂格勒（Stigler，1950，p.395）所说，在发展效用理论之后，经济学家"就不用为应对事实的挑战而着急了"。我在诺贝尔奖获奖演讲中也说过："我们所研究的是一个存在于经济学家脑海中的，而不是俗世中的经济系统。"（Coase，1994，p. 5）经济学家会对真实世界所发生情况进行抽象。虽然在经济学的不同分支，这种抽象化的程度差别很大，但在产业组织研究中，抽象化尤其明显。萨姆·佩尔兹曼（Sam Peltzman，1991）在评论《产业组织手册》（*Handbook of Industrial Organization*）时指出，这本书里面的很多讨论都没有经验基础。尼尔斯·玻尔（Niels Bohr）很好地描述了这种缺乏经验基础的讨论所导致的结果。他"从不相信任何纯形式化的或者纯数学化的论证"。"不！不！"他说，"你并没有思考，你只是装得很有逻辑而已。"（You are not thinking, you are just being logical.）（Frisch，1979，p.95）克莱因等（1978）的论证无疑就是逻辑。但是，这抑制了思想，从而导致真相被掩盖。

如果我们相信，理论能表明在不同环境下人们会如何行事，那么，对很多人来说，似乎就没有必要对人们事实上如何行动进行细节研究。这导致人们对检验事实持有一种非常随便的态度。如果我们相信某些合约性安排会导致机会主义行为，那么，经济学家曲解证据以发现他们所希望看到的机会主义行为，就不足为怪了。

秉持理论真实性（the truth of a theory）信念，使人们对实际发生什么缺乏兴趣——这已经成为经济学的常见情况。当代两位最杰出的经济学家保罗·萨缪尔森和詹姆斯·米德的著述就说明了这一点。萨缪尔森，在根本未对灯塔做任何严肃调查研究的情况下，就认为自己能够对灯塔的建设融资和管理问题做出论断（Coase，1974，p. 358）；詹姆斯·米德（Meade，1952）也没感到有任何必要调查实际安排是什么，就开始写作蜜蜂给果园授粉问题。这些伟大经济学家之所以这样做，是因为他们陈述这些案例不是视它们为理论的基础，而是在讲述其理论会告诉我们在那些情况下将会发生什么。正如W. S. 吉尔伯特（W. S. Gilbert）在《日本天皇》（*The Mikado*）中所说，它们"仅仅是为理论提供支持的细节，旨在用艺术逼真性来代替枯燥且不可信的叙述"。奥斯汀·罗宾逊（Austin Robinson，1968，p. 94）告诉我们，另一位伟大经济学家庇古"痴迷于在经济学著述中为他本人的著述寻找可引用的真实例证"。看起来，庇古所搜索的并不是着眼于检验其理论的事实，而是在寻找能更好说明其理论的例证。

如果有关事实的陈述只是为其理论做例证，那么理论的基础是什么呢？很多年前，我听到英国经济学家埃利·德文斯（Ely Devons）在一次会议上以一种令人发笑的方式回答了这个问题："假设一位经济学家想要研究马，他会怎么做呢？他会回到书房，并问自己：如果我是一匹马，我会怎么做呢？"事实上，在产业组织（可能还有其他领域）的研究中，经济学家通常不是通过考察实际上发生了什么而是通过思索来获得他们的理论。无疑，费雪车体—通用汽车的"经典例子"就是这样产生的。但这种思索所带来的，是错误的答案。当然，这并不是说，惊人的研究结果不能由纯粹思考而获得，艾萨克·牛顿和阿尔伯特·爱因斯坦的故事众所周知，但很少有人能与他们相媲美。在任何科学领域，要想获得进步，就必须利用更多普通人的头脑，使用更多的普通研究手段。弗朗西斯·克里克（Francis Crick，1988，p.150）曾经这样谈及生物学研究："对一个理论家而言，几乎不可能只通过思索而找到解决一系列生物学问题的正确答案。……一个理论家有望做到的最好事情，就是为实验者（experimentalist）指出正确的研究方向。"我认为，这同样适用于经济学，无疑在产业组织研究中正是如此。

在我看来，要想提高对经济系统运行的理解，就需要理论和经验研究的相互作用。理论表明，什么样的经验研究可能是富有成效的；随后开展的经验研究表明，要对理论做哪些修正或反思；这反过来又会促进新的经验研究。如果能正确地开展这样的研究，则科学研究就会成为一个永无止境的过程。只是在这一过程的每一阶段，都会带来更好的理解。在科学研究中，我们可能赢得的是一场场战役，而不是战争（In scientific research，we may win battles but not the war.）。

克莱因和其他一些学者在讨论费雪车体公司和通用汽车公司之间关系的时候，是假定那些企业按照他们的理论——即机会主义假定下的资产专用性与一体化之间的关系——所预测的那样来行事。因为他们的理论不是基于对企业实际行动进行调查的结果，所以正如上述，他们得出了完全错误的结论也就不足为怪。需要改变的是经济学的研究操守：如果要使我们的讨论有价值，我们的理论就必须有经验基础。既然如此，那我们就把经济学界对费雪车体—通用汽车关系的调查看作经济学不该持有的研究操守的一个突出例子吧。

参考文献

Anderson, E. 1985. "The Salesperson as Outside Agent or Employee: A Transaction Cost Analysis." *Marketing Science* 4: 234—254.

Anonymous. 1928. "Making Automobile Frames Automatically." *Iron Trade Review* 83: 1—13.

Baird, D. 2003. "In Coase's Footsteps," *University of Chicago Law Review* 70: 23—37.

Beasley, N. 1947. *Knudsen: A Biography.* New York: McGraw-Hill.

Carlton, D. and J. Perloff. *Modern Industrial Organization*, Reading: Addison-Wesley, 1990.

Casadesus-Masanell, R. and D. Spulber. 2000. "The Fable of Fisher Body." *Journal of Law and Economics*

43: 67—104.

Chandler, A. and S. Salsbury. 1971. *Pierre S. du Pont and the Making of the Modern Corporation.* New York:Harper & Row.

Chase, S. 1930."Danger at the A. O. Smith Corporation." *Fortune* 1: 62—69.

Che, Y.-K. and D.B. Hausch. 1999."Cooperative Investments and the Value of Contracting." *American Economic Review* 89: 125—147.

Coase, R.H. 1937."The Nature of the Firm." *Economica* N.S. 4: 386—405.

——. 1974."The Lighthouse in Economics." *Journal of Law and Economics* 17: 357—376.

——. 1991."The Nature of the Firm:Origin, Meaning, and Influence." in O. Williamson and S. Winter, eds. *The Nature of the Firm: Origins, Evolution and Development.* New York:Oxford University Press.

——. 1994."The Institutional Structure of Production." in *Essays on Economics and Economists.* Chicago: University of Chicago Press.

——. 2000."The Acquisition of Fisher Body by General Motors."*Journal of Law and Economics* 43: 15—31.

Crick, F. 1988.*What Mad Pursuit:A Personal View of Scientific Discovery*. New York: Basic Books.

Crocker, K.J. 1983."Vertical Integration and the Strategic Use of Private Information."*Bell Journal of Economics* 14: 236—248.

Davis, K.B., Jr. 1998."Corporate Opportunity and Comparative Advantage." *Iowa Law Review* 84: 211—273.

Edlin, A. and S. Reichelstein. 1996."Holdups, Standard Breach Remedies, and Optimal Investment." *American Economic Review* 86: 478—501.

Freeland, R. 2000."Creating Holdup Through Vertical Integration:Fisher Body Revisited." *Journal of Law and Economics* 43: 33—66.

——. 2001. *The Struggle for Control of the Modern Corporation: Organizational Change at General Motors, 1924—1970.* New York: Cambridge University Press.

Frisch, O.R. 1979. *What Little I Remember*. New York: Cambridge University Press.

Helper, S., J. P. MacDuffie, and C. Sabel. 2000. "Pragmatic Collaborations:Advancing Knowledge While Controlling Opportunism." *Industrial and Corporate Change* 9: 443—488.

Holmstrom, B. and J. Roberts. 1998. "The Boundaries of the Firm Revisited," *Journal of Economic Perspectives* 12: 73—94.

Itoh, H. and H. Morita. 2004. "Formal Contracts, Relational Contracts, and the Holdup Problem." Working paper.

Joskow, P.L. 1985. "Vertical Integration and Long-Term Contracts:The Case of Coal Burning Electric Generation Plants." *Journal of Law, Economics, and Organization* 1: 33—80.

Judson, H.F. 2004. *The Great Betrayal: Fraud in Science*. Orlando: Hartcourt.

Klein, B. 1984. "Contract Costs and Administered Prices:An Economic Theory of Rigid Wages." *American Economic Association Papers and Proceedings* 74: 332—338.

——.1991. "Vertical Integration as Organizational Ownership:The Fisher Body–General Motors Relationship Revisited." in O. Williamson and S. Winter, eds. *The Nature of the Firm:Origins, Evolution and Development.* New York: Oxford University Press.

——.1998. "Hold-up Problem." in P.K. Newman, ed. *The New Palgrave Dictionary of Economics and Law*. New York: Stockton Press.

——.2000. "Fisher-General Motors and the Nature of the Firm." *Journal of Law and Economics* 43: 105—141.

Klein, B., R.G. Crawford, and A. A. Alchian. 1978. "Vertical Integration, Appropriable Rents, and the Competitive Contracting Process." *Journal of Law and Economics* 21: 297—326.

Meade, J. E. 1952. "External Economics and Diseconomies in a Competitive Situation." *Economic Journal* 52: 54—67.

Milgrom, P. R. and J. Roberts. 1992. *Economics, Organization, and Management.* Englewood Cliffs: Prentice-Hall.

Miwa, Y. and J. M. Ramseyer. 2000. "Rethinking Relationship-Specific Investments:Subcontracting in the Japanese Automobile Industry." *Michigan Law Review* 98: 2636—2667.

Peltzman, S. 1991."The Handbook of Industrial Organization: A Review Article." *Journal of Political Economy* 99: 201—217.

Pennings, J. M., D. C. Hambrick, and I. C. MacMillan. 1984."Interorganizational Dependence and Forward Integration." *Organization Studies* 5: 307—326.

Price, A. 2005. Review of "The Great Betrayal." *Journal of Clinical Investigation* 115: 198.

Rajan, R.G. and L. Zingales. 1998."Power in A Theory of the Firm." *Quarterly Journal of Economics* 113: 387—432.

Ricketts, M. 1987. *The New Industrial Economics.* New York: St. Martin's Press.

Robinson, A. 1968. "Pigou, Arthur Cecil." in D.L. Sills, ed., *International Encyclopedia of the Social Sciences*. Macmillan and Free Press.

Salanié, B. 2000. *The Economics of Contracts*. Cambridge, MA: MIT Press.

Stigler, G. 1950."The Development of Utility Theory." *Journal of Political Economy* 58: 373—396.

Tirole, J. 1988. *The Theory of Industrial Organization.* Cambridge, MA: MIT Press.

Trachtman, J.P. 1997."The Theory of the Firm and the Theory of the International Economic Organization: Toward Comparative Institutional Analysis." *Northwest Journal of International Law and Business* 17: 470—455.

Williamson, O. 1985. *The Economic Institutions of Capitalism*. New York: Free Press.

——. 2002."The Theory of the Firm as Governance Structure:From Choice to Contract." *Journal of Economic Perspective* 16: 171—195.

Zingales, L. 2000."In Search of New Foundations." *Journal of Finance* 55: 1623—1653.

译者后记

2016年5月，我在浙江大学经济学院做博士论文研究《罗纳德·科斯的经济学方法论》，主要参考文献之一是2011年夏天访问芝加哥大学所收获的第一手资料。对文献的深入挖掘使我发现，科斯教授在2000—2002年有大量信件都在讨论费雪—通用案例问题；通信学者中，丹尼尔·施普尔伯（Daniel Spulber）的名字频繁出现。我感觉这个名字可能和科斯教授生前所居Astor寓所的最新藏书有关。进一步调阅科斯藏书记录，我确认了那些通信与*Famous Fables of Economics: Myths of Market Failures*（2002）编著者丹尼尔·施普尔伯的联系。为了更深入了解科斯教授在那些书信里所要表达的思想，我到图书馆寻找该书的英文版和中译本，一时都找不到。正失望，刚巧张翔博士在朋友圈转发了聚出版重译此书的团购倡议，求而不得的我当即转发表示支持。很快，张五常教授的忠实追随者应俊耀留言说，他收藏有该书的英文原版。紧接着，广西师范大学出版社的李佳楠编辑发来信息征询，是否愿意与广西师范大学出版社、聚出版公司进行三方合作。就这样，朋友圈的无形之手使我由路人甲转变为翻译团队组织者，一个并非精心安排的非正式组织开始萌芽。

2016年7月，我与广西师范大学出版社签订翻译合同，以浙江大学科斯经济研究中心为平台，组建起《经济学的著名寓言：市场失灵的神话》译者团队：罗君丽，浙江大学经济学博士，浙江大学科斯经济研究中心研究员，郑州航空工业管理学院经贸学院副教授；范良聪，浙江大学经济学博士，浙江大学法学院副教授；何樟勇，复旦大学经济学博士，浙江大学经济学院副教授；吴晓露，浙江大学经济学博士，浙江社会科学院副研究员；应俊耀，东北财经大学管理学学士，宁波大学科技学院副教授（兼职），中小学数学竞赛教练；廖志敏，哈佛大学法学硕士，北京大学法学博士，华东政法大学副教授；吴意云，浙江大学经济学博士，浙江大学社会科学研究基础平台副研究员；张翔，北京大学社会学博士，浙江大学公共管理学院副教授；赖普清，浙江大学经济学博士，浙江大学西部研究院副教授；陆雪琴，浙江大学经济学博士，浙江财经大学财政税务学院讲师；茹玉骢，浙江大学经济学博士，浙江财经大学经贸学院的教授；陈春良，浙江大学经济学博士，中央农办二局处长、副研究员。

　　我们根据个人专长、兴趣和时间，本着平等、自愿的原则，采取"自由选择+个别协调"的分配方式，顺利落实了翻译任务。我们约定，都先放下各自手头的研究项目，集中精力用整个暑假来完成各自的任务，以保证9月份交稿，10—12月份出版社编校，2017年1月份向市场推出。

　　然而好事多磨。尽管志同道合的默契使我们这个非正式组织的内部交易成本极低，但各种意外使这个项目的市场交易成本出奇之高。8月底，李佳楠编辑打来电话，告知版权方面出现了意外：该书原出版公司Blackwell已被Wiley出版集团收购，在广西师大出版社与Wiley签了合同几个月之后，Wiley出版集团的版权部门才确认并告知他们没有该书的中文版权。这就意味着，要想重新出版此书的中文版，需要重新与编者、文章作者及刊发有关文章的各个杂志社签订协议，获得他们的授权。如此一来，版权获得就不仅仅是钱的问题，还将牵涉到很多不确定因素，局面注定复杂难办、成败未卜。然而，如果此时放弃，损失的不仅是已经投入的各方时间和精力，还有签约三方的市场信誉，因为参与众筹的读者已高达1000多人。虽然李佳楠一再表示，即使最终不能出版，出版社也会按照已经签订的翻译合同支付稿酬，但我知道，我们这些人毕竟不是为了稿酬才参与这个项目的。无论如何，这个项目必须成功。我和佳楠约定，为了减少版权争取过程中的噪音，先暂时隐瞒版权不确定的事实，以保证更多的心思用于解决问题，而不是费口舌解释问题。争取这些文章的授权，除了要寻找、联系、沟通、谈判，还需要漫长的等待。等待让人焦虑，也给我们带来新的机会。通过与施普尔伯教授的积极沟通，我们把原书最后一篇类似经济报道的《金融传奇》替换为彼得·加伯（Peter Garber）教授的名篇《郁金香狂潮》，并增录科斯教授2006年发表的《经济学的研究操守：费雪车体—通用汽车例子》。

之所以坚持要把《经济学的研究操守：费雪车体—通用汽车例子》增录其中，是因为我们认为，这篇文章正是对该书主题的深化和升华。通过研究科斯教授晚年的大量通信，我了解到，这篇文章写成于2001年，但由于种种原因，直到2006年才得以在 Journal of Economics & Management Strategy 上发表。在我看来，它与《经济学中的灯塔》（1974）和《通用汽车收购费雪车体》（2000）一起，不仅匡正了经济学中被误传的两个典型案例——英国灯塔制度和费雪车体—通用汽车并购事件，指出了市场、政府、企业、惯例等各种各样的制度形态在组织生产方面的可能性，还完整展示了科斯从事案例研究的方法精髓和指导精神。正是通过对真实世界的细节研究，科斯教授证伪了这些典型案例所得出的流行结论，深刻反思了当前经济学主流愈演愈烈的重理论、轻事实的研究导向。在他看来，这种导向已经严重损害了很多经济学家（包括一些著名经济学家）的学术操守，使经济学处于方法论危机之中。然而，这种经济学的方法论危机还没有引起学界的足够重视。我们希望，通过我们的这种努力，使更多的学者理解科斯教授的深刻洞见，从而对经济学的当前发展进行深刻反思。

争取版权的曲折加大了这个项目的工作难度，但尝试改编的努力，提高了这个译本的学术价值，使我们这些学术供给者获得了更大的成就感。在项目完成过程中，我们团队成员团结协作，同心同力，为保证译本质量尽了自己的最大努力。年轻的李佳楠编辑，以其诚信、敬业和合作精神，赢得了整个翻译团队的掌声。他从2016年7月接手项目，在不到一年的时间里，不仅克服了争取国外版权的各种困难，还倾尽心力对每篇译文进行了字斟句酌、令人信服的专业校对。我相信，这个经过更多波折和精心打磨的译本，一定能经得起学术市场的检验，得到广大读者的认可和喜爱。

对这个项目的完成，我们要感谢广西师范大学出版社济南分社社长董新兴先生。他的充分信任和大力支持，是这个项目得以立项并最终圆满完成的基本保证。我们要感谢聚出版的周承辉先生。正是他的团队策划了这个项目，使众筹推动学术出版成为可能。我们还要感谢本书编者丹尼尔·施普尔伯教授、张五常教授的夫人苏锦玲女士、香港花千树出版社叶海旋先生、中信出版社石北燕女士、科斯教授晚年学术助手王宁教授以及中华版权代理总公司的李金蔓女士等。在版权争取过程中，他们都为我们提供了帮助。

我们要特别感谢浙江大学科斯经济研究中心的工作平台，罗卫东教授、史晋川教授、曹正汉教授、谭荣教授等的大力支持，是我们译者团队凝聚力的主要保证之一。我们还要特别感谢北京大学的周其仁教授。2017年底，我受出版社之托，在书稿即将送进印刷厂之时，才向他发出紧急请求：为此书的出版写点什么。其时他正在真实世界奔走调研，但没有任何推脱和犹豫，就答应了我的请求。事实上，在很多年前，他对此书的主题和相关文章就已了然于胸，所以才能在最短时间内给出画龙点睛的评论。他的话一如既往地平实，但深思熟虑、意蕴深刻，值得我们细细琢磨体会。

最后，我们想感谢参与众筹的朋友，是他们的参与，才使这本书得以再次出版。同时，我们恳请读者朋友们批评指正译文中的错误和纰漏，踊跃提出改进和丰富本书内容的建议。

——*罗君丽*

十几年前我买过《经济学的著名寓言：市场失灵的神话》，非常喜欢，可惜不久后遗失，想去补一本却已经买不到了。2016年，好友周克成给我发来众筹重版的微信链接，我马上订了一本。过不多久，浙江大学科斯经济研究中心的同事罗君丽邀请我参与这本书的重新翻译。作为《新制度经济学导论》课程的讲授者和张五常教授的粉丝，我觉得义不容辞，由此从需方变成了供方，也为自己今后讲授阿尔钦教授需方供方随价格相互转变的理论增加了一个实例。

五常教授当年苦于各种外部性、补贴、罚款的争议，郁结于胸。在餐厅吃饭时，他偶然听说真实世界中存在的蜜蜂授粉合约，见猎心喜，"只考查了一个月，分析与写作两个月，就得到一篇行内津津乐道的文章，且历久不衰"，证明了米德教授著名的蜜蜂授粉例子只是个以讹传讹的神话。看似妙手偶得，实则是一吐为快而已。此文和科斯教授《经济学中的灯塔》异曲同工，用真实世界的案例调查推翻黑板上的成见，"盲拳打倒老师傅"，堪称最佳姐妹篇。

但是这篇文章却没有如五常教授所言"手起刀落，把界外效应杀下马来"。君不见，行内行外，外部性导致市场失灵需要政府介入云云所在皆是。究其原因，可能教授的案例在许多市场失灵论者看来，只不过证明了蜜蜂授粉市场不一定失败而已，换个领域市场失灵论又卷土重来。这里有必要指出，教授这篇文章比起其具体结论，更重要的启发是要到真实世界里对具体的约束条件做仔细的调查，而不是在黑板上构建真实世界中根本不存在的漂亮例子。

且不论市场是否失灵，即使市场表现真的不够好，也并不当然意味着此时政府介入就会表现更好。也许在真实世界的约束条件下，市场失灵论者所谓的市场失灵现象只是当局者两害相权取其轻的次优选择而已。反之亦然。所以，重要的不是空洞地争论市场失灵或者政府失灵，而是去仔细地调查"真实世界中发生了什么"，然后思考"为什么会这样"。

——张翔

作为一名忠实的骨灰级"五常粉丝"和张五常经济学的传播者，虽然钻研教授的学问已经长达十六年之久，无论是英文论文还是中文著作，都曾反复研读，但真要亲自翻译教授博士论文《佃农理论》的第三章和附录，还是感觉惴惴不安。一方面，文中有很多专业名词，我担心拿捏不准；另一方面，我深知教授对译文的要求甚高，恐难达到他老人家的期许。为此，我用了三个月的时间，重新把教授所有用中文发表的文章和著作再次通读了一遍，力求整篇译稿在用词和文法方面尽可能地与张五常教授本人的表达习惯相一致。

张五常教授用学自阿尔钦、赫舒拉发和弗里德曼等人的价格理论，以及芝加哥学派元老戴雷科特（Aaron Director）关于捆绑销售的口述传统，对佃农分成制进行了深入的分析，从而打破了众多古典和新古典经济学们的思维禁锢。他用最简单和最传统的价格理论告诉大家，在存在交易费用的前提下，固定租金、工资合约和分成合约是同样有效率的制度安排。如果出现不一致，则违背了经济学中的核心假设："人是自利的"。这里也可以看出，教授关于佃农理论的一个重要突破口是源于对经济学逻辑一致性的高度追求。教授对待学问的态度对我影响深远，让我知道了什么才是真正的为学之道。在此也向张五常教授表达一下我的谢意！张五常教授的《佃农理论》对现代经济学中的合约理论做出了开创性的贡献，诺贝尔经济学奖评审委员会对合约理论创始人所做的工作长期视而不见，并屡次将该奖颁给其他学者，实在是说不过去的。

与大部分的读者一样，一直以来我都把"郁金香"作为一种投机狂潮的代名词。然而，《郁金香狂潮》的作者彼得·加伯教授关于"郁金香狂潮"和"经济泡沫"的研究，却彻底颠覆了我长期以来对此形成的认识。本书新译本所收录的是加伯教授所写的一本名著 *Famous First Bubbles: The Fundamentals of Early Manias*（《泡沫的秘密：早期金融狂热的基本原理》）中的主要内容。除了此书外，我还翻阅了麦凯和金德尔伯格等人的著作。加伯教授的研究工作主要围绕着对当时市场基本面的调查而展开，用各种强有力的事实证据反驳了历史学家和经济学家把"郁金香狂潮"视作泡沫的成见，也驳斥了那些所谓的"资产定价泡沫理论"中存在的各种逻辑混乱。值得一提的是，为了翻译本文，我查阅了许多关于郁金香栽培的手册以及相关的历史文献，也向一些花卉商人请教了关于郁金香种植的知识。本文初稿完成时，我俨然已经成了一名郁金香以及其他球茎类花卉种植的准专家。这是本文翻译过程中最为意外的收获。

最后，感谢我的妻子邱蔚怡女士对我负责翻译的文章的校对工作。作为我们两个孩子的母亲和一位训练有素的英语专业人员，她无疑是我人生中最理想的合作伙伴。为此，我代表自己和我们的孩子们，向她表示最衷心的感谢！当然，译文中的纰漏一律由本人负责。

——应俊耀

　　《经济学的著名寓言》一直是我讲授法律经济学时的参考文献之一。因此，甫一收到罗君丽博士的重译邀请，我便毫不犹豫地接受了。基于扎实的经验证据，本文集汇集的系列文章打破了传说中市场失灵的那些神话，因此其意义毋庸多言。在接触到本文集之前，我想，即便是十分坚定的市场主义者也承认，市场总会在某些地方失灵，甚至如斯密这般奉行自然自由主义的学者也会把公共工程纳入国家的职能范围。然在阅读该文集之后，我想，即便再坚定的霍布斯主义者都将或多或少对曾经拥有的信念产生怀疑。可叹的是，尽管研究的理据如此明晰，但是在市场与政府角力的实践过程中，市场依然没能获得足够公平的对待。只要市场成长的进程遭遇些许困难挫折，那么不论市场曾经给我们带来多大的福利，便总会有形色色的力量冒头，试图抑制市场的成长，而这些力量赖以争辩的借口，通常就是所谓的市场失灵。可讽刺的是，他们从不考虑这些困难挫折是否市场本身之过，他们也从未考虑市场是否获得了公平得当的表现机会，他们更不会去考虑如果市场处理不好，那所谓的替代选择——政府能否处理得好。正如编者在导言中所说，公共政策研究常见的进路是把不完美的市场（甚至是杜撰的市场）拿来与完美的政府比较，而这条进路却是通向"涅磐"。真心希望本文集的重印对于传播事实之真相、确立智识之根本能够有所助益。

——范良聪

　　参与这本书的翻译来自一个偶然的机会。当时还是在读博士生的我不知天高地厚地答应下来，后来才发现其他译者都是对科斯和新制度经济学深有研究的学者。

翻译美铝这篇文章的过程有些纠结。一开始是由于文中各种正反观点来去交锋，互相缠绕，很难理出清晰的逻辑来。在理清了文章的脉络之后又纠结于是尊重原著采用直译还是加入一些连词或改变句式结构以帮助读者更好地理解。某些词有多种中文译法，在几种相近的表达之间根据原文逻辑、褒贬含义、情感强度等因素同时兼顾行文的流畅可读来做出选择真是一件费神的事。

于我自身而言，翻译美铝案的收获倒不在于了解某位经济学家或某个思想流派，而是更加认同了关注现实世界的理念和方法。我们生活于其中的鲜活的真实世界既是研究选题的来源，也是所要解决的问题的最终依归。不管是以数据为主的统计和计量，还是以文字逻辑为主的田野调查和案例研究，甚或实验室实验，都是基于经验事实的方法。看似细枝末节的小题目，每一个都是未知世界巨大拼图中的一小片，每一次细致入微的考察集腋成裘就能够使得未知世界的拼图从模糊逐渐变得不那么模糊，然后可以据此猜测世界的真实图景并不断更新猜测。

——陆雪琴

本书第2章讲了自愿供给的公共产品案例。一般认为，存在于公共产品消费中的"免费搭车"行为，使得按边际成本决定的市场原则来确定其价格和产量，不能弥补公共品生产的全部成本，进而导致市场机制决定的公共品供给量往往低于有效率的水平（如教育），甚至供给为零（如国防）。市场制度的这一缺陷，只能由政府运用公民投票机制集中公共产品需求信息，通过征税获取收入予以提供。萨缪尔森的这一论断，被认为是政府提供公共产品的理论基础，并被许多学者接受和认可。但这一理论的实用性是否就牢不可破呢？怀疑者还认为，许多社会服务中存在的搭便车问题并非如其他人看起来的那般不可避免。丹尼尔·B.克莱恩的这篇论文详实地考察了1795—1840年间的美国公路公司，发现许多公路是通过股份认捐的方式组建公路公司来修建的，由于投资者在投资以前已经清楚预计道路建设的非盈利性（事实上，收费公路公司利润率远远低于社会资本平均收益率，有的甚至严重亏损，并且在许多收费公路公司将公路无偿交给政府之后，还有许多农民、地产投机者和商人认购股份修建公路），股票认购实质上是对道路建设的自愿捐赠。真实世界的例子告诉我们，免费搭车有时缺乏现实方面的科学根据。

　　我负责翻译的另一个案例是关于计算机标准键盘的。我们目前所使用的计算机标准键盘，其字母排列的基本结构是19世纪70年代的打字机键盘延续下来的。打字机键盘上方第一排字母的左边是按照QWERTY顺序排列的，因而叫QWERTY键盘。至于这些字母为什么要这样排列，以及这种排列形式的键盘为什么能够延续下来，没有人特别加以注意。我们所知道的是，以前的打字机键盘就是这样的，这种键盘的字母排列比其他键盘更加流行而被长期固定下来。但这一问题引起了美国经济史学家保罗·A. 戴维的注意。1985年，戴维在《美国经济评论》发表了《QWERTY的历史与经济学》，对QWERTY键盘生存和发展史进行了经济学分析，并指出虽然后来市场出现了打字效率更高的Dvorak键盘，但QWERTY键盘一百多年来一直占据市场主导地位，市场并没有选择效率高的Dvorak键盘。这意味着打字机键盘市场一直被"锁定"在一种低效率的产品上。此后，布莱恩·阿瑟（Brain Arthur，1989）又把QWERTY键盘作为"路径依赖"的经典案例而提及，强调"历史小事件"对产品技术发展路径的影响。这样，"键盘的故事"就成为"技术锁定"或者"路径依赖"的代名词用以说明在标准选择方面可能出现的市场失灵。S. J.利博维茨和斯蒂芬·E.马戈利斯的论文在详细考察打字机键盘背后的历史学、经济学和人体工程学后，试图证明，Dvorak键盘没有替代QWERTY键盘的例子就像蜜蜂和灯塔这样一些更早时候的市场失灵的寓言一样，是难以经受严格的历史检验的。不同的经济学者可以从"键盘的故事"中读出不同的经济学蕴含。这篇文章带给我们的最大启示是：同样是真实世界所发生的事情，却可以让经济学者用以佐证完全相反的结论——一方用之证明市场失灵了，而另一方则用之证明市场并没有失灵。因此，对真实世界发生的事进行"真实"的考察才是重中之重。

——何樟勇

使用"小傻短尾巴"煤车真的很傻吗？工业革命一百年后，曾经独领风骚的大不列颠，开始被大西洋两岸的后起之秀美国和德国超越。国家之间的兴衰起落，自然引起学者们的评论和关注。其中一种颇为"政治正确"的说法就是，老朽帝国不再对新技术感到饥渴，而是抗拒新技术以避免不确定性和阵痛。这样的批评确实看起来蛮"正确的"，还为逃出衰落指出了一条明路。然而，独立学者瓦尼·范弗莱克却在众口一词中，以其细致的观察研究，戳破了这个"技术选择的市场失灵"论调。本书的第6章《英国公路和铁路运煤："小傻短尾巴"煤车的效率》一文，面对众多大家对英国小煤车的批评，指出在经济上有效率的技术，并不总是技术上最先进的技术，而是在当前物流系统中最为适宜的技术。对小煤车的批评，其实是犯了"攻其一点，不及其余"的错误。作者仔细分析了小煤车的非效率成本。如果采用大煤车确实会产生一定的规模经济，从而节省运输成本。然而，英国当时的煤炭运输系统包括铁路和公路两个部分，采用大煤车将牺牲小煤车的灵活性，会带来当地分销和运输成本的上升。这样，更多依靠公路运输，将使总的运输成本反而比采用小煤车时的总运输成本更高。因此，有充分的理由相信，铁路系统和煤炭商人采用"小傻短尾巴"煤车，并不像人们以为的那样傻。

——赖普清

自由轮是第二次大战期间美国为了战时运输需要而设计制造的标准运输船。在1941年至1944年间，16家美国造船厂总共建造了2 699艘自由轮。在此期间，自由轮造船商生产率的年均增幅达到40%以上，即便今天来看，其生产率的提高幅度仍然相当惊人。"自由轮奇迹"旋即成为经济学家清晰阐述"干中学"效应的著名案例。

然而，在本书第12章中，彼得·汤普森并未拘泥于前人对造船业生产率提升的传统解释。他着重关注了两个被忽略的因素：资本投资和产品质量。研究结果发现，当引入资本重新估计生产与劳动需求函数后，干中学的影响效应缩减了 50% 左右；同时，自由轮质量随着劳动生产率和生产速度提高也出现了系统性下降，说明自由轮的同质性假设不成立。汤普森的研究表明，"自由轮奇迹"背后的真实原因远比人们直观看到的学习效应更为复杂和多样化。

案例反转的关键佐证来自于美国海事委员会的投资审批文书和美国海岸警卫队的自由轮事故纪要。这些资料几十年来被有意或无意地忽视了。汤普森凭借兴趣和直觉提出的质疑严格遵循了"大胆假设、小心求证"的原则，用详实的史料汇集和严谨的分析方法，抽丝剥茧般还原出事实真相，不禁令人拍手称快。

——吴意云